***ACCESO GRATIS** a la Lectura en la Nube*

Para visualizar el libro electrónico en la nube de lectura envíe junto a su nombre y apellidos una fotografía del código de barras situado en la contraportada del libro y otra del ticket de compra a la dirección:

ebooktirant@tirant.com

En un máximo de 72 horas laborales le enviaremos el código de acceso con sus instrucciones.

APOROFOBIA Y SINHOGARISMO
Un análisis criminológico del sistema penal español

Procedimiento de selección de originales, ver página web:
www.tirant.net/index.php/editorial/procedimiento-de-seleccion-de-originales

APOROFOBIA Y SINHOGARISMO
Un análisis criminológico del sistema penal español

Isabel García Domínguez

tirant lo blanch
Valencia, 2024

En caso de erratas y actualizaciones, la Editorial Tirant lo Blanch publicará la pertinente corrección en la página web www.tirant.com.

La presente obra ha sido sometida a la revisión de pares ciegos según el protocolo de publicación de la editorial a efectos de ofrecer el rigor y calidad correspondiente tanto en su contenido como en su forma, aplicándose los criterios específicos aprobados por la Comisión Nacional E 016 (BOE num. 286, de 26 de noviembre de 2016).

Esta publicación ha sido realizada en el marco de un contrato otorgado por la Junta de Castilla y León, cofinanciado por el Fondo Social Europeo. Convocatoria: Orden de 12 de diciembre de 2019, de la Consejería de Educación. Referencia: ORDEN EDU/601/2020, de 3 de julio

Director de la Colección:

FERNANDO CARBAJO CASCÓN

Catedrático de Derecho Mercantil de la Universidad de Salamanca

EDITA: TIRANT LO BLANCH
C/ Artes Gráficas, 14 - 46010 - Valencia
TELFS.: 96/361 00 48 - 50
FAX: 96/369 41 51
Email:tlb@tirant.com
www.tirant.com
Librería virtual: www.tirant.es
DEPÓSITO LEGAL: V-4518-2023
ISBN: 978-84-1311-859-8 (Universidad de Salamanca)
ISBN: 978-84-1197-552-0 (Tirant lo Blanch)
MAQUETA: Tink Factoría de Color

La verdadera ciencia enseña, sobre todo, a dudar y a ser ignorante

Miguel de Unamuno

Fotografía de una persona en situación de sinhogarismo en la Plaza del Sé
Autoría propia. São Paulo (Brasil), 5 noviembre del año 2019

DEDICATORIA

A mis padres y a mi hermano, por estar siempre a mi lado.

A Álvaro, mi compañero de vida, hasta que se nos apaguen las luces.

A los García Domínguez, sois una fortuna.

A las mujeres Domínguez, siempre os llevo en el corazón.

A mis amigas y amigos, por la compañía y hacer el camino más fácil.

AGRADECIMIENTOS

A Ana Isabel Pérez Cepeda, mi maestra.

A mis profesoras, profesores y colegas de la Universidad de Salamanca.

A Pedro de Abreu Dallari de la Universidad de São Paulo
y Tom Vander Beken de la Universidad de Gante.

Índice

Capítulo IV. SINHOGARISMO Y DERECHO PENAL DE LA APOROFOBIA EN LA REALIDAD SOCIAL

Capítulo V. APOROFOBIA Y SINHOGARISMO EN EL SISTEMA PENAL DE BRASIL Y BÉLGICA

ABREVIATURAS Y SIGLAS

AROPE:	At Risk Of Poverty and/or Exclusion (En Riesgo de Pobreza y/o exclusion social)
Art/s:	artículo/s
ASBOs:	Anti-Social Behaviour Orders (Órdenes de Comportamiento Antisocial)
BOE:	Boletín Oficial del Estado
C. A.:	Comunidad Autónoma
CC. AA.:	Comunidades Autónomas
CCDF:	Carta Comunitaria de los Derechos Sociales Fundamentales de los Trabajadores
CDFUE:	Carta de los Derechos Fundamentales de la Unión Europea
CDPH:	Carta de Derechos de las Personas sin Hogar
CyL:	Castilla y León
CE:	Constitución española
CEAPIS:	Centro de Alternativas Penais e Inclusão Social (Centros de Alternativas Penales e Inclusión social)
CEAS:	Centros de Acción Social
CEDH:	Convención Europea de Derechos Humanos
CENDOJ:	Centro de Documentación Judicial
CEPT:	Comité Europeo para la Prevención de la Tortura
CES:	Consejo Económico y Social
CESCR:	Convención Internacional sobre los Derechos Económicos, Sociales y Culturales
CGE:	Consejo General del Estado
CGPJ:	Consejo General del Poder Judicial
CIS:	Centro de Investigaciones Sociológicas
CNDDH:	Centro Nacional de Defesa de Direitos Humanos (Centro Nacional de Defensa de Derecho Humanos)
CNJ:	Conselho Nacional de Justiça (Consejo Nacional de Justicia)
CP:	Código Penal
CPP:	Código Procesal Penal
CPTD:	Coordinadora para la Prevención y Denuncia de la Tortura
CSE:	Carta Social Europea

DRAE:	Diccionario de la Real Academia de la Lengua Española
DUDH:	Declaración Universidad de Derechos Humanos
EDIS:	Equipo de Investigación Sociológica
ENIPSH:	Estrategia Nacional Integral para Personas Sin Hogar
EOH:	European Observatory on Homelessness (Observatorio Europeo de Sinhogarismo)
ETHOS:	European Typology of Homelessness and Housing Exclusion (Tipología Europea de Sinhogarismo y Exclusión Social)
Eurostat:	Oficina Estadística de la Unión Europea
FAES:	Fundación para el Análisis y los Estudios Sociales
FEANTSA:	Federación Europea de Organizaciones Nacionales que trabajan con Personas sin Hogar
FEMP:	Federación Española de Municipios y Provincias
FFCCS:	Fuerzas y Cuerpos de Seguridad del Estado
FGE:	Fiscalía General del Estado
GAS:	Gemeentelijke Administratieve Sancties (Sanciones Administrativas Municipales). Año 2014
HUD:	Department of Housing & Urban Development (Departamento de Vivienda y Desarrollo Urbano de EE. UU.)
IBCCRIM:	Instituto Brasileiro de Ciências Criminais (Instituto Brasileño de Ciencias Criminales, IBCCRIM por sus siglas)
ICESCR:	Pacto Internacional sobre los Derechos Económicos, Sociales y Culturales
IDDD:	Instituto de Defensa del Derecho a la Defensa (Instituto de Defesa do Direito de Defesa)
IIPP:	Instituciones penitenciarias
INE:	Instituto Nacional de Estadística
IPH:	Índice de Pobreza Humana
IPM:	Índice de Pobreza Multidimensional
ISES:	Índice Sintético de Exclusión Social
LECrim:	Ley de Enjuiciamiento Criminal
LEX:	Ley de Extranjería
LMMGL:	Ley de medidas para la modernización del gobierno local
LOPSC:	Ley Orgánica de Protección de la Seguridad Ciudadana
MAS:	Gemeentelijke Administratieve Sancties (Sanciones Administrativas Municipales). Año 1999.
MI:	Ministerio del Interior

MNPSS: Movimento Nacional da População em Situação de Rua (Movimiento Nacional de Población en Situación de Sinhogarismo)
OECD: Organisation for Economic Co-operation and Development (Organización para la Cooperación y el Desarrollo Económico)
OMCCB: Ordenanza municipal de medidas para fomentar y garantizar la convivencia ciudadana en el espacio público de Barcelona
OMLUYGR: Ordenanza municipal de limpieza urbana y gestión de residuos
OMPAYTS: Ordenanza municipal de prevención del alcohol y tabaquismo de Salamanca
OMPCC: Ordenanza municipal sobre protección de la convivencia ciudadana
ONDOD: Oficina Nacional de Lucha contra los Delitos de Odio
ONU: Organización de las Naciones Unidas
OSCE: Organization for Security and Co-operation in Europe (Organización para la Seguridad y la Cooperación en Europa)
OSYCC: Ordenanza tipo de Seguridad y Convivencia Ciudadana
PIDCP: Pacto Internacional de Derechos Civiles y Políticos
PMSP: Prefeitura Municipal de São Paulo (Prefectura Municipal de São Paulo)
PRISMA: Preferred Reporting Items for Systematic Reviews and Meta-Analyses (Elementos de Notificación Preferidos para Revisiones Sistemáticas y Metaanálisis)
PSSH: persona/s en situación de sinhogarismo
RPG: Reglamento Policial de Gante
RSE: Revisión Sistemática Exploratoria
SEC: Sistema Estadístico de Criminalidad
STC: Sentencia del Tribunal Constitucional
STS: Sentencia del Tribunal Supremo
TEDH: Tribunal Europeo de Derechos Humanos
TJUE: Tribunal de Justicia de la Unión Europea
TS: Tribunal Supremo
TUE: Tratado de la Unión Europea
UE: Unión Europea
Unia: Interfederaal Gelijkekansencentrum (Centro Interfederal para la Igualdad de Oportunidad y contra el racismo)
UNODC: United Nations Office on Drugs and Crime (Oficina de las Naciones Unidas contra la Droga y el Delito)

PRÓLOGO

I

El interés académico por la aporofobia comenzó con la publicación por Adela Cortina de una columna de ABC Cultural en 1995 en la que proponía este neologismo para nombrar algo que ya existía pero aún no denominábamos, el rechazo al pobre, una patología social que se encontraba enmascarada dentro de otras fobias y odios pero cuyos riesgos para la democracia resultaban aún mayores. Luego vendrían múltiples investigaciones y publicaciones, entre ellas su libro "Aporofobia, el rechazo al pobre", en el que profundiza en sus implicaciones filosófico morales, y también conferencias y proyectos que tuvieron enorme aceptación académica y social para un término que, en 2017, fue reconocido por la RAE dándole oficialidad a la palabra. Pero ese no era el final del camino, y eso Adela Cortina lo tenía claro. Con el término, la filósofa no solo nombraba y sentaba las bases del concepto y sus implicaciones, sino que inquiría a los demás a mostrar esa realidad, a certificar no ya su existencia sino sus dimensiones, sus particularidades y sus consecuencias.

Esto mismo, el poder y el carácter de primer paso de nombrar, o de adjetivar, también podría decirse de un resultado influenciado claramente por la obra de Adela Cortina que, ni en el fondo ni en la forma se alejaba en exceso de la filosofía moral y que ya entronca directamente con el Derecho penal, la obra de Juan Terradillos Basoco sobre la existencia de un sistema penal aporófobo (también plutófilo, en dialéctica contraposición). El autor (y después de él, con profundidad y matices, muchos otros relevantes autores como Ferré Olivé, Pérez Cepeda, Bustos Rubio, Benito Sánchez), adjetivaba al sistema penal con el término "aporófobo" para describir una política criminal reflejo del rechazo al pobre que se manifiesta en la extrema represión penal que sufren inmigrantes ilegales, vendedores del top manta, prostitutas en la calle, etc. Con ello, y con toda la profunda reflexión sobre el origen político criminal entroncado con el capitalismo del que nace este esquema de respuesta normativa, el autor describe hechos normativos que se concretan en una doble realidad:

la de personas victimizadas por ser pobres y a las que el sistema no responde como debería (lo cual contiene una parte fáctica y otra normativa), y la de personas criminalizadas en relación a su condición de pobre (también con mezcla de lo fáctico y de lo normativo). Y, al igual que decíamos anteriormente, con la creación de ese término académico ("Derecho penal de la aporofobia" o "Derecho penal aporófobo") sólo se crea la piedra fundacional: se conceptualiza, teoriza y categoriza algo que, sin embargo, no sólo es normativo sino que, como resultado político criminal, es también fáctico y puede, y debe ser, identificado, caracterizado y dimensionado. Sobre todo si lo que se pretende es que el camino no termine ahí y que la constatación de una característica tan poco democrática y social sea modificada y corregida en nuestros sistemas.

La presente monografía es el resultado central, aunque no el único, de una tesis doctoral que constituye el más ambicioso intento de profundizar empíricamente en la atribución del adjetivo "aporofobia" a nuestro sistema penal. La autora Isabel García Domínguez, criminóloga, trata, desde las bases teóricas que le brindó su directora, Ana Isabel Pérez Cepeda, de poner imagen, dimensión y caracterización a ese hecho social-normativo que es el Derecho penal aporófobo. Al fin y al cabo es cierto que los fenómenos sociales, los hechos sociales, tienen, en primer lugar, que ser nombrados, pero después, para que podamos reaccionar frente a ellos, deben ser probados y mostrados, dimensionados y explicados, y para ello hace falta algo más que una caracterización filosófica o, cuando hablamos de modelos político-criminales, de una definición político-normativa. La descripción y explicación de fenómenos sociales como las manifestaciones del rechazo a los pobres en un sistema penal como el nuestro requiere de las ciencias sociales, en concreto de la criminología que tradicionalmente se ha ocupado de analizar los sistemas de respuesta a la delincuencia. Es tal la complejidad de la tarea, sin embargo, que puede considerarse comprensible que nadie, hasta el momento, se hubiera embarcado en ella. Creo, en todo caso, y también lo hacen así la autora de este libro y la directora de la tesis del que parte, que las dificultades, e incluso las limitaciones, de las ciencias sociales para describir fenómenos complejos como este, no pueden constituir un argumento suficiente para no afrontar el reto.

II

El objetivo principal de la investigación que se plasma en este libro que el lector tiene entre sus manos es realizar un análisis criminológico de la aporofobia que experimentan las personas en situación de sinhogarismo en el sistema penal español. La premisa de la que parte esta obra es que el Derecho penal de la aporofobia está caracterizado tanto por la criminalización de la pobreza, como por la victimización por motivación aporófoba, y lo que pretende es encontrar muestras de ambos caracteres. En cuanto a lo primero, se trataría de demostrar que existen excesos en el uso del sistema penal, tanto en forma de la decisión respecto a qué conductas van a ser sancionadas (en vía penal y administrativa) como en la gravedad de la respuesta punitiva a las mismas, (en el momento de la tipificación pero también de su aplicación judicial) cuando el derecho se aplica sobre las personas más pobres por su situación económica desfavorecida. Respecto a la victimización aporófoba, se produciría por una infraprotección de los delitos cometidos por su situación de extrema pobreza, lo que exige, junto con la constatación empírica, la valoración de que la tutela penal debe ser de una determinada entidad en relación con los intereses en juego en el sistema democrático constitucional. Los retos, como puede adivinar el lector que se enfrenta a la lectura de esta obra, no pueden ser más mayúsculos, y en esta obra se afrontan con tres investigaciones que, complementadas con las otras publicadas por la autora, dan la primera fotografía sobre la realidad de la caracterización como aporófobo del Derecho penal. Y el resultado es una imagen aún borrosa pero que, se intuye, no resulta agradable de ver, aunque sí absolutamente imprescindible observar.

Las cuatro investigaciones y aproximaciones empíricas desarrolladas en este libro son, primero, una aproximación al fenómeno del sinhogarismo en España por medio de una revisión en bases de datos y, a nivel nacional, en información nacional, autonómica y local; en segundo lugar, una revisión sistemática exploratoria acerca de las publicaciones que otorgan evidencia empírica sobre la autoría delictiva y victimización aporófoba del colectivo de personas en situación de sinhogarismo en España en el periodo temporal 2015-2020; y, finalmente, otros dos estudios que pretenden analizar las manifestaciones del Derecho penal de la aporofobia en el colectivo de personas en situación de sinhogarismo en São Paulo y también en Gante. La variedad de metodologías y enfoques utilizados se corresponde con la diversidad de objetivos pero, sobre todo, con los muy diferentes fuentes de datos utilizadas y con las dificultades enormes para la investigación criminológica en nuestro país. Pero lo que muestran es una versatilidad metodológica en Isabel García Domínguez, aparte de una ambición *y un espíritu criminológico muy propio de un contexto (el español) poco propicio para la investigación científico social y más para heroicidades*, que anuncia aún más grandes resultados para el futuro.

El estudio exploratorio sobre el sinhogarismo se encuentra pronto con algunas de las grandes dificultades de la investigación criminológica. Por un lado, la ausencia de datos y la escasa fiabilidad de los mismos, por otro lado, la diversidad de metodologías y enfoques adoptados por las diversas instituciones encargadas de la recogida de datos. Esto, a mi parecer, no le resta valor a la investigación, sino que se lo suma, pues limita los resultados pero añade uno en el que debemos insistir: el poner de manifiesto la importancia de las categorizaciones para poder realizar estudios de políticas públicas comparadas. Lo mismo sucede con la revisión sistemática, que muestra la escasez de investigaciones empíricas sobre este colectivo. Tan sólo 3 publicaciones en el periodo temporal 2015-2020 ofrecen evidencia empírica sobre "la autoría delictiva y victimización aporófoba del colectivo de personas en situación de sinhogarismo en España". Lo cual sólo refuerza la pertinencia de este trabajo y la necesidad de más investigación.

En todo caso el capítulo más interesante y que ofrece resultados de mayor interés es el que aborda las dos investigaciones sobre las manifestaciones aporófobas del Derecho penal en dos ciudades de dos países distintos al nuestro, Sao Paulo en Brasil y Gante en Bélgica. De nuevo la enormidad de los objetivos de investigación conlleva que los estudios empíricos contengan múltiples hipótesis, que estas sean complejas y que algunas de ellas resulten difíciles de testar. En el estudio sobre las manifestaciones del Derecho penal de la aporofobia en el colectivo de personas en situación de sinhogarismo en São Paulo, la autora trata de conocer las características de las PSSH detenidas y analizar su sobrecriminalización por delitos de bagatela. También busca examinar el uso de violencia policial en las detenciones *in fraganti* y la aplicación sistemática de la prisión preventiva en el colectivo de PSSH; añade a ello el estudio de variables en atención a la situación de sinhogarismo; y, finalmente, trata de profundizar en las experiencias de victimización por motivación aporófoba. Los objetivos son tan vastos como los resultados y su discusión. Por su parte, la investigación sobre bélgica se ocupa de algunas manifestaciones aporófobas del sistema penal pero también del sistema administrativo municipal de la ciudad de Gante, puesto que el colectivo de personas en situación de sinhogarismo sufre muchas veces la discriminación por medio de ordenanzas municipales. En esta investigación se analiza si las ordenanzas municipales de la ciudad de Gante sancionan manifestaciones del sinhogarismo, la presencia de aporofobia en las sentencias sobre delitos de odio cometidos a personas en situación de sinhogarismo; y también cómo se produce la sanción del sinhogarismo particularmente, los sin techo, en las ordenanzas municipales de Gante-Salamanca. Los lectores que exploren este libro descubrirán manifestaciones aporófobas de aquellos sistemas penales, muchas de las cuales, tal y como argumenta la autora, podrían extrapolarse al nuestro.

III

Quienes han seguido mis publicaciones sabrán, los que no lo harán ahora, que desde hace algunos años defiendo tanto que la denominada ciencia del Derecho penal ha mirado a la realidad empírica de reojo, como que está empezando a dedicarle mucha más atención desde hace algunas décadas en un giro pragmatista en el que la crítica legislativa exige la constatación empírica de hechos y consecuencias. Esta tesis es un ejemplo de lo segundo. Una investigación realizada para, desde las ciencias sociales, apoyar la crítica político criminal teorizada y desarrollada previamente. Diría que en épocas pasadas esto no se consideraba necesario, pero ahora es absolutamente imprescindible: ya no basta con desarrollar teorías basadas en presupuestos fácticos o normativos que pueden resultar ciertos pero que algunos no necesitaban más que dar por sentados. En los tiempos actuales es imprescindible acercarnos a aquellas premisas y constatarlas o falsarlas, para poder argüir desde ahí nuestras críticas. Es cierto que el legislador que nos ignoraba cuando no nos basábamos en los estudios de las ciencias sociales lo hace ahora que nos apoyamos en ellos. Pero se verá obligado a hacerlo.

Esta tesis también constituye, a mi parecer, una prueba fehaciente de que las dificultades para realizar investigación empírica aplicada y relacionada con el Derecho penal no son un obstáculo que deba ser considerado suficiente para no afrontar el reto. He sostenido que las causas del escaso interés que desde el Derecho penal se ha otorgado al estudio empírico de los fenómenos que después son criminalizados o de las consecuencias de la criminalización, son muy diversas. Pero si añadiéramos un espíritu analítico y asumiéramos cierto reduccionismo creo que sería posible convenir que todas ellas pudieran englobarse en dos categorías. Por un lado está la convicción de algunos de que la nuestra es una tarea metafísica, y de que no es función de la ciencia penal la comprensión de los contextos reales en los que el derecho se aplica. Pero hay otro tipo de razones: la intrínseca dificultad que conlleva la investigación empírica, lo enormemente difícil que es hacerlo incluso para aquellos que vinculamos el derecho con la realidad social en la que se aplica. Este libro, como digo, es una prueba de lo difícil que es realizar investigación científico-social sobre el Derecho penal y sus consecuencias; con escasos datos empíricos; con limitaciones en las posibilidades metodológicas. Pero también es la prueba de que puede hacerse y de que es el único camino que existe para hacer la mejor política criminal. Isabel García Domínguez ha abierto una ventana a un fenómeno que existe y ha enseñado manifestaciones evidentes del mismo; también ha puesto de manifiesto la debilidad de las fuentes de datos existentes y de las categorizaciones de las mismas para llegar a conclusiones definitivas. Con ello, ha dado un paso fundamental para que podamos seguir investigando un fenómeno que, hasta que Adela Cortina no se lo puso, no tenía nombre; para que reflexionemos sobre un adjetivo que Terradillos Basoco aplicó al Derecho penal y, junto a otros autores, identificó y analizó; pero que sólo con investigaciones como la de Isabel empieza a poder tener una imagen más claro, un contorno de su dimensión y de sus características. Como Isabel me recordó una vez que solemos decir en criminología, no sin razón, gracias a estos importantes primeros pasos que ella ha dado y que han sido plasmados en este libro, podemos volver a afirmar: "more research is needed".

FERNANDO MIRÓ LLINARES
Elche, 1 de octubre de 2023

INTRODUCCIÓN

En la actualidad, parece que lo que no tiene nombre no existe. Necesitamos dotar de un término a las cosas para identificarlas y traerlas a nuestro mundo. Lo mismo ocurre con las realidades sociales. En el año 1996, Cortina conceptualizó una lacra social que atenta contra la dignidad y el bienestar de muchas personas en el mundo: la aporofobia, que significa el odio, rechazo o aversión a los pobres[1].

La difusión de la aporofobia en la sociedad española se produjo en el año 2017[2]. Tres acciones fueron fundamentales: la elección de la FUNDEU BBVA como palabra del año[3], la inclusión del término en el Diccionario de la Real Academia de la Lengua Española (DRAE)[4] y la publicación del libro *Aporofobia, el rechazo al pobre: Un desafío para la democracia* por Cortina[5]. La autora puso de manifiesto la violencia y los delitos que las personas más desfavorecidas económicamente experimentan por su situación de pobreza, especialmente, las que no poseen una vivienda.

En la misma línea, penalistas de reconocido prestigio, como Terradillos Basoco y Pérez Cepeda, han proclamado la existencia de un sistema penal aporófobo en España que afecta a los colectivos más vulnerables, mientras que autores/as[6] de diversas disciplinas

---

1 CORTINA, A. *El quehacer ético. Guía para la educación moral*, Santillana, 1996, p. 70.

2 GARCÍA DOMÍNGUEZ, I. *La aporofobia en el sistema penal español: especial referencia al colectivo de personas sin hogar*, Ratio Legis, 2020, pp. 11-12.

3 FUNDÉU BBVA. *Aporofobia, palabra del año 2017 para la Fundéu BBVA*, 2017. Recuperado de: https://www.fundeu.es/recomendación /aporofobia-palabra-del-ano-para-la-fundeu-bbva/ (Consultado el 22 de mayo de 2020).

4 EUROPAPRESS. *Posverdad, aporofobia, buenismo y postureo, nuevas palabras del diccionario digital de la RAE*, 2017. Recuperado de: https://www.europapress.es/cultura/exposiciones-00131/noticia-posverdad-aporofobia-buenismo-postureo-nuevas-palabras-diccionario-digital-rae-20171220134544.html (Consultado el 22 de mayo de 2020).

5 CORTINA, A. *Aporofobia, el rechazo al pobre. Un desafío para la democracia*, Paidós, 2017, p. 141.

6 Véase Gracia Calandín, Leite de Resende y Alcântara Machado, Pedrosa-Pádua, Picado Valverde o Rojas Lizama. GRACIA CALANDÍN, J. "Erradicando la xenofobia y la aporofobia desde la compasión ética como capacidad clave de la

han dirigido sus esfuerzos al análisis teórico de la aporofobia. El estudio empírico de la aporofobia está caracterizado por su escasez, sobre todo, en el colectivo de personas en situación de sinhogarismo (PSSH de aquí en adelante)[7], aunque existen algunas excepciones, como la investigación realizada por Rais Fundación.

En el año 2015, Rais Fundación encontró que aproximadamente 1 de cada 2 PSSH entrevistadas había sufrido incidentes discriminatorios y delitos por su situación de extrema pobreza[8]. A pesar de que las estadísticas oficiales registraron menos de 20 casos en el año 2015 en España[9], el estudio realizado por Rais Fundación contabilizó más de 100 en seis ciudades españolas, subrayando que la infradenuncia era muy acentuada, así como una alta incidencia de la victimización en el grupo de sinhogarismo.

---

neuroeducación moral" en *Pensamiento. Revista de Investigación e Información Filosófica*, vol. 77, nº 295, 2021; LEITE DE RESENDE, A.C. y ALCÂNTARA MACHADO, C.A. "A fraternidade como antídoto contra a aporofobia" en *Arquivos*, vol. 42, nº 88, 2021; PEDROSA-PÁDUA, L. "Da indiferença e da aporofobia e hospitalidade: uma reflex ão antropológica diante da crise migratória em *Pistis & Praxis*, vol. 12, nº 1, 2020; PICADO VALVERDE, E.M *et al.* "Detección de la discriminación hacia los pobres, «aporofobia»" en *Miscelánea Comillas*, nº 151, vol. 7, 2019, p. 421; ROJAS LIZAMA, D. "Aporofobia, el rechazo al pobre" en *Revista de filosofía*, vol. 74, 2018.

7 La utilización del término "persona en situación de sinhogarismo" en vez de "persona sin hogar" responde a la desvinculación de su situación del sujeto que la padece, intentando revelar sus carencias y que es una condición salvable, no permanente. En este sentido, Cortina indicó que la situación de pobreza no pertenece a la identidad de la persona. Por consiguiente, se utilizará el acrónimo PSSH para denotar a la/s persona/s en situación de sinhogarismo. CORTINA, A. *Aporofobia, el rechazo al pobre. Un desafío para la democracia*, *Op. Cit.*, pp. 14-20; LORENZO GILSANZ, F.J. "Una mirada desde la acción social a la realidad de las personas sin hogar" en *Imagen, estigma y derechos humanos: clave para abordar la vulnerabilidad y la exclusión social desde el trabajo social y la comunicación* (Gómez Ciriano, coord.), Tirant lo Blanch, Valencia, 2019, pp. 207-209.

8 RAIS FUNDACIÓN. *Informe de investigación*, 2015, pp. 23-26. Recuperado de: http://hatento.org/wp-content/uploads/2015/06/informe-resultados-digital.pdf (Consultado el 10 de mayo de 2020).

9 MINISTERIO DEL INTERIOR. *Informe sobre incidentes relacionados con los delitos de odio en España*, 2016. Recuperado de: https://www.interior.gob.es/opencms/pdf/servicios-al-ciudadano/delitos-de-odio/estadisticas/DELITOS-DE-ODIO-2015.pdf (Consultado el 21 de septiembre de 2021).

El desconocimiento empírico de la aporofobia en el sistema penal español y su especial incidencia en el colectivo de personas en situación de sinhogarismo fueron los alicientes de la investigación. Si no mostramos al legislador que la aporofobia está presente, difícilmente existirán cambios dirigidos a combatirla y, por ende, las personas más pobres continuarán experimentando una vulneración de los derechos consagrados en la Constitución Española (CE), como el derecho a la igualdad y a la no discriminación, a la dignidad y a la tutela judicial efectiva (arts. 14, 10 y 24 de la CE).

El objetivo principal de la investigación es realizar un análisis criminológico de la aporofobia que experimentan las PSSH en el sistema penal español. En el estudio del Derecho penal de la aporofobia (expresión acuñada por Terradillos Basoco) es preciso distinguir la criminalización de la pobreza y la victimización por motivación aporófoba[10]. El primero hace alusión al punitivismo que recae sobre las personas más pobres por su situación económica desfavorecida que, en los últimos años, se ha extendido al Derecho administrativo sancionador. El segundo se refiere a la infraprotección de los delitos cometidos por su situación de extrema pobreza. Ambas vertientes serán analizadas en el colectivo de PSSH y, particularmente, en los sin techo, por el mayor grado de vulnerabilidad que presentan[11].

De acuerdo con la *European Typology on Homelessness and Housing Exclusion* (*Tipología Europea de Personas Sin Hogar y Exclusión Residencial*, conocida por las siglas ETHOS) elaborada por *the European Federation of National Organisations Working with the Homeless* (*Federación Europea de Organizaciones Nacionales que trabajan con Personas sin Hogar*, representada por las siglas FEANTSA), el término sin techo hace alusión a las PSSH que viven en la calle (categoría nº 1 ETHOS) o pernoctan en alojamientos de emergencia (categoría nº 2 ETHOS)[12].

---

10 PÉREZ CEPEDA, A. I. y BENITO SÁNCHEZ, D. "Conclusiones finales" en *Propuestas al legislador y a los operadores de la justicia para el diseño y la aplicación del Derecho penal en clave anti-aporófoba* (Benito Sánchez y Pérez Cepeda, coords.), Ratio Legis, 2022, pp. 179-183.

11 SANDERS, B. y ALBANESE, F. *It's no life at all." Rough sleepers' experiences of violence and abuse on the streets of England and Wales*, Crisis, 2016, pp. 8-12.

12 La tipología ETHOS permitió establecer un marco uniforme en la medición del sinhogarismo, haciendo alusión a sus diferentes categorías, por ende, facilitó la

Cuando investigamos sobre el colectivo de PSSH, es preciso tener en cuenta los obstáculos a los que nos enfrentamos, sobre todo, en el grupo de sin techo. Una de las mayores dificultades es identificar a la categoría que pertenecen, esto es, determinar si hacen uso de alojamientos de emergencia, albergues o centros de restauración. Es por ello que en este estudio se incluye, algunas veces, a los sujetos de la categoría sin vivienda: PSSH que pernoctan en albergues de corta o larga estancia (restringido a la categoría nº 3 ETHOS)[13]. Así pues, el término utilizado en la presente investigación de forma predominante será PSSH, aunque se delimita el estudio a las categorías 1, 2 y 3 de acuerdo con la última asctualización de la ETHOS[14].

Para definir la violencia que soportan las PSSH se ha rescatado el marco teórico creado por Galtung en los años 60. El autor entiende la violencia como una privación de derechos humanos fundamentales, diferenciando tres tipos de violencia evitables: estructural, cultural y directa[15].

La violencia estructural se define como la represión necesaria para mantener una determinada estructura de poder. El origen se halla en los procesos desiguales de organización de la sociedad que inciden de forma directa en las oportunidades vitales de los sujetos, sobre todo, de los grupos más desfavorecidos económicamente[16].

---

comparación dentro y entre los países europeos. FEANTSA. *European typology of homelessness and housing exclusión*, 2005. Recuperado de: https://www.feantsa.org/download/ethos2484215748748239888.pdf (Consultado el 3 de septiembre de 2020).

13 Es más, el último informe de FEANTSA aunó bajo el concepto de sinhogarismo ambas, esto es, sin techo y sin vivienda, las cuales son habitualmente reflejadas en los estudios empíricos.

14 Para más información, consultar la página web: https://www.feantsa.org/en/toolkit/2005/04/01/ethos-typology-on-homelessness-and-housing-exclusion#:~:text=FEANTSA%20has%20developed%20a%20European,for%20transnational%20exchanges%20on%20homelessness; AMORE, K., BAKER, M. y HOWDEN-CHAPMAN, P. "The ETHOS Definition and Clasification of Homelessness: An Analysis" en *European Journal of Homelessness*, vol. 5, nº 1, 2011, pp. 19-35.

15 Autoras como Maqueda Abreu o Puente Guerrero han identificado manifestaciones de estos tipos de violencia en el colectivo de sinhogarismo por la privación económica que experimentan.

16 LA PARRA, D. y TORTOSA, J.M. "Violencia estructural: una ilustración del concepto" en *Documentación Social*, nº 131, 2003, pp. 59-60.

Una de las mayores problemáticas de este tipo de violencia es su difícil reconocimiento, ya que el agresor es difuso y no se concentra en un único tipo de persona, como sucede con el Estado o la ciudadanía (entendida como conjunto). Por lo tanto, es habitual que la violencia estructural permanezca oculta o se disfrace[17].

Aunque Galtung utilizaba indistintamente los términos de violencia estructural e institucional, considero necesario diferenciarlos. Así, entiendo que la violencia estructural hace referencia a una horquilla más amplia que abarca los medios de control formales e informales, englobando la violencia institucional que se restringe a los primeros (los medios de control formales). Como la presente investigación se dirige al análisis del sistema penal aporófobo y sus instituciones, se centra la atención en la violencia institucional, sin perjuicio de las referencias puntuales a su categoría más amplia, es decir, la violencia estructural.

La violencia estructural regularmente se acompaña de la violencia cultural con el fin de justificar las acciones políticas y sociales llevadas a cabo para preservar el orden social establecido. De este modo, la violencia cultural, definida por Galtung como "*cualquier aspecto de una cultura que pueda ser utilizada para legitimar la violencia en su forma directa o estructural*"[18], se utiliza para hacer entender a la sociedad como naturales las condiciones de rechazo y separación de los grupos sociales con menos recursos, como el colectivo de sinhogarismo[19]. Si bien la ciudadanía, en ocasiones, lo acepta, pese a que no lo considere adecuado, o hace uso de otro tipo de estrategias, como la distorsión de la realidad, que permite al individuo no percibir el acto como violento[20].

La violencia cultural justifica, por un lado, la violencia estructural, estando los dos fenómenos interrelacionados: el uso del poder y la

---

17 LORENZO GILSANZ, F.J. "Una mirada desde la acción social a la realidad de las personas sin hogar", *Op. Cit.*, p. 203.

18 GALTUNG, J. "Capítulo quinto. La violencia: cultural, estructural y directa" en *Cuadernos de estrategia*, nº 183, 2016, p. 149.

19 MAQUEDA ABREU, M.L. *Estudios de Política criminal (a propósito de colectivos que soportan el peso de una violencia estructural)*, Olejnik, 2018, p. 12.

20 GALTUNG, J. "Capítulo quinto. La violencia: cultural, estructural y directa", *Op. Cit.*, pp. 149-150.

legitimación del uso del poder; y, por el otro, la violencia directa, entendida como actos visibles y concretos de uso intencional de la fuerza con un sujeto agresor y una víctima identificables[21]. Los tres tipos de violencia son habitualmente representados en el triángulo de la violencia de Galtung (ver figura nº 1), cuya base está compuesta por la violencia directa y estructural, siendo estas legitimadas por la violencia cultural que se sitúa en el vértice superior.

Figura nº 1. Representación del triángulo de la violencia de Galtung

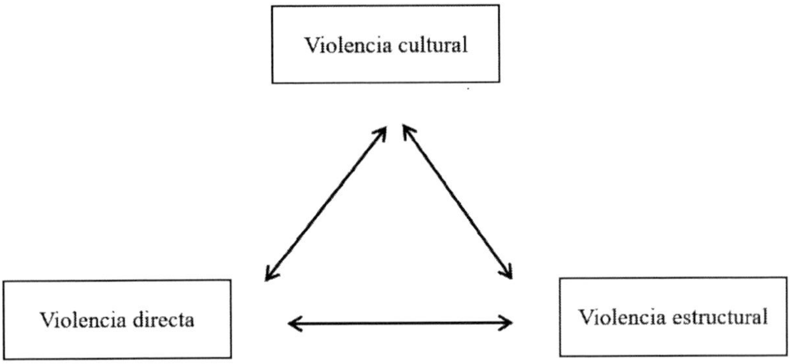

Fuente: elaboración propia con base a lo expresado por Galtung[22]

En el triángulo de la violencia de Galtung es importante destacar la diferencia temporal que existe entre sus categorías (expresada de menor a mayor duración): la primera sería la tipología directa, que se desarrolla en un periodo de tiempo muy corto, como un suceso; la segunda, denominada estructural, se define como un proceso en el sentido de temporalidad, con sus diferentes niveles; y por último, la violencia cultural, que es la más persistente, debido a que las transformaciones culturales se producen de forma muy lenta[23].

Con el apoyo de la teoría de Galtung, se realizará un análisis de las manifestaciones de la aporofobia institucional en el sistema penal español, comenzando con el régimen socioeconómico capitalista neoliberal por la influencia que ejerce en todas las esferas. Es más, este sistema, unido al declive del Estado de Bienestar y a la insatisfacción del derecho a la vivienda en una parte de la población, ha provocado un incremento vertiginoso del sinhogarismo, alcanzando cifras récords en los últimos años.

El paradigma criminológico adoptado es crítico y feminista[24], reivindicando la ruptura con el pasado positivista que reforzó la concepción del Estado (y sus valores) frente al delito en respuesta a los intereses económicos y políticos de los poderosos en la sociedad[25]. En los años 70, la Nueva Criminología de Taylor, Walton y Young[26] marcó el inicio de la Criminología Crítica que, comprometida con la abolición de las desigualdades de riqueza y poder[27], dirigió su atención a la función que ejerce el sistema penal en la conservación y reproducción de las relaciones sociales desiguales[28]. También subrayó que el siste-

---

24 En la investigación feminista y para que se pueda considerar así existen algunos "requisitos". El primero es que debe hacer visibles a las mujeres y tener en cuenta a los dos géneros. El segundo es la importancia de la metodología cualitativa, destacándose las entrevistas semiestructuradas, así como su complementación con la cuantitativa. El motivo reside en uno de los mayores objetivos y retos: dar voz a las mujeres y a sus experiencias de vida. En tercer y último lugar, no es posible adoptar la perspectiva de género sin una conciencia feminista, aunque también se destaca que el género sea una variable de análisis, se estudien las historias de las mujeres y se establezca una relación horizontal en la investigación. CEREZO DOMINGÚEZ, A. "La perspectiva feminista en Criminología" en *Mujer y Sistema penal* (Cerezo Domínguez, coord.), Tirant lo Blanch, 2021, pp. 38-41.

25 En este sentido, Larrauri afirmó que "*La criminología fue acusada de promover un saber técnico destinado a mejorar la eficacia del control penal, "una ciencia al servicio del poder*". LARRAURI, E. *La herencia de la criminología crítica* (2ª ed.), Siglo XXI de España, 2000, p. 73; PLATT, T. "Perspectivas para una criminología radical en los EU" en *Criminología crítica* (Taylor, Walfon y Young, dirs.), Siglo XXI editores, 1981, pp. 128-148.

26 TAYLOR, I., WALTON, P. y YOUNG, J. *The New Criminology. For a social Theory of Deviance*, Routledge, 1973.

27 Y como destacó Muncie "*a criminology not committed to the abolition of inequalities of wealth and power was bound to be ultimately reducible to the interests of the economically and politically powerful in society*", es decir, "*una criminología no comprometida con la abolición de las desigualdades de riqueza y poder está destinada a ser, en última instancia, reducible a los intereses de los poderosos económica y políticamente en la sociedad*" (traducción propia). MUNCIE, J. "Reassessing competing Paradigms in Criminological Theory" en *The New Criminology Revisited* (Walton y Young, eds.), 1997, p. 221.

28 BARATTA, A. *Criminología crítica y crítica del Derecho penal. Introducción a la sociología jurídico penal, Op. Cit.*, p. 238.

ma penal no es un dispositivo autónomo de las dinámicas ideológicas de la sociedad y, por ende, tampoco es neutral al género[29].

Desde este enfoque, se engloban los procesos de violencia institucional que operan en la criminalización y victimización, sobre todo, en las instituciones que regulan y aplican el control penal[30]. El ciclo de la violencia que promueve el régimen capitalista neoliberal se agrava con el funcionamiento del sistema penal. Por ello, es preciso indagar en las Políticas Criminales de la exclusión y el Derecho penal punitivista, simbólico y androcéntrico que muchos penalistas llevan años denunciando, sobre todo, con las más de 40 reformas llevadas a cabo en el Código Penal (CP de aquí en adelante) español.

Recapitulando, el Derecho penal de la aporofobia es analizado desde una perspectiva macro y micro criminológica, teniendo en cuenta los postulados de la Criminología Crítica que enfatiza en la estructura de opresión que sufren determinados colectivos, tratando de comprobar si la violencia más brutal y pública ha desaparecido, o bien se ha adaptado al contexto capitalista neoliberal que incentiva el castigo de los más pobres[31].

Sin embargo, el estudio de la aporofobia no se restringe al Estado español. La literatura ha demostrado que los países afrontan problemas similares, resultando el derecho comparado beneficioso en el

---

29 En el pasado, la Criminología tradicional olvidó a las mujeres, la Escuela positivista reforzó los estereotipos de género de la época y las teorías sociológicas contribuyeron a su invisibilidad en la investigación. ASSIS BRASIL E WEIGERT, M. y CARVALHO, S. "Criminología Feminista com Criminología Crítica: perspectivas teóricas e teses convergentes" en *Revista Direito e Praxis*, vol. 11, nº 3, 2020, pp. 1786-1787; VINAGRE GONZÁLEZ, A. M. "Criminolgía y Género" en *Criminología aplicada* (Romero Flores, dir.; Cuervo García y Vinagre González, coords.), Bosh Editor, 2021, pp. 257-258.

30 La Nueva Criminología se caracterizó por analizar la función que cumple el Estado (en conjunto con las leyes e institucionales penales) en el mantenimiento del sistema de producción capitalista, cuestionando las normas, los intereses a los que sirven y cómo reproducen un sistema penal determinado. BARATTA, A. *Criminología crítica y crítica del Derecho penal. Introducción a la sociología jurídico penal* (2ª ed.; Búnster, trad), Reus Editorial, 2023, pp. 185-190; LARRAURI, E. *La herencia de la criminología crítica*, *Op. Cit.*, pp. 112-114.

31 BARATTA, A. *Criminología crítica y crítica del Derecho penal. Introducción a la sociología jurídico penal*, *Op. Cit.*, pp. 185-190.

desarrollo de medidas y soluciones de *lege ferenda*. Por este motivo, el análisis se amplió a dos países: Brasil y Bélgica.

La investigación que se presenta aspira a ir un paso más allá de la interdisciplinariedad de la ciencia criminológica, adoptando un enfoque integrador del conocimiento. Con el objetivo de desvelar la realidad aporófoba que las PSSH experimentan en el sistema penal español, también se realizó una aproximación del Derecho penal de la aporofobia en la realidad social. Considero de suma importancia establecer las bases teóricas del objeto de estudio con el fin de estudiar empíricamente, en una fase posterior, el Derecho penal de la aporofobia que experimentan las PSSH en España. Por último, se desarrollaron propuestas al legislador español, los operadores de justicia, la academia y la sociedad con el fin de reducir y, en definitiva, erradicar todas las manifestaciones de aporofobia.

Capítulo I
DESGLOSANDO LA APOROFOBIA INSTITUCIONAL

> *"Conditions that create social inequity and put some people outside of the conventional reward structure of the society, make them indifferent to its sanctions, laws, and implicit norms based upon social trust, reciprocity and mutual cooperation. It would be senseless If they did not. The real threat is not in what some deviants will do to the society, but what society is doing to turn an ever-increasing number of its once respectable citizens into deviant and mindless wanton vandals"*[32]
> Zimbardo, 1970

La aporofobia institucional, definida por Expósito Marín como "*el entramado de prácticas sociales, formales e informales, estructurales que producen y reproducen tanto la pobreza como la aporofobia*"[33], es un fenómeno que ha sido escasamente investigado. No obstante, a lo largo de la historia se han establecido los cimientos de una aporofobia institucional que se proyecta sobre los grupos más desfavorecidos económicamente, los pobres y, más específicamente, las PSSH.

De acuerdo con la perspectiva macro criminológica adoptada, el análisis se inicia con el régimen socioeconómico por la influencia que ejerce en todas las esferas, haciendo alusión a los procesos insti-

---

[32] Esto es, "*las condiciones que crean inequidad social y ponen a algunas personas fuera de la estructura convencional de recompensas de la sociedad, las hacen indiferentes a sus sanciones, leyes y normas implícitas basadas en la confianza social, la reciprocidad y la cooperación mutua. No tendría sentido si no lo hicieran. La verdadera amenaza no está en lo que algunos desviados le harán a la sociedad, sino en lo que la sociedad está haciendo para convertir un número cada vez mayor de sus ciudadanos que alguna vez fueron respetables en desviados y vándalos insensatos*" (traducción propia). ZIMBARDO, P. G. "A social psychological analysis of vandalism: making sense of senseless violence" en *US department of the Navy (Stanford Univ Ca Dept of Psychology)*, 1970, pp. 11-12.

[33] EXPÓSITO MARÍN, J.A. "Una aproximación a la aporofobia institucionalizada", en *XIV Premio de Ensayo Breve "Fermín Caballero"* (Díaz Cano y Barbeito Iglesias, coords.), ACMS, 2015, p. 86.

tucionales que derivan en la exclusión de una gran parte de la ciudadanía. En efecto, en el estudio científico de la producción del delito, la importancia de la estructura socioeconómica, política y cultural de los países se ha establecido como una constante[34].

La Criminología Crítica[35] observó en el capitalismo la base del problema, situándolo en el centro del debate (especialmente, a partir de la crisis financiera mundial), por las grandes desigualdades de poder, riqueza y autoridad que genera. En este punto, se sostiene que el mantenimiento de las relaciones de dominación en el ámbito económico, unido a otros factores, ha desembocado en una división de la sociedad entre incluidos y excluidos[36]. Las PSSH se encuentran en el segundo grupo como manifestación más extrema de la pobreza inherente al sistema institucional aporófobo.

En la misma línea, la Criminología Crítica entiende que el capitalismo adoptado, en vez de progresar hacia la democracia y la igualdad, mantiene intacta la relación entre maestro y esclavo. Es por ello que se analizan los componentes de la aporofobia institucional, que pone el acento en las relaciones sociales, lo que implica, ineludiblemente, el estudio del capitalismo como sistema económico actual, sobre todo, en una sociedad en la que la economía mundial domina todos los aspectos de la vida.

1. CAPITALISMO, NEOLIBERALISMO Y DECLIVE DEL ESTADO DE BIENESTAR

El capitalismo es un sistema económico fundamentado en el derecho a la propiedad individual, decisiones descentralizadas y una coordinación de los actores económicos, siendo el capital, la inver-

---

34 BRAITHWAITE, J. "Reducing the Crime Problem: A not So Dismal Criminology" en *The New Criminology Revisited* (Walton y Young, eds.), 1997, pp. 47-63.

35 ASSIS BRASIL E WEIGERT, M. y CARVALHO, S. "Criminología Feminista com Criminología Crítica: perspectivas teóricas e teses convergentes", *Op. Cit.*, pp. 1786-1787.

36 CIAFARDINI, M. *Capitalismo y Criminalidad. Una visión criminológica desde el materialismo histórico*, Ediciones Didot, 2021, pp. 16-20.

sión y la reinversión con vista al futuro esenciales[37]. Este régimen ha experimentado diferentes etapas[38], poniendo el acento en cuestiones específicas según el autor y el momento temporal[39]. Un ejemplo es Louis Blanc, quien en el año 1850 destacó la dificultad de su conciliación con la integración de la sociedad, definiendo el capitalismo como la apropiación del capital por un grupo de sujetos y la exclusión de los restantes.

La exclusión se produce porque esta forma de organización económica implica el desarrollo de empresas como unidades capitalistas que crean relaciones de intercambio y de dominación asimétricas entre capital y trabajo, siendo el género un factor clave. La dominación masculina se mantiene y reproduce en las instituciones androcéntricas y patriarcales que alberga nuestro sistema[40]. Así pues, las relaciones desiguales propiciadas por el capitalismo actual[41] se han desarro-

---

37 KOCHA, J. *Historia del capitalismo* (trad. Cortés Fernández), Crítica, 2014, pp. 4-24.

38 Destacándose el capitalismo comercial hasta el año 1500 (que repercutió escasamente en la sociedad) y el capitalismo financiero que se desarrolló, especialmente, a partir del año 1800 con la industrialización (proceso de transformación socioeconómica a gran escala), desembocando en una mercantilización capitalista de forma masiva, el trabajo regulado (con un contrato a cambio de un salario). Ahora bien, en todos los periodos del capitalismo existió represión y control con el fin de garantizar el desarrollo del sistema de poder y dominación instaurado. ADAMSON, L.G. "Posmodernidad y la lógica cultural del capitalismo tardío". Trabajo presentado en el *XI Congreso del Hombre Argentino y su Cultura. Debate sobre los modelos culturales a Fines de Siglo,* Cosquín (Argentina), 1997, pp. 71-130; CIAFARDINI, M. *Capitalismo y Criminalidad. Una visión criminológica desde el materialismo histórico,* Op. Cit., pp. 95-97; KOCHA, J. *Historia del capitalismo, Op. Cit.,* pp. 115-119.

39 Véase Marx con la división del trabajo y la economía monetaria en el contexto de la industrialización, Weber con la racionalidad liberal contable en la modernización de Occidente (la separación de la Hacienda de los sujetos económicos, la organización sistemática y racional como asociación de dominación y la orientación hacia la obtención de rentabilidad a largo plazo) o Schumpeter con la propiedad privada y la economía de empresa (haciendo alusión a la "destrucción creativa" como núcleo del avance capitalista). KOCHA, J. *Historia del capitalismo, Op. Cit.,* pp. 9-15.

40 DASMACENO DE ANDRADE, C. "Por uma criminologia crítica feminista" en *Revista Espaço Acadêmico,* nº 183, 2016, pp. 18-19.

41 También denominado capitalismo tardío, postindustrial o multinacional.

llado en la sociedad posmoderna[42], situándose la diferencia respecto a las fases anteriores del capitalismo en la enorme influencia que ha ejercido sobre la economía, la política, la sociedad y la cultura.

En esta nueva configuración de la realidad socioeconómica y multicultural una de las mutaciones fundamentales ha sido la muerte de los metarrelatos[43] que implicó una permuta en el proceso de legitimación: la performatividad. Esto es, eficiencia y eficacia, un mayor rendimiento con un menor coste. Igualmente, este cambio ha desembocado en una ruptura de la cohesión social (con la priorización del sujeto individual frente al colectivo), así como en una promoción del control de la sociedad y su disciplina en respuesta a las demandas crecientes de los ciudadanos sobre libertad individual y seguridad[44]. Así, la posmodernidad, constituida como la lógica cultural dominan-

---

42 La posmodernidad es el primer orden de organización social a escala global. Este paradigma consta de una serie de transformaciones desde finales de los setenta del siglo XX hasta principios del siglo XXI, aunque su desarrollo no ha cesado. Los cambios se produjeron en: (1) los mercados, con un predominio del ámbito financiero; (2) la tecnología, la ciencia y la información, existiendo un progreso significativo; (3) la promoción de los movimientos sociales, como el feminista; (4) el modo de consumo, siendo un ejemplo el mercado masivo; y (5) la intervención estatal, ya que el Estado de Bienestar fue uno de los pilares de la modernidad en consonancia con una relación dialéctica de lo social y lo cultural. BARONE, M. "Globalización y posmodernidad. Encrucijada para las políticas sociales del nuevo milenio". Reunión de Expertos sobre Globalización, Cambio Tecnológica y Equidad de Género de la Comisión Económia para América Latina y el Caribe (CEPAL). Universidad de Sao Paulo, el Conselho Nacional dos Direitos de la Mulher y el Fondo de Desarrollo de nas Nacionales Unidas para la Mujer (UNIFEM), 2001, pp. 1-25.

43 La muerte de los metarrelatos se haya en múltiples transformaciones. Véase la pluralización, las dificultades en la construcción y mantenimiento de la identidad, la ansiedad por inestabilidad o la inexistencia de una única verdad, entre otras. AYALA BLANCO, L.A. "Legitimación posmoderna (J.F. Lyotard: la condición posmoderna)" en Estudios Políticos, año XLV, novena época, nº 52, 2021, pp. 15-18; GARCIA PEREIRA, B. "Pensamiento y Cultura Posmoderna. Un estado de la cuestión". Trabajo de fin de grado presentado en la Universidad de Cantabria, 2017. Recuperado de: https://repositorio.unican.es/xmlui/bitstream/handle/10902/12203/GarciaPereiraBorja.pdf?sequence=1 (Consultado el 13 de septiembre de 2020).

44 AYALA BLANCO, L.A. "Legitimación posmoderna (J.F. Lyotard: la condición posmoderna)", *Op. Cit.*, pp. 15-18.

te del sistema capitalista actual, se ha convertido, por sus características, en un apoyo fundamental de la creencia neoliberal[45].

En efecto, el neoliberalismo[46], pese a su surgimiento después de la II Guerra mundial como modelo económico de posguerra, fue erigido por el capitalismo como ideología para reactivar el crecimiento económico (debido a la inoperancia del modelo keynesiano[47]), con-

---

45 ADAMSON, L.G. "Posmodernidad y la lógica cultural del capitalismo tardío", *Op. Cit.*, pp. 75-100.

46 Este concepto es definido como una ideología consistente en la adaptación de los principios del liberalismo al contexto social, económico y político. Sus mayores representantes son Hayek y Popper, quienes defienden que las desigualdades sociales y económicas son inherentes al mercado y, por ende, inevitables. Estos autores entienden la sociedad como una interacción entre individuos que orientan su acción por intereses particulares, así como sostienen que cuando los fenómenos sociales no se explican por acciones individuales, están incompletas. En cuanto a la relación mercado-sociedad, el primero es un orden natural y espontáneo, donde cada individuo se preocupa de sus acciones, por lo que cualquier intervención social en el mercado es injusta. En este sentido, Hayek y Popper sostienen que las nociones de justicia solo pueden ser aplicadas a individuos, no a grupos o instituciones, de este modo, "*si el mercado produce desigualdad, sólo por ser producida por este, ella es necesaria para el conjunto de la sociedad*". Igualmente, vinculan el progreso económico con la desigualdad, en el sentido de que el primero no sería posible sin el segundo, e, incluso, hacen alusión al beneficio de los pobres con el incremento del capital de los ricos, por su mayor inversión. En síntesis, como el mercado es espontáneo y se autorregula (política subordinada a la economía), las desigualdades son legítimas y no tienen un origen. Así, si el Estado interviene, este sería el causante de las desigualdades mencionadas. CARPIO RIBERT, O.V. "El neoliberalismo: Principios Generales" en *Temas Sociales*, nº 21, 2000, pp. 15-22.

47 Las políticas keynesianas incidieron especialmente en Europa entre 1945 y 1975, cuya evolución fue muy favorable. En esta época existía un consenso social sobre cuestiones básicas como la intervención del Estado en la estabilización de la economía, la reducción de las desigualdades y el sentido de progreso de la igualdad (pacto social). Es más, el paradigma keynesiano apostaba por servicios de protección social en la reducción de las desigualdades. Estas ideas eran sostenidas por la insatisfacción de los ciudadanos en la desigual distribución de la renta, así pues, su intervención compensaba el mercado, haciendo una distribución más justa. Sin embargo, la crisis del petróleo y de las instituciones *Bretton Woods* (Fondo Monetario Internacional y Banco Internacional de reconstrucción y fomento) fueron dos factores principales del cuestionamiento del modelo mencionado, particularmente, en los años setenta. Esta situación fue aprovechada por diversos autores para introducir el ideal neoliberal a pesar de sus resultados deplorables en muchas esferas (véase la social o la ambiental),

tando con la supremacía de los organismos financieros internacionales. De este modo, según sostienen Aguilar Garza y Parada Rivera "*la economía capitalista encuentra bajo el modelo neoliberal una alternativa para su reproducción y para la reactivación de las tasas de ganancia en la economía financiera al presentarse más rentable que la economía real*"[48]. Podría afirmarse que la ideología neoliberal[49] que sustenta la política a nivel

---

así como facilitada por la obsesión de los gobiernos de la Unión y de la Comisión Europea con el crecimiento económico. CAMARERO SANTAMARIA, J. *El déficit social neoliberal. Del Estado del bienestar a la sociedad de la exclusión*, Sal Terrae, 1998, pp. 59-84.

48 AGUILAR GARZA, L.J y PARADA RIVERA, E.M. "La pobreza al interior del capitalismo: ¿fenómeno marginal o resultado estructural del sistema económico". Trabajo de fin de grado presentado en la Universidad Centroamericana José Simeón Cañas, 2007, p. 216. Recuperado de: https://www.uca.edu.sv/economia/wp-content/uploads/La-pobreza-al-interior-del-capitalismo-%C2%BFFen%C3%B3meno-marginal-o-resultado-estructural-del-sistema-econ%C3%B3mico.pdf (Consultado el 15 de septiembre de 2020)

49 En consonancia con el neoliberalismo, se ha establecido: (1) la desregulación, como suspensión de la decisión política a favor de una razón técnico-económica que se ha convertido en legislador universal. La política de desregulación neoliberal tiene como fin la libertad de comercio que encaja con la competencia no controlada, especialmente, en las medianas y pequeñas empresas; (2) la privatización, con la idea de potenciar un sector privado que es eficiente y estable por sí solo (según el discurso neoliberal); y (3) la financiarización, reflejándose la estrecha relación entre Estado y mercado que necesita la intervención de la política estatal en la economía. Este proceso (originado por la consideración de que el capitalismo es un fin en sí mismo, ganando un peso muy importante el mercado), ha sido propiciado por el crédito, las deudas acumuladas y las relaciones de poder (de las altas esferas de las grandes empresas), al mismo tiempo que influenciado por los mercados. Asimismo, existe un nexo entre la financiarización de las economías mundiales y el aumento de las desigualdades. Lo cierto es que todos los fenómenos mencionados están interrelacionados. Mientras que la financiarización de la economía consiste en el predominio de los intereses del capital financiero sobre los de cualquier otro agente económico (con el sometimiento del Estado, las empresas no financieras y las economías familiares a la lógica financiera), el aumento del poder del sector financiero se debe a las desregulación (menos restricciones y menos control), a la informatización (con un incremento del volumen y de la velocidad de las transacciones financieras) y a la cientifización del mundo de las finanzas (el aumento del conocimiento científico y de la competitividad). Además, en la financiarización de la economía un factor fundamental ha sido la privatización de la vivienda, que ha sido la causa principal del creciente endeudamiento de las familias, en conjunto con una disminución de su capacidad de ahorro que disminuyó con la globalización. Por supuesto, estas dinámicas han repercutido en el colectivo de sinhogarismo a causa del aumento

transnacional propone una concepción eminentemente económica con medidas que favorecen el mercado, eso sí, avalado por una relación entre Estado y clases poderosas[50].

El principal problema de la ideología neoliberal es el modo de crear riqueza. Como expuso la propuesta 98 de la Agenda Latinoamericana de 1998: "*nadie duda que el neoliberalismo es el sistema que más riqueza produce. Pero tampoco es para dudar que lo hace de un modo injusto e inhumano: a base del atropello de los pequeños y de la exclusión de media humanidad*"[51]. El neoliberalismo se extendió bajo la convicción de que era el único sistema eficaz, otorgándole a las consecuencias de su implementación, como la desigualdad o la pobreza, un segundo plano[52].

---

de la pobreza en la población. ESTÉVEZ ARAUJO, J.A. "Las transformaciones económicas de la globalización neoliberal" en *El Derecho ya no es lo que era* (Estévez Araujo, dir.), Editorial Trotta, 2021, pp. 31-56; LLANO ORTIZ, J.C. *XII Informe: El estado de la pobreza en España. Seguimiento de los indicadores de la Agenda UE 2030. 2015-2021*, 2022, pp. 14-16. Recuperado de: https://eapn-clm.org/wp/wp-content/uploads/2022/10/Datos-Espana-informe-AROPE-2022-resumen-ejecutivo.pdf (Consultado el 8 de diciembre de 2022); KOCHA, J. *Historia del capitalismo* (trad. Cortés Fernández), *Op. Cit.*, pp. 9-15; NAUEL MARRTÍN, F. "Apuntes para una teoría crítica de las relaciones de género en el capitalismo" en *Revista Reflexiones* vol. 96, nº 1, 2017, p. 477; PÉREZ CEPEDA, A. I. *La seguridad como fundamento de la deriva del Derecho penal postmoderno*, *Iustel*, 2007, p. 40; STIGLITZ, J. E. *La gran brecha* (trads. Rodríguez Tapia y Corriente), Penguin Random House, 2017, p. 34.

50 Wacquant sostiene que "*el neoliberalismo es un proyecto político transnacional destinado a reconstruir el nexo del mercado, del Estado y de la ciudadanía global*". En este, una nueva clase global (compuesta por directores y ejecutivos de empresas transnacionales, políticos de las altas esferas del poder, *etc.*) emergió para su dirección. El autor afirma que este proyecto comprende cuatro lógicas institucionales: la desregulación económica (previamente desarrollada); el fomento de la responsabilidad individual; la descentralización, retracción y recomposición del Estado de Bienestar; y, por último, un aparato penal expansivo, intrusivo y proactivo que afecta a las clases más bajas, como se desarrollará en el capítulo II titulado *Un sistema penal con tintes aporófobos*. WACQUANT, L. *Castigar a los pobres. El gobierno neoliberal de la inseguridad social* (trad. Polo), Editorial Gedisa, 2010, pp. 430-432.

51 Citado en CAMARERO SANTAMARIA, J. *El déficit social neoliberal. Del Estado del bienestar a la sociedad de la exclusión, Op. Cit.*, p. 11.

52 GIMÉNEZ MERINO, A. "La naturaleza oligárquica del poder y del derecho en la sociedad de la exclusión" en *El Derecho ya no es lo que era* (Estévez Araujo, dir.), Editorial Trotta, 2021, p. 131.

El neoliberalismo se ha convertido en una estrategia política de la globalización que encuentra en los sistemas de protección y en las políticas sociales una traba para la economía. A partir de los años setenta, con el neoliberalismo en auge, se atisba la creencia de que el Estado de Bienestar debe ser reducido en respuesta a la crisis y a la competencia global[53]. De este modo, el Estado de Bienestar, cuyo objetivo principal fue la corrección de las injusticias del capitalismo ante las demandas sociales, protegiendo, particularmente, a los pobres y consolidándose el Estado como responsable del progreso social, experimentó grandes dificultades en el último tercio del siglo XX. Estos obstáculos fueron el resultado de la ruptura del pacto social[54], de forma paralela a la concentración del poder fruto del capitalismo, con un dominio de la economía sobre la política.

53 Los Estado de Bienestar se desarrollaron con el capitalismo del siglo XX que atisbó la necesidad de garantizar una cierta redistribución de la riqueza nacional, por lo que su intervención quedo justificada en la aspiración de una mayor igualdad, aunque se mantuvo el objetivo de acumulación de capital. Sin embargo, esta fue una etapa en la cual política social, democracia y crecimiento de la actividad económica eran compatibles. La política social mitigaba la estructura social desigual a través de los derechos sociales, redistribuyendo una parte de los recursos al aseguramiento de unas condiciones de vida dignas en los sujetos más desfavorecidos, y, por ende, permitiendo el ejercicio de la soberanía popular entre sus miembros. En otras palabras, el Estado promovía un sistema de protección social a través del desarrollo de los derechos sociales, caracterizado por establecer "*una serie de disposiciones legales que dan derecho a los ciudadanos a percibir prestaciones de seguridad social obligatoria y a contar con servicios estatales organizados en una amplia variedad de situaciones definidas, como de necesidad y contingencia*" en palabras de Farge Collazos. CIGÜELA SOLA, J. *Crimen y castigo del excluido social. Sobre la ilegitimidad política de la pena*. Tirant lo Blanch, 2019, pp. 159-161; FARGE COLLAZOS, C. "Estados de bienestar" en *Enfoques XIX*, nº 1-2, 2007, p. 48.

54 El quebrantamiento del pacto social, que abogaba por una redistribución de la riqueza y el rol del Estado como garante, tuvo su origen en las transformaciones de los países. En el ámbito interno, algunos ejemplos son: la adopción del capitalismo tardío; la incorporación de la mujer al ámbito público y al empleo; las nuevas tecnologías; el aumento de los gastos sociales (con una prolongación de la esperanza de vida y un decrecimiento de la natalidad) en un momento en el que los gastos crecieron a mayor ritmo que los ingresos; la desintegración de la solidaridad y de la concepción tradicional de los derechos sociales; y las tensiones sociales con el auge de los movimientos sociales organizados. Mientras tanto, a nivel internacional, se destacan la crisis económica derivada de la II Guerra Mundial, las consecuencias de la globalización neoliberal, la interconexión mundial y la deslocalización empresarial. FARGE COLLAZOS, C. "Estados de bienestar", *Op. Cit.*, p. 48.

En el contexto capitalista y neoliberalista expuesto[55], es preciso destacar que el progreso de los Estados de Bienestar ha diferido en función de los contextos socioeconómicos y políticos[56]. En el país que nos concierne, España, el desarrollo del modelo de bienestar fue caracterizado por: una marcada herencia institucional franquista[57], una debilidad de las clases medias, un movimiento obrero dividido y la lucha entre el Estado central y los nacionalismos[58]. Es más, el Estado de Bienestar español, cuyo nivel fue bajo en comparación con otros países[59], se consolidó de forma tardía con el establecimiento de la democracia en el año 1975[60].

---

55 En contraposición al neoliberalismo, la socialdemocracia ha ganado peso en algunos Estados de Europa (ante la visibilidad de la corrupción, entre otras causas) con una apuesta por Estados de Bienestar más competitivos. No obstante, en el ámbito europeo existe una amplia diversidad de bloques. Véase la composición del Parlamento Europeo en las últimas elecciones celebradas, con los siguientes grupos políticos: Grupo del Partido Popular Europeo (Demócrata-Cristianos); Grupo de la Alianza Progresista de Socialistas y Demócratas en el Parlamento Europeo; *Renew Europe Group*; Grupo de los Verdes/Alianza Libre Europea; Grupo Identidad y Democracia; Grupo de los Conservadores y Reformistas Europeos. PARLAMENTO EUROPEO. *Los grupos políticos del Parlamento Europeo.* Recuperado de: https://www.europarl.europa.eu/about-parliament/es/organisation-and-rules/organisation/political-groups (Consultado el 1 de febrero de 2020)

56 En los países europeos los Estados de Bienestar fueron implementados de forma generalizada después de la II Guerra Mundial. FARGE COLLAZOS, C. "Estados de bienestar", *Op. Cit., p. 48.*

57 En la época franquista existió un atraso económico y cultural caracterizado por el subdesarrollo industrial, la pobreza y unos derechos sociales insuficientes. MORENO, L. y SARASA, S. "Génesis y desarrollo del Estado de Bienestar en España" en *Documentos de trabajo*, nº 13, 1992, pp. 17-21.

58 *Ibidem*, pp. 17-21.

59 Véase los países nórdicos. De facto, el Estado de Bienestar europeo y posbélico que adoptaron (en un régimen socialdemócrata) se ha convertido en un ejemplo a seguir ya que un siglo después de su implementación permanece fiel a los derechos sociales de todos (o casi todos) los sujetos ciudadanos. CAMARERO SANTAMARIA, J. *El déficit social neoliberal. Del Estado del bienestar a la sociedad de la exclusión, Op. Cit.*; TERRADILLOS BASOCO, J.M. "Un sistema penal para la aporofobia" en *Un juez para la democracia. Libro homenaje a perfecto Andrés Ibáñez* (Portilla Contreras y Velásquez, dirs.; Pomares Cintas y Fuentes Osorio, coords.), Dykinson, S.L, 2019, pp. 353-362.

60 El incremento del gasto social en España ha sido notable desde la mitad de los ochenta, pero la configuración del Estado de Bienestar ha sido más lenta y se ha paralizado en los últimos años. Por ejemplo, nuestro gasto social, a pesar de

Al mismo tiempo que aumentó la democratización del territorio español, se desarrollaba una liberalización económica. Si bien en un primer momento existió una resistencia a la neoliberalización del capitalismo y a la desregularización que se impuso a nivel internacional, produciéndose el crecimiento económico en torno a la globalización[61], esta tendencia se transformó en el año 2008 con el estadillo de la crisis económica internacional, conocida como "Gran Recesión" o "primera crisis de la economía global"[62]. La crisis internacional global que atraviesan los mercados financieros y la deuda ha

---

aumentar a partir del año 2001, se situaba en un nivel muy inferior a la media europea, con una diferencia de más del 5% en el año 2003. Igualmente, existía un desequilibrio social acentuado. GARCÍA LASO, A. "Algunas claves del crecimiento económico en España en el contexto europeo" en *Gaceta Sindical. Reflexión y debate*, nº 9, 2007, pp. 402-403.

61 En este periodo, el modo de crecimiento económico español se caracterizaba por: una fuerte demanda de las familias de bienes de consumo; el saldo de la balanza de pagos negativo por un gran déficit comercial y un creciente endeudamiento exterior; un hipertrofiado sector de la construcción; una inflación diferencial con respecto a la eurozona pero con tipos de interés europeos; unas saneadas finanzas públicas; un nivel de empleo record (se superaron los veintidós millones de ocupados) y unas tasas de paro mínimas en la historia reciente; y, por último, un sistema financiero desarrollado, internacionalizado y con un alto nivel de exposición al sector inmobiliario tanto en préstamos a familias como a empresas constructoras. Mientras tanto, no se abordaban problemas estructurales de la economía española, como la dependencia energética, la pérdida de competitividad, el bajo nivel de gasto en I+D+i, el riesgo de segmentación del mercado nacional en mercados regionales, la ordenación del territorio, la financiación de los ayuntamientos o el paulatino peso de la administración pública, que en estos años ha crecido de forma significativa como consecuencia del desarrollo del estado de las autonomías. MARTÍN NAVARRO, J. L. "Crisis económica y crisis de la economía moderna. ¿Hacia una economía postmoderna?" en *Representaciones de la posmodernidad: Una perspectiva interdisciplinar* (Almagrado Jiménez, ed.), ArCiBel Editores, S. L, 2011 pp. 130-131.

62 La quiebra de *Lehman Brothers* en septiembre de 2008 constituye el instante crítico de la crisis del sistema financiero internacional. A partir de ese momento, el Banco Central Europeo adopta una política monetaria restrictiva. Stiglitz culpabiliza la creencia de que los mercados sin regular son forzosamente eficientes y estables del fenómeno descrito, es decir, la idea que propugna el neoliberalismo, así como apunta que la liberalización financiera y la financiarización fueron sus precursores. MARTÍN NAVARRO, J. L. "Crisis económica y crisis de la economía moderna. ¿Hacia una economía postmoderna?", *Op. Cit.*, pp. 115-119; STIGLITZ, J. E. *La gran brecha*, *Op. Cit.*, pp. 30-39.

supuesto un aumento de la pobreza y la desigualdad[63]. De facto, la desigualdad ha sufrido un incremento en las dos últimas décadas del siglo XX, sobre todo, en la distribución de la renta[64].

En el marco actual, los Estados de bienestar[65] (con escasas excepciones, por ejemplo, Suecia) no sólo son incapaces de alcanzar la igualdad con sus políticas redistributivas, sino que se torna el efecto contrario: los ricos cada vez acumulan más riqueza, mientras que los pobres cada vez se ven más empobrecidos[66], consolidándose una plutocracia mundial o, dicho de otro modo, un gobierno de ricos que progresivamente aumenta su concentración de bienes[67]. Nadie

---

63 Ante la crisis de 2008, España (al igual que otros países como EE. UU. o Inglaterra) pidió ayuda al gobierno, produciéndose el endeudamiento. La crisis del mercado financiero capitalista se transformó en la crisis de deuda del Estado a la que asistimos, con consecuencias negativas incalculables. Los expertos indican que sería necesario un sistema político supranacional eminentemente poderoso y fuerte que limitase la actividad global del capitalismo financiero. KOCHA, J. *Historia del capitalismo, Op. Cit.*, pp. 160-165.

64 DOMÍNGUEZ MARTÍNEZ, J.M. "Tiempo de desigualdad: cuestiones básicas para el análisis económico", en *eXtoikos*, nº 13, 2014, pp. 3-9; LLANO ORTIZ, J.C. *XII Informe: El estado de la pobreza en España. Seguimiento de los indicadores de la Agenda UE 2030. 2015-2021, Op. Cit.*, pp. 13-18.

65 El modelo social europeo se ha resquebrajado en muchos países ante la adopción del modelo globalizador neoliberal. Este ha desembocado en una reducción de los mecanismos sociales (bajo la lógica de que el Estado tiene que reducir su intervención, situando el acento en el mercado) que ha afectado negativamente a los Estados de bienestar. FARGE COLLAZOS, C. "Estados de bienestar", *Op. Cit.*, p. 48.

66 En efecto, la dualidad es una característica esencial de la sociedad capitalista actual, así como la concentración de la riqueza y la difusión de la miseria, con diferencias entre los países. Ahora bien, la gran brecha, que ha estado forjándose muchos años, se ha acentuado en el último periodo, acumulando los que se sitúan arriba en la escala económica una gran riqueza. BERGALLI, R. *Control social punitivo. Sistema penal e instancias de aplicación (policía, jurisdicción y cárcel)*, Bosch, 1996, p. 11; CIAFARDINI, M. *Capitalismo y Criminalidad. Una visión criminológica desde el materialismo histórico, Op. Cit.*, pp. 25-27; SANZ MULAS, N. *Política Criminal. Viejos problemas y nuevos desafíos*, Editorial Flores, 2017, pp. 52-53; STIGLITZ, J. E. *La gran brecha, Op. Cit.*, p. 12.

67 En la configuración de la plutocracia mundial es preciso mencionar el tardocolonialismo (fase avanzada del colonialismo facilitada por la revolución tecnológica) por la influencia que ejerce sobre los países del hemisferio sur. Asimismo, Terradillos Basoco destacó la importancia de considerar la corrupción económica y la corrupción política, que van unidas y se complementan, debido

puede negar que existe una gran brecha que se separa a los muy ricos —o el 1%— de los demás —el 99%—[68]. En este sentido, el índice Palma[69], que mide las diferencias entre los segmentos de población más pobres y más ricos, ha exhibido que la desigualdad está muy marcada en el mundo actual. También en España, que se posiciona en el sexto puesto de países europeos con mayor tasa de desigualdad según los últimos datos[70].

---

a que la primera busca la desregulación a través de una fuerte presión sobre la segunda que crea los espacios necesarios para su desarrollo. Uno de los ámbitos más afectados a causa de estos procesos (especialmente, de la corrupción a gran escala cometida por los cargos más altos del gobierno) es el Estado de Bienestar, que se encuentra en un declive constante. Así, la plutocracia aludida, con el fin de racionalizar el poder, utiliza el neoliberalismo con la consiguiente reducción de los mecanismos sociales destinados a los colectivos más desfavorecidos. TERRADILLOS BASOCO, J.M. *Aporofobia y plutofilia: la deriva jánica de la Política criminal contemporánea*, J.M Bosch, 2020, pp. 16-20; ZAFFARONI, E. R. y DIAS DOS SANTOS, I. "La nueva crítica criminológica. Criminología en tiempos de totalitarismo financiero", Tirant lo Blanch, 2020, pp. 52-53.

68 En alusión a los datos, se constató que los 26 hombres más ricos poseían tanta riqueza como la mitad más pobre de la población mundial (en torno a cuatro billones de personas) en el año 2018. MONTAGUT, T. "El capitalismo y sus crisis: ¿qué tipo de crisis?" en *Revista Internacional de Organizaciones*, nº 7, 2011, pp. 121-124; REHBEIN, B. "Capitalism and inequality" en *Revista Sociedade e Estado*, vol. 35, nº 3, 2020, pp. 695-719; STIGLITZ, J. E. *La gran brecha*, *Op. Cit.*, p. 11.

69 Este índice, elaborado por José Gabriel Palma, se calcula dividiendo los ingresos del 10% de las personas con mayor renta disponible y del 40% de las personas con menor renta disponible. Así, se obtiene una cifra entre 0, que representa la igualdad total, y 1, en alusión a la desigualdad completa. Se ha observado un aumento en la utilización del índice Palma en el contexto internacional. Véase la Organización de las Naciones Unidas (ONU de aquí en adelante) o la Organización para la Cooperación y el Desarrollo Económico (OCDE por sus siglas). PALMA, J. G. "Do nations just get the inequality they deserve? The 'Palma ratio' re-examined", en *Cambridge Working Paper Economics*, nº 1627, 2016, pp. 4-19.

70 España obtuvo una ratio de 0,32 en el año 2019. Los peores puestos fueron ocupados (en orden de mayor a menor) por: Bulgaria (cuyo incremento fue muy significativo con respecto al resto), Lituania, Letonia, Rumanía e Italia. En el lado opuesto del ranking se situaron Eslovaquia, República Checa, Eslovenia, Bélgica y Finlandia. Los resultados expuestos han sido confirmados por Martín Legendre en una reciente investigación. OECD. *Income inequality*. Recuperado de: https://data.oecd.org/inequality/income-inequality.htm. (Consultado el 5 de julio de 2021); MARTÍN-LEGENDRE, J.I. "The challenge of measuring poverty and inequality a comparative analysis of main indicators" en *European Journal of Government and Economics*, vol. 7, nº 1, 2018, pp. 31-33.

La desigualdad, unida a las políticas de austeridad que exacerbaron la crisis (debido a que los que se encuentran en la cima gastan menos, al contrario de lo que sucede con los situados en la base), provocaron una economía más débil en el territorio español. En este sentido, en el año 2015 Stiglitz afirmó "*España se encuentra sumida en una depresión. Esa es la única palabra que se puede emplear para describir su economía, y si esta continúa, son quienes se encuentran en el medio y en la base de la pirámide quienes más sufrirán*"[71].

Sin embargo, es necesario tener en cuenta que los gobiernos nacionales están limitados. En la actualidad, el poder lo poseen las grandes multinacionales (en defecto del propio Estado[72]), avanzando hacia un modelo postfordista[73] con una intervención de asistencia mínima a los

---

71 Igualmente, Stiglitz, en el capítulo denominado *La desigualdad se globaliza* expone una anécdota que sucedió en una de las reuniones internacionales: "*un alto funcionario de un país del norte de Europa no hizo ni ademán de dejar el tenedor durante una cena cuando otro comensal le dijo, con toda seriedad, que hay muchos españoles que buscan comida en los cubos de basura. «Deberían haber hecho las reformas antes», respondió, y siguió comiéndose su filete*". STIGLITZ, J. E. *La gran brecha, Op. Cit.*, pp. 137; 397-408.

72 Respecto a la concepción de "Estado postsoberano", se refiere a que los políticos no responden a su propia voluntad, sino a los límites impuestos por las corporaciones, ya que el poder político (de origen democrático) está siendo transferido a estas entidades, que toman las decisiones. Así, existe una tensión entre el capitalismo y la soberanía popular. Aunque el gobierno representa los intereses del pueblo, como rige el mercado económico, el Estado no puede asegurar la soberanía popular, aún más, cuando son los mercados quienes regulan la economía, los cuales, difícilmente, se guiarán por el ideal democrático. Más bien, los intereses económicos de los poderosos son capaces de influenciar la política y aprovecharse del aparato estatal a su antojo. Véase, entre otros, el fenómeno de las "puertas giratorias" consistente en que los funcionarios del gobierno, reclutados por empresas privadas, desempeñan su labor pública en beneficio de estas, a las que retornarán al finalizar su cargo público. FISS, O. "Capitalismo y Democracia" en *THEMIS Revista De Derecho*, nº 27-28, 1994, pp. 97-98; ZAFFARONI, E. R. y DIAS DOS SANTOS, I. "La nueva crítica criminológica. Criminología en tiempos de totalitarismo financiero", *Op. Cit.*, pp. 53-54.

73 El avance al modelo postfordista ha conllevado derivar en el ciudadano la responsabilidad de sus propias acciones, por ende, está "obligado" a aumentar su calidad de vida, cuya condición necesaria para su desarrollo es ser un consumidor activo en el mercado globalizado. ZAFFARONI, E. R. y DIAS DOS SANTOS, I. "La nueva crítica criminológica. Criminología en tiempos de totalitarismo financiero", *Op. Cit.* p. 26.

sujetos más necesitados[74], y dejando atrás, de este modo, su función de garante de los derechos humanos[75]. En efecto, la globalización[76], que es asimétrica, no ha afectado de igual forma a todos los estratos sociales, beneficiando a los poderosos (o mejor situados) y generando, de forma simultánea, desigualdad, marginación y exclusión[77], así como promoviendo la aporofobia institucional[78]. En síntesis, la distribución desigual

---

74 A diferencia de España, los países del centro y norte de Europa conservan políticas criminales inclusivas con derechos penales que no afectan con tanta intensidad a los grupos marginados, situándose de forma más cercana a los modelos de bienestar, con la consiguiente protección de los derechos sociales, económicos y culturales. Ahora bien, son necesarias estas políticas en la protección de los derechos y de la sociedad debido a que, como se expresará a lo largo del presente estudio, el Estado español no ha establecido como límite la vigencia de los derechos, priorizando, en tantas ocasiones, el lucro económico. TERRADILLOS BASOCO, J.M. *Aporofobia y plutofilia: la deriva jánica de la Política Criminal contemporánea*, *Op. Cit.*, p. 14.

75 SANZ MULAS, N. *Política Criminal. Viejos problemas y nuevos desafíos*, *Op. Cit.*, pp. 53-54.

76 La globalización, como proceso de internacionalización, ha supuesto la influencia de los mercados internacionales en las políticas estatales con el fin de construir un "nuevo orden económico internacional". Véase que la globalización promueve la unificación de todos los aspectos de la vida, en la cual rige el libre mercado como ley natural. Asimismo, entre sus principales manifestaciones se encuentran la liberalización del comercio, de los flujos de capital y de la mano de obra, produciéndose una interconexión de las economías mundiales. En este sentido, Stiglitz argumenta que numerosas prácticas económicas tóxicas fueron exportadas a Europa a causa de la globalización, al igual que la idea sustentada por EE. UU. de que los mercados por sí solos eran eficientes y estables. Entonces, el papel del gobierno debía ser mínimo. El autor mencionado también sustenta que la globalización ha agravado las desigualdades por su mala gestión de la economía, así como establece una relación con el papel de los grupos de interés de nuestra política que cada vez representa más los deseos del 1%. BARONE, M. "Globalización y posmodernidad. Encrucijada para las políticas sociales del nuevo milenio", *Op. Cit.*, pp. 1-25; GARCÍA LASO, A. "Visión y revisión de la globalización económica" en *Gaceta Sindical. Reflexión y Debate. Sindicalismo y globalización*, nº 2, 2002, pp. 69-77; STIGLITZ, J. E. *La gran brecha* (trads. Rodríguez Tapia y Corriente), Penguin Random House, 2017, pp. 83-85.

77 Se puntualiza que en el modelo de sociedad actual el punto central de inclusión es el trabajo, ya que otorga la capacidad de consumo que es necesaria para obtener la titularidad de los derechos de la ciudadanía. CIAFARDINI, M. *Capitalismo y Criminalidad. Una visión criminológica desde el materialismo histórico*, *Op. Cit.*, pp. 195-198; DE GIORGI, A. *El gobierno de la excedencia. Postfordismo y control de la multitud*, Traficante de sueños, 2006, pp. 119-125.

78 CORTINA, A. *Aporofobia, el rechazo al pobre. Un desafío para la democracia*, *Op. Cit.*, p. 141.

de la riqueza, endémica al sistema económico adoptado, ha desembocado en un empeoramiento e insatisfacción de las condiciones de vida de la mayor parte de la ciudadanía española, sobre todo, de los sujetos más pobres[79]. Por lo tanto, se establece el capitalismo neoliberal actual como el sistema social, político y económico[80] que produce y reproduce la pobreza a nivel nacional, dando lugar a la aporofobia institucional[81].

2. POBREZA Y EXCLUSIÓN SOCIAL

La pobreza, entendida como la privación de recursos económicos, es una de las manifestaciones resultantes de la aporofobia institucional. Este fenómeno, inherente al capitalismo neoliberal[82], afec-

---

79 INE. *Encuesta de condiciones de vida (ECV). Año 2021*, 2022, pp. 1-5. Recuperado de: https://www.ine.es/prensa/ecv_2021.pdf (Consultado el 8 de diciembre de 2022); LLANO ORTIZ, J.C. *XII Informe: El estado de la pobreza en España. Seguimiento de los indicadores de la Agenda UE 2030. 2015-2021, Op. Cit.*, pp. 13-18.

80 En la línea de Montagut, "*el capitalismo es más que la lógica de acumulación de capital bajo el mecanismo de los mercados. (…) El capitalismo es un sistema social político y económico*". Este modelo necesita del Estado para crear las condiciones necesarias en el mercado (únicamente alcanzables a través de instrumentos políticos) y en el control estatal (por la inestabilidad de los procesos capitalistas). En fases avanzadas, como la actual, provoca efectos que perjudican y destruyen el entorno social, cultural y político, lo que deriva en un cuestionamiento por parte de los ciudadanos, particularmente, cuando sus condiciones de vida se ven empeoradas. Así, el capitalismo conduce a una polarización que, sin un Estado de Bienestar que lo contrarreste, desemboca en una creciente desigualdad de ingresos y patrimonio, entendida como una injusticia en las culturas políticas democráticas que, incluso, puede poner en duda la legitimidad del sistema. MONTAGUT, T. "El capitalismo y sus crisis: ¿qué tipo de crisis?" en *Revista Internacional de Organizaciones, Op. Cit.*, p. 120.

81 En efecto, el debilitamiento de los Estados de bienestar, entre otras dinámicas ya mencionadas, como las políticas adoptadas por el capitalismo neoliberal, han producido una polarización mundial entre ricos y pobres que nunca había sido tan evidente (Piketty ya advirtió que los extremos de riqueza e ingresos son inherentes al capitalismo). En la misma línea, diversos investigadores tildan de deplorable el crecimiento abismal entre los recursos económicos de los que más y de los que menos tienen, cuya evolución ha sido increíblemente notoria en los últimos años. PIKETTY, T. *Capital en el Vigésima Primera Siglo* (Goldhammer, trad), Harvard University Press, 2014; STIGLITZ, J. E. *La gran brecha, Op. Cit.*, pp. 397-408.

82 AGUILAR GARZA, L.J y PARADA RIVERA, E.M. "La pobreza al interior del capitalismo: ¿fenómeno marginal o resultado estructural del sistema económico", *Op. Cit.*, p. 165; KOCHA, J. *Historia del capitalismo, Op. Cit.*, pp. 167-716.

ta a una gran parte de la población mundial. No obstante, los que la experimentan en su extremo, como las PSSH, son las que soportan unas condiciones de vida más degradantes[83]. Con el fin de comprender la aporofobia institucional, diversos/as autores/as han destacado la importancia de diferenciar entre dos términos[84]: pobre y empobrecido, cuya idea fue simplificada por Expósito Marín a través de una frase "*pobre se es, mientras que empobrecido, se está*"[85].

El primer término hace referencia a un atributo en el cual se puede observar el prejuicio que se relaciona con la aporofobia. Desde esta perspectiva individualista, la explicación de la pobreza hace alusión al merecimiento de la situación económica por el mal hacer del sujeto. De este modo, se pone el énfasis en la cuestión moral, ignorando las causas estructurales, económicas y sociales. Como el capitalismo admite la segregación causada por los recursos financieros, su argumentación es que estas diferencias no se generan en las estructuras institucionales, sino que las oportunidades de vida desiguales son originadas por las capacidades de los participantes. Por consiguiente, se sostiene el mito de la exclusión justa (o, al menos, justificada por su consideración de inevitable) impuesta por las reglas de la racionalidad económica[86].

El mito de la exclusión justa, partiendo de una base de igualdad de oportunidades (inexistente en el plano material), defiende la idea de que la exclusión que experimentan determinados colectivos es merecida (en consonancia con la meritocracia existente[87]). En con-

---

83 La pobreza extrema que sufren millones de individuos no solo es la consecuencia de la desigual distribución de recursos del sistema económico capitalista, pero es preciso destacar que crea inherentemente pobreza material. ISIDRO LUNA, V.M. "Pobreza en el capitalismo, ¿por qué persiste en la actualidad?" en *Ecos de Economía*, nº 37, 2013, pp. 102-103.

84 PINTOS, J.L. "Inclusión-exclusión. Los imaginarios sociales de un proceso de construcción social" en *SEMATA Ciencias Sociales e Humanidades*, vol. 16, 2004, pp. 20-22.

85 EXPÓSITO MARÍN, J.A. "Una aproximación a la aporofobia institucionalizada", *Op. Cit.*, p. 75.

86 *Ibidem*, pp. 71-75.

87 En otras palabras, la forma de gobierno basada en el mérito. LUCAS, J. "En los márgenes de la legitimidad. Exclusión y ciudadanía" en *DOXA*, nº 15-16, 1994, pp. 363.

secuencia, el sujeto es responsable de su situación de pobreza, cuya visión suele estar acompañada de la atribución de culpabilidad de no querer salir de ella. Este fenómeno, designado como culpabilización, forma parte de la violencia cultural que experimentan las PSSH[88]. En cambio, el segundo concepto, empobrecido, se refiere a una situación personal sobrevenida cuya causa es externa al individuo, situando el acento en el sistema[89]. Así, el desmantelamiento de las instituciones aporófobas juega un papel clave para afrontar la culpabilización.

En el estudio de la pobreza, otros/as autores/as han otorgado diferentes visiones. Vemos como, Simmel destacó la reacción social en la construcción de la pobreza, asignándole la etiqueta desde fuera. En otras palabras, la pobreza se establece como una categoría social atribuida por la sociedad, configurándose, de igual modo, determinados roles[90]. Por su parte, Sen centró la atención en la falta de libertad como característica fundamental, entendiéndola como "*incapacidad para satisfacer algunas necesidades elementales y esenciales*"[91] y situando el foco en la pobreza absoluta (también conocida como pobreza extrema).

Según los datos más recientes, a nivel global se registró el porcentaje más bajo de pobreza en el año 2015, con una cifra del 10%, manifestando un avance lento pero constante en la lucha contra la

---

88 Algunos ejemplos son: "*lo que tienes que hacer es buscar un trabajo, vago, eso es lo que eres*", "*lo que quieres es aprovecharte y que te mantengamos los demás*" o "*el desgraciado este, póngase a trabajar y deje de pedir a la gente que están como tú*". Las dos primeras fueron registradas en la investigación llevada a cabo por Hatento y la última en la efectuada por García Domínguez. GARCÍA DOMÍNGUEZ, I. "Aporofobia: una investigación cualitativa al colectivo de personas sin hogar en Salamanca" en *Ars Iruis Salmanticensis*, vol. 7, nº 2, 2019, p. 48; RAIS FUNDACIÓN. "Muchas preguntas, algunas respuestas", 2015. Recuperado de: http://hatento.org/wp-content/uploads/2014/10/informe-diagnostico.pdf (Consultado el 21 de mayo de 2021).

89 EXPÓSITO MARÍN, J.A. "Una aproximación a la aporofobia institucionalizada", *Op. Cit.*, pp. 74-77.

90 FERNÁNDEZ, J.M. "La construcción social de la pobreza en la sociología de Simmel" en *Cuadernos de Trabajo Social*, nº 13, 2000, pp. 19-20.

91 SEN, A. *La desigualdad económica*, Fondo de cultura económica, 2001, pp. 239-240.

pobreza mundial[92]. Esta tendencia se ha revertido a causa de la pandemia del COVID-19 que empujó a más de 70 millones de personas a la pobreza extrema en el año 2020[93]. De acuerdo con el Banco Mundial[94], esta cifra supone el mayor aumento desde que se inició su contabilización en 1990 y la actual guerra en Ucrania podría empeorar la situación[95].

En la Comunidad Europea, el Consejo expuso que la situación de pobreza se halla en "*los individuos, las familias y los grupos de personas cuyos*

---

92 BANCO MUNDIAL. *Según el Banco Mundial, la pobreza extrema a nivel mundial continúa disminuyendo, aunque a un ritmo más lento*, 2018. Recuperado de: https://www.bancomundial.org/es/news/press-release/2018/09/19/decline-of-global-extreme-poverty-continues-but-has-slowed-world-bank (Consultado el 8 de junio de 2020).

93 El Banco Mundial actualizó el concepto de pobreza extrema que se situó en menos de 2,15 dólares estadounidenses a finales del año 2022. Con el fin de cuantificar la pobreza, también ha sido ampliamente reconocido el Índice de Pobreza Humana (IPH) entre los años 1997 y 2009, siendo sustituido por el Índice de Pobreza Multidimensional (IPM) en el segundo año citado. Desafortunadamente, no existen datos acerca del territorio español en el último estudio publicado por Nacionales Unidas. BANCO MUNDIAL. *Reseña: Ajuste en las líneas mundiales de pobreza*, 2022. Recuperado de: https://www.bancomundial.org/es/news/factsheet/2022/05/02/fact-sheet-an-adjustment-to-global-poverty-lines (Consultado el 8 de diciembre de 2022); NACIONES UNIDAS. *The 2019 global Multidimensional Poverty Index (MPI). United Nations Development Programme*, 2019. Recuperado de: http://hdr.undp. org/en/2019-MPI (Consultado el 3 de noviembre de 2020).

94 En la lucha contra la pobreza, el Banco Mundial ha impulsado el enfoque de las necesidades básicas que presenta la desigualdad como condición inevitable en la distribución de la riqueza, sosteniendo, en la teoría, una satisfacción de mínimos en los sujetos pobres. Mientras tanto, en la práctica, no ha promovido una profundización de los derechos sociales con el fin de aumentan el bienestar de la población.
AGUILAR GARZA, L.J y PARADA RIVERA, E.M. "La pobreza al interior del capitalismo: ¿fenómeno marginal o resultado estructural del sistema económico", *Op. Cit.*, pp. 19-22; ISIDRO LUNA, V.M. "Pobreza en el capitalismo, ¿por qué persiste en la actualidad?", *Op. Cit.*, p. 93.

95 DAY COLLINS, E. "From the frontline: How the war has impacted homelessness in Ukraine" en *The war in Ukraine and its consequences on homelessness*, 2022. Recuperado de: https://www.feantsa.org/public/user/Resources/magazine/2022/Summer/FEA_002-22_magazine_summer_2022_v3.pdf (Consultado el 12 de diciembre de 2022); WORLD BANK. *Poverty and Shared Prosperity 2022: Correcting Course*, 2022. Recuperado de: https://openknowledge.worldbank.org/handle/10986/37739 (Consultado el 8 de diciembre de 2022).

recursos (materiales, culturales y sociales) son tan escasos que no tienen acceso a las condiciones de vida mínimas aceptables en el Estado miembro en que viven"[96], poniendo de manifiesto que sus características básicas son que la pobreza es relativa, estructural, multifactorial y multidimensional[97].

A partir de ahí, se desarrollaron dos conceptos que fueron ampliamente utilizados: la pobreza absoluta, referente a un umbral mínimo de recursos de supervivencia, y la pobreza relativa[98], que incluye el análisis del territorio donde se inserta.

Sobre la base de que la pobreza es un factor dinámico, es decir, que cambia a medida que se modifican las condiciones[99], una disminución de la tasa no se traduce en una mejora generalizada de las condiciones de vida de los peor situados. Es más, un descenso en la tasa se puede acompañar de un empeoramiento de las condiciones de vida de estas personas[100]. La explicación es la siguiente: al reducirse los ingresos de toda la población, el umbral también decrece, por ende, podría no situar en la zona del umbral del riesgo al mismo grupo de sujetos, a pesar de que su situación no haya progresado en absoluto o, inclusive, se haya agravado. Por lo tanto, en términos de pobreza relativa, cada vez habría que ser más pobre para pertenecer a esta categoría.

---

96 Diario oficial de las Comunidades Europeas nº 2/24. *Decisión del Consejo 85/8/CEE, de 19 de diciembre de 1984, relativa a una acción comunitaria específica de lucha contra la pobreza.*

97 En este contexto, la pobreza ha sido entendida en torno a dos nociones: la primera, como falta de recursos personales e individuales para llevar una vida mínima (de tradición anglosajona y escandinava); y, la segunda, relacionada con las condiciones de vida del sujeto e inserción social (cuya orientación se ha producido en Centroeuropa). CAMARERO SANTAMARIA, J. *El déficit social neoliberal. Del Estado del bienestar a la sociedad de la exclusión, Op. Cit.*, pp. 202-203.

98 Definida como: "*el porcentaje de personas que están por debajo del umbral de la pobreza, el cual se identifica con el 60% de la mediana de los ingresos individuales*". DOMÍNGUEZ MARTÍNEZ, J.M. "Tiempo de desigualdad: cuestiones básicas para el análisis económico", *Op. Cit.*, p. 6.

99 Por este motivo, son de mayor utilidad los estudios longitudinales en su medición, teniendo en cuenta el contexto de su estudio y las transformaciones que se producen en este. LÓPEZ DEL PASO, R. "La medición del nivel de pobreza" en *eXtoikos*, nº 13, 2014, pp. 1-2.

100 SALES i CAMPO, A. *El delito de ser pobre. Una gestión neoliberal de la criminalidad*, Icaria, 2014, pp. 25-27.

Con el fin de superar la dimensión estática y exclusivamente económica de la pobreza, la estrategia europea del año 2020 ha propuesto utilizar el indicador "*At Risk Of Poverty and/or Exclusion*" (conocido como AROPE) ya que hace alusión a la exclusión social, englobando el ámbito político, cultural y social[101]. En este sentido, los últimos datos apuntan un índice alto del AROPE que no ha dejado de crecer.

---

[101] El término exclusión social es atribuido a René Lenoir con su libro denominado *Les exclus: un Français sur Dix* que data del año 1974, aunque ya se había usado en obras anteriores. La divulgación del concepto exclusión social se produjo para designar a los marginados de la sociedad y a los desprotegidos del Estado, ya que una característica común era su dependencia asistencial estatal. Estos sujetos, cuya cifra aumentó en la década de los ochenta, convergen en su incapacidad de solución individual sin ayuda externa. Años más tarde, se produjo el reconocimiento europeo de este término con la *Resolución del Consejo y de los Ministros de Asuntos Sociales de las Comunidades Europeas, de 29 de septiembre de 1989, relativa a la lucha contra la exclusión social*, en la cual se debatió su carácter estructural. Posteriormente y a nivel nacional, con el informe del *Consejo Económico y Social* (CES) *La pobreza y la exclusión social en España* del año 1997, se añade el dinamismo y la multidimensionalidad del origen de la exclusión social. Es más, estos informes incluyeron la configuración estructural de la "nueva pobreza" que se relaciona con las formas de crecimiento económico, así como con los cambios demográficos, poblacionales y del sistema de valores de la época. Por consiguiente, se puso el acento en la adopción del modelo neoliberal, en el dinamismo de este proceso y en su origen multidimensional (trabajo, salud, vivienda, educación y empleo). En otras palabras, se abarcaron todas las áreas que posibilitan llevar a cabo una vida digna. Respecto de su multidimensionalidad, las causas de exclusión más importantes son: (1) pobreza, en alusión a sus dos vertientes: personal, siendo un problema del que la sufre, y social, debido a que la marginalidad y el aislamiento puede desembocar en conflictos sociales; (2) raza y minorías étnicas, categorías sobrerrepresentadas entre los pobres; (3) género. Véase la sociedad patriarcal y la feminización de la pobreza; (4) inmigración, fruto de la globalización que ha acrecentado la movilidad de los grupos migratorios más pobres hacia los países ricos, configurándose como un problema mundial; (5) marginación social, referente al grupo social como ausencia de participación en la vida social. Los marginados habitualmente se ubican en un espacio determinado y tienen costumbres propias. Un ejemplo es el colectivo de PSSH; (6) y desigualdad, basada en la noción de clase. CAMARERO SANTAMARIA, J. *El déficit social neoliberal. Del Estado del bienestar a la sociedad de la exclusión, Op. Cit.*, pp. 191-199; GARCÍA DOMÍNGUEZ, I. "Exclusión social y criminalidad: un análisis de las instituciones aporófobas a través de los delitos patrimoniales" en *Revista Penal*, nº 48, 2021, pp. 34-40; LORENZO GILSANZ, F.J. "Una mirada desde la acción social a la realidad de las personas sin hogar", *Op. Cit.*, pp. 207-209.

Se estima que un 22% de la población europea se encuentra en riesgo de pobreza y exclusión social. España ocupó el cuarto puesto con una tasa del 27% en el año 2020, con una diferencia porcentual de 5 puntos en comparación con la media de la Unión Europa[102].

En la estimación de la pobreza y exclusión social es de notoria importancia hacer alusión a la desigualdad económica, dado que la distribución de los recursos monetarios incide en el alcance y gravedad de la pobreza. De acuerdo con los datos más recientes, un 20% de la población europea con mayores rentas recibió 5,1 veces más que el 20% de los sujetos con menores rentas[103].

Conjugando ambos datos, puede sostenerse que en la Unión Europa existieron enormes desigualdades en la distribución de la renta y que la situación de pobreza podría ser más grave de lo que muestra el indicador AROPE.

En el ámbito nacional, España ha utilizado el *Índice Sintético de Exclusión Social* (ISES de aquí en adelante) para medir la pobreza y la exclusión social. Los datos del ISES mostraron un decrecimiento de la exclusión generalizada en sus dos categorías (moderada y severa) desde el año 2013[104], aunque las cifras continúan siendo desalentadoras. En el año 2018, cuatro millones de personas se encontraban en situación de pobreza severa, lo que supone un 44% más que en

---

102 EUROSTAT. *Tasa y umbral de riesgo de pobreza*, 2019. Recuperado de: https://ec.europa.eu/eurostat/statistics-explained/index.php?title=Income_poverty_statistics/es&oldid=456699#Tasa_y_umbral_de_riesgo_de_pobreza (Consultado el 8 de junio de 2020); EUROSTAT. *One in five people in the EU at risk of poverty or social exclusion*, 2021. Recuperado de: https://ec.europa.eu/eurostat/en/web/products-eurostat-news/-/edn-20211015-1?_ga=2.35679847.65080244.1670598120-483250557.1670598120 (Consultado el 8 de diciembre de 2022).

103 EUROSTAT. *Desigualdades en la renta*, 2019. Recuperado de: https://ec.europa.eu/eurostat/statistics-explained/index.php?title=Income_poverty_statistics/es&oldid=456699#Tasa_y_umbral_de_riesgo_de_pobreza (Consultado el 8 de junio de 2020).

104 La disminución se produjo después del pico experimentado en el año 2013. Si bien la reducción no fue significativa, especialmente, en la subdivisión de exclusión severa en el periodo temporal 2007-2018. GARCÍA DOMÍNGUEZ, I. "Exclusión social y criminalidad: un análisis de las instituciones aporófobas a través de los delitos patrimoniales", *Op. Cit.*, pp. 38-43.

el 2007[105] (año anterior al comienzo de la crisis). Asimismo, la pandemia del COVID-19 ha revertido la tendencia de descenso. Desde el 2018, la exclusión ha aumentado en todas sus categorías, especialmente la más severa que se situó en un 4,8% en el 2021[106].

Las estadísticas presentadas muestran el carácter estructural de la exclusión que mantiene a los individuos en estados (casi) permanentes. En este punto, es fundamental destacar que una de las características más importantes del término exclusión es su origen estructural[107], lo que permite alejar la responsabilidad individual de los sujetos para tener en cuenta las transformaciones llevadas a cabo por el capitalismo actual de ideología neoliberal, como el detrimento del Estado de Bienestar y el aumento de la desigualdad en la distribución de la riqueza[108].

La importancia de la estructura en la que se insertan los individuos en el estudio de la aporofobia institucional, resulta en la sustitución del concepto "pobreza" por "exclusión social" debido a que considero se ajusta más a su definición. La exclusión social hace referencia a todo el tejido institucional y social, desde instituciones formales

---

105 FOESSA. *VIII Informe sobre exclusión y desarrollo social en España*, 2019, p. 214. Recuperado de: https://www.foessa.es/main-files/uploads/sites/16/2019/06/Informe-FOESSA-2019_web-completo.pdf (Consultado el 23 de octubre de 2020).

106 Véase la diferencia con el 3% registrado en el año 2018. FOESSA. *Índice sintético de exclusión social (ISES), 2022.* Recuperado de: https://www.foessa.es/encuestas-sobre-integracion/exclusion-social/el-indice-sintetico-de-exclusion-social/ (Consultado el 8 de diciembre de 2022).

107 LAPARRA, M. *et al.* "Una propuesta de consenso sobre el concepto de exclusión. Implicaciones metodológicas" en *Revista española del tercer sector*, nº 5, 2007, p. 27.

108 Es importante puntualizar que la desigualdad, a pesar de englobar diferentes ámbitos (como la política o la economía), debe ser diferenciada de la pobreza y de la exclusión social. Por ejemplo, puede existir desigualdad en la distribución de los ingresos, pero no altos porcentajes de pobreza. Ahora bien, las desigualdades jurídico-políticas y sociales se engloban en la exclusión social y la desigualdad social de oportunidades va en paralelo con la exclusión social. Por ello, la desigualdad social, como problema sociopolítico y económico tendría que ser atajada a través del Estado y la sociedad en acciones conjuntas. CAMARERO SANTAMARIA, J. *El déficit social neoliberal. Del Estado del bienestar a la sociedad de la exclusión, Op. Cit.*, pp. 211-214.

hasta reglas sociales, visiones del mundo o pautas comportamentales, que se enmarcan en el ámbito informal. En este sentido, sea formal o informal, la institución sería el *instrumento* que percibe, produce y reproduce la aporofobia, la cual va más allá de lo visible y manifiesto, abarcando prácticas sociales que podrían considerarse más sutiles e invisibles[109].

La intensidad y la afección de las instituciones aporófobas no se distribuye uniformemente en la sociedad, sino que el conjunto de PSSH lo experimenta de forma más acentuada[110]. Como apuntó Bauman, el gobierno pretende invisibilizar a estos sujetos[111] con el fin de dar una idea de sociedad igualitaria, lo que ha contribuido a la consolidación de un mayor crecimiento del colectivo de sin-

---

[109] Como indicó Bustos Rubio, existen determinadas instituciones sociales, tanto de carácter público como privado, que resultan por sí mismo aporófobas por el hecho de que ellas mismas son las que generan pobreza y, consecuentemente, más aporofobia. BUSTOS RUBIO, M. *Aporofobia y delito. La discriminación socioeconómica como agravante (art. 22.4ª CP)*, Bosch Editor, 2020, pp. 53-54; BUSTOS RUBIO, M. "El art. 22,4ª del Código Penal: una circunstancia inconclusa en una realidad social aporófoba" en Revista Electrónica de Estudios Penales y de la Seguridad, nº 7, 2021, pp. 14-18; infrEXPÓSITO MARÍN, J.A. "Una aproximación a la aporofobia institucionalizada", *Op. Cit.*, pp. 75-76.

[110] No obstante, se ha estado creando una nueva forma de gestión de la marginalidad en los últimos años, con la creciente pobreza y desigualdad, que incide en sectores poblacionales antes situados de forma clara en la clase media. Si bien, las PSSH sufren en mayor medida las consecuencias ya que se ven comprometidas sus necesidades más elementales (alimento, vivienda y salud). Por consiguiente, se torna imprescindible iniciar la ardua lucha contra la desigualdad estructural con la adquisición de una vivienda digna. Esta idea ha sido difundida a través del modelo *Housing first* que pone el acento en la vivienda como espacio de protección y desarrollo personal. MÁIZ, R. "Capítulo 1. Desigualdad, predistribución y vivienda digna, *Op. Cit.*, p. 29.

[111] Estos individuos son categorizados, generalmente, como personas excluidas (o "residuos humanos" según Bauman) sin posibilidad de abandono de su situación a causa de los prejuicios generados sobre sus características individuales. Algunos ejemplos son la drogodependencia, el alcoholismo, la poca fuerza de voluntad o su predisposición al delito. FERNÁNDEZ EVANGELISTA, G. "Penalization of homelessness" *en Mean Streets. A report on the criminalisation of homeless in Europe* (Fernández Evangelista, coord.), Fondation Abbé Pierre, Feantsa y Housing Right Watch, 2013, p. 67. Recuperado de: https://www.housingrightswatch.org/sites/default/files/Mean%20Streets%20-%20Full.pdf (Consultado el 22 de mayo de 2021); MÁIZ, R. "Capítulo 1. Desigualdad, predistribución y vivienda digna, *Op. Cit.*, pp. 13-15.

hogarismo frente a la capacidad de gestión de los Estados[112]. Las PSSH son entendidas como un "exceso" y un resultado "inevitable" de acuerdo con los discursos construidos por el orden social actual que, en cierta medida, relega otorgarle medios de subsistencia[113]. Por lo tanto, se convierten en una carga financiera (ya que no contribuyen en su producción) y, al mismo tiempo, en víctimas colaterales del progreso que el gobierno debe afrontar[114]. Desafortunadamente, la gestión de las PSSH se caracteriza fundamentalmente por su exclusión, siendo un factor sustancial la atribución de un estigma[115].

Siguiendo lo desarrollado por Lorenzo Gilsanz, las PSSH experimentan cuatro negaciones: en primer lugar, *la negación de "tener"*, que implica una doble violencia institucional, compuesta por carencias materiales e insatisfacción de necesidades básicas (que no solo incluyen los ya conocidos vivienda, abrigo y comida, también su dimensión afectiva); en segundo lugar, *la negación de "estar"*, rechazando los derechos de unas personas que incomodan a la ciudadanía y, como no pueden retribuir a la lógica del mercado, son culpabilizados de

---

112 En la actualidad, ante la crisis internacional en la gestión de estos individuos, los países tratan, en muchas ocasiones, de establecer soluciones locales a problemas globales, aunque éstas resultan ineficaces. BAUMAN, Z. *Vidas desperdiciadas. La modernidad y sus parias*, Paidós, 2005, pp. 15-16; 94-95.

113 Véase que estos sujetos son entendidos como superfluos, innecesarios, o, dicho de otro modo, desechados por ser desechables. BAUMAN, Z. *Vidas desperdiciadas. La modernidad y sus parias*, *Op. Cit.*, pp. 15-28.

114 BAUMAN, Z. *Vidas desperdiciadas. La modernidad y sus parias*, *Op. Cit.*, pp. 15-28.

115 En el desarrollo de nuestra vida diaria nos cruzamos con muchos extraños a los que, sin prestarles una gran atención, clasificamos por sus apariencias y atributos, es decir, por su identidad social, que no tiene porqué corresponderse con la realidad. Cuando categorizamos a estas personas con base a una característica que lo hace diferente y, especialmente, "*menos apetecible*" en palabras de Goffman (o en términos extremos, peligrosa), le estamos atribuyendo un estigma (cuyo concepto fue creado por los griegos para referirse a la exhibición de la maldad). Entonces, el estigma desacredita a la persona en nuestra comunidad, confirmando la normalidad del "nosotros" frente a los "otros". Así, las PSSH están sujetas a un rechazo colectivo de la ciudadanía debido a que se les asigna, como ya se ha indicado, una incapacidad en el progreso de la sociedad, representándolos como un fracaso en el sistema establecido. Además, este proceso forma parte de la violencia cultural proclamada por Galtung. GOFFMAN, E. *Estigma. La identidad deteriorada*, Amorrortu editores, 2006, pp. 11-13, 165-166.

su situación (violencia cultural). Esta dimensión también se puede observar en las políticas públicas de gestión del espacio que contribuyen a su invisibilidad, cuando no a su sanción administrativa[116]; en tercer lugar, *la negación del "hacer"*, que reitera la responsabilidad individual y el control como única forma de gestión de las PSSH; y, en cuarto lugar, *la negación del ser*, consecuencia del rechazo de los tres factores mencionados, lo que implica no reconocer su existencia, dignidad y desarrollo humano. En esta se halla la máxima representación de la aporofobia[117].

Teniendo en cuenta lo desarrollado, se puede inferir que la relación existente entre los excluidos y el Estado es de una dependencia unilateral[118]. En la sociedad actual de la reciprocidad y del consumismo, el grupo de PSSH es etiquetado como fallido, dado que no tienen una capacidad monetaria mínima para situarse dentro de la sociedad del intercambio (siendo los recursos financieros el medio de integración)[119]. Por consiguiente, sufren la inexistencia de reconocimiento por la privación de condiciones materiales y se sitúan fuera[120], es decir, en el terreno donde la exclusión opera[121].

---

116 Ver apartado 3 titulado *La sanción de las manifestaciones del sinhogarismo en el espacio público* del capítulo II del libro.

117 LORENZO GILSANZ, F.J. "Una mirada desde la acción social a la realidad de las personas sin hogar", *Op. Cit.*, p. 215-219.

118 FERNÁNDEZ, J.M. "La construcción social de la pobreza en la sociología de Simmel", *Op. Cit.*, p. 28.

119 En la sociedad actual de la reciprocidad se convierte en una dificultad que salvar en el grupo de PSSH, quienes parece que no tienen nada que ofrecer. Aunque como destacaba Cortina: "*no hay nadie que no pueda dar algo a cambio*". CORTINA, A. *Aporofobia, el rechazo al pobre. Un desafío para la democracia, Op. Cit.*, p. 25.

120 Esta idea se puede observar en la actualidad con la adopción del neoliberalismo a causa de que es el mercado quien regula el orden social y determina su inclusión/exclusión en la sociedad. Así pues, el grupo de PSSH es catalogado como un coste pasivo, un efecto imprevisto y no deseado de los procesos actuales. CIGÜELA SOLA, J. *Crimen y castigo del excluido social. Sobre la ilegitimidad política de la pena, Op. Cit.*, pp. 111-112.

121 En el año 1996, Zubero afirmó "*no es la sociedad la que nos permitirá abordar el problema de la exclusión, sino la exclusión la que nos ofrece la posibilidad de juzgar una sociedad que practica la exclusión estructurada*". ZUBERO, I. *Movimientos sociales y alternativas a la sociedad*, HOAC, 1961, p. 44.

Desde la concepción de los derechos sociales, la exclusión es injustificable por la dificultad (o más bien, imposibilidad) de satisfacer derechos fundamentales, como la dignidad o el libre desarrollo de la personalidad, sin el establecimiento previo de una vivienda. Consecuentemente, la privación del derecho a la vivienda (objeto de política social desde el siglo XIX[122]) se establece como una pieza fundamental de la aporofobia institucional.

3. DERECHO A LA VIVIENDA

"La crisis de la vivienda es una crisis de derechos humanos que requiere una respuesta basada en los derechos humanos"
Asamblea General de Naciones Unidas[123]

En un mundo en el que no existe un equilibrio entre arrendadores y arrendatarios, sino que está caracterizado por exclusión social y desigualdad, la intervención pública para dotar de una vivienda a quienes por sí mismos no son capaces de satisfacer sus necesidades más básicas, como sucede con el grupo de PSSH[124], es fundamental. Por este motivo, la vivienda se ha configurado como un derecho humano y social en el ámbito internacional y nacional[125].

En los últimos años, las crisis experimentadas, en consonancia con el declive del Estado de Bienestar y la consideración del mercado

122 Véase la Real Orden del 9 de septiembre de 1853 del Ministro de la Gobernación o la legislación sobre casas baratas que tuvo lugar entre los años 1911 y 1937, produciéndose una transformación de la beneficencia al derecho que se consolidó con la Constitución Española de 1978. GONZÁLEZ ORDOVÁS, M.J. *El derecho a la vivienda. Reflexiones en un contexto socioeconómico complejo*, Dykinson, 2013, pp. 52-65.

123 ASAMBLEA GENERAL DE LAS NACIONES UNIDAS. *Directrices para la aplicación del Derecho a una Vivienda Adecuada. Informe de la Relatora Especial sobre una vivienda adecuada como elemento integrante del derecho a un nivel de vida adecuado y sobre el derecho de no discriminación a este respecto*, 2019, p. 3. Recuperado de: https://undocs.org/es/A/HRC/43/43 (Consultado el 26 de abril de 2021).

124 GONZÁLEZ ORDOVÁS, M.J. *El derecho a la vivienda. Reflexiones en un contexto socioeconómico complejo, Op. Cit.*, pp. 27-45.

125 CAMARERO SANTAMARIA, J. *El déficit social neoliberal. Del Estado del bienestar a la sociedad de la exclusión, Op. Cit.*, pp. 236-245.

como punto central (que se sitúa por encima de las necesidades más básicas de las personas), han agravado la insatisfacción del derecho a la vivienda. Prueba de ellas son las cifras que se presentan[126]: a nivel mundial, más de 150 millones de sujetos no tienen un hogar[127]; en el ámbito europeo, más de 700.000 personas duermen en la calle, en alojamientos temporales o en albergues de emergencia (con un incremento del 70% en los diez años anteriores)[128]; y en el territorio nacional español, la cifra estimada es de 40.000 PSSH[129], encontrándose alrededor de 8.000 sin techo[130].

La crisis de la vivienda también ha sido agravada por la pandemia mundial del COVID-19 y en el futuro será necesario evaluar el impacto de la actual guerra en Ucrania[131]. Ahora bien, con la pandemia se acentuó la necesidad de una vivienda como condición ineludible para garantizar el derecho a la vida, debido a que esta se consolidó como la primera línea de defensa frente al virus. Por ende, los grupos más vulnerables, como el colectivo de PSSH, resultaron seriamente afectados[132]. Ello motivó numerosos llamamientos a la solidaridad

---

126 Aunque las estadísticas sobre el sinhogarismo son ampliamente desarrolladas en el apartado 1 *El colectivo de personas en situación de sinhogarismo a través de los datos* del capítulo IV de la investigación.

127 CHAMIE, J. *As Cities Grow Worldwide, So Do The Numbers Of Homeless – Analysis, 2021.* Recuperado de: https://www.eurasiareview.com/author/yaleglobal–online/ (Consultado el 12 de diciembre de 2022).

128 FEANTSA. *Fifth Overview of Housing Exclusion in Europe, 2020.* Recuperado de: https://www.feantsa.org/en/report/2020/07/23/fifth-overview-of-housing-exclusion-in-europe-2020?bcParent=27 (Consultado el 12 de diciembre de 2022).

129 Si bien, la cifra oficial es de 28.552 en centros asistenciales de alojamiento y restauración en el año 2022. CÁRITAS. *Día de las Personas Sin Hogar: Voluntad política y compromiso común para erradicar el sinhogarismo*, 2018. Recuperado de: https://www.caritas.es/noticias/dia-de-las-personas-sin-hogar-voluntad-politica-ycompromiso-comun-para-erradicar-el-sinhogarismo/ (Consultado el 12 de diciembre de 2022); INE. *Encuesta a las personas sin hogar. Año 2022*, 2022. Recuperado de: https://www.ine.es/prensa/epsh_2022.pdf (Consultado el 12 de diciembre de 2022).

130 RAIS FUNDACIÓN. *Derecho a la vivienda.* Recuperado de: https://hogarsi.org/derecho-vivienda (Consultado el 26 de abril de 2021).

131 DAY COLLINS, E. "From the frontline: How the war has impacted homelessness in Ukraine", *Op. Cit.*

132 JACINTO URANGA, M. "El derecho a la vivienda ante la crisis del COVID-19" en *Guías sectoriales COVID 19, Sección de Derechos humanos*, Ilustre Colegio de Ma-

internacional[133] y, al mismo tiempo, se emitieron directrices para el respeto de todos los derechos humanos, incluyendo los derechos económicos sociales, civiles y políticos. Con relación a la vivienda, las recomendaciones principales fueron proveer a las PSSH de alojamientos de emergencia accesible y no castigarlas por su situación de calle[134].

En España, se dictaron dos leyes a nivel nacional con el fin de proteger a los grupos más vulnerables (aunque sin hacer mención expresa a la renuncia del castigo de las PSSH). Estas fueron el *Real Decreto-ley 8/2020, de 17 de marzo, de medidas urgentes extraordinarias para hacer frente al impacto económico y social del COVID-19* y el *Real Decreto-ley 11/2020, de 31 de marzo, por el que se adoptan medidas urgentes complementarias en el ámbito social y económico para hacer frente al COVID-19*. En alusión al sinhogarismo, la primera de ellas encargó a las CC. AA. el refuerzo de los dispositivos de atención al colectivo y la segunda establecer programas de ayuda[135].

3.1. Ámbito internacional y europeo

A lo largo de la historia, los organismos internacionales han subrayado la interdependencia de los derechos, afirmando que el derecho a la vivienda está irremediablemente ligado a otros, como la dignidad o la igualdad, que no pueden ser disfrutados sin una mora-

---

drid, 2020, pp. 44-46.

133 Un ejemplo es el realizado por el Comité de derechos económicos, sociales y culturales de la ONU. NACIONES UNIDAS. *COVID-19: expertos y expertas de la ONU hacen un llamado a la solidaridad internacional para aliviar las cargas financieras de los países en desarrollo y los más vulnerables*, 2020. Recuperado de: http://www.oacnudh.org/covid-19-expertos-y-expertas-de-la-onu-hacen-un-llamado-a-la-solidaridad-internacional-para-aliviar-las-cargas-financieras-de-los-paises-en-desarrollo-y-los-mas-vulnerables/ (Consultado el 26 de abril de 2021).

134 NACIONES UNIDAS. *Directrices relativas a la COVID-19*, 2020. Recuperado de: https://www.ohchr.org/SP/NewsEvents/Pages/COVID19Guidance.aspx (Consultado el 26 de abril de 2021).

135 Las tareas asignadas resultaron en la dotación de servicios a más de 7.000 PSSH a nivel nacional según los datos del 11 de mayo de 2020 aportados por Hogar Sí. HOGAR SÍ. *Mapa de respuesta al sinhogarismo durante la covid-19*, 2020. Recuperado de: https://hogarsi.org/mapa-covid19/ (Consultado el 26 de abril de 2021).

da adecuada. Esta conexión se torna especialmente relevante en la época actual de la globalización, en la cual los derechos deben ser interpretados como un todo.

El principio de igualdad[136] se encuentra en la base de los derechos sociales, ya que se establecieron con el fin de compensar las desigualdades. Si éstos no son satisfechos, la libertad se torna difícil (sino imposible) en muchas personas y, particularmente, en las que se encuentran en situaciones económicas más desfavorecidas[137]. Es por ello que se han desarrollado diversos instrumentos que recogen el derecho a la vivienda de forma directa o indirecta[138].

El primero de ellos fue la *Declaración Universidad de Derechos Humanos* (DUDH por sus siglas) de 1948, adoptada por la Asamblea General de las Naciones Unidas. En su artículo 25, la DUDH recoge la vivienda como un derecho humano ineludible para llevar a cabo un nivel de vida adecuado, así como parte de un todo que es necesario para garantizar la vida y la dignidad humana[139].

Posteriormente, existieron otros instrumentos que se interrelacionan como: el *Convenio Europeo para la Protección de los Derechos Humanos y las Libertades Fundamentales (*también conocido como *Convención Europea de Derechos Humanos,* CEDH por sus siglas) de 1950, que contempla el derecho a la vivienda de forma indirecta en diversos artícu-

---

136 La condición de ciudadano se fundamenta en la igualdad humana básica, por ende, de forma independiente a su nivel de riqueza, se debe garantizar un nivel mínimo de vida socio-personal. Los derechos socioeconómicos y culturales han culminado el proceso histórico de reconocimiento de los derechos humanos, es decir, civiles (siglo XVIII), políticos (siglo XIX) y socioeconómicos, con especial énfasis en una vida digna, dado que engloban los derechos de bienestar e igualdad social consagrados en el Estado de Bienestar. CAMARERO SANTAMARIA, J. *El déficit social neoliberal. Del Estado del bienestar a la sociedad de la exclusión, Op. Cit.*, pp. 233-235.

137 GONZÁLEZ ORDOVÁS, M.J. *El derecho a la vivienda. Reflexiones en un contexto socioeconómico complejo, Op. Cit.*, pp. 27-28.

138 KUZNETSOVA, A. "El derecho a la vivienda como derecho humano" en *Desafíos actuales del derecho. Aportaciones presentadas al II Congreso Nacional de Jóvenes Investigadores en Ciencias Jurídicas* (Valencia Sáiz, dir.; Archidona Hidalgo y Pastor García, A, coords.), 2020, p. 792.

139 GONZÁLEZ ORDOVÁS, M.J. *El derecho a la vivienda. Reflexiones en un contexto socioeconómico complejo, Op. Cit.*, p. 105.

los. Por ejemplo, el artículo 8 incide en el respeto de la vida privada y familiar, lo que implica, necesariamente, disponer de una vivienda que pueda ser considerada "hogar"; *La Carta Social Europea* (CSE por sus siglas) de 1961, siendo relevante el artículo 13, que proclama la asistencia social y médica, y el artículo 14[140] que recoge explícitamente el derecho a la vivienda, en consonancia con la protección contra la pobreza y la exclusión social del artículo 31. El objetivo fue prevenir estos fenómenos en los años subsiguientes, aunque, atendiendo a las cifras actuales, se puede afirmar que no lo alcanzó[141]; el *Pacto Internacional sobre los Derechos Económicos, Sociales y Culturales (ICESCR* por sus siglas en inglés) de 1966 supervisado por el *Comité de Derechos económicos, Sociales y Culturales (*CESCR por sus siglas en inglés)[142].

El ICESCR fue especialmente relevante. El motivo reside en que el derecho a la vivienda fue erigido como un objetivo estratégico de desarrollo que los Estados debían acoger, incidiendo, por un lado, en su reconocimiento (art. 11) y, por el otro, en la obligación de los poderes públicos en su ejecución (arts. 2.1 y 2.2). En este sentido, se expresa que deben destinar el máximo de recursos disponibles a satisfacer de forma progresiva y no discriminatoria los derechos

---

140 El artículo 14 de la CSE, que versa "*para garantizar el ejercicio efectivo del derecho a la vivienda, las Partes se comprometen a adoptar medidas destinadas a: (1) favorecer el acceso a la vivienda de un nivel suficiente; (2) prevenir y paliar la situación de carencia de hogar con vistas a eliminar progresivamente dicha situación; y (3) hacer asequible el precio de las viviendas a las personas que no dispongan de recursos suficientes*", plasmó por primera vez expresamente el derecho a la vivienda a nivel internacional. KUZNETSOVA, A. "El derecho a la vivienda como derecho humano", *Op. Cit.*, pp. 793-797.

141 SIMÓN MORENO, H. "La vivienda como derecho fundamental" en *Housing. Newsletter de la Cátedra de Vivienda de la Universidad Rovira i Virgili*, nº 1, 2014, p. 8.

142 También se destaca la *Conferencia Hábitat de las Naciones Unidas de Estambul* del año 1996 que reconoce como fin universal garantizar una vivienda adecuada para todos. NACIONES UNIDAS. *Segunda Conferencia de Naciones Unidas sobre asentamientos humanos (HABITAT II), 3-14 de junio, Estambul, Turquía, 1996.* Recuperado de: https://www.un.org/es/events/pastevents/unchs_1996/#:~:text=(3%2D14%20de%20junio%20de%201996%2C%20Estambul%2C%20Turqu%C3%ADa)&text=La%20primera%20gran%20conferencia%20de,Vancouver%2C%20Canad%C3%A1%2C%20en%201976.&text=%2C%20por%20la%20cual%20los%20Gobiernos,todos%20y%20asentamientos%20humanos%20sostenibles (Consultado el 29 de marzo de 2021).

reconocidos en el pacto. Además, su incumplimiento ha derivado en varias condenas, como la Decisión número 2/2014[143], ya que el CESCR había informado previamente de la necesidad de hacer cumplir el derecho a una vivienda para el disfrute del resto de derechos económicos, sociales y culturales[144].

Posteriormente, el ICESCR, en conjunto con la *Carta Comunitaria de los Derechos Sociales Fundamentales de los Trabajadores* (CCDF por sus siglas) de 1989, derivó en la creación de la *Carta de los Derechos Fundamentales de la UE* (CDFUE de aquí en adelante) de 2000. La CDFUE pretende alcanzar un doble fin: asegurar la dignidad de las personas estableciendo una ayuda a la vivienda en la lucha contra la pobreza y dotar de efectividad los derechos sociales de los diferentes países miembros (art. 34.3). En el 2007, se creó el *Tratado de la Unión Europea* (conocido como TUE por sus siglas) que afirma su adhesión a la CSE y a la CCDF, así como reitera su contribución en la erradicación de la pobreza. Diez años más tarde, el Pilar Europeo de Derechos Sociales recogió la vivienda y la asistencia al colectivo de PSSH, marcándose como propósito la reducción de la cifra de personas en riesgo de pobreza o exclusión social en, al menos, 15 millones en el 2030[145], pero sin plasmarlo en políticas sociales eficaces.

La última iniciativa, realizada por Housing Rights Watch en el año 2017, consistió en la creación de *Homeless Bill of rights*[146] (*Carta de Derechos de las Personas sin Hogar*, CDPH de aquí en adelante). La CDPH, que consta de una recopilación de derechos básicos, fue construida a

---

143 *Comunicación número 2/2014 (E/C.12/55/D/2/2014), Dictamen aprobado por el Comité en su 55º período de sesiones (1 a 19 de junio de 2015).*

144 JIMÉNEZ ALEMÁN, A. A. "Capítulo 5. Un derecho no tan débil: La movilización jurídica ante la hipermercantilización de la vivienda" en *Políticas y derecho a la vivienda. Gente sin casa y casas sin gente* (Paleo Mosqueda, ed.), 2020, pp. 148-149.

145 COMISIÓN EUROPEA. *El pilar europeo de derechos sociales*. Recuperado de: https://ec.europa.eu/info/strategy/priorities-2019-2024/economy-works-people/jobs-growth-and-investment/european-pillar-social-rights/european-pillar-social-rights-20-principles_es (Consultado el 5 de abril de 2021).

146 HOUSING RIGHTS WATCH. *Homeless Bill of Rights*, 2017. Recuperado de: https://www.housingrightswatch.org/sites/default/files/Template%20Homeless%20Bill%20of%20Rights%20EN_0.pdf (Consultado el 23 de junio de 2021).

partir de la adaptación de los instrumentos europeos e internacionales en materia de derechos humanos a la situación de las PSSH. Entre otros, se destaca el derecho de todas las personas a tener un hogar. Esta carta persigue que las ciudades y los municipios se suscriban, siendo posible su adaptación al territorio en cuestión. En Europa son varias las ciudades que la han acogido, como Thessaloniki en Grecia, Gdansk en Polonia, Kranj en Croacia, Villeurbane en Francia o Barcelona en España (Santiago de Compostela y Móstoles se han adherido de forma ulterior)[147].

Se concluye que, pese a los esfuerzos de las organizaciones internacionales en la inclusión del derecho a la vivienda en los Estados Miembros[148], lo cierto es que muy pocos han adoptado estas direc-

---

[147] HOUSING RIGHTS WATCH. *European Campaign for the recognition of the Rights of Homeless People.* Recuperado de: https://www.housingrightswatch.org/billofrights (Consultado el 23 de junio de 2021).

[148] Las más recientes fueron: el *Dictamen recordatorio del derecho a una vivienda como una obligación internacional*, emitido por el Comité Europeo en el año 2018, y el *Informe de la Relatora Especial sobre una vivienda adecuada como elemento integrante del derecho a un nivel de vida adecuado y sobre el derecho de no discriminación a este respecto,* realizado por las Naciones Unidas en el año 2019. Con relación al segundo, este nace de la necesidad de vivienda en auge derivada de la crisis mundial, en paralelo a la falta de aplicación de las obligaciones de los Estados en el cumplimiento de los derechos humanos relativos a la vivienda, tal como la dignidad inherente al ser humano, la igualdad que debe ser defendida o el bienestar del sujeto. Por consiguiente, considera relevantes en atención al tema central cuatro directrices. En primer lugar, la número 1: "*garantizar el derecho a la vivienda como derecho humano fundamental vinculado a la dignidad y al derecho a la vida*". En segundo lugar, la número 4, "*aplicar estrategias integrales para hacer efectivo el derecho a la vivienda*" a causa de la multidimensionalidad del fenómeno. En tercer lugar, la número 5: "*erradicar el problema de la falta de hogar en el menor tiempo posible y acabar con la criminalización de las personas sin hogar*", para ello, se deben establecer procesos que lidien con la condena de PSSH por delitos de bagatela, intentando paliar su problemática de exclusión y falta de hogar; y, por último, la número 16, esto es, "*garantizar el acceso a la justicia para todos los aspectos del derecho a la vivienda*". ASAMBLEA GENERAL DE LAS NACIONES UNIDAS. *Directrices para la aplicación del Derecho a una Vivienda Adecuada. Informe de la Relatora Especial sobre una vivienda adecuada como elemento integrante del derecho a un nivel de vida adecuado y sobre el derecho de no discriminación a este respecto, Op. Cit.*, pp. 2-9; COMITÉ EUROPEO DE LAS REGIONES. *Hacia una agenda europea de la vivienda.* Recuperado de: https://eur-lex.europa.eu/legal-content/ES/TXT/PDF/?uri=OJ:JOC_2018_164_R_0010&from=ES (Consultado el 23 de junio de 2021).

trices. La falta de competencia explícita en el ámbito europeo[149], así como de instrumentos y organismos que compelen a hacerlo efectivo[150] ha derivado en una dependencia directa del Estado nacional en su desarrollo, tanto en el contenido como en el alcance[151].

3.2. El laberinto normativo del plano nacional

El derecho a una vivienda digna y adecuada se recoge en el artículo 47 de la CE, el cual versa: "*todos los españoles tienen derecho a disfrutar de una vivienda digna y adecuada. Los poderes públicos promoverán las condiciones necesarias y establecerán las normas pertinentes para hacer efectivo este derecho*". De su contenido, se puede deducir la necesidad de una ley para su desarrollo y la noción de que podrá ser reclamado ante los tribunales ordinarios (en función de la legislación que lo disponga), configurándose, aparentemente, más como un principio rector que como un auténtico derecho[152].

Prosiguiendo con el texto constitucional, el derecho a la vivienda se encuentra íntimamente relacionado con la dignidad (art. 10 de la

---

149 KUZNETSOVA, A. "El derecho a la vivienda como derecho humano", *Op. Cit.*, pp. 797-798.

150 No obstante, se ha desarrollado una vía indirecta para la tutela de los consumidores en este ámbito a través del Tribunal de Justicia de la Unión Europea (TJUE de aquí en adelante). Esto ha sido posible gracias a la interpretación expansiva del artículo 8 del CEDH que recoge el respeto de la vida privada y familiar. Actualmente, estas nuevas acciones no afectan directamente a las PSSH, pero podrían configurarse como una forma de prevención y erradicación gradual de este fenómeno, debido a que supone un refuerzo procesal a las personas que están en peligro de perder su vivienda habitual. Es más, en el futuro debiera analizarse como recogen la doctrina señalada Estados Miembros una vez que la Unión Europea ha proclamado, pese a su forma indirecta, el derecho a la vivienda como un derecho fundamental recogido (por su contenido muy similar) en el artículo 7 del CDFUE. MACHO CARRO, A. "La tutela jurisdiccional indirecta del derecho a la vivienda en la Unión Europea" en *Revista de Estudios Europeos*, nº 75, 2020, pp. 292-305

151 SIMÓN MORENO, H. "La vivienda como derecho fundamental", *Op. Cit.*, pp. 6-8.

152 Véase que el artículo 47 de la CE se halla en el capítulo III titulado *De los principios rectores de la política social y económica.* CARBONELL APARICI, G.J. "Los derechos sociales en la Constitución Española" en *Revista de Servicios Sociales*, nº 70, 2020, pp. 35-36.

CE) por ser un valor inherente a las personas, así como expresar la determinación libre, consciente y responsable de los sujetos de sus vidas. Dicho de otro modo, la dignidad se conforma como el eje del sistema de derechos y libertades. Asimismo, el derecho a la vivienda se halla estrechamente vinculado con: el derecho a la integridad moral (art. 15 de la CE), por el reconocimiento de la vida y de la integridad desde una concepción de inviolabilidad de la personalidad humana. En otras palabras, el derecho a ser considerado con el respeto y la condición de persona[153]; el derecho subjetivo a la igualdad, con énfasis al principio de no discriminación (art. 14 de la CE); y la tutela judicial efectiva (art. 24 de la CE) con el fin de asegurar su cumplimiento a través del sistema judicial si fuese necesario.

Entonces, el derecho a la vivienda, categorizado como un derecho social por la CE de 1978, deriva en un margen de discrecionalidad por el Estado en su tutela. Es más, este tipo de derechos han sido concebidos por parte de la doctrina como defectuosos de acuerdo con sus características. Según Ruiz-Rico Ruiz: "*ambiguo contenido, imprecisión del sujeto responsable, ausencia de sanciones en caso de incumplimiento, fragilidad o inexistencia como derechos de crédito, falta de determinación en cuanto a metodología de implementación y resultados obligatorios*"[154]. En este punto, se visualiza la debilidad de los derechos sociales por su contenido indeterminado y su dificultad de exigencia ante las instituciones y los tribunales[155].

Una de las complejidades más señaladas del derecho a la vivienda ha sido la imprecisión de contenido y beneficiarios. En este sentido, se podría destacar el concepto de "vivienda digna" y la falta de reconocimiento de cuantías prestablecidas en sujetos que comparten determinadas condiciones socioeconómicas. Respecto a la segunda debilidad, la convergencia del derecho privado público y privado[156]

---

153 IRANZO SÁNCHEZ, E, "Discriminación por razón de la condición social. La aporofobia" en *Repositorio digital de la Universidad Internacional de La Rioja*, 2014, p. 18.

154 RUIZ-RICO RUIZ, G. "El desarrollo de la constitución social" en *Revista de Derecho Político*, nº 100, 2017, p. 804.

155 GONZÁLEZ ORDOVÁS, M.J. *El derecho a la vivienda. Reflexiones en un contexto socioeconómico complejo*, *Op. Cit.*, p. 24.

156 Este obstáculo recae en la interrelación del territorio, el urbanismo y la vivienda, ya que el mercado inmobiliario ha contribuido a sustentar dinámicas de la

en consonancia con instancias nacionales, autonómicas y regionales dificulta su reconocimiento[157]. Así, el derecho a la vivienda se ve inmerso en la discrecionalidad del legislativo (inexistencia de leyes efectivas a nivel nacional)[158], del ejecutivo y de sus prioridades.

Por consiguiente, el derecho a la vivienda se ha categorizado como un derecho negativo que depende del contexto actual de cada Estado, según han proclamado organismos internacionales[159] y nacionales. Así pues, el derecho a la vivienda está subordinado al ámbito económico y, más específicamente, de los recursos disponibles (siguiendo el principio *ad imposibilia nemo tenetur)*[160]. En este sentido, el principio de estabilidad presupuestaria consagrado en el artículo 135

---

exclusión. Para una mayor profundización en la temática se recomienda el análisis realizado por González Ordovás en su libro *El derecho a la vivienda. Reflexiones en un contexto socioeconómico complejo.* GONZÁLEZ ORDOVÁS, M.J. *El derecho a la vivienda. Reflexiones en un contexto socioeconómico complejo, Op. Cit.*, pp. 76 y ss.

157 GONZÁLEZ ORDOVÁS. "El derecho a una vivienda digna y adecuada" en *Constitución y derechos fundamentales* (Betegón *et al.*, coords.), 2004, p. 972.

158 No obstante, algunos territorios se encuentran más avanzados, como Cataluña que fue pionera en España con la *Ley 18/2007, del 28 de diciembre, de derecho a la vivienda.* Esta iniciativa ha sido implementada en otros territorios como Galicia, Navarra o Andalucía. GONZÁLEZ ORDOVÁS, M.J. *El derecho a la vivienda. Reflexiones en un contexto socioeconómico complejo, Op. Cit.*, p. 114.

159 Un ejemplo es la sentencia del TEDH, de 9 de octubre de 1979, Caso Airey. Sin embargo, en el contexto mundial existen diferentes aproximaciones. Mientras que países como Alemania (en el ámbito europeo) o Ecuador (a nivel internacional) contemplan el derecho a la vivienda como un derecho fundamental, Portugal o Grecia, al igual que España, recoge esta necesidad como un principio programático de su constitución condicionado a los recursos económicos disponibles. Asimismo, países como Francia lo han desarrollado a través de leyes ordinarias, véase la ley *DALO* (*"Droit au logement opposable"*) del año 2007 que permite su reclamación ante los tribunales administrativos (pese a que se ve envuelto en dificultades para gestionar la gran cantidad de peticiones que recibe). Esta pretensión es la continuación de leyes como *Home-lessness Scotland Act 2003* de Escocia o *Housing Act 1996, Homelessness Act 2002* y *The Homelessness (Priority Need for Accommodation)* de Inglaterra. Igualmente, es cierto que existen escenarios más oscuros como Italia que no lo recoge de ningún modo, aunque en los tribunales ha sido reconocido como un principio programático. GONZÁLEZ ORDOVÁS, M.J. "El derecho a la vivienda en el contexto de los derechos sociales", *Op. Cit.*, p. 9

160 Con relación a lo expuesto, la doctrina ha adoptado posturas dispares cuyas líneas más notorias son: en primer lugar, los defensores de incluir estos preceptos en las constituciones como una garantía a la democracia, y, en segundo lugar,

de la CE manifiesta la adecuación de las Administraciones Públicas a los medios del Estado, estableciendo la imposibilidad de incurrir en un déficit estructural que sobrepase los límites establecidos.

En el sistema judicial español, el Tribunal Constitucional expresó la limitación de recursos económicos del Estado frente a la ingente cantidad de necesidades en la sociedad (STC 134/1987, de 21 de julio), pero también su configuración de mandato constitucional (STC 152/1988, del 20 de julio). De facto, el artículo 9.1 de la CE obliga a los poderes públicos a cumplir la constitución. Es por ello que los derechos plasmados en la CE deben ver la luz a través de la acción pública y, en su caso, jurisdiccional. Del mismo modo, los tribunales han relacionado el artículo 9.2 de la CE, esto es, la promoción de las condiciones para alcanzar la igualdad, así como de solventar las dificultades de participación de la ciudadanía, con el artículo 47, que recoge el derecho a la vivienda[161]. De hecho, existe una jurisprudencia minoritaria que sostiene el cumplimiento de los derechos sociales de forma independiente al principio de estabilidad presupuestaria que se ha consagrado en el Estado español[162].

La categorización del derecho a la vivienda como un derecho negativo con las complejidades señaladas, como la imposibilidad de reconocimiento por vía directa ante el Tribunal Constitucional en caso de vulneración[163], hace ineludible la colaboración de los pode-

---

los partidarios de su exclusión debido a que su incumplimiento reduce la eficacia del Derecho, así como la confianza de sus ciudadanos. *Ibidem*, pp. 9-10.

161 GONZÁLEZ ORDOVÁS, M.J. *El derecho a la vivienda. Reflexiones en un contexto socioeconómico complejo*, *Op. Cit.*, p. 112; RUIZ-RICO RUIZ, G. "El desarrollo de la constitución social", *Op. Cit.*, p. 807.

162 También cabe destacar la STC 247/2007, de 12 de diciembre, que afirma la vinculación (aunque debilitada) de las legislaciones autonómicas para hacer efectivos los derechos consagrados en la CE. RUIZ-RICO RUIZ, G. "El desarrollo de la constitución social", *Op. Cit.*, pp. 818-827.

163 Los apartados 1 y 2 del artículo 53 de la CE de 1978 versan: "*Los derechos y libertades reconocidos en el Capítulo segundo del presente Título vinculan a todos los poderes públicos. Sólo por ley, que en todo caso deberá respetar su contenido esencial, podrá regularse el ejercicio de tales derechos y libertades, que se tutelarán de acuerdo con lo previsto en el artículo 161, 1, a); Cualquier ciudadano podrá recabar la tutela de las libertades y derechos reconocidos en el artículo 14 y la Sección primera del Capítulo segundo ante los Tribunales ordinarios por un procedimiento basado en los principios de preferencia y sumariedad y, en su caso, a través del recurso de amparo ante el Tribunal Constitucional.*

res públicos para su cumplimiento. Es más, es preciso crear instrumentos de garantía, siendo la Administración, los jueces y tribunales, el Parlamento, el Defensor del Pueblo y los órganos supranacionales capaces de dotarles de efectividad[164].

Lo cierto es que la *praxis* dista mucho de la teoría. En el ámbito nacional español, las políticas de vivienda han seguido un discurso contradictorio y excluyente que no ha dotado de eficacia al artículo 47 de la CE. Tampoco la actuación de los tribunales ha sido efectiva, sosteniendo, en ocasiones, que el derecho a la vivienda es un valor informador y dejando la consideración de vivienda digna al criterio interpretativo de la legislación[165]. De facto, los jueces están validando la crisis económica como un "*auténtico y efectivo parámetro de constitucionalidad, a partir del cual es posible justificar la eliminación de los niveles mínimos de virtualidad normativa que encierra la noción del «contenido esencial» de los derechos fundamentales afectados*" en palabras de Ruiz-Rico Ruiz. Por lo tanto, todo apunta que los derechos sociales se verán aún más recortados, "justificadamente", si cabe[166].

De todo ello, se puede inferir, una vez más, la dirección seguida por el Estado de involución de los derechos sociales[167]. La situación actual del derecho a la vivienda es de omisión administrativa porque no existe una eficacia ni constitucional ni jurídica. En efecto, los tribunales españoles no han llevado a cabo un control efectivo de constitucionalidad sobre el cuerpo legal y, menos aún, un desarrollo posterior que condicione su cumplimiento[168]. Se podría decir que el derecho a la vivienda es el resultado de un proceso de materiali-

---

Este último recurso será aplicable a la objeción de conciencia reconocida en el artículo 30". Igualmente, diversas sentencias han ratificado lo expuesto, por ejemplo, la STC 152/1988, de 20 de julio.

164 CARBONELL APARICI, G.J. "Los derechos sociales en la Constitución Española", *Op. Cit.*, pp. 35-38.

165 Como muestran la STS de 19 de diciembre de 1989, la STS de 23 de enero de 1991 y la STS de 30 de septiembre de 1991. GONZÁLEZ ORDOVÁS. "El derecho a una vivienda digna y adecuada", *Op. Cit.*, pp. 979-982.

166 RUIZ-RICO RUIZ, G. "El desarrollo de la constitución social", *Op. Cit.*, pp. 817-819.

167 Véase la STC 119/2014, del 16 de julio o la STC 8/2015, de 22 de enero. *Ibidem*, p. 817.

168 *Ibidem*, p. 815.

zación incompleto, debido a que, el gobierno, por un lado, no ha proporcionado los medios mínimos para su cumplimiento[169] y, por el otro, la práctica judicial no ha promovido un reclamo conforme a lo establecido en el texto constitucional.

El derecho a la vivienda es un principio rector de la política del Estado español que se expresa como un deber ser[170], por ende, se torna imprescindible defender interpretaciones positivas frente a los derechos sociales, así como superar las dificultades expresadas, para que toda la ciudadanía se beneficie de ellos[171]. Sin perjuicio de las atribuciones de las CC. AA., el Estado puede diseñar normas aplicables a todo el territorio español (a través de una ley orgánica estatal) con el fin de garantizar su cumplimiento, estableciendo unos estándares mínimos de protección y medios de tutela efectivos[172].

En el ámbito de la vivienda, un ejemplo fue la *Estrategia Nacional Integral para Personas Sin Hogar 2015-2020*[173] (ENIPSH 2015-2020 de aquí en adelante), de aplicación al colectivo de sinhogarismo en situación de sin techo y sin vivienda (englobó las categorías ETHOS de la 1 a la 4, incluyendo los refugios de mujeres víctimas de malos tratos[174]). Sin embargo, el resultado de la ENIPSH 2015-2020 ha sido un aumento de los recursos destinados a este colectivo, pero no la disminución de sus cifras[175], produciéndose la insatisfacción del derecho a la vivienda en una parte de la ciudadanía.

---

169 GONZÁLEZ ORDOVÁS, M.J. *El derecho a la vivienda. Reflexiones en un contexto socioeconómico complejo*, *Op. Cit.*, pp. 190-191.

170 KUZNETSOVA, A. "El derecho a la vivienda como derecho humano", *Op. Cit.*, pp. 807-810.

171 RUIZ-RICO RUIZ, G. "El desarrollo de la constitución social", *Op. Cit.*, p. 810.

172 *Ibidem*, pp. 819-827.

173 De facto, esta ha sido la primera estrategia nacional destinada al colectivo de PSSH. MINISTERIO DE SANIDAD, SERVICIOS SOCIALES E IGUALDAD. *Estrategia Nacional para Personas sin Hogar 2015-2020*, 2015. Recuperado de: https://www.mscbs.gob.es/ssi/familiasInfancia/ServiciosSociales/docs/EstrategiaPSH20152020.pdf (Consultado el 23 de junio de 2021).

174 AMORE, K., BAKER, M. y HOWDEN-CHAPMAN, P. "The ETHOS Definition and Clasification of Homelessness: An Analysis", *Op. Cit.*, pp. 19-35.

175 Véase el apartado *El colectivo de personas en situación de sinhogarismo a través de los datos* del capítulo IV de la presente investigación.

La falta de compromiso institucional y de financiación observada en el territorio español (al igual que sucede en los países de la UE, con excepciones como Dinamarca, Finlandia o Suecia), ha hecho que la ENIPSH 2015-2020 se quede en papel mojado, dejando la responsabilidad en manos de los gobiernos regionales y locales, que han asumido, principalmente, la competencia de su aplicación[176]. En este punto, se destaca la implementación del modelo *Housing First*[177] en diferentes CC. AA. como Asturias, Cataluña, Madrid o País Vasco, así como a nivel internacional, con resultados prometedores en la temática abordada, pero siendo su incidencia todavía baja[178].

Recapitulando, la aporofobia institucional, que se promueve con el aparato estatal español por la creación de pobreza y exclusión social, despliega su violencia institucional en la privación al ser humano de derechos y libertades inherentes a su condición de persona, provocando la insatisfacción de necesidades tan básicas como el derecho a la vivienda. De facto, la privación del derecho a la vivienda es una de las manifestaciones de la aporofobia institucional. Desafortunadamente, este solo es el punto de partida del ciclo de la violencia institucional que experimentan las PSSH, que continúa y se agrava con el sistema penal.

Capítulo II
UN SISTEMA PENAL CON TINTES APORÓFOBOS

El sistema penal, definido como el control social punitivo institucionalizado[179], se compone de las instituciones y sujetos que operan en la elaboración y aplicación de las leyes penales. Atendiendo a sus diferentes niveles: en un estadio previo, se encuentra el ámbito ideológico del sistema penal, constituido por las bases que subyacen a este y la Política Criminal; en un siguiente nivel, se ubica el actor, que es el legislador, cuya función es la creación de las normas penales (criminalización primaria). En este capítulo, se analizan el Derecho administrativo sancionador y el Derecho penal[180]; en el último, de aplicación y ejecución de las normas penales (criminalización secundaria y terciaria) se hallan las FFCCS, los Juzgados y las Instituciones Penitenciarias.

A continuación, se presenta un estudio de las manifestaciones aporófobas en el colectivo de PSSH en todos los niveles del sistema penal. La hipótesis inicial es la existencia de un sistema penal aporófobo que criminaliza a los sujetos más excluidos de la sociedad[181], como han expresado Pérez Cepeda[182] o Terradillos Basoco, quien escribió al respecto "*cuando el modelo económico-político provoca el rechazo directo del pobre y el enervamiento de sus derechos humanos, el sistema penal*

---

179 En palabras de Wacquant "*un órgano central del Estado que expresa su soberanía y sirve para imponer categorías, sostener divisiones materiales y simbólicas y moldear relaciones y conductas a través de la penetración selectiva del espacio social y físico*". WACQUANT, L. *Castigar a los pobres. El gobierno neoliberal de la inseguridad social, Op. Cit.*, p. 428.

180 Sendos son medios de control social formal y conviven en el ordenamiento jurídico español.

181 GARCÍA DOMÍNGUEZ, I. *La aporofobia en el sistema penal español: especial referencia al colectivo de personas sin hogar, Op. Cit.*, pp. 90-105.

182 PÉREZ CEPEDA, A.I. "La criminalización de la pobreza y la expansión de la población carcelaria" en *Revista Brasileira de Ciencias Criminais*, nº 82, 2010, p. 271.

cómplice, que acepta y reproduce tanto la pobreza como la desigualdad entre individuos y grupos, es un sistema penal para la aporofobia"[183].

1. LAS BASES IDEOLÓGICAS DEL SISTEMA PENAL APORÓFOBO

En la base del sistema penal aporófobo, se encuentran diferentes corrientes ideológicas que sustentan los modelos penales de control excluyente. Las principales son: el funcionalismo radical, el gerencialismo y el punitivismo, encontrándose, dentro de este, el populismo punitivo que sirve para justificarlo[184]. Igualmente, es fundamental iniciar el análisis con la modificación sustancial que ha experimentado el estudio del crimen a través de la Criminología actuarial.

El actuarialismo[185] es un nuevo signo de la Criminología, que ha abandonado su interés por las instancias de criminalización, los factores sociales, culturales y económicos que inciden en el delito y el nivel de lesividad. Ahora sus esfuerzos se dirigen a la evaluación del riesgo de poblaciones peligrosas[186]. De facto, la ideología actuarial, que sostiene la gestión del riesgo como criterio organizador de las políticas, se centra en el establecimiento de la seguridad como fin primordial, adoptando una perspectiva preventivo-inocuizadora. En otras palabras, el foco se sitúa en la vigilancia de la periferia y de sus integrantes, quienes son catalogados como grupos de riesgo y, por ende, deben ser aplacados a través de la represión penal[187].

---

183 TERRADILLOS BASOCO, J.M. *Aporofobia y plutofilia: la deriva jánica de la Política Criminal contemporánea*, p. 14; TERRADILLOS BASOCO, J.M. "Un sistema penal para la aporofobia", *Op. Cit.*, 353-362.

184 TERRADILLOS BASOCO, J.M. *Aporofobia y plutofilia: la deriva jánica de la Política Criminal contemporánea, Op. Cit.*, pp. 37-40.

185 Esta ideología podría definirse como el entramado de prácticas que se dirigen a gestionar las acciones, poblaciones y situaciones de riesgo con el fin de mantener la seguridad ciudadana. BRANDARIZ GARCÍA, J.A. *El modelo gerencial-actuarial de penalidad. Eficiencia, riesgo y sistema penal*, Dykinson, 2016, p. 94.

186 MAQUEDA ABREU, M.L. "Los ismos de la globalización penal" en *El derecho ya no es lo que era* (Estévez Raujo, ed.), Editorial Trotta, 2021, pp. 319-320.

187 TERRADILLOS BASOCO, J.M. *Aporofobia y plutofilia: la deriva jánica de la Política criminal contemporánea, Op. Cit.*, pp. 37-39.

Las corrientes actuariales influencian la Política Criminal con el propósito de que la atención se dirija más al control del delito que a la reducción de las tasas de delincuencia. Desde este lineamiento, se adopta un modelo performativo de preminencia de medios respecto a fines, rendimientos sobre resultados y acciones del sistema penal frente a beneficios sociales que resultan de ellas. Siguiendo este esquema, el objetivo del aparato penal es el control de determinados grupos considerados de riesgo[188]. Para ello, se aplican técnicas de gestión y vigilancia de acciones y colectivos con el fin de obtener un estándar de seguridad a través de la neutralización[189].

A propósito de lo descrito, la técnica de neutralización habitualmente utilizada es la incapacitación selectiva. Mientras que la incapacitación en *stricto sensu* hace referencia a la retención del delincuente por un periodo de tiempo con el fin de que no delinca, la incapacitación selectiva aspira a reducir la criminalidad centrándose en los sujetos que: (1) cometen delitos con mayor frecuencia y (2) representan un riesgo y/o una peligrosidad elevada. Esta técnica consigue, bajo la visión de la ciudadanía, el mayor beneficio político-criminal con el menor gasto económico.

El razonamiento que se expone con el fin de calmar a las masas populares en su reclamo por una mayor seguridad ciudadana[190] es

---

188 La convicción, aunque paradójica, de obtener una seguridad total ha conllevado tomas de decisiones que aumentan los riesgos, dejando en el olvido aspectos tan importantes como el respeto a los derechos humanos de los individuos. SERRANO MAÍLLO, A. *Firmeza frente al delito y comunidad en la modernidad reflexiva. La tesis extendida de los sentimientos de inseguridad como teoría de control social,* Dykinson, 2016, pp. 102-104.

189 La neutralización sostiene la premisa de responsabilizar a un grupo pequeño de delincuentes de la mayor parte de delitos. Con base a lo indicado y a criterios estadísticos, también se predice que lo seguirán siendo. Por ello, la técnica aludida es la "única" solución posible. CAMPESI, G. "Neoliberal and Neoconservative Discourses on Crime and Punishment" en *Sortuz: Oñati Journal of Emergent Socio-legal Studies,* vol. 3, nº 1, 2009, pp. 44-46; SILVA SÁNCHEZ, J.M. *En busca del Derecho penal. Esbozos de una teoría realista del delito y de la pena,* BdF, 2017, p. 54.

190 En la sociedad del riesgo existe un elemento cognitivo que tiene mucho poder: el pensamiento y, más específicamente, el pensamiento hacia el futuro. Se ha demostrado que la preocupación por anticiparse a esos riesgos, es decir, por la inseguridad tan temida, produce más inseguridad, produciéndose una consecuencia paradójica. Asimismo, las personas generalmente no prestan atención

el siguiente: si los grupos de riesgo, quienes son identificados como autores de una gran parte de los delitos cometidos, son neutralizados, el crimen será reducido. Por consiguiente, se está utilizando el aparato penal como instrumento de neutralización de los peligrosos, dotando de importancia a la prevención frente a la mera retribución. De ahí la importancia y su complemento con el funcionalismo radical y, más específicamente, con el Derecho penal del enemigo para categorizar a los sujetos peligrosos[191].

El funcionalismo radical desarrollado por Jakobs[192] se enmarca en la prevención general positiva y resuelve la dialéctica libertad-seguridad, apostando por la segunda. Esta corriente, que se encuentra en las bases ideológicas del sistema penal aporófobo, ha contribuido a la inocuización de los individuos peligrosos a través de la configuración de un Derecho penal del enemigo que sostiene la distinción de dos grupos: los incluidos y los excluidos. Al primero se le aplica un Derecho penal del ciudadano por su condición, dado que existe un mínimo de garantía cognitiva para ser tratado como persona. Por el contrario, los sujetos excluidos no poseen derechos porque no forman parte de la ciudadanía. Es más, son considerados fuente de peligro y potenciales delincuentes, de modo que deberán ser tratados bajo las reglas del Derecho penal del enemigo, las cuales son:

---

a la probabilidad de los riesgos (que en muchas ocasiones es mínima), sino que ponen el énfasis en lo peor que podría suceder, acentuándose en mayor medida el sentimiento de inseguridad. SERRANO MAÍLLO, A. *Firmeza frente al delito y comunidad en la modernidad reflexiva. La tesis extendida de los sentimientos de inseguridad como teoría de control social, Op. Cit.*, pp. 104-106.

191 Eso sí, estas prácticas no sólo se realizan a través del Derecho penal, sino también con otros instrumentos. Véanse las ordenanzas municipales que reprimen las "incivilidades". MAQUEDA ABREU, M.L. "Los ismos de la globalización penal", *Op. Cit.*, pp. 319-320.

192 En este punto, se destaca la relación entre el funcionalismo jakobsiano y el comunitarismo por su concepción del "bien" en alusión a la comunidad, así como por su legitimación de la aporofobia institucional. Esta corriente filosófica versa sobre las ideas de pertenencia y virtud, haciendo alusión a que son prioritarias frente a la idea de justicia. Dicho de otro modo, los derechos se encuentran en un estrato inferior de lo que es bueno en la comunidad. Así, los pobres son excluidos porque no son virtuosos, es decir, suficientemente buenos en la comunidad. Esta exclusión se materializa con el Derecho penal que criminaliza a los más desfavorecidos económicamente. PENA GONZÁLEZ, W. "El comunitarismo y el Derecho penal de aporofobia" en *Revista Penal*, nº 47, 2021, pp. 253-258.

adelantar las barreras, incrementar las penas y flexibilizar las garantías procesales[193].

El Derecho penal del enemigo, a pesar de su conceptualización en los años ochenta, encontró en el capitalismo neoliberal un espacio ideal para instalarse (por la adaptación a sus requerimientos). Si bien su manifestación más característica es el Derecho penal antiterrorista, este también se plasmó en la criminalidad más convencional con un carácter actuarial[194]. El resultado fue pronosticado acertadamente casi veinte años atrás por Silva Sánchez quien, haciendo alusión al Derecho penal del enemigo de Jakobs y a lo que denominó tercera velocidad del Derecho penal, expuso *"el círculo del Derecho penal de los enemigos tenderá, ilegítimamente, a estabilizarse y a crecer"*[195].

Teniendo en cuenta la progresiva inclusión de la racionalidad gerencial en las políticas públicas a la que se asiste, el actuarialismo debe ser relacionado, necesariamente, con el gerencialismo, que hace alusión al *New Public Management* o Nueva Gestión Pública[196]. En el sistema penal, este modelo otorga prioridad a la eficiencia frente a la eficacia, especialmente, en el ámbito de los derechos de las personas y las garantías penales. Del mismo modo, confiere una preminencia de la productividad en detrimento de otros objetivos externos, como la reducción de la criminalidad[197].

---

193 De las explicaciones de los autores García Domínguez y Terradillos Basoco se deriva que las PSSH forman parte de los considerados enemigos. GARCÍA DOMÍNGUEZ, I. *La aporofobia en el sistema penal español: especial referencia al colectivo de personas sin hogar, Op. Cit.*, pp. 31-35; TERRADILLOS BASOCO, J.M. *Aporofobia y plutofilia: la deriva jánica de la Política criminal contemporánea, Op. Cit.*, pp. 62-65.

194 MAQUEDA ABREU, M.L. "Los ismos de la globalización penal", *Op. Cit.*, p. 312.

195 SILVA SÁNCHEZ, J.M. *La expansión del Derecho Penal. Aspectos de la Política criminal en las sociedades postindustriales*, Civitas, 2001, p. 167.

196 La racionalidad gerencial se halla inserta en el neoliberalismo debido a que una de las preocupaciones es la atención en los gastos, tratando de contenerlos, sobre todo, en las políticas públicas, así como una apuesta por la "*economización de recursos y una maximización de la relación coste-beneficio*" de acuerdo con Brandariz García. La conexión con el actuarialismo es que este persigue, de igual modo, obtener los máximos resultados con los mínimos recursos financieros. BRANDARIZ GARCÍA, J.A. "El *New Public Management* y las políticas penales" en *Revista Nuevo Foro Penal*, nº 87, vol. 12, 2016, p. 184.

197 *Ibidem*, pp. 183-187.

En el gerencialismo, el rendimiento es un criterio fundamental de evaluación del sistema punitivo, originado por la necesidad de legitimidad[198]. Así pues, se desarrollan políticas punitivas, economizando los medios y orientándolas hacia la eficiencia. Es por ello que el discurso se concentra en la represión y en la estigmatización de los *outsiders*[199], como las PSSH, los inmigrantes o las prostitutas, manifestando que son los productores del crimen de la calle. El objetivo es otorgar a la sociedad una imagen de confianza en el régimen a través de una percepción de seguridad ante el delito[200].

Con el fin de proporcionar la seguridad deseada, seleccionan actividades específicas del entramado penal, ya sea la contabilización del número de detenidos, la cantidad de sentencias dictadas o las tasas de reincidencia[201], en detrimento de otras, que son fundamentales, como las garantías judiciales, la resolución efectiva de los casos o la reducción de la criminalidad (presentando dificultades en su medición)[202]. Como lo esencial es mostrar la eficiencia del sistema, se

198 A pesar del "olvido" de los conocimientos de los expertos, el gerencialismo concentra sus esfuerzos con el propósito de visualizar agendas públicas en términos de transparencia, responsabilidad y eficiencia. *Ibidem*, pp. 193-195.

199 El modelo gerencial-actuarial entiende la excedencia de determinados segmentos de la población como insuperables, de carácter estructural, por lo que es necesaria su gestión. En este sentido, los colectivos más desfavorecidos son objeto de políticas criminales punitivas aplicadas por todo el aparato penal. BRANDARIZ GARCÍA, J.A. *El modelo gerencial-actuarial de penalidad. Eficiencia, riesgo y sistema penal*, *Op. Cit.*, pp. 106-110.

200 El panorama gerencial presentado favorece una evaluación positiva del sistema penal debido a que "manifiesta" una capacidad de control que transmite seguridad a la ciudadanía. Asimismo, oculta los fallos del régimen y dificulta la crítica ante la imparcialidad presentada en la esfera delincuencial, lo que repercute en el sentimiento de seguridad subjetiva de la ciudadanía. Entonces, la gestión del miedo al crimen se podría establecer como el propósito social fundamental del modelo gerencial. BRANDARIZ GARCÍA, J.A. "El *New Public Management* y las políticas penales", *Op. Cit.*, pp. 198-200.

201 El modelo gerencial-actuarial configura este factor de modo ambivalente, pudiendo ser, además de negativo, un símbolo de eficiencia debido a que se consiguen mayores cifras con la persecución de los infractores ya conocidos. BRANDARIZ GARCÍA, J.A. *El modelo gerencial-actuarial de penalidad. Eficiencia, riesgo y sistema penal*, *Op. Cit.*, pp. 123-125.

202 BRANDARIZ GARCÍA, J.A. "El *New Public Management* y las políticas penales", *Op. Cit.*, pp. 196-198.

prioriza la persecución de conductas delictivas cuyo descubrimiento es factible, frente a otras de mayor lesividad cuyas pruebas son dificultosas, tediosas y, a veces, escasa o ineficazmente perseguidas[203], relegando a un segundo plano ámbitos primordiales.

El resultado es la selectividad ejercida en el ámbito penal que afecta a los colectivos más desfavorecidos, no sólo por la atención en sus perfiles[204], sino porque los crímenes que perpetran son de fácil descubrimiento, detención y penalización. Por ejemplo, no requieren los mismos esfuerzos (o las mismas dificultades) descubrir a una PSSH hurtando una ración de comida con un valor ínfimo que la malversación de caudales públicos por los altos cargos del Estado. Además, los grupos excluidos socialmente suelen ser reincidentes

---

203 En el lado opuesto, existe un Derecho penal del amigo (también conocido como "plutofilia") que es tolerante con los graves delitos cometidos por los delincuentes funcionales contra derechos sociales y bienes jurídicos colectivos (a través de estructuras corporativas transnacionales). La respuesta del sistema penal, habitualmente, es su impunidad, alimentada por los instrumentos de *compliance* y garantizada por las autoridades corruptas. Además, las manifestaciones de plutofilia en el aparato penal van más allá de eludir la condena, permitiendo a estos individuos disponer de los beneficios del delito. Un ejemplo del Derecho penal del amigo se halla en el ámbito de la corrupción. Como hizo alusión García Sánchez "*la persecución penal de la corrupción pública/política ha brillado por su ausencia hasta hace pocos años*". Afortunadamente, se está produciendo una transformación en consonancia con la percepción de la sociedad sobre la delincuencia de cuello blanco, verbigracia, el caso Gürtel o el caso de los ERES de Andalucía. GARCÍA SÁNCHEZ, B. "Algunas manifestaciones de la política criminal de exclusión. Derecho penal "del amigo": corrupción pública (la criminalidad de cuello blanco)" en *Revista Penal*, nº 47, 2021, pp. 62-66; TERRADILLOS BASOCO, J.M. *Aporofobia y plutofilia: la deriva jánica de la Política criminal contemporánea*, *Op. Cit.*, pp. 71-80.

204 En el ámbito actuarial, las nuevas tecnologías ocupan un campo central en la detección de los perfiles de los delincuentes, consolidándose una cultura de la vigilancia y produciéndose una visión del crimen en modo prospectivo como forma de calcular riesgos y prevenirlos. Así pues, en primer lugar, se debe identificar a los perfiles de riesgo, para que, en segundo lugar, se clasifique a los de alto riesgo, adoptando frente a éstos mecanismos de neutralización que perduren el mayor tiempo posible. De este modo, razones de seguridad es el argumento utilizado para justificar todo tipo de medidas que la sociedad no aceptaría en otros contextos y/o esferas. Un ejemplo paradigmático son las numerosas reformas penales adoptadas por el CP español. DEZORDI WERMUTH, M.A. "Política criminal actuarial: contornos biopolíticos da exclusão penal" en *Revista Direito e Praxis*, vol. 8, nº 3, 2017, pp. 2051-2060.

(en consonancia con la acentuada criminalización que se produce sobre ellos), siendo un grupo ideal para su persecución y procesamiento por la eficiencia que genera, traducida en éxito del sistema penal[205].

Para ultimar las bases ideológicas del sistema penal aporófobo, se encuentra el punitivismo, concebido como un endurecimiento de la respuesta penal sin motivación racional[206]. En consonancia con el modelo gerencial-actuarial, en el cual rendimiento y eficiencia son dos puntos clave, el punitivismo ha contribuido a la expansión del Derecho penal con el fin de transmitir la ansiada sensación de seguridad (aunque esta sea independiente de la prevención real de delito)[207]. Subsiguientemente, se expone la derivada punitiva y expansionista del legislador español[208] en el contexto europeo atendiendo a dos indicadores: las tasas penitenciarias y las tasas de criminalidad[209].

205 Haciendo referencia a sus tres ámbitos: en la esfera policial se prioriza el mantenimiento del orden público y la prevención de la criminalidad, obteniendo el conocimiento necesario para la gestión de los riesgos criminales; en el campo jurisdiccional, la devaluación de las garantías judiciales se convierte en el ítem más significativo; y, por último, en el espacio penitenciario, la privatización de las prisiones es un instrumento ideal en la lógica gerencial, que, afortunadamente, no ha adoptado el legislador español. BRANDARIZ GARCÍA, J.A. "El *New Public Management* y las políticas penales", *Op. Cit.*, pp. 204-206.

206 El punitivismo no posee una definición exacta acerca de su contenido, pero una gran parte de la doctrina lo entiende como un mal que se debe evitar. SERRANO MAÍLLO, A. *Firmeza frente al delito y comunidad en la modernidad reflexiva. La tesis extendida de los sentimientos de inseguridad como teoría de control social, Op. Cit.*, p. 29.

207 MAQUEDA ABREU, M.L. "Los ismos de la globalización penal", *Op. Cit.*, pp. 319-320.

208 La tasa penitenciaria se expresa por cada 100.000 habitantes. COUNCIL OF EUROPE. *Prison populations. Space I – 2020*, 2021, pp. 3-5. Recuperado de: https://wp. unil.ch/space/files/2021/04/210330_FinalReport_SPACE_I_2020.pdf (Consultado el 21 de diciembre de 2022).

209 Desde la mitad (y, particularmente, a finales del siglo XIX) se han desarrollado numerosas estadísticas relativas al delito, constituyéndose como una herramienta fundamental en la ciencia criminológica. No obstante, existen deficiencias en la medición de la delincuencia, que resultan en una comparación entre países complicada. Las razones son: metodológicas (en la recogida de datos, la contabilización de delitos, el momento temporal al que se refiere la estadística o los cambios que se producen en su registro), legales (definiciones diferentes,

En el año 2020, España poseía una tasa penitenciaria de 123,3 habitantes. A pesar de que su reducción fue progresiva desde el año 2010[210], continúa superando la media europea de 103,2[211]. Los datos más recientes, publicados por el *Council of Europe* (*Consejo de Europa*), sitúan a España lejos de los países nórdicos, con tasas significativamente inferiores (un ejemplo es Finlandia con un 49,9), así como de otros países más cercanos geográficamente (como Alemania, con una tasa de 76,2 o Bélgica de 93,6). En cambio, Italia con 101.2 o Francia con 105.3 (cuya ratio aumentó en comparación con el año 2010), muestran cifras más cercanas. Superando la tasa española se puede mencionar a Reino Unido con 138 en Inglaterra y Gales (a excepción del Norte de Irlanda con 82,8), a Escocia con 146,6, y a Portugal con 195,3.

Del párrafo anterior cabe inferir que España posee unas tasas penitenciarias elevadas. Es más, atendiendo a los principales indicadores de prisión, España se sitúa en la categoría alta dentro de las cinco disponibles[212]. Si bien la tasa penitenciaria española presentó un ligero descenso después de la pandemia sufrida, este fue insignificante. En el resto de países europeos, las tasas penitenciarias se han mantenido relativamente estables, por lo que, a priori, el COVID-19

---

procesos legales variados, *etc.*) o sustantivas (propensión de la población a denunciar el delito o de la policía a registrar el incidente), entre otras. Consecuentemente, para solventar o, mejor dicho, en un intento de paliar la problemática mencionada, la UE ha desarrollado instrumentos relativos a la recopilación de datos a nivel europeo, tal como: el *Reglamento (CE) nº 223/2009 del Parlamento Europeo y del Consejo, de 11 de marzo;* el *Programa Estadístico Comunitario 2008-2012;* el *Programa de Estocolmo* del año 2014, que proclamó la necesidad de estadísticas adecuadas, fiables y comparables entre los Estados miembros; o el Plan de Acción de Estadísticas 2011-2015. PÉREZ CEPEDA, A. I. "Capítulo II. Estadísticas sobre criminalidad en la Unión Europea" en *Hacia una evaluación racional de las leyes penales* (Nieto Martín, Muñoz de Morales y Becerra Muñoz, dirs.), 2016, pp. 49-73.

210 Desde los años setenta, las tasas penitenciarias españolas han experimentado un aumento progresivo, situándose su pico en el año 2010, a partir del cual se inició un ligero descenso. COUNCIL OF EUROPE. *Prison populations. Space I – 2020, Op. Cit.*, pp. 34-35.

211 COUNCIL OF EUROPE. *Prison populations. Space I – 2020, Op. Cit.*, pp. 34-35.

212 Estas son: muy alta, alta, media, baja o muy baja. COUNCIL OF EUROPE. *Prison populations. Space I – 2020, Op. Cit.*, pp. 4-34.

no ha incidido significativamente[213]. Además, atendiendo a la duración promedio de la prisión, España obtuvo la segunda tasa más alta de los países mencionados en los párrafos previos (ver figura nº 2)[214].

Figura nº 2. Gráfico lineal de la duración promedio de la prisión

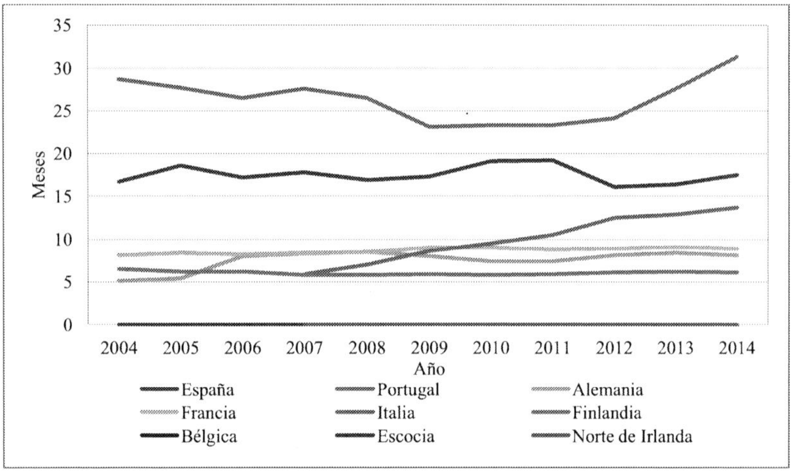

Fuente: elaboración propia a partir de los datos proporcionados por el Consejo de Europa[215]

Por el contrario, España presentó una tasa de criminalidad de 41,4[216] en el año 2021, siendo una de las menores tasas de crimi-

---

213 AEBI, M. F. y TIAGO, M. M. *Prisons and Prisoners in Europe in Pandemic Times: An evaluation of the short-term impact of the COVID-19 on prison populations. Council of Europe*, 2020, pp. 2-16. Recuperado de: https://www.researchgate.net/publication/342345043_Prisons_and_Prisoners_in_Europe_in_Pandemic_Times_An_evaluation_of_the_short-term_impact_of_the_COVID-19_on_prison_populations (Consultado el 22 de abril de 2021).

214 De acuerdo con los últimos datos publicados por el Consejo de Europa. AEBI, M.F. *et al. Prision in Europe, 2005-2015. Volume 2: Sourcebook of prison statistics*, 2019. Recuperado de: https://www.researchgate.net/publication/338925140_Prisons_in_Europe_2005-2015_Volume_2_Sourcebook_of_prison_statistics (Consultado el 21 de diciembre de 2022).

215 Para Inglaterra y Gales no se dispone de estos datos. *Ibidem.*

216 La tasa de criminalidad se calcula dividiendo el número total de delitos cometidos entre la cifra total de la población y multiplicándola después por 1 000, 10 000 o 100 000 en función del territorio de análisis. En este caso, la tasa presentada es por cada 1 000 habitantes de acuerdo con lo establecido por la Oficina

nalidad de la UE que, incluso, disminuyó en el periodo temporal 2002-2021[217]. Atendiendo a la tasa de homicidios intencionados[218], considerado tradicionalmente el delito más grave por atentar contra el bien jurídico vida, el territorio español se situó por debajo de 1 y de la media europea en el periodo temporal 2011-2020. También se encontró entre los cinco puestos más bajos de la UE en los años analizados, a excepción del año 2020 en el cual otros países redujeron sus cifras significativamente[219].

En síntesis, el territorio español posee una de las tasas de criminalidad más bajas y una de las tasas de población reclusa más alta del ámbito europeo[220]. Sin perjuicio de las limitaciones de esta relación, se puede apuntar que es un indicio de la severidad, el punitivismo y la expansión del aparato penal español en comparación con los países de su entorno. Conviene, entonces, indagar en la percepción de

---

Estadística de la Unión Europea (conocida como Eurostat), que tiene en cuenta un *numerus clausus* de delitos. En este sentido, se destaca que el Eurostat fue desarrollo por el *Programa de la Haya: consolidación de la libertad, la seguridad y la justicia en la Unión Europea, DOUE C53, de 3 de marzo de 2005* y por el *Plan de Acción 2006-10 de la UE*, posteriormente mejorado por el *Programa de Estocolmo. Una Europa abierta y segura que sirva y proteja al ciudadano, de 4 de mayo de 2010*, que destacó la necesidad de recolectar datos fiables sobre la delincuencia. INE. *Tasa de criminalidad*. Recuperado de: https://www.ine.es/jaxi/Datos.htm?path=/t00/ICV/dim6/l0/&file=61101.px (Consultado el 21 de diciembre de 2022); PÉREZ CEPEDA, A. I. "Capítulo II. Estadísticas sobre criminalidad en la Unión Europea", *Op. Cit.*, pp. 52-61.

217 PASTOR, E. y TORRES, M. "El sistema penitenciario y las personas privadas de libertad en España desde una perspectiva internacional" en *Política criminal*, vol. 12, nº 23, 2017, pp. 124-150.

218 Que hace alusión al número de homicidios intencionales registrado por la Policía y se expresa por cada 100.000 habitantes.

219 Aunque es preciso tener en cuenta la pandemia mundial experimentada para la interpretación de los años 2020 y 2021. EUROSTAT. *Estadísticas sobre delincuencia*, 2020. Recuperado de: https://ec.europa.eu/eurostat/statistics-explained/index.php?title=Crime_statistics/es#Las_agresiones_registradas_por_la_polic.C3.ADa_aumentaron_un_3_.25_entre_2015_y_2016 (Consultado el 10 de junio de 2020); EUROSTAT. *Intencional homicide 2019-2020*, 2020. Recuperado de: https://ec.europa.eu/eurostat/statistics-explained/index.php?title=File:Intentional_homicide,_2019-2020_(police-recorded_offences_per_100_000_inhabitants).png#filehistory (Consultado el 21 de diciembre de 2022)

220 BRANDARIZ GARCÍA, J.A. *El modelo gerencial-actuarial de penalidad. Eficiencia, riesgo y sistema penal, Op. Cit.*, pp. 29-32.

inseguridad de los ciudadanos y en las demandas punitivistas que han derivado en un populismo punitivo (enmarcado en una politización de las estrategias de prevención del delito)[221] propiciado por los medios de comunicación (dada su posición privilegiada en la sociedad de la información) y contribuido por el acceso a la sobreinformación[222].

El populismo punitivo (acuñado por Bottoms) se caracteriza por "*una alteración del eje del poder penal desde la racionalidad burocrática a la punitividad del público general*"[223] de acuerdo con Serrano Maíllo o, empleando otras palabras, el atendimiento de las demandas punitivas de la ciudadanía por las instituciones formales. Una de las cuestiones más preocupantes es que los ciudadanos, en general, se consideran tan expertos en cuestiones político-criminales como los profesionales, lo que deriva en el cuestionamiento de los hallazgos de investigación[224], así como en la influencia de argumentos efectuados por los políticos que, en muchas ocasiones, no tienen una base científica.

En el populismo punitivo, es ilustre destacar cómo los *mass media*[225] presentan las estadísticas criminales, tergiversando la informa-

---

221 Esto es, la determinación de la agenda política-criminal por los actores políticos en función de sus intereses, que ha sido influenciada de igual modo por instancias internacionales. DÍEZ RIPOLLÉS, J.L. "La dimensión inclusión/exclusión social como guía de la Política criminal comparada" en *Revista Electrónica de Ciencia Penal y Criminología*, nº 13, 2011, pp. 3-4.

222 SILVA SÁNCHEZ, J.M. *La expansión del Derecho Penal. Aspectos de la Política criminal en las sociedades postindustriales*, *Op. Cit.*, pp. 30-37.

223 SERRANO MAÍLLO, A. *Teoría criminológica. La explicación del delito en la sociedad contemporánea*, Dykinson, 2021, p. 97.

224 Un ejemplo es la reivindicación de penas privativas de libertad más cortas con el fin de cumplir el objetivo resocializador por la ciencia criminológica. La experiencia acumulada ha llevado a varios autores (véase Ferrajoli, Díaz, Mir, Beristáin o Peregrín) a situar en 15 años de prisión el límite temporal a partir del cual no existe resocialización, sino más bien desocialización, renunciando al fin preventivo de la pena. MINISTERIO DEL INTERIOR. *La estancia en prisión: consecuencia y reincidencia. Documentos penitenciarios 16*, 2017, pp. 21-22. Recuperado de: http://www.interior.gob.es/documents/642317/1201664/La_estancia_en_prision_126170566_web.pdf/9402e5be-cb74-4a2d-b536-4a3a9de6ff59 (Consultado el 22 de abril de 2021).

225 Los medios de comunicación están insertos en las dinámicas de funcionamiento global, por ende, están sometidos a factores que los condicionan como las multinacionales y los actores que tienen el poder. GARCÍA MÉNDEZ, E. A. "Política criminal y medios de comunicación de masas" en *Capítulo Criminológico*, nº 4, 1976, p. 354.

ción y aumentando el sentimiento de inseguridad en la ciudadanía (en aplicación de la racionalidad gerencial al ámbito punitivo) que, finalmente, repercute en instituciones penales, judiciales y penitenciarias, al igual que en colectivos específicos[226].

En aplicación al colectivo de excluidos, los canales expuestos divulgan información por su estrecha vinculación con la marginalidad, especialmente, económica, con un único fin: el rédito político (enmarcado en una gestión neoliberal de la pobreza), cuya consecuencia es la criminalización de estos individuos[227]. Es por ello posible afirmar que los medios de comunicación producen y reproducen la imagen de rechazo social hacia al grupo de personas empobrecidas[228], esto es, la aporofobia.

En la esfera delictiva, los *mass media*: (1) adoptan la perspectiva de la víctima, dramatizándola y priorizándola como fuente de información en detrimento de la perspectiva del autor; (2) representan la realidad criminal estereotipada y hacen alusión, de forma recurrente, a la excesiva benignidad del sistema (incluyendo a sus actores), a la escasa severidad de las leyes penales y a la permisividad de los jueces. Así pues, contribuyen a un aumento de las demandas punitivas; (3) seleccionan los casos criminales "especiales"[229] mediante simplifica-

---

226 Las PSSH desde el inicio de los tiempos han generado un sentimiento de inseguridad al ciudadano que les identifica como "no personas" a causa de los estereotipos negativos que se les asocian por su situación. En este sentido, las respuestas han variado desde el rechazo hasta la total indiferencia. Además, los medios de comunicación favorecen su percepción subjetiva de inseguridad ante la ciudadanía, mostrando los aspectos negativos y polémicos de este colectivo, cuya preocupación se muestra en los actores políticos y en los discursos punitivos adoptados. HERRERA HERNÁNDEZ, J.M. y BARRANCO EXPÓSITO, M.C. "La violencia social e institucional hacia los sin techo" en *Alternativas. Cuadernos de Trabajo Social*, nº 10, 2002, pp. 287-300; SILVA SÁNCHEZ, J.M. *La expansión del Derecho Penal. Aspectos de la Política criminal en las sociedades postindustriales*, *Op. Cit.*, pp. 35-39.

227 SALES i CAMPO, A. *El delito de ser pobre. Una gestión neoliberal de la criminalidad*, *Op. Cit.*, pp. 13-15.

228 EXPÓSITO MARÍN, J.A, "Una aproximación a la aporofobia institucionalizada", *Op. Cit.*, pp. 81-83.

229 García Méndez sostiene la importancia de tres factores para que los medios de comunicación seleccionen un hecho criminal con el fin de transformarlo en un caso criminal "especial": el hecho en sí, el delincuente y la víctima. En cuanto

ciones y reduccionismos, atendiendo a una parte de la criminalidad, la delincuencia callejera, que produce mayor alarma y mantiene la atención de los espectadores[230]; (4) inciden en la relación inmigración y delito[231]. La consecuencia es la creación de miedo al delito y alarma social, cuya respuesta político-criminal (representada como única) es más punitivismo con el fin de transmitir seguridad. No obstante, las medidas adoptadas son simbólicas e ineficaces ya que las soluciones reales son más complejas y no otorgan un rédito electoral[232].

Como se ha puesto de manifiesto, los medios de comunicación contribuyen en el encubrimiento de la violencia institucional cotidiana y de carácter social, así como al mantenimiento de la aporofobia institucional. Cuando se da la imagen de un sistema funcional, la ciudadanía muestra su agresividad contra las poblaciones más desfavorecidas

---

al delincuente, una cuestión fundamental es su relación con la marginalidad, enfatizando en el aspecto económico. Así, los pobres se constituyen como un objetivo prioritario en la selección de estas noticias. Las víctimas también son explotadas por los *mass media* que utilizan sus experiencias para su propio interés. Es más, estas han adoptado un papel clave en las Políticas Criminales, adicionándola a la percepción de inseguridad personal de la ciudadanía, y alejándola de datos objetivos, como se ha expuesto en párrafos anteriores. GARCÍA MÉNDEZ, E, A. "Política criminal y medios de comunicación de masas", *Op. Cit.*, pp. 354-356; GARLAND, D. *La cultura del control. Crimen y orden social en la sociedad contemporánea, Op. Cit.*, pp. 240-242.

230 Sin perjuicio de otros casos de delincuencia más excepcional y extrema que no se corresponde con el objeto de la investigación. SOTO NAVARRO, S. "La delincuencia en la agenda mediática" en *Revista Española de Investigaciones Sociológicas*, nº 112, 2005, pp. 125-127.

231 El estudio realizado por Zuloaga Lojo concluye que la existencia de una fuerte vinculación entre inmigración y comisión de delitos a ojos de la ciudadanía no resulta inverosímil. El fundamento reside en la construcción realizada del fenómeno migratorio que se asocia a la inseguridad. De facto, la creencia de que la inmigración crea problemas criminales y de inseguridad fue la principal respuesta otorgada ante la pregunta que destacarían negativamente sobre la inmigración en la encuesta del CIS de 2014. El origen se sitúa en la *agenda setting* y en el *frame* o encuadre realizado por los medios de comunicación, incidiendo, en gran medida, el papel de los partidos políticos. Así, la criminalización del inmigrante y su exclusión se ha logrado a través del miedo. ZULOAGA LOJO, L. "La concepción securitaria de la inmigración en el caso español" en *Athenea Digital*, vol. 16, nº 2, 2016, pp. 215-244.

232 BRANDARIZ GARCÍA, J. A. *Política Criminal de la exclusión*, Comares, 2007, pp. 65-79.

(anonimizando a estos individuos e ignorando las causas estructurales, socioeconómicas y políticas), y no contra los representantes del poder, quienes, no sólo legitiman, sino contribuyen a la delincuencia, particularmente, de estos individuos. Por consiguiente, se desvía la atención a otros fenómenos, mientras que la violencia generada por el contexto social y económico permanece inmutable y silenciada[233].

En resumen, lo expuesto es un reflejo más de la aporofobia institucional que existe en nuestro país. Eso sí, pese a que el populismo punitivo y los medios de comunicación son considerados un factor clave en el punitivismo, existen otros elementos que inciden[234], como son los valores sociales, en especial, los valores postmateriales[235]. Estos valores conceden una importancia vital a lo económico, por lo que se relacionan estrechamente con la teoría de los sentimientos de inseguridad de Kury que sostiene: a mayor inseguridad en las personas, más punitivistas serán en términos generales. Esta conexión ha encontrado evidencia empírica a nivel internacional y nacional[236].

---

233 GARCÍA MÉNDEZ, E, A. "Política criminal y medios de comunicación de masas", *Op. Cit.*, pp. 357-360.

234 Algunos ejemplos son: la influencia del individualismo económico (culpabilizando a los pobres de su situación), y del conservadurismo (constituido como un factor positivo en la predicción de firma frente al delito); la ausencia de empatía en las personas; el redescubrimiento de las víctimas de delitos impulsados, en ocasiones, por movimientos sociales, verbigracia la violencia de género y el feminismo; o la tradición sancionadora del territorio. SERRANO MAÍLLO, A. *Teoría criminológica. La explicación del delito en la sociedad contemporánea, Op. Cit.*, pp. 113-118; KURY, H y BRANDESTEIN, M. "Sobre la cuestión de una «nueva punitividad»–actitudes sancionadoras y política sancionadora" en *Derecho penal y criminología como fundamento de la política criminal: estudios en homenaje al profesor Alfonso Serrano Gómez* (Buenos Arús, Guzmán Dalbora y Serrano Maíllo, coords.), Dykinson, 2006, pp. 369 y ss.

235 Esta fuerte influencia fue destacada por Garland en su libro *La cultura del control*. GARLAND, D. *La cultura del control. Crimen y orden social en la sociedad contemporánea, Op. Cit.*, pp. 402-403.

236 Es más, la teoría de Kury ha sido apoyada por múltiples autores, como Serrano Maíllo o Hirtenlehner. HIRTENLEHNER, H. "The origins of punitive mentalities in late modern societies. Testing an expressive explanatory theory" en *Punitivity. International developments, 1 – Punitiveness – A global phenomenon?* (Kury y Shea, eds), Bochum, 2011, pp. 128-142; SERRANO MAÍLLO, A. "Dos hipótesis sobre la naturaleza y el origen de la firmeza frente al delito a nivel individual: un modelo log-lineal causal con variables latentes" en *InDret, Revista para el análisis del Derecho*, nº 4, 2014, pp. 4-7.

En el ámbito nacional, Serrano Maíllo corroboró la teoría de los sentimientos de inseguridad de Kury con los datos del Centro de Investigaciones Sociológicas (CIS de aquí en adelante) del año 2005. La hipótesis de investigación, que fue confirmada, versó: "*las personas que se sienten inseguras económicamente tienden a ser más firmes frente al delito*". Entonces, se asume que a peor situación económica y menor satisfacción con su situación, mayor inseguridad perciben frente al delito[237]. Serrano Maíllo encontró que los sujetos que experimentan mayor inseguridad son más proclives a apoyar castigos severos, mientras que los individuos que más seguridad experimentan son los más benévolos frente al delito. También apuntó que las personas que apoyan el punitivismo comparten características comunes, por lo que se podría relacionar con la personalidad del individuo[238].

Desafortunadamente, no se han producido investigaciones en el territorio español que corroboren empíricamente la conexión entre miedo al delito y punitivismo[239]. Los expertos manifiestan la escasez

---

237 Esta tesis también fue sostenida por Brandariz García, quien afirma que el nivel de desigualdad económica de la ciudadanía se relaciona con la elevada punitividad que presenta el sistema penal español. BRANDARIZ GARCÍA, J.A. *El modelo gerencial-actuarial de penalidad. Eficiencia, riesgo y sistema penal, Op. Cit.*, pp. 38-39.

238 Este hallazgo también fue encontrado en el estudio realizado por Varona Gómez. Sin embargo, el autor mencionado no analizó la relación entre inseguridad económica y punitivismo, así como conviene destacar algunas precisiones metodológicas. Véase la aplicación de análisis bivariados a variables de un modelo multivariante. SERRANO MAÍLLO, A. "Dos hipótesis sobre la naturaleza y el origen de la firmeza frente al delito a nivel individual: un modelo log-lineal causal con variables latentes", *Op. Cit.*, pp. 4-23; VARONA GÓMEZ, D. "Percepción y elección del castigo en España: resultados a partir de la Encuesta Social Europea (5.ª ed)" en *Cuadernos de Política criminal 111*, 2013, pp. 145-193.

239 A pesar de que se han desarrollado estudios en ámbitos muy específicos, estos no son generalizables. Algunos ejemplos son las investigaciones de: Cano Paños y Calvo Alba, Sanz Fuentes, Aizpúrua, Varona Gómez o Vozmediano, San Juán y Vergara. AIZPURÚA, E. "Delimitando el punitivismo. Las actitudes de los españoles hacia el castigo de los infractores juveniles y adultos" en *Revista Española de Investigación Criminológica*, nº 13, 2015, pp. 1-30; CANO PAÑOS, M.A y CALVO ALBA, Mª. A. "Evolución del miedo al delito y del punitivismo en la población universitaria española a partir de una muestra de estudiantes de Derecho" en *Revista Española de Investigación Criminológica (REIC)*, nº 18, 2020, pp. 1-28; SANZ FUENTES, A. "Análisis ecológico del miedo al delito en España:

de investigación criminológica, problemas de medición y ausencia de datos fiables. Con relación al último punto, se han producido avances, como la construcción del concepto "problematización del delito" que se basa en diferentes ítems recolectados por el CIS y ha sido establecido como una adecuada unidad de medición[240]. Por todo ello, es necesario seguir profundizando en esta temática, especialmente, porque el miedo al crimen es unos de los problemas que continúa preocupando (sobre todo a nivel social) a la ciudadanía española[241].

Por último, en la aplicación de la teoría de Kury es preciso tener en cuenta las transformaciones sociales de cada época, ya que tienen un peso importante. El sentimiento de inseguridad podría aumentar por un crecimiento de las tasas del delito o por una exposición a esta creencia, como la realizada por los medios de comunicación diariamente, de acuerdo con el populismo punitivo[242]. Al respecto, sería interesante estudiar la influencia de los canales de divulgación en las actitudes frente al delito, ya sean de benevolencia o de punición[243].

---

entornos rurales y urbanos" en *La Criminología que viene. Resultados del I Encuentro de Jóvenes Investigadores en Criminología* (Castro Toledo, Gómez Bellvís y Buil-Gil, eds.), 2019, pp. 87-98. Recuperado de: file:///C:/Users/USAL/Downloads/Dialnet-LaCriminologiaQueViene-745952.pdf (Consultado el 22 de abril de 2021); VARONA GÓMEZ, D. "¿Somos los españoles punitivos? Actitudes punitivas y reforma penal en España" en *InDret*, nº 1, 2009, pp. 1-31; VOZMEDIANO, L., SAN JUAN, C. y VERGARA, A. I. "Problemas de medición del miedo al delito. Algunas respuestas teóricas y técnicas" en *Revista Electrónica de Ciencia Penal y Criminología*, nº 10, 2008.

240 CABRERA CARO, M, y NAVARRO ARDOY, L. "La medición del miedo al delito a través de los barómetros del CIS" en *Revista Española de Investigaciones Sociológicas*, nº 157, 2017, pp. 40-44.

241 Véase que en la última encuesta del CIS la "inseguridad ciudadana" ocupó el séptimo puesto, aumentando respecto de los años anteriores. CIS. *Barómetros. Percepción de los principales problemas de España.* Recuperado de: https://www.cis.es/cis/opencms/ES/11_barometros/indicadores.html (Consultado el 22 de diciembre de 2022).

242 SERRANO MAÍLLO, A. *Teoría criminológica. La explicación del delito en la sociedad contemporánea, Op. Cit.*, pp. 118-120.

243 De acuerdo con la teoría de Kury, una hipótesis de partida podría ser: "*los sujetos expuestos a tasas delictivas altas tienden a ser más punitivos por la mayor inseguridad que perciben*".

2. LA POLÍTICA CRIMINAL EN EE. UU. Y SU INFLUENCIA

El siguiente nivel del sistema penal que será analizado es la Política Criminal, la ciencia que estudia el conjunto de estrategias utilizadas por el legislador en la prevención y lucha contra el fenómeno criminal[244]. Esta disciplina se consolida como un puente entre la Criminología y el Derecho penal. La primera de ellas proporciona el estudio empírico del fenómeno criminal con el fin de que la Política Criminal, a través de este conocimiento, utilice las técnicas más adecuadas en la lucha contra el crimen, siendo el Derecho penal el encargado de materializarlos a través de principios jurídicos para la creación, interpretación y ejecución de las leyes penales[245].

La Política Criminal[246] se configura (o al menos debería configurarse) atendiendo al territorio de implementación. En este punto, conviene destacar que la realidad está construida socialmente por procesos de comunicación e interacción en los cuales las relaciones de producción y poder promueven el mantenimiento y legitimación de la estructura aporófoba. Así, se reproduce la violencia sobre la colectividad y, particularmente, sobre grupos más vulnerables. Además, se pone de

---

244 Una definición más amplia, atendiendo al sentido político, sería "*aquel conjunto de medidas, criterios y estrategias, de carácter jurídico, social, educativo, económico y de índole similar, establecidos por los poderes públicos para prevenir y reaccionar frente al fenómeno criminal, con el fin de mantener bajo límites tolerables los índices de criminalidad en una determinada sociedad*" empleando las palabras de Borja Jiménez. BORJA JIMÉNEZ, E. "Sobre el concepto de Política Criminal. Una aproximación a su significado desde la obra de Claus Roxin" en *Anuario de Derecho Penal y Ciencias Penales*, vol. 56, nº 1, 2003, p. 48.

245 A nivel internacional, Zipf pone el acento en el desarrollo de una política jurídica que se aplique en el ámbito de la justicia criminal haciendo alusión a la Política Criminal. ZIPF, H. *Introducción a la Política Criminal*, Edersa, 1979.

246 Esta ciencia debería perseguir la prevención de la delincuencia dentro del parámetro de la democracia, es decir, respetando los derechos y las garantías consignadas en nuestro Estado Social y Democrático de Derecho, así como valorando la estructura en la que se hayan inmersa, con un análisis de los factores políticos, sociales, económicos y culturales. El modelo de Estado adoptado marca un garantismo que debería ser respetado en la adopción de las estrategias político-criminales. DÍEZ RIPOLLÉS, J.L. "La dimensión inclusión/exclusión social como guía de la Política Criminal comparada", *Op. Cit.*, pp. 5-7.

manifiesto la acentuada repercusión de las dinámicas de poder en algunos subsistemas funcionales[247], como la Política Criminal.

Sin perjuicio de lo desarollado, es importante subrayar la influencia que se ha producido entre las Políticas Criminales adoptadas por los diferentes países, especialmente, con el auge del fenómeno de la globalización. En este sentido, los miembros de la UE han sufrido una exposición a las prácticas realizadas por EE. UU., siendo notoria la "guerra contra el crimen" que se inició en los años setenta y, de forma posterior, fue adoptada en muchos gobiernos del primer mundo. La deriva punitiva y la implementación de un Estado penal fueron impulsadas por la irrupción del neoliberalismo en el capitalismo[248], la posmodernidad[249] y el declive de las políticas asistenciales[250].

---

247 El Derecho penal también es entendido como un subsistema con una estructura normativa sólida que ha sido creada en una realidad social. Baratta hace referencia al sistema penal como el mundo del deber ser, entendiendo al Derecho penal como un laboratorio en el cual se reconstruye la realidad y se otorga un valor a la acción realizada. BARATTA, A. "La vida y el laboratorio del Derecho. A propósito de la imputación de responsabilidad en el proceso penal" en *Doxa: Cuadernos de filosofía del Derecho*, nº 5, 1998, pp. 275-277.

248 Las políticas penales de EE. UU. hallan su razón en la revolución neoliberal —siendo este país líder—. Un aspecto fundamental fue el trabajo, debido a que una gran parte de la ciudadanía estaba sujeta a precarias remuneraciones, consolidándose una estructura cada vez más polarizada. De hecho, Wacquant afirma que la causa fundamental del giro punitivista es el neoliberalismo (y no la modernidad tardía), un proyecto al cual se han adherido políticos de todas las ideologías. WACQUANT, L. *Castigar a los pobres. El gobierno neoliberal de la inseguridad social, Op. Cit.*, pp. 18; 421.

249 Garland hace alusión a que "*los acuerdos sociales, económicos y culturales propios de la modernidad tardía han moldeado una nueva experiencia colectiva del delito y la interseguridad a la que las autoridades han dado una interpretación reaccionaria y una respuesta ambigua que combina la adaptación práctica a través de asociaciones preventivas y una negación histérica a través de la segregación punitiva*". GARLAND, D. *La cultura del control. Crimen y orden social en la sociedad contemporánea, Op. Cit.*, p. 251.

250 Se desarrolló un nexo entre Estado de Bienestar reorganizado y políticas penales, es decir, *workfare* y *prisionfare*. Este cumple tres funciones interrelacionadas atendiendo a cada nivel de la estructura de clases polarizada fruto de la desregulación económica. El nivel más bajo es el encarcelamiento como instrumento de neutralización. El segundo nivel se compone de la policía y los jueces, con el fin de imponer disciplina. Por último, en el tercer nivel se encuentran los poderosos, que diferencian entre ciudadanos y no ciudadanos, reafirmando la autoridad del Estado. Eso sí, la cárcel se convirtió en una institución política fundamental. Así, la nueva penalidad neoliberal asevera su responsabilidad en

La evolución de la penalidad revela un estrecho vínculo entre el ascenso del neoliberalismo (caracterizado por el libre mercado y la responsabilidad individual) y las prácticas punitivas de mantenimiento del orden contra la delincuencia callejera, poniendo el acento en las categorías que se sitúan al margen en el nuevo orden socioeconómico. Los medios de comunicación y los partidos políticos transmiten un discurso alarmista sobre la inseguridad social a la ciudadanía —configurándose el populismo punitivo—. El Estado penal responde de forma implacable a este sentimiento que, paradójicamente, difunde desde sus instituciones[251].

En la "guerra contra el crimen", la búsqueda de eficiencia es otra pieza fundamental, por ende, los sectores marginados (PSSH, inmigrantes, prostitutas callejeras, desempleados, *etc.*) deben ser reprimidos y estigmatizados. Así, la penalización de la pobreza es un vehículo de reafirmación de la soberanía del Estado en el mantenimiento de la seguridad y el orden, y justamente con ese fin. Aunque el crimen no ha cambiado tanto. Lo que se ha modificado es la visión de la sociedad sobre determinadas ilegalidades callejeras, especialmente, cuando sus perpetradores se sitúan en el escalón más bajo de la sociedad. Igualmente, la presencia de estos colectivos en el espacio público se ha vuelto indeseable porque son la expresión de una inseguridad generalizada[252].

Estas transformaciones han desembocado en un endurecimiento del aparato policial y judicial como respuesta de las élites a las mutaciones del trabajo asalariado y sus efectos tan graves en los sujetos de clases sociales bajas. Todo ello, con el propósito de mantener el poder[253]. Por ende, se puede observar cómo las poblaciones más afectadas por la desregulación económica y el declive del Estado asistencial son también las principales "beneficiarias" del Estado penal.

---

la gestión del delito mientras que muestra su impotencia frente al mercado en el cual prima la libertad. WACQUANT, L. *Castigar a los pobres. El gobierno neoliberal de la inseguridad social, Op. Cit.*, pp. 19-21.

251 RÍOS PATIO, G. "La influencia del neoliberalismo en la producción de la criminalidad" en *Archivos de Criminología, Seguridad Privada y Criminalística*, vol. 15, 2020, pp. 18-27.

252 WACQUANT, L. *Castigar a los pobres. El gobierno neoliberal de la inseguridad social, Op. Cit.*, pp. 29-32.

253 *Ibidem*, pp. 31-33.

En el desarrollo de las lógicas punitivas contra la desviación (mencionadas en los párrafos anteriores), se destaca las campañas de *Law and Order* que establecieron una política de segregación represiva en las poblaciones de riesgo en EE. UU., consolidándose un modelo autoritario. Estas dinámicas, apoyadas por los altos sectores de la población, han favorecido la aplicación y el desarrollo del punitivismo (una de las bases ideológicas de la aporofobia institucional) a través de diferentes estrategias, como la tolerancia cero[254].

La estrategia de tolerancia cero se caracteriza por el liberalismo y no intervencionismo en los altos sectores, a diferencia del control constante ejercido sobre los colectivos más desfavorecidos. De este modo, despliega una política punitiva de "limpieza" de los marginados, quienes aportan inseguridad al espacio público[255]. Desafortunadamente, esta lógica se está aplicando cada vez a más espacios en los que no cabe la presencia de colectivos considerados peligrosos, como el de sinhogarismo[256].

En la base de la táctica de tolerancia cero, se encuentra la teoría de las ventanas rotas —de corte supuestamente criminológico[257]—, más conocida como *Broken Windows*"[258]. Esta teoría, formulada por Wilson y Kelling[259] y desarrollada en la estrategia de Política Crimi-

---

254 KURY, H y FERDINAND, T. "Public Opinion and Punitivy" en *International Journal of Law and Psychiatry*, vol. 22, nº 3-4, 1999, pp. 375-377.

255 MAQUEDA ABREU, M.L. *Estudios de Política criminal (a propósito de colectivos que soportan el peso de una violencia estructural), Op. Cit.*, pp. 346-349.

256 Al mismo tiempo, se establecen regiones específicas para estos individuos, constituyéndose los denominados barrios de contención.

257 En los años setenta, con el nacimiento de la Criminología crítica, también se desarrolló la Criminología de la intolerancia con: una fuerte crítica hacia la reinserción; postulados que contribuyen al control penal de los excluidos; y un desinterés por las causas del delito, dejando fuera la estructura social y centrando su atención en el crimen callejero. MOCLÚS MASÓ, M. "Las criminologías anglosajonas: realismo criminológico *vs.* Criminología de la intolerancia" en *Panóptico,* nº 6, 2003, pp. 25-30.

258 ANSFIELD, B. "The Broken Windows of the Bronx: Putting the Theory in Its Place" en *American Quarterly*, vol. 72, nº 1, 2020, pp. 103-115.

259 Kelling se inspiró en el acompañamiento del patrullaje policial a pie de calle —en el marco del programa barrios seguros y limpios— que efectuó en la ciudad de Nueva Jersey a finales de los años 70. ZIMBARDO, P. G. "A social psychological analysis of vandalism: making sense of senseless violence", *Op. Cit.*, p. 118.

nal *modelo Giuliani*[260], relaciona el desorden urbano con el delito deduciendo que, si una ventana está rota y no se arregla, pronto las demás serán quebradas[261]. Siguiendo esta línea, los autores citados argumentan que la represión de infracciones insignificantes de forma inmediata y severa reduce las formas de criminalidad más graves por un restablecimiento del orden.

Es importante destacar que la teoría de las ventanas rotas no fue sometida a verificación científica ni a comprobación por expertos en la materia, por ende, es más que cuestionable su validez en el campo científico. Las críticas han sido realizadas por diferentes investigadores/as, centrando la atención en la eficacia y el efecto discriminatorio[262].

Atendiendo a la eficacia, no sólo se indica que manipularon estudios previos con el fin de dotar de validez la teoría, sino que la única evidencia empírica que sustenta la relación entre desorden y delito se basa en el experimento obrado por Zimbardo en el año 1966, pero interpretado de forma errónea[263]. Este experimento consistió en dejar dos coches "abandonados" en dos campus diferentes de la Universidad de Nueva York sin las placas de las matrículas y con las puertas abiertas. En el primero de ellos, los objetos de valor empezaron a ser sustraídos a los diez minutos. El segundo permaneció intacto hasta que se rompieron algunas partes de la carrocería[264].

---

260 Se destaca que Pérez Cepeda fue una de las primeras autoras en abordar esta teoría en el ámbito penal en España. Véase su libro *La seguridad como fundamento de la deriva del Derecho penal postmoderno*. PÉREZ CEPEDA, A.I, "La criminalización de la pobreza y la expansión de la población carcelaria", *Op. Cit.*, p. 271; PÉREZ CEPEDA, A. I. *La seguridad como fundamento de la deriva del Derecho penal postmoderno*, *Op. Cit.*, pp. 424-427.

261 ANSFIELD, B. "The Broken Windows of the Bronx: Putting the Theory in Its Place", *Op. Cit.*, pp. 116-117; ZIMBARDO, P. G. "A social psychological analysis of vandalism: making sense of senseless violence", *Op. Cit.*, pp. 9-11.

262 ANSFIELD, B. "The Broken Windows of the Bronx: Putting the Theory in Its Place" en *American Quarterly*, vol. 72, nº 1, 2020, pp. 103-115; WACQUANT, L. *Castigar a los pobres. El gobierno neoliberal de la inseguridad social*, *Op. Cit.*, pp. 371-372.

263 ANSFIELD, B. "The Broken Windows of the Bronx: Putting the Theory in Its Place" en *American Quarterly*, vol. 72, nº 1, 2020, pp. 103-115; WACQUANT, L. *Castigar a los pobres. El gobierno neoliberal de la inseguridad social*, *Op. Cit.*, pp. 371-372.

264 ANSFIELD, B. "The Broken Windows of the Bronx: Putting the Theory in Its Place", *Op. Cit.*, pp. 116-117; ZIMBARDO, P. G. "A social psychological analysis of vandalism: making sense of senseless violence", *Op. Cit.*, pp. 9-11.

Según los críticos no fue la ventana rota la causante del vandalismo, sino que Kelling y Wilson se inventaron este símbolo y lo invirtieron en la capacidad de motivar el crimen, alegando que, si hay una ventana rota, después se producirán mil más (utilizando su propia hipérbole). De igual modo, cabe destacar que la línea manifestada por Zimbardo distaba de la dirección proencarcelamiento expresada por los autores de la teoría de las ventanas rotas (catalogados éstos como ultraconservadores).

Respecto al efecto discriminatorio, Harcourt es un referente con su trabajo *Illusion of Order: The False Promise of Broken Windows Policing*[265], así como se puede afirmar que la teoría de las ventanas rotas ha tenido un fuerte impacto en EE. UU. sobre la cuestión racial en las personas negras, creándose movimientos para su defensa, entre ellos, *Black Lives Matter* (BLM) que denuncia el abuso policial.

En la teoría de las ventanas rotas, Kelling y Wilson inciden en el mantenimiento del orden por la Policía y critican la descriminalización de conductas inofensivas debido a que, según su argumentación, la acumulación de pequeñas conductas con una lesividad insignificante desembocará inevitablemente en formas delictivas más graves[266]. Ahora bien, la efectividad que se pregona de ella se basa en los resultados obtenidos durante los años noventa en las ciudades de Washington y Nueva York[267], aunque lo cierto es que influyeron múltiples factores.

---

265 HARCOURT, E.B. *Illusion of Order: The False Promise of Broken Windows Policing*, Harvard University Press, 2001.

266 WILSON, J.Q y KELLING, G.L. *Broken Windows. The police and neighborhood safety*, Atlantic, 1982, pp. 31-38.

267 William Bratton, jefe del Departamento de Tránsito de la Ciudad de Nueva York en 1990, hacía propaganda de su eficacia en cualquier territorio del mundo, extrapolándola a otras ciudades pertenecientes a EE. UU., con cuatro características básicas: la reestructuración de la burocracia, el aumento de recursos humanos y monetarios, el uso de nuevas tecnologías de la información, y una mejora en el abordaje de problemáticas tales como el comercio de drogas (es más fácil descubrir al sujeto que se dedica al narcomenudeo que la delincuencia ejercida por los poderosos) o la posesión de armas de fuego (cuyo razonamiento es similar al expresado en el ejemplo anterior pero aplicado al ámbito descrito). También el Instituto de Manhattan, promotor de penalizar la pobreza en el mundo, contribuyó a su difusión. Es más, su fundador, Antony Fisher fue mentor de Margaret Thatcher (ex primera ministra de Reino Unido que gobernó desde

En la ciudad de Nueva York, la disminución de la delincuencia, esencialmente, de crímenes violentos como el homicidio —cuyo porcentaje descendió hasta situarse entre un 4% y un 7%—, se produjo años antes de que Giuliani alcanzase el poder[268]. A pesar de lo expuesto, el exalcalde aprovechó la escasez de estudios criminológicos, la labor de los medios de comunicación (en consonancia con el populismo punitivo señalado)[269], la actividad de los *think thank* —instituciones que promovieron, entre otros, el pensamiento de que la represión policial era la única solución posible— y el ascenso del neoliberalismo para extender el pensamiento de que la estrategia de tolerancia cero era la fórmula más eficaz en la reducción del delito.

1979 hasta 1990). TIJOUZ, M.E. "Cárceles para la tolerancia cero: clausura de pobres y seguridad de ciudadanos" en *Última Década*, nº 16, 2002, pp. 181-182; WACQUANT, L. *Castigar a los pobres. El gobierno neoliberal de la inseguridad social*, *Op. Cit.*, pp. 360-369.

268 En adopción de una perspectiva más amplia, existieron numerosos factores que redujeron la delincuencia en la mayor parte de las ciudades de EE. UU. en los años noventa. Estas variables están relacionados con: una mejora de la economía, aunque esta no incidió en la pobreza de los barrios más excluidos a causa de las nefastas condiciones laborales; la reducción de la conflictividad entre bandas a causa de una reestructuración del comercio callejero en el tráfico de estupefacientes; la demografía, con la disminución del colectivo de jóvenes entre 18 y 24 años (especialmente de clases bajas), protagonistas de una gran parte de las infracciones violentas, según muestran los estudios; el aprendizaje de otro estilo de vida por experiencias cercanas de familiares y/o amigos, denominado por algunos criminólogos como aprendizaje generacional, unido a organizaciones en zonas marginadas que actuaban como un agente de control social informal. Es más, estas organizaciones luchaban contra las drogas y el crimen callejero que perpetuaban, mayormente, sus hijos; un aumento significativo del encarcelamiento; y, por último, la notable ascensión del delito violento en los años anteriores que representó un pico en los patrones históricos, por ende, la probabilidad de su disminución era muy elevada en consonancia con las leyes de la estadística de regresión hacia la media. Además, en diversas ciudades neoyorquinas que no adoptaron la estrategia de la tolerancia cero el crimen también se vio reducido. Entre ellos, Boston, que apostó por la prevención del delito a través de relaciones con los ciudadanos, aplicando una política de resolución de problemas en detrimento de sanciones penales desproporcionadas WACQUANT, L. *Castigar a los pobres. El gobierno neoliberal de la inseguridad social*, *Op. Cit.*, pp. 358-366.

269 Este fenómeno consiguió instaurar en la ciudadanía el pensamiento de que el crimen estaba en aumento a través de una mayor cobertura (otorgada por los medios de comunicación) de los crímenes más llamativos o "morbosos". *Idem.*

La Policía se convirtió en un eje central de aplicación de la estrategia tolerancia cero. La razón se halla en la instauración de una persecución sistemática de infracciones (independientemente de la carestía de su gravedad) que se producían en el espacio público con el fin de mantener el orden. En este sentido, la realización de un *graffiti*, mendigar o incumplir una ordenanza municipal era motivo suficiente para privar de libertad al sujeto, bajo la lógica de que atajando las pequeñas conductas el crimen más grave se reduciría[270]. Desde esta perspectiva, parece que se sitúa a la pobreza como factor del delito, al hacer alusión pequeños signos de desorden y conductas antisociales de escasa lesividad[271].

En síntesis, se produjo un cambio de una política reactiva a una política proactiva: poniendo la atención en la seguridad de los espacios públicos[272] y disminuyendo el presupuesto destinado a programas sociales. El resultado fue la desproporcionalidad del encarcelamiento con relación a los delitos registrados[273], correspondiéndose la mayoría de ellos con delitos menores[274].

La investigación científica del contexto social y económico de la ciudad de Nueva York en los años propuestos, unido a la falta de validez científica de la teoría formulada por Wilson y Kelling, evidencia que la estrategia de tolerancia cero, vinculada a la represión efectuada por la Policía y el aparato penal, no fue la causa principal

---

270 WILSON, J.Q. y KELLING, G.L. *Broken Windows. The pólice and neighborhood safety*. Recuperado de: https://www.theatlantic.com/magazine/archive/1982/03/broken-windows/304465/ (Consultado el 8 de diciembre de 2020).

271 WACQUANT, L. *Castigar a los pobres. El gobierno neoliberal de la inseguridad social, Op. Cit.*, pp. 366-371.

272 La teoría desarrollada ha demostrado influenciar la sensación de seguridad en la ciudadanía, tal como sucedió en la ciudad de New Jersey a mediados de los años setenta. En la adopción del programa "barrios seguros y limpios" se produjo un aumento del patrullaje a pie de calle que desembocó en un incremento de la percepción de la seguridad en la ciudadanía. No obstante, las tasas delictivas no se habían reducido, sino que habían aumentado, según muestran las investigaciones realizadas. *Ibidem*, pp. 29-30.

273 En este punto se destaca que existió un mayor número de arrestos que delitos denunciados, exhibiendo una vez más la inefectividad de esta estrategia ante los crímenes cometidos. WACQUANT, L. *Castigar a los pobres. El gobierno neoliberal de la inseguridad social, Op. Cit.*, pp. 370-371.

274 *Ibidem*, pp. 366-371.

de la reducción del crimen en la ciudad de Nueva York en los años noventa[275].

La táctica aludida, esto es, la tolerancia cero, se "ocupó" de los sujetos etiquetados como delincuentes, concentrando sus esfuerzos en las clases bajas y en los contextos espacio-temporales caracterizados por actividades delictivas específicas, tales como las drogas. Esto fue fruto de la intolerancia selectiva y de la "limpieza urbana" que se concilió con las actitudes discriminatorias existentes en aquella época, las cuales, como se está demostrando, permanecen en la actualidad[276]. Además, uno de los resultados materiales de la estrategia de tolerancia cero fue la política *Three strikes and you are out*[277]

El origen de las leyes *Three strikes* se sitúa en Whasington (California) en el año 1994 con la aprobación de la Persistent Offender Accountability Act (Ley de responsabilidad de los delincuentes reincidentes)[278]. Esta técnica sustenta la persecución de los comportamientos delictivos más leves como la forma más eficaz para acabar con el crimen, dejando atrás el modelo proporcional que centró la atención en el peligro que representa el agresor[279]. Su objetivo principal consistió en restaurar la confianza de la ciudadanía en la justicia y aumentar la seguridad ciudadana a través del

---

275 Es más, la teoría de las ventanas rotas fue citada y descubierta por los oficiales de la ciudad a posteriori. Jack Maple hizo alusión a que esta no era más que una extensión de la denominada "*teoría del breaking balls*" basada en la sabiduría policial convencional. Esto es, la persecución sistemática de un delincuente muy conocido provocará su desplazamiento hacia otro territorio, en el cual seguirá cometiendo crímenes, cuya consecuencia es una disminución del delito en la zona inicial debido a que este se ha desplazado. *Idem.*

276 WACQUANT, L. *Castigar a los pobres. El gobierno neoliberal de la inseguridad social, Op. Cit.*, pp. 373-376.

277 VENERO, M. "El nuevo paradigma de la exclusión social para el conocimiento criminológico" en *Derecho y Ciencias Sociales*, nº 1, 2009, p. 153.

278 SANZ MORÁN, A.J. "La reincidencia y la habitualidad" en *La adecuación del Derecho penal español al ordenamiento de la Unión Europea. La Política criminal europea* (Álvarez García, dir.; Álvarez García, Manjón-Cabeza Olmeda y Ventura Püschel, coords.), Tirant lo Blanch, 2009, p. 63.

279 PÉREZ CEPEDA, A.I, "La criminalización de la pobreza y la expansión de la población carcelaria", *Op. Cit.*, pp. 276-277.

castigo severo de los delincuentes reincidentes, contemplando, de igual modo, un incremento de las penas de prisión[280].

Así pues, las leyes *Three strikes* se dirigen eminentemente a sujetos con antecedentes penales, ya que, si a la comisión de un delito grave violento le sumas dos condenas posteriores, la pena impuesta por el tercero ascenderá a la prisión perpetua con un cumplimiento mínimo efectivo de 25 años de privación de libertad, independientemente de su lesividad[281]. Un ejemplo paradigmático fue el caso de Jerry Dewayne Williams. Este sujeto, sentenciado a más de 25 años de privación de libertad por el robo de una porción de pizza y las condenas anteriores acumuladas en el Estado de California, atrajo la atención nacional por la severidad de su castigo[282].

Sin embargo, las condiciones de aplicación de las leyes *Three strikes* indicadas en el párrafo anterior se modificaron ligeramente en su trasposición a los diferentes territorios que las han adoptado[283]. Si bien comparten una característica común: la imposición de penas muy largas de prisión en las personas reincidentes que cometen un tercer delito. Por este motivo, se adoptó la expresión del béisbol *Three strikes and you are out* que es utilizada cuando el bateador es eliminado al no conseguir golpear la tercera bola[284].

Atendiendo a lo explicado[285], se evidencia la función de la pena que persigue la intimidación, con un fin disuasorio en la comisión de más delitos, y la inocuización, cuyo objetivo es neutralizar el riesgo

---

280 WILLIS, J.J. "Punishment and Democracy: Three strikes and you're out in California. Franklin E. Zimring, Gordon Hawkins, and Sam Kamin" en *Crime, Law and Social Change*, nº 47, 2007, pp. 226-228.

281 No obstante, el planteamiento expuesto es la regla general, a pesar de que existen excepciones. WILLIS, J.J. "Punishment and Democracy: Three strikes and you're out in California. Franklin E. Zimring, Gordon Hawkins, and Sam Kamin", *Op. Cit.*, pp. 226-228.

282 *Idem.*

283 SANZ MORÁN, A.J. "La reincidencia y la habitualidad", *Op. Cit.*, p. 62.

284 CASTIÑEIRA, Mª.T. "Three strikes. El principio de proporcionalidad en la jurisprudencia del Tribunal Supremo de los Estados Unidos" en *Revista de Derecho penal y Criminología*, nº 14, 2004, p. 61.

285 También cabe resaltar la *selective incapacitation* que consiste en una intensificación de la respuesta penal en los delincuentes que cometen un alto número de delitos. SANZ MORÁN, A.J. "La reincidencia y la habitualidad", *Op. Cit.*, p. 63.

encerrando a los sujetos en prisión, eso sí, sin tener en cuenta principios limitadores tan básicos como el resocializador[286]. Además, la cuestión racial es un factor clave[287], produciéndose una aplicación más acentuada de las leyes propuestas en las personas negras[288].

Una crítica fundamental de las leyes *Three strikes and you are out* es la mayor sanción de delitos que no se corresponden con los hechos que motivaron su introducción en el Estado de California. En efecto, la aplicación de estas leyes a delitos graves o violentos es mínima, representando un porcentaje superior las conductas relacionadas con el tráfico de drogas o los hurtos[289]. Así, se incrementó la duración de las penas a los colectivos que representan un "riesgo" a la sociedad, como el de sinhogarismo, con el fin de neutralizar el riesgo a través de la lógica del encarcelamiento[290].

Otro defecto expuesto se relaciona con la economía. La privación de libertad de más sujetos implica, necesariamente, un aumento del presupuesto en prisiones, desperdiciando la oportunidad de destinarlo a programas sociales que mitiguen las causas del delito o a mejorar la educación, perpetuando, en muchos casos, generaciones de delincuentes que podrían ser salvadas[291].

Por lo tanto, se cuestiona la efectividad de estas leyes en individuos que cometen pequeñas infracciones respecto a otros delincuentes

---

286 *Ibidem*, p. 79.

287 Este patrón se asemeja al efecto discriminatorio que se deriva de la aplicación de la estrategia tolerancia cero.

288 En este sentido, un estudio llevado a cabo en California encontró que la aplicación de estas disposiciones penales se había producido en un 43% de las personas negras, pese a que su población no superaba el 7%. CASTIÑEIRA, Mª.T. "Three strikes. El principio de proporcionalidad en la jurisprudencia del Tribunal Supremo de los Estados Unidos", *Op. Cit.*, p. 82.

289 Véase el Estado de San Francisco, donde su aplicación a delitos graves y violentos representó tan solo un 10% de los casos. *Ibidem*, pp. 78-82.

290 Es más, la aplicación de esta estrategia tuvo una incidencia sustancial en el incremento de las tasas de prisión en EE. UU. O´MALLEY, P. "Neoliberalism and Risk in Criminology", en *Legal Studies Research Paper*, nº 9, 2009, p. 11.

291 CASTIÑEIRA, Mª.T. "Three strikes. El principio de proporcionalidad en la jurisprudencia del Tribunal Supremo de los Estados Unidos", *Op. Cit.*, pp. 80-81.

que cometen delitos más graves[292]. Lo cierto es que el impacto de las leyes *Three strikes* en las tasas delictivas es mínimo. La reducción en los lugares que se han aplicado es explicada, principalmente, por otros factores político-criminales o demográficos, según exponen los estudios efectuados[293]. Además, otra cuestión clave es que la imposición de una pena perpetua por el delito cometido independientemente de su lesividad podría provocar un "efecto llamada" de la realización de tipologías delictivas más graves, debido a que la cuantía de la pena es muy similar[294].

En síntesis, en EE. UU. se conformó lo que Wacquant denomina un Estado centauro: con cabeza liberal respecto a las grandes empresas y a las clases poderosas; y cuerpo autoritario, es decir, paternalista y punitivista cuando se enfrenta a las consecuencias de su modelo, como la marginalidad, que es gestionada a través del aparato penal. Así, las instituciones del sistema penal (Policía, Juzgados e Instituciones Penitenciarias) no son meros dispositivos técnicos para el mantenimiento del orden, sino para la producción política de la realidad y para el control de las categorías sociales desfavorecidas y difamadas[295].

El debate en torno a la seguridad y el cambio de paradigma que inundó el espacio político en EE. UU. a partir de los años setenta, aterrizó en Europa en la década de los noventa con un tinte de moderación[296]. Las dinámicas fueron similares[297]: dirigir la opinión pública

---

292 Véase los asesinatos perpetrados por Polly Klaas o Kimber Reynolds en EE. UU. ASTIÑEIRA, Mª.T. "Three strikes. El principio de proporcionalidad en la jurisprudencia del Tribunal Supremo de los Estados Unidos", *Op. Cit.*, pp. 80-81.

293 DEL ROSAL BLASCO, B. "La estrategia actuarial del control del riesgo en la Política criminal y en el Derecho penal" en *Estudios penales homenaje al profesor Javier Alba Muñoz* (Hernández-Romo Valencia y Ochoa Romero, coords.), Tirant lo Blanch, 2013, p. 570.

294 CASTIÑEIRA, Mª.T. "Three strikes. El principio de proporcionalidad en la jurisprudencia del Tribunal Supremo de los Estados Unidos", *Op. Cit.*, pp. 82-83,

295 WACQUANT, L. *Castigar a los pobres. El gobierno neoliberal de la inseguridad social*, *Op. Cit.*, pp. 427-428.

296 CASTIÑEIRA, Mª.T. "Three strikes. El principio de proporcionalidad en la jurisprudencia del Tribunal Supremo de los Estados Unidos", *Op. Cit.*, p. 84; WACQUANT, L. *Castigar a los pobres. El gobierno neoliberal de la inseguridad social*, *Op. Cit.*, p. 389.

297 Un ejemplo son los dictados del *think thank* neoconservadores en EE. UU., los cuales hacen referencia a la capacidad de algunas instituciones para legitimar al

contra reincidentes e inmigrantes y reforzar estereotipos de colectivos excluidos socialmente, como el de sinhogarismo o de las prostitutas[298].

En el año 2000, Europa experimentó un auge del pánico por la violencia callejera, derivando en la sensación de inseguridad en la ciudadanía, que exigía una severa respuesta penal. Al mismo tiempo, los medios de comunicación y las políticas penales enfatizaron ese sentimiento de inseguridad, aunque los índices de delincuencia no estaban en aumento. Así, la seguridad fue consolidada como una prioridad absoluta de la acción pública y el punitivismo como la única respuesta[299].

La mayoría de los países europeos han seguido, en cierta medida, los pasos de EE. UU. por la supuesta efectividad que proclamaron en el combate y la prevención del crimen, a pesar de la inexistencia de validez científica y eficacia práctica de sus políticas. Ejemplos de ello son las leyes *Three strikes and you are out* y la estrategia de tolerancia cero. Ambas exhiben el punitivismo adoptado por las sociedades actuales y desembocan en la segregación y estigmatización de los colectivos más pobres a través del sistema penal. El fin es alcanzar la deseada sensación de seguridad ciudadana, siendo la consecuencia la criminalización de los sujetos más desfavorecidos económicamente.

A diferencia de EE. UU., donde la prisión fue la institución más utilizada en la escalada punitiva (produciéndose un encarcelamiento masivo de las clases marginadas) y sus políticas asistenciales fueron residuales, en una gran parte de los Estados de Europa se priorizó el uso de la Policía, estableciéndose una regulación doble en las categorías marginales de intervención policial y asistencial. Como afirmaron O'Sullivan y Fernández Evangelista "*many European societies utilise the police more than prison to curb social disorder* [...] *European societies*

Estado penal en el discurso securitario que se han observado, entre otros territorios, en el español. Véase la Fundación para el Análisis y los Estudios Sociales (FAES por sus siglas) a cargo de José María Aznar. PÉREZ CEPEDA, A. I. *La seguridad como fundamento de la deriva del Derecho penal postmoderno*, *Op. Cit.*, p. 428.

298 WACQUANT, L. *Castigar a los pobres. El gobierno neoliberal de la inseguridad social*, *Op. Cit.*, p. 15.

299 Otros países del mundo también desarrollaron planes penales punitivos con notas comunes y divergentes. Véase Brasil que adoptó la desregulación del mercado, pero en el cual no se instauró la modernidad tardía. WACQUANT, L. *Ibidem*, pp. 340-347;428-429.

have simultaneously and contradictorily expanded police intervention and welfare intervention"[300].

Años más tarde, EE. UU y numerosos países europeos incrementaron el control en los espacios públicos, afectando gravemente a las PSSH, especialmente, a los sin techo. A falta de una vivienda para su desarrollo vital, este grupo de sujetos realiza sus actividades cotidianas en la calle, donde es sometido a una vigilancia permanente[301]. De forma paralela, se establecieron medidas para restringir el contacto de estos colectivos marginados con el resto de la ciudadanía, debido a que su mera presencia provoca un sentimiento de inseguridad ciudadana[302] y su estilo de vida los hace penalmente sospechosos[303]. Además, se inició la tendencia

---

300 Es decir "*muchas sociedades europeas recurren más a la policía que a la cárcel para frenar los desórdenes sociales [...] las sociedades europeas han ampliado simultánea y contradictoriamente la intervención policial y la intervención asistencial*" (traducción propia). O'SULLIVAN, E., y FERNÁNDEZ EVANGELISTA, G. "Penalisation of homelessness and prison" en *Mean Streets. A report on the criminalisation of homeless in Europe* (Fernández Evangelista, coord.), Fondation Abbé Pierre, Feantsa y Housing Right Watch, 2013, p. 141. Recuperado de: https://www.housingrightswatch.org/sites/default/files/Mean%20Streets%20-%20Full.pdf (Consultado el 15 de marzo de 2020).

301 Con el paso de la sociedad disciplinaria a la sociedad del control (y un régimen de producción postfordista), la vigilancia no se circunscribe al ámbito penitenciario, difundiéndose sobre las calles y las ciudades, así como centrando la atención en la figura del inmigrante. De Giorgi hace referencia a la configuración de una "metrópolis punitiva" que cada vez abarca nuevas formas de control actuarial. La cárcel ya no es el recurso por excelencia, la ciudad es el dispositivo de vigilancia. Además, la represión se produce sobre clases de sujetos (y no sobre individuos concretos), definidos por su status para segregarlos y contenerlos perpetuando el orden establecido. DE GIORGI, A. *El gobierno de la excedencia. Postfordismo y control de la multitud*, *Op. Cit.*, pp. 15-28; 134-138.

302 FERNÁNDEZ EVANGELISTA, G. "Penalization of homelessness", *Op. Cit.*, pp. 66-67; O'GRADY, B., GAETZ, S. y BUCCIERI, K. *Can I See your ID? The Policing of Youth Homelessness in Toronto. Toronto: Justice for Children and Youth Homeless*, Hub Press, 2011. Recuperado de: https://homelesshub.ca/sites/default/files/CanISeeYourID_nov9.pdf (Consultado el 23 de mayo de 2020).

303 Existe una ecuación implícita entre marginalidad social y criminalidad, del mismo modo que se produce entre clases pobres y clases peligrosas. De Giorgi sostiene que estos individuos son los condenados de la metrópoli, hacia los cuales se movilizan los dispositivos de control, debido a que son el excedente de fuerza de trabajo determinado por la restructuración del capitalismo postfordista en el cual existe menos regulación social de la pobreza y más dispositivos de represión de la desviación. Es una transición del Estado social al Estado penal, de acuerdo con la

de sancionar administrativamente manifestaciones de la pobreza[304], que podría englobarse en el fenómeno de la burorrepresión.

Según Ávila Cantos, la burorrepresión es "*un arsenal de sanciones administrativas que diferentes administraciones estatales, autonómicas y municipales utilizan alevosamente para reprimir la protesta social y la capacidad de resistencia de las personas en riesgo de exclusión y pobreza*"[305], por ende, este término, en un sentido amplio, incluye las sanciones administrativas que afectan a las PSSH por las conductas realizadas a causa de su situación de empobrecidas. En este sentido, se hace alusión a la burrorepresión de la pobreza[306] que se aplica a los sujetos catalogados como molestos y disruptivos del orden social a través de diferentes mecanismos, como controles de identidad —especialmente, al extranjero, cuya apariencia difiere habitualmente del prototipo español— o el Derecho administrativo sancionador. Todo ello, con el fin de gestionar y controlar a estos individuos en el espacio público.

3. LA SANCIÓN DE LAS MANIFESTACIONES DEL SINHOGARISMO EN EL ESPACIO PÚBLICO

"If you have so little respect for a person, that if you criminalize them for existing, they have very little interest in that social contract. It cuts people out of being engaged in society and I think that has an impact on a person ability to take care of themselves and get their lives back together because you're basically telling someone you're not part of our community"
Gary Lewis, Former Executive Director of SF General Assistance Advocacy Project[307].

---

criminalización de la miseria que afirmó Wacquant. DE GIORGI, A. *El gobierno de la excedencia. Postfordismo y control de la multitud*, *Op. Cit.*, pp. 15-28; 124-128

304 FERNÁNDEZ EVANGELISTA, G. "Penalization of homelessness", *Op. Cit.*, pp. 47-53.

305 ÁVILA CANTOS, D. *et al.* "La burorrepresión de la protesta y de la pobreza" en *Defender a quien defiende. Leyes mordaza y criminalización de la protesta en el estado español* (Bondia, dir.; Daza y Sánchez, coords.), Icaria, 2015, p. 141.

306 También existe la buroexclusión de las personas más desfavorecidos en términos económicos por la complejidad en la petición de derechos sociales básicos. ÁVILA CANTOS, D. *et al.* "La burorrepresión de la protesta y de la pobreza", *Op. Cit.*, p. 141.

307 "*Si tienen tan poco respeto por una persona, que la criminalizan por existir, es que tienen muy poco interés en el contrato social. Si les impiden participar en la sociedad, y creo que*

La sanción del sinhogarismo hace alusión a las leyes y prácticas dirigidas a restringir las actividades y la libertad de movimiento de las PSSH, cuyas consecuencias pueden ser penales (englobando condenas de multa y de prisión, con la consecuente criminalización de la pobreza) o extrapenales (en alusión al Derecho administrativo sancionador)[308].

Un ejemplo paradigmático es EE. UU., donde el castigo de las conductas habitualmente realizadas por los sujetos más pobres está en auge. Se prohíben comportamientos cuyo origen es su falta de morada, tales como dormir, mendigar o simplemente sentarse en una acera. Algunas ciudades traspasan los límites de la humanidad sancionando el acto de proporcionar alimentos a las PSSH.

Teniendo en cuenta la omisión de los Estados en la provisión de los elementos mínimos que las PSSH necesitan para vivir, el resultado es la comisión reiterada de actos ilícitos por parte del colectivo de sinhogarismo[309]. Si bien los defensores de las PSSH alegan que sancionar conductas dirigidas a la satisfacción de sus necesidades básicas es criminalizar el estado de pobreza —en consonancia con la doctrina

---

esto repercute en su capacidad para cuidar de sí mismos y rehacer sus vidas, les estáis diciendo que no forman parte de nuestra comunidad" (traducción propia). Citado en ALATORRE, L.M. *et al. Punishing the Poorest. How the Criminalization of Homelessness Perpetuates Poverty in San Francisco,* 2015. Recuperado de: https://www.homelesshub.ca/resource/punishing-poorest-how-criminalization-homelessness-perpetuates-poverty-san-francisco (Consultado el 23 de mayo de 2022).

308 A diferencia de la protección de bienes jurídicos concretos que persigue el Derecho penal, el Derecho administrativo sancionador tiene como fin la protección de la sociedad a través de una ordenación y gestión de las actividades que les afectan de modo menos grave y, especialmente, de su sanción, tratando de evitar la reiteración de determinadas conductas que, a pesar de su baja lesividad, una acumulación podría incidir significativamente en la seguridad pública (en adopción de una perspectiva macrosocial). O'GRADY, B., GAETZ, S. y BUCCIERI, K. *Can I See your ID? The Policing of Youth Homelessness in Toronto. Toronto: Justice for Children and Youth Homeless, Op. Cit.*; PUENTE GUERRERO, P. "Criminalización del sinhogarismo y violencia cultural: las ordenanzas municipales como instrumentos de exclusión de las personas sin techo. Un estudio de caso en las capitales de provincia de Castilla y León" en *Revista General de Derecho Penal,* nº 34, 2020, p. 2; SILVA SÁNCHEZ, J.M. *La expansión del Derecho Penal. Aspectos de la política criminal en las sociedades postindustriales, Op. Cit.*, pp. 125-130.

309 ESTRIN GILMAN, M. "The Poverty Defense" en *University of Richmond Law Review,* nº 47, 2013, pp. 497-498.

status crime[310]—, en EE. UU. se han aprobado más de 500 ordenanzas que castigan las manifestaciones del sinhogarismo.

Según el estudio realizado por *Coalition of Homelessness*, la ciudad de San Francisco es referente en el castigo de las PSSH, conformándose un círculo vicioso. Esta afirmación se deduce de la sanción del 74% de los encuestados a través de las *Sit-lie laws*. Estas leyes, previstas en la sección 168 del Código Policial de San Francisco, establecen que: "*unlawful to sit or lie down upon a public sidewalk*"[311], restringiéndose la prohibición al siguiente horario: de 07:00 a 23:00. Además, estas normas establecen consecuencias tan gravosas como penas de cárcel a partir del segundo incumplimiento[312].

Tomemos el siguiente ejemplo, cuando un sujeto viola la norma por primera vez se le impondrá una multa de 50$ o 100$, que podrá ser conmutada por servicios comunitarios. Si el infractor no cumple su sanción, la cuantía podría aumentar hasta los 300$ o desembocar en un arresto, teniendo como una única alternativa un recurso ante los tribunales. En el caso de que se produzca una ofensa menor en las próximas 24 horas, la multa se incrementa hasta los 500$ o, en su defecto, se imponen 10 días de cárcel, que pueden ampliarse hasta los 30 si comete una tercera violación de la norma, acompañado, como no, del abono de una elevada cantidad de dinero[313].

Lo expuesto muestra la criminalización de las PSSH y sus efectos, debido a que los antecedentes penales repercuten negativamente en su vuelta a la sociedad, alejándolos del mercado laboral, así como de ayudas que les permitan mejorar o solventar su situación.

---

310 Esta doctrina fue asentada en el año 1962 con el *caso Robinson vs. California*. En este, el tribunal dictaminó la criminalización de su estatus de drogadicto, exhibiendo la cruel dinámica llevada a cabo por su "situación de" y alegando su prohibición bajo la Octava Enmienda de la Constitución de los EE. UU. KIESCHNICK, H. "A Cruel and Unusual Way to Regulate the Homeless: Extending the Status Crimes Doctrine to Anti-homeless ordinances", *Op. Cit.*, pp. 1574-1576.

311 Es decir, "*es ilegal sentarse o acostarse en una acera pública*" (traducción propia).

312 KIESCHNICK, H. "A Cruel and Unusual Way to Regulate the Homeless: Extending the Status Crimes Doctrine to Anti-homeless ordinances", *Op. Cit.*, pp. 1575-1576.

313 *Idem.*

En el contexto latinoamericano, en São Paulo, que es una de las cinco metrópolis más grandes del mundo y experimenta índices alarmantes de sinhogarismo[314], se han implementado leyes a nivel nacional y municipal que castigan actividades realizadas de forma recurrente por este colectivo. Un ejemplo es el artículo 60 de la *Lei de Contravenções penais* (*Ley de Contravenciones penales*) que preveía prisión simple (de 15 días a 30 meses) a quien mendigara por ociosidad o cupidez[315] o la *Ley ordinaria nº 16.647, de 15 de mayo de 2017* que recoge como infracción la conducta de orinar en la vía pública. Además, los sin techo sufren la retirada sistemática de sus pertenencias por los servicios de limpieza, acompañados y avalados por agentes policiales que, habitualmente, ejercen una violencia desproporcionada contra el colectivo de PSSH[316].

En el ámbito europeo, las manifestaciones del sinhogarismo también son sancionadas, produciéndose un incremento en su represión[317]. En ocasiones, lo es de un modo indirecto y casi invisible, como sucede en Bélgica o en Polonia, mientras que en otras se castigan conductas de forma expresa, siendo ejemplos de ello Reino Unido, Hungría y Holanda.

---

314 Aunque esta temática será abordada en el apartado *El colectivo de personas en situación de sinhogarismo a través de los datos* del capítulo IV, se adelanta que el aumento de PSSH en la ciudad de São Paulo ha sido de un 617% desde el 1991 hasta el 2019. GARCÍA DOMÍNGUEZ, I. "La victimización de las personas sin hogar en la ciudad de São Paulo: análisis de la violencia en el sistema penal" en *Revista de Estudios Brasileños*, vol. 7, nº 15, 2020, p. 92.

315 Derogada por la *Ley nº 11.983/2009. Ibidem,* p. 92.

316 También se han registrado otras manifestaciones de aporofobia institucional en São Paulo. Un caso muy sonado consistió en la instalación de piedras debajo de un puente para que las PSSH no pudieran ocupar ese espacio. Ante esa iniciativa, Julio Lancelotti, un sacerdote muy implicado en la lucha por los derechos humanos en Brasil fue personalmente a quitar las piedras con un mazo, pese a sus más de setenta años. FAVERO, P. *Padre quebra pedras que Prefeitura de SP colocou debaixo de viaduto contra população de rua*, 2021. Recuperado de: https://sao-paulo.estadao.com.br/noticias/geral,padre-quebra-pedras-que-prefeitura-de-sp-colocou-debaixo-de-viaduto-contra-populacao-de-rua,70003602858 (Consultado el 8 de junio de 2021)

317 FARAGÓ, L. *et al.* "Criminalization as a justification for violence against the homeless in Hungary" en *The Journal of Social Psychology*, 2020, p. 10.

En el territorio belga, el recurso más utilizado es el Derecho administrativo a través de las ordenanzas municipales[318]. Así, la aplicación de estas sanciones representa el primer mecanismo de control de la presencia y actividades realizadas por las PSSH en los espacios públicos. Igualmente, se han registrado otras dinámicas que dificultan el desarrollo de necesidades básicas en zonas comunes de las ciudades. En este sentido, se destaca la arquitectura hostil o defensiva (más conocida como *hostile* o *defensive architecture*) que consiste en modificar el mobiliario urbano para impedir su uso por el colectivo de PSSH. Un ejemplo es la adhesión de barras en los bancos que impiden que se acuesten[319].

En Polonia, el hecho de que una PSSH esté o duerma en la calle no es motivo de sanción, pero existen testimonios de sin techo que son expulsados del espacio público por su situación de pobreza, especialmente, de las estaciones ferroviarias[320]. También tienen prohibido conductas como beber en la vía púbica o mendigar.

---

318 En el apartado titulado *Manifestaciones de la aporofobia en el sistema penal y administrativo belga: un estudio de caso del sinhogarismo en Gante* se presenta la investigación llevada a cabo en el territorio belga. POTTS, C. y MARTIN, L. "Penal visions of homelessness and responsabilization in Belgium" en *Mean Streets. A report on the criminalisation of homeless in Europe* (Fernández Evangelista, coord.), Fondation Abbé Pierre, Feantsa y Housing Right Watch, 2013, pp. 77-79. Recuperado de: https://www.housingrightswatch.org/sites/default/files/Mean%20Streets%20-%20Full.pdf (Consultado el 23 de mayo de 2021).

319 También se podría hacer alusión a la reducción del número de baños públicos en Francia. Este tipo de medidas son representaciones del actuarialismo debido a que se dirigen a un grupo que es catalogado de riesgo. DAMON, J. "For public toilets…" en *Criminalisation of people who are homeless*, Feantsa, 2007, p. 5; FINE LICHT, K. "Hostile urban architecture: A critical discussion of the seemingly offensive art of keeping people away" en *Etikk i praksis. Nord J Appl Ethics*, vol. 11, nº 2, 2017, pp. 27-30.

320 Una PSSH residente en Polonia explicaba que habitualmente los expulsan de las estaciones de transporte público, pero cuando hace mucho frio son los propios policías los que les ordenan quedarse dentro. Esta problemática también se observa en la ciudad de Bruselas, relacionada, sobre todo, con las compañías de seguridad privada. BROWARCZYK. "Criminalisation of homelessness in Poland" en *Mean Streets. A report on the criminalisation of homeless in Europe* (Fernández Evangelista, coord.), Fondation Abbé Pierre, Feantsa y Housing Right Watch, 2013, pp. 91-100. Recuperado de: https://www.housingrightswatch.org/sites/default/files/Mean%20Streets%20-%20Full.pdf (Consultado el 23 de

Otros países sancionan de forma expresa actividades diarias de subsistencia de las PSSH a través de normas penales y administrativas. Reino Unido hizo uso de ambos mecanismos, la *Vagrancy Act* (*Ley de Vagos y Maleantes*) en el año 1824, que establece como delito dormir en la calle y mendigar[321], y las *Anti-Social Behaviour Orders* (Órdenes de Comportamiento Antisocial) en el año 1998[322], que sancionaron numerosas conductas —orinar en la vía pública, el hurto menor en tiendas, *etc.*—.

En Hungría no sólo se castiga residir en espacios públicos, sino almacenar sus pertenencias, con penas de prisión o multa[323]. Es más, en este país la criminalización del sinhogarismo se intensificó y se volvió sistemática desde el año 2010[324]. Ocho más tarde

---

mayo de 2021); GIANNONI, D. "The Control of Public Space: Brussels South Train Station" en *Criminalisation of people who are homeless*, 2007, pp. 9-10.

321 Aunque ha sido derogada en el año 2022. GOBIERNO DE REINO UNIDO. *Repeal of the Vagrancy Act 1824: Police, Crime, Sentencing and Courts Act 2022 factsheet*. Recuperado de: https://www.gov.uk/government/publications/police-crime-sentencing-and-courts-bill-2021-factsheets/repeal-of-the-vagrancy-act-1824-police-crime-sentencing-and-courts-act-2022-factsheet (Consultado el 26 de diciembre de 2022).

322 Sustituida por la *Anti-social Behaviour, Crime and Policing Act* (*Ley contra la conducta antisocial, la delincuencia y la actuación policial* de 2014) del año 2014. GOBIERNO DE REINO UNIDO. *Anti-social Behaviour, Crime and Policing Act*. Recuperado de: https://www.gov.uk/government/collections/anti-social-behaviour-crime-and-police-bill#:~:text=The%20Anti%2Dsocial%20Behaviour%2C%20Crime,assent%20on%2013%20March%202014.&text=The%20Act%20introduced%20simpler%2C%20more,protection%20for%20victims%20and%20communities (Consultado el 26 de diciembre de 2022).

323 ZAKIM, D. A. "Housing Over Handcuffs: The Criminalization of Homelessness in Hungary" en *Suffolk Transnational Law Review*, vol. 37, nº 1, 2014, pp. 135-173.

324 En este proceso se podrían diferenciar cuatro pasos fundamentales: (1) la prohibición de los espacios públicos para usos distintos a los destinados (en noviembre del año 2010); (2) la ordenanza de Budapest que hizo ilegal residir en los espacios públicos, con multas que pueden llegar, aproximadamente, hasta los 180€ (en abril del año 2011); (3) la imposición de 60 días de prisión o multas más elevadas por violar dos veces en un periodo de seis meses la prohibición de residir en espacios públicos (convirtiéndolo en un delito menor). Es más, la insolvencia en el pago de la multa podía derivar en prisión o servicios a la comunidad. El fundamento ha sido hacer cumplir la ley a los perpetradores reincidentes, contemplándose que la sanción no se debe aplicar si no se otorgan medios para ayudar a las PSSH, eso sí, sin definir el nivel de asistencia requerido (en noviembre del año 2011); (4) la prohibición de residir en los espacios públi-

se aprobó una enmienda constitucional que ha prohibido vivir y dormir en la calle[325].

A nivel local, un ejemplo es Rotterdam. A partir del año 2003, esta ciudad incrementó la cuantía de la multa de conductas como "holgazanear" o dormir en la vía pública[326]. Dos años más tarde, numero-

---

cos se extendió a todo el país tan solo un mes después, con multas cercanas a los 215€ y 60 días de prisión por su incumplimiento reiterado (dos ocasiones son suficientes) en un periodo de un mes. La aplicación de esta legislación derivó en la imposición de 800 medidas contra personas que pernoctaron en los espacios públicos en mayo del año 2011. Afortunadamente, esta norma fue derogada por el Tribunal Constitucional en el año 2012 gracias a que fue duramente criticada y denunciada por numerosas instancias nacionales (por ejemplo, *Parliamentary Commissioner for Civil Rights*) e internacionales (como FEANTSA). MISETICS, B. "Criminalisation of homelessness in Hungary" en *Mean Streets. A report on the criminalisation of homeless in Europe* (Fernández Evangelista, coord.), Fondation Abbé Pierre, Feantsa y Housing Right Watch, 2013, pp. 101-112. Recuperado de: https://www.housingrightswatch.org/sites/default/files/Mean%20Streets%20-%20Full.pdf (Consultado el 23 de mayo de 2021).

325 En Hungría, una investigación estableció la hipótesis de que el autoritarismo de derechas y la orientación al dominio social (que predice el deseo de crear y mantener relaciones jerárquicas entre los grupos de la sociedad, con el dominio de las clases altas sobre los que se sitúan en la escala más baja, quienes son oprimidos) aumentan la aceptación de la violencia sobre PSSH, así como que el apoyo de la enmienda constitucional citada en el año 2018 sirve de justificación en este proceso. Ambas hipótesis fueron aceptadas, observándose manifestaciones de aporofobia institucional en el país analizado. DRILLING, M. *Measuring Homelessness by City Counts – Experiencies from European Cities*, 2020, p. 89. Recuperado de: https://www.researchgate.net/publication/349772001_Measuring_Homelessness_by_City_Counts_-_Experiences_from_European_Cities (Consultado el 23 de mayo de 2021); FARAGÓ, L. *et al.* "Criminalization as a justification for violence against the homeless in Hungary", *Op. Cit.*, pp. 1-10; FEANTSA. "The criminalisation of homelessness" en *Homeless in Europe*, 2020, pp. 10-21. Recuperado de: https://www.feantsa.org/public/user/Resources/magazine/2020/Homeless_in_Europe_Magazine_Spring2020_Criminalisation_of_homelessness.pdf (Consultado el 1 de julio de 2021).

326 Se exponen dos testimonios de las conductas descritas: (1) "*Jacky was very angry and indignant. She was waiting outside the shelter until it opened its doors, sitting on a bench under the trees with her backpack beside her. Police officers fined her for € 60 for loitering there, in a way that might be a nuisance to other people*", esto es, "*Jacky estaba muy enfadada e indignada. Estuvo esperando fuera del refugio hasta que abrieron sus puertas, sentada en un banco bajo los árboles con su mochila al lado. Los agentes de policía la multaron con 60 euros por "merodear" por allí, ya que podía molestar a otras personas*" (traducción propia); y (2) "*John is sleeping rough in a nice space he made*

sos municipios en Bruselas incluyeron en sus ordenanzas la sanción de comportamientos que representan una "molestia pública", con el amplio margen que supone. Entre otras, se regularon como infracciones: escupir u orinar en la vía pública, rebuscar en la basura o "el vagabundeo de los sin techo" (que hace alusión a la reunión de este colectivo) en los espacios públicos, aunque en realidad no todos los ayuntamientos de Bruselas las aplicaron, según el estudio de Hert[327].

En España, el aumento del control y de la represión de las personas excluidas en el espacio público también se ha producido a través de diferentes ramas del ordenamiento jurídico, siendo una de ellas el Derecho administrativo sancionador[328].

La *LO 4/2015, del 30 de marzo, de Protección de la Seguridad Ciudadana* (LOPSC de aquí en adelante), conocida como *Ley de Seguridad Ciudadana* o *Ley mordaza,* ha implementado un régimen sancionador de las acciones consideradas molestas por la sociedad o que visibilizan la pobreza en el espacio público. La LOPSC tiene como fin último un concepto material de la seguridad ciudadana[329]. Así, el artículo 1.1 de la *LO 4/2015, de 30 de marzo,* establece que "*la seguridad ciudadana es un requisito indispensable para el pleno ejercicio de los derechos fundamentales y las libertades públicas*". Con este objetivo, recoge en la Sección 2ª del capítulo V (*El régimen sancionador*) un total de 44 infracciones en los artículos 35, 36 y 37, diferenciando entre muy graves (multas de 30 001€ a 600.000€), graves (multas de 601€ a 30

---

for himself. It is not allowed though and he could be fined up to a maximum € 2,500 per night", es decir, John está durmiendo a la intemperie en un espacio bonito que él mismo ha preparado. Sin embargo, esta conducta no está permitida y podría ser multado con 2.500€ cada noche" (traducción propia). En el segundo supuesto, si el sujeto no abonase la multa podría cumplir hasta 3 meses de prisión. ZUIDAM, P. y POLS, G. "On criminalisation of homelessness and people who are homeless in Rotterman" en *Criminalisation of people who are homeless*, Feantsa, 2007, p. 14.

327 DE HERT, P. *et al.* "The use of municipal administrative sanctions by the municipalities of Brussels. Is there a need for a regulating role for the Brussels Capital Region?" en *Brussels Studies [online], General Collection* (trad. AdK), nº 18, 2008, pp. 5-13

328 RÍOS MARTÍN, J.C. *Cuestiones de Política criminal. Funciones y miserias del sistema penal,* Comares, 2017, p. 137.

329 BILBAO UBILLOS, J.M. "La llamada ley mordaza: la ley orgánica 4/2015 de protección de la seguridad ciudadana" en *Teoría y Realidad Constitucional,* nº 36, 2015, p. 227.

000€) y leves (multas de 100€ a 600€) respectivamente[330]. Además, su contenido pone la atención en los "enemigos del sistema", esto es, colectivos que son consideradas un peligro por la ciudadanía y el sistema jurídico normativo[331].

De acuerdo con las actividades habitualmente realizadas por las PSSH[332], los preceptos de la LOPSC que podrían ser habitualmente aplicados a este colectivo son los siguientes:

En primer lugar, con la consideración de grave: la desobediencia o resistencia a la autoridad (art. 36.6 de la LOPSC)[333], la solicitud o aceptación de servicios sexuales (art. 36.11 de la LOPSC, relacionado directamente con el primero)[334] y el consumo o tenencia ilícita de drogas tóxicas en la vía pública[335], al igual que el abandono de los instrumentos utilizados (art. 36.16 de la LOPSC).

---

330 Diversas conductas contempladas por la *LO 4/2015, de 30 de marzo* estaban tipificadas como faltas contra el orden público de modo anterior a la reforma del CP ejecutada por la *LO 1/2015, de 30 de marzo*. Paradójicamente, las infracciones administrativas son de mayor cuantía que las impuestas habitualmente por las antiguas faltas en los tribunales. *Ibidem*, pp. 241-242.

331 La ley mordaza considera como enemigo principal a los manifestantes, particularmente a los pertenecientes a dos movimientos: los indignados y el 15M. MARTÍNEZ, P. "Análisis de la "ley mordaza" española a la luz de los conceptos de Jacques Rancière" en *POSTData*, vol. 23, nº 1, 2018, pp. 152-171.

332 La suposición efectuada se deriva de la revisión bibliográfica llevada a cabo, por ende, se ha tenido en cuenta lo expresado por la literatura y los estudios empíricos sobre este colectivo. Así pues, se adopta un modelo inductivo ya que las conductas serán analizadas empíricamente en una investigación posterior.

333 Esta podría ser fruto de las llamadas de atención de las FFCCS por las conductas que las PSSH realizan para satisfacer sus necesidades más básicas.

334 En efecto, el segundo párrafo del artículo 36.11 de la LOPSC indica que, ante la negativa de abstenerse en la oferta de los servicios sexuales en los lugares que se describen en el articulado, los agentes policiales están facultados a sancionar por el artículo 36.6 de la LOPSC. Para una mayor profundización en este ámbito, consultar el apartado *La sanción de la prostitución en el espacio público* que se encuentra en el siguiente capítulo.

335 Aunque no todas las PSSH consumen drogas, esta conducta es realizada por un número significativo de PSSH que justifica su inclusión. Además, es necesario tener en cuenta que los sin techo únicamente disponen del espacio público para llevar a cabo esta actividad. FUNDACIÓN CRUZ BLANCA Y MINISTERIO DE SANIDAD. *Informe sobre el estudio de la situación de consumos y adicciones de personas sin hogar en Algeciras, Granada y Zaragoza*, 2020. Recuperado de: https://www.fundacioncruzblanca.org/sites/default/files/informe_investigacion.pdf (Consultado el 25 de diciembre

En segundo lugar, se castigan como infracciones leves: las faltas de respeto y consideración a las FFCCS[336] (art. 37.4 de la LOPSC); la ocupación de inmuebles o viviendas[337] y de la vía pública (art. 37.7 de la LOPSC)[338]; los incumplimientos en la tenencia o conservación de la documentación legal en consonancia con la negligencia en la custodia y preservación de esta, es decir, la tercera y posteriores pérdidas en un periodo de tiempo de un año (arts. 37.10 y 37.11 de la LOPSC)[339]; y,

---

de 2022); INE. *Encuesta sobre las personas sin hogar, 2005*, 2005, pp. 1-4. Recuperado de: http://www.ine.es/prensa/np398.pdf (Consultado el 30 de junio de 2021); INE. *Encuesta a las personas sin hogar, avance de resultados, 2012*, 2012, pp. 1-9. Recuperado de: https://www.ine.es/prensa/np761.pdf (Consultado el 30 de junio de 2021); INE. *Encuesta a las personas sin hogar. Año 2022, Op. Cit.*

336 Se reitera lo expuesto para la desobediencia o resistencia a la autoridad del artículo 36.6 de la LOPSC. Esta conducta fue regulada como una falta en el artículo 634 del CP hasta la reforma que tuvo lugar en el año de 2015. GUTIÉRREZ GÓMEZ, J.E. *et al. La Ley de Protección de Seguridad Ciudadana, paralelismos con el Código Penal*, Sepin, 2022, pp. 76-77.

337 La imposición de esta cláusula halla su origen en el movimiento de los indignados que surgió en España para defender a las personas que estaban siendo desalojadas de sus casas por impago a los bancos. BILBAO UBILLOS, J.M. "La llamada ley mordaza: la ley orgánica 4/2015 de protección de la seguridad ciudadana", *Op. Cit.*, p. 254.

338 En el artículo 37.7 de la LOPSC existen dos conductas que se tipifican, cuyo denominador común es la ocupación en condiciones de ilegalidad. En el primer punto, se hace referencia a la ocupación o permanencia en un inmueble en contra de la voluntad del titular, mientras que en el segundo párrafo se recoge la ocupación de la vía pública (u otro espacio público) con la consiguiente infracción de la ley. Es por ello cuestionable la sanción de los comportamientos descritos en tanto no afecten a la seguridad ciudadana y la tipificación desmedidamente abierta de este precepto. Como afirmó Bilbao Ubillos "*por un lado, no toda lesión del derecho de propiedad es susceptible de una sanción penal o administrativa, ya que el Derecho civil prevé las acciones necesarias para restablecer la integridad y el disfrute pacífico de los derechos del titular. Por otro, no se sabe cuál es el bien jurídico protegido, porque no se establece una conexión directa y clara con la protección de la seguridad ciudadana*". Esta tipificación deriva en inseguridad e indeterminación en el fin a perseguir por la infracción (así como en su alcance) e, inclusive, la lesión de principios tan importantes como la tipicidad o la seguridad jurídica proclamados en la CE de 1978. BILBAO UBILLOS, J.M. "La llamada ley mordaza: la ley orgánica 4/2015 de protección de la seguridad ciudadana", *Op. Cit.*, pp. 254-265.

339 En este sentido, diversas investigaciones han registrado que el robo de documentación en el colectivo de PSSH es una de las victimizaciones más frecuentes. Véase el estudio llevado a cabo por Rais Fundación. RAIS FUNDACIÓN. *Informe de investigación, Op. Cit.*, pp. 23-26.

por último, el consumo de alcohol en lugares públicos (art. 37.17 de la LOPSC)[340].

En los datos recolectados por el Ministerio del Interior de la aplicación de la LOPSC (desde su implementación, en julio de 2015, hasta el último publicado)[341], se puede observar un crecimiento progresivo hasta el año 2020, alcanzando su pico (coincidente con la pandemia del COVID-19), así como un ligero descenso en el periodo temporal 2018-2019 (ver figura nº 3).

Figura nº 3. Gráfico lineal del total de infracciones de la *Ley de Seguridad Ciudadana*

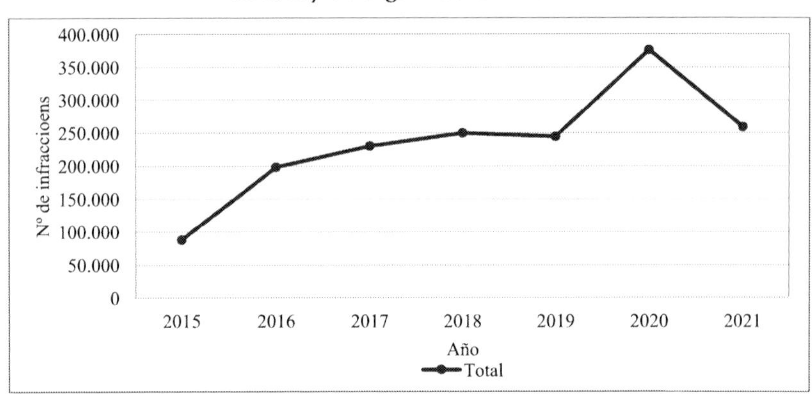

Fuente: elaboración propia con base a los Anuarios Estadísticos del Ministerio del Interior[342]

340 Si bien no es realizada por toda la población de sinhogarismo, las estadísticas apuntan cifras relevantes para su inclusión. También es importante considerar, como ya se apuntó, que los sin techo pasan la mayor parte del tiempo en el espacio público. FUNDACIÓN CRUZ BLANCA Y MINISTERIO DE SANIDAD. *Informe sobre el estudio de la situación de consumos y adicciones de personas sin hogar en Algeciras, Granada y Zaragoza, Op. Cit.*; INE. *Encuesta sobre las personas sin hogar, 2005*, 2005, pp. 1-4. Recuperado de: http://www.ine.es/prensa/np398.pdf (Consultado el 30 de junio de 2021); INE. *Encuesta a las personas sin hogar, avance de resultados, 2012*, 2012, pp. 1-9. Recuperado de: https://www.ine.es/prensa/np761.pdf (Consultado el 30 de junio de 2021); INE. *Encuesta a las personas sin hogar. Año 2022, Op. Cit.*

341 MINISTERIO DEL INTERIOR. *Anuario Estadístico del Ministerio del Interior*. Recuperado de: https://www.interior.gob.es/opencms/es/archivos-y-documentacion/documentacion-y-publicaciones/anuarios-y-estadisticas/anuarios-estadisticos-anteriores/anuario-estadistico-de-2021/ (Consultado el 26 de diciembre de 2022).

342 En la interpretación de las estadísticas presentadas se debe tener en cuenta que: (1) únicamente se contabilizaron los meses de julio a diciembre en el

Según la clasificación realizada por el Ministerio del Interior (ver figura nº 4), las estadísticas muestran que el consumo y tenencia de drogas obtuvo la mayor cuantía de las infracciones, siendo la diferencia muy significativa respecto al resto. Las relativas a armas/explosivos y a la seguridad ciudadana se mantuvieron relativamente constantes. Esta tendencia se modificó con la irrupción de la pandemia del COVID-19 y las medidas restrictivas implementadas en el año 2020, experimentando las infracciones relativas a la seguridad ciudadana un incremento vertiginoso que conformó el punto máximo del periodo temporal analizado. Al mismo tiempo, los demás grupos de infracciones descendieron, sobre todo, las relativas a tenencia de armas/explosivos.

Figura nº 4. Gráfico lineal de las categorías de infracciones de la *Ley de Seguridad Ciudadana*

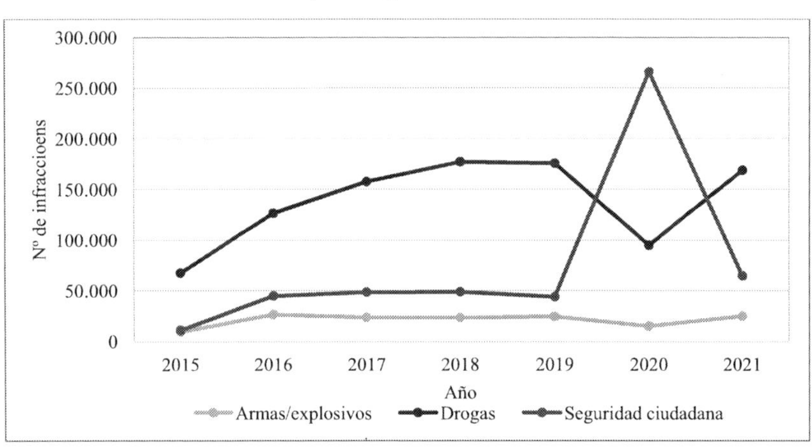

Fuente: elaboración propia con base a los Anuarios Estadísticos del Ministerio del Interior[343]

---

año 2015, por ende, el menor número de infracciones está, aparentemente, justificado; y (2) la pandemia mundial sufrida en los años 2020 y 2021. Estas precisiones deben ser aplicadas al resto de datos que versen sobre la LOPSC. MINISTERIO DEL INTERIOR. *Anuario Estadístico del Ministerio del Interior, Op. Cit.*

343 *Idem.*

Centrando la atención en el objeto de estudio, se analizan las infracciones que sancionan las conductas realizadas en mayor medida por las PSSH[344]. Como se puede observar en la tabla nº 1, el artículo 36.16 de la LOPSC relativo al consumo y tenencia de drogas ocupó el primer puesto en todo el periodo temporal, a excepción del año 2020 que fue el artículo 36.06 de la LOPSC, referente a la desobediencia a la autoridad, cuya aplicación se incrementó vertiginosamente a causa de las restricciones impuestas por el COVID-19. Las infracciones relativas a la seguridad ciudadana no se vieron tan afectadas, aunque el artículo 37.04 de la LOPSC, que sanciona las faltas de respeto a las FFCCS, casi duplicó su cuantía en el año 2021. En el resto del periodo temporal examinado se observó un aumento progresivo generalizado, estabilizándose e, incluso, disminuyendo en el año 2019.

Tabla nº 1. Desglose de infracciones de la *Ley de Seguridad Ciudadana*

Arts./ Año	2015	2016	2017	2018	2019	2020	2021	Total
36.16	66.832	126.115	156.981	176.604	175.231	94.478	*168.525*	964.766
36.11	135	530	585	595	130	85	100	2.160
36.06	4.311	12.094	13.033	13.413	12.645	*243.001*	25.630	324.127
37.10	49	283	302	247	251	155	279	1.566
37.11	14	134	139	250	1.010	387	481	2.415
37.17	203	684	624	457	324	943	1.593	4.828
37.04	3.130	19.497	21.122	21.258	18.687	14.892	*26.254*	124.840
37.07	222	1173	1.274	1.179	710	675	953	6.186
Total	74.896	160.510	194.060	214.003	208.988	354.616	223.815	1.430.888

Fuente: elaboración propia con base a los Anuarios Estadísticos del Ministerio del Interior[345]

[344] Aunque no existen datos sobre el perfil de infractores de la LOPSC, la selección se llevó a cabo teniendo en cuenta los hagllazos de los estudios realizados.

[345] MINISTERIO DEL INTERIOR. *Anuario Estadístico del Ministerio del Interior, Op. Cit.*

En CyL[346], en el año 2016 la infracción más aplicada de la LOPSC fue el artículo 36.16, seguido de los artículos 37.04 y 36.06 (en consonancia con los datos presentados a nivel nacional). La provincia con el número más elevado fue Valladolid, obteniendo el segundo y tercer puesto Segovia y Salamanca. Palencia, Soria y Ávila presentaron las cifras más bajas en el orden descrito. En el año 2017, la tendencia del mayor número de infracciones de los artículos 36.16, 37.4 y 36.6 y las provincias se repitieron, alterando el orden en algunas, pero sin cambios significativos (ver tablas n°s 2 y 3).

Tabla nº 2. Desglose de infracciones impuestas por provincias de la *Ley de Seguridad Ciudadana* (año 2016)

LOPSC	Provincias de CyL[347]								
Arts.	Av	Bur	Le	Pal	Sal	Seg	Sor	Vall	Zam	Total
36.16	588	*1284*	932	477	1785	985	226	*2112*	501	8890
36.11	-	-	-	-	-	-	-	-	-	
36.6	93	90	85	50	64	102	38	*252*	37	811
37.10	5	-	0	1	7	0	0	14	4	31
37.11	6	-	-	-	-	-	-	1	-	7
37.17	7	1	-	8	-	10	1	6	1	34
37.4	165	*259*	197	96	120	155	77	*377*	75	1521
37.7	12	5	3	2	6	2	2	14	10	56
Total	876	1.639	1.217	634	1982	1.254	344	2.776	628	22700

Fuente: elaboración propia con base a los Anuarios Estadísticos del Ministerio del Interior[348]

[346] Aunque sólo se desglosaron las infracciones de los años 2016 y 2017, éstos han sido estudiados porque la investigación empírica posterior se llevará a cabo en CyL.

[347] Ávila (Av); Burgos (Bur); Le (León); Palencia (Pal); Salamanca (Sal); Segovia (Seg); Soria (Sor); Valladolid (Vall); Zamora (Zam).

[348] MINISTERIO DEL INTERIOR. *Anuario Estadístico del Ministerio del Interior, Op. Cit.*

Tabla nº 3. Desglose de infracciones por provincias de la *Ley de Seguridad Ciudadana* (año 2017)

LOPSC	Provincias de CyL[349]									
Arts.	Av	Bur	Le	Pal	Sal	Seg	Sor	Vall	Zam	Total
36.16	176	973	867	253	1.149	1.228	298	981	795	6.720
36.11	-	-	-	-	-	-	-	-	-	-
36.6	78	88	141	47	76	69	30	251	65	845
37.10	3	0	2	-	3	2	1	11	1	23
37.11	4	-	-	-	-	-	-	-	-	4
37.17	10	2	-	3	-	1	-	25	15	56
37.4	145	252	251	88	132	105	68	333	316	1.690
37.7	9	8	2	-	6	13	-	4	20	62
Total	421	1.323	1.263	391	1.366	1.418	397	1.605	1.212	18.796

Fuente: elaboración propia con base a los Anuarios Estadísticos del Ministerio del Interior[350]

Atendiendo a los datos disponibles, Valladolid fue la provincia que más infracciones ha impuesto en la aplicación de los artículos objeto de estudio, siendo Salamanca, Segovia y Burgos las provincias que le siguen más de cerca. Ávila, Palencia, Zamora y, especialmente, Soria destacan por su cuantía menor (ver figura nº 5).

349 Ávila (Av); Burgos (Bur); Le (León); Palencia (Pal); Salamanca (Sal); Segovia (Seg); Soria (Sor); Valladolid (Vall); Zamora (Zam).

350 MINISTERIO DEL INTERIOR. *Anuario Estadístico del Ministerio del Interior, Op. Cit.*

Figura nº 5. Gráfico radial de las infracciones por provincias de la *Ley de Seguridad Ciudadana* (años 2016 y 2017)

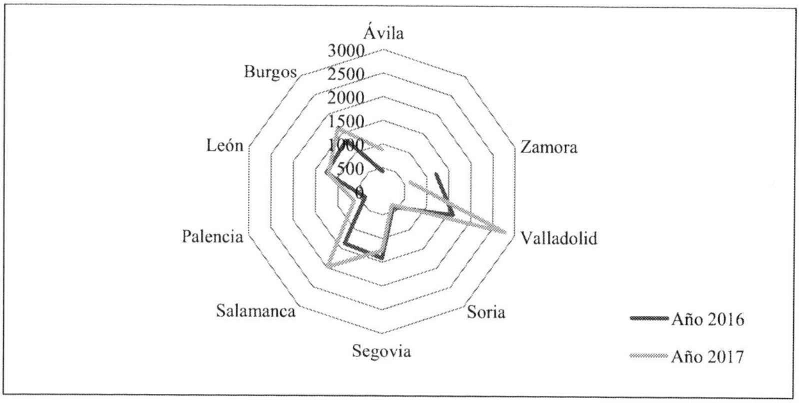

Fuente: elaboración propia con base a los Anuarios Estadísticos del Ministerio del Interior[351]

Conviene subrayar que a excepción del artículo 36.16 de la LOPSC relativo al consumo y tenencia de drogas, los siguientes más impuestos (arts. 37.04 y 36.06 de la LOPSC) se corresponden con el ámbito de la seguridad ciudadana, que podría afectar al colectivo de sinhogarismo. En este punto, se destaca el grado de indeterminación de las faltas de respeto y consideración a los agentes de las FFCCS y su estrecha relación con el 37.04 de la LOPSC, aumentando la gravedad de la conducta[352].

Sin embargo, las PSSH no sólo deben enfrentarse al régimen de infracciones establecido en la *Ley de Seguridad Ciudadana*. La *Ley 57/2003, de 16 de diciembre, de medidas para la modernización del gobierno local*[353] permite que los ayuntamientos emitan ordenanzas municipales con el fin de sancionar comportamientos en numerosos ámbitos, siendo uno de ellos la protección de la convivencia (art. 139 de la *Ley*

351 MINISTERIO DEL INTERIOR. *Anuario Estadístico del Ministerio del Interior, Op. Cit.*

352 BILBAO UBILLOS, J.M. "La llamada ley mordaza: la ley orgánica 4/2015 de protección de la seguridad ciudadana", *Op. Cit.*, p. 253.

353 España. Ley 57/2003, de 16 de diciembre, de medidas para la modernización del gobierno local. Recuperado de: https://www.boe.es/buscar/act.php?id=BOE-A-2003-23103 (Consultado el 1 de junio de 2021)

57/2003, de 16 de diciembre). Para ello, establece tres tipos de infracciones: muy graves, graves y leves, cuyos límites máximos son 3.000€, 1.500€ y 750€ según el orden establecido (art. 140 de la *Ley 57/2003, de 16 de diciembre*)[354].

En la intensificación de las ordenanzas de convivencia a nivel nacional han ejercido una influencia notable la *Ordenanza municipal de 23 de diciembre de 2005, de medidas para fomentar y garantizar la convivencia ciudadana en el espacio público de Barcelona*[355] (OMCCB de aquí en adelante) pionera en el territorio español y la *Ordenanza tipo de seguridad y convivencia ciudadana*[356] (OSYCC en las siguientes referencias) elaborada por la *Federación Española de Municipios y Provincias* (FEMP por sus siglas) en el año 2013.

El contenido de las OMCCB y OSYCC es muy similar. En su artículo primero recogen su objetivo principal: preservar el espacio público como lugar de convivencia y civismo. Respecto a la tutela del colectivo de sinhogarismo, se destaca la prohibición de atentar contra la dignidad de las personas (art. 6.1 de la OMCCB y art. 8.1 de la OSYCC) y de prácticas discriminatorias, especialmente, contra colectivos vulnerables (art. 16 de la OMCCB y art. 37 de la OSYCC).

Las OMCCB y OSYCC establecen sanciones a las conductas de supervivencia que las PSSH llevan a cabo en el espacio público, como satisfacer necesidades fisiológicas (arts. 42-44 de la OMCCB y 66-68 de la OSYCC) y el uso impropio del mobilario urbano (arts. 57-60 de la OMCCB y 83-86 de la OSYCC). Ejemplos de acciones prohibidas son: lavarse y/o bañarse en fuentes o espacios similares y dormir en elementos urbanos no habilitados con este fin (ya sea de día o de

---

354 MELERO ALONSO, E. "Las ordenanzas locales como instrumento de exclusión social: la regulación que afecta a las personas sin hogar es derecho administrativo del enemigo" en *Nueva Época*, nº 6, 2016, pp. 8-10.

355 España. Ordenanza municipal de 23 de diciembre de 2005, *de medidas para fomentar y garantizar la convivencia ciudadana en el espacio público de Barcelona*. Recuperado de: https://pnsd.sanidad.gob.es/pnsd/legislacion/pdfmunicipal/ORDEN05.pdf. (Consultado el 1 de junio de 2021)

356 España. Ordenanza tipo de seguridad y convivencia ciudadana "FEMP" de 2013. Recuperado de: http://femp. femp. es/files/566-373-archivo/Ordenanza%20Tipo%20de%20Convivencia%20Ciudadana%20FEMP. pdf (Consultado el 1 de junio de 2021)

noche). Es más, la acción de pernoctar en un banco, a pesar de no ensuciarlo y recoger los medios utilizados para ello (cartones o mantas), podría ser sancionada[357]. También se castigan las conductas de rebuscar en la basura[358] (solo en la OSYCC, art. 28.13), el consumo de bebidas alcohólicas, la mendicidad[359] y la oferta de servicios sexuales[360] (arts. 46, 35, 39 de la OMCCB y 70, 60, 64 de la OSYCC de las siguientes)[361].

---

357 MELERO ALONSO, E. "Las ordenanzas locales como instrumento de exclusión social: la regulación que afecta a las personas sin hogar es derecho administrativo del enemigo", *Op. Cit.*, pp. 8-10.

358 La recuperación de comida en papeleras y contenedores se regula de forma independiente a las acciones relativas a la supervivencia. El fin de su prohibición es evitar que rebusquen, hurguen y extraigan elementos de los recipientes habilitados para los desechos, cuya sanción podría alcanzar los 750€.

359 La mendicidad, a pesar de ser una actividad regulada en las ordenanzas "modelo", no va a ser objeto de estudio en mi trabajo debido a que es una temática compleja y multifactorial que excede del fin propuesto, así como no siempre se relaciona, al menos de forma exclusiva, con el sinhogarismo. Tampoco es una actividad que realicen de forma sistemática las PSSH. En este sentido, Lee y Farrell encontraron que tan sólo un 15% de las PSSH ejercían la mendicidad en un estudio llevado a cabo en EE. UU. O´SULLIVAN, E. "Criminalizing people who are homeless?" en *Criminalisation of people who are homeless*, Feantsa, 2007, p. 3; PUENTE GUERRERO, P. "Criminalización del sinhogarismo y violencia cultural: las ordenanzas municipales como instrumentos de exclusión de las personas sin techo. Un estudio de caso en las capitales de provincia de Castilla y León", *Op. Cit.*, pp. 12-13.

360 En cuanto a la oferta de servicios sexuales, las OMCCB y OSYCC también recogen que se deben informar a las prostitutas de los espacios públicos permitidos para llevar a cabo esta actividad —a través asociaciones, ONGs, *etc.*—.

361 Otros ejemplos de aporofobia inserta en el régimen sancionador español se pueden encontrar en las regulaciones de Getafe y Granada relativa al uso impropio del espacio público, la realización de necesidades fisiológicas, el consumo de alcohol en la calle o la oferta de servicios sexuales (arts. 34, 40, 48 y 49 de la Ordenanza municipal de convivencia de Getafe y arts. 54, 58, 61 y 84 de la Ordenanza municipal de Granada). En el ámbito de la prostitución, la *Ordenanza de convivencia ciudadana en el Espacio Público de la ciudad de Madrid* establece una multa de hasta 3,000€ a sujetos que soliciten o acepten servicios sexuales en el espacio público, muy similar a la *Ordenanza de medidas para fomentar y garantizar la convivencia ciudadana en el espacio público de Guadalajara,* aunque la cuantía máxima establecida es de 1.500€. ÁVILA CANTOS, D. *et al.* "La burorrepresión de la protesta y de la pobreza", *Op. Cit.*, p. 165; España. Ordenanza municipal de 20 de agosto de 2019, de convivencia ciudadana del Ayuntamiento de Getafe. Recuperado de: https://www.bocm.es/boletin/CM_Orden_BOCM/2019/08/20/BOCM-20190820-44.

En las ordenanzas que están siendo analizadas no se prevé la supresión de la sanción en función de su situación de exclusión social, a excepción de la conducta de dormir en la OMCCB que en su artículo 60.2 recoge la exención a personas en situación de exclusión social y su acompañamiento a servicios municipales. En cambio, tanto la OMCCB como la OSYCC establecen la graduación de la multa atendiendo a la capacidad económica, la reincidencia y la reiteración de las infracciones (arts. 88 OMCCB y 163 OSYCC). Además, se contempla una rebaja de la sanción por pago inmediato y medidas alternativas a la sanción pecuniaria (arts. 92-93 OMCCB, y 168-169 OSYCC).

En CyL, Puente Guerrero realizó un análisis de las actividades que afectan al grupo de PSSH, particularmente, a los sin techo, en las ordenanzas municipales de las capitales de provincia de CyL. Con este propósito, estableció nueve grupos: (1) satisfacer necesidades fisiológicas y/o escupir en las vías y espacios públicos; (2) encender y/o mantener fuego en las vías y espacios públicos; (3) acampar en las vías y espacios públicos; (4) usar los bienes públicos para finalidades distintas a las que están destinados; (5) manipular papeleras o contenedores (o sus contenidos) situados en las vías y espacios públicos; (6) lavarse o bañarse, (7) lavar ropa u otros objetos, (8) bañar animales y (9) abrevar animales, en todos los casos en estanques o fuentes públicas, excluyendo la mendicidad. La autora también examinó la existencia de sanciones alternativas a la multa, graduación de la sanción de las personas en situación de exclusión social y agravación

---

PDF (Consultado el 4 de junio de 2021); España. Boletín Oficial de Guadalajara, núm. 156, de 30 de diciembre de 2009. *Ordenanza de medidas para fomentar y garantizar la convivencia ciudadana en el espacio público de Guadalajara;* España. *Ordenanza municipal de 25 de septiembre de 2009, de medidas para fomentar y garantizar la convivencia ciudadana en el espacio público de Granada.* Recuperado de: https://www.granada.org/inet/wordenanz.nsf/wwalias/33E8E05267172F0EC1257656003437A2#T2C10 (Consultado el 4 de junio de 2021); España. *Ordenanza municipal de 23 de diciembre de 2005, de medidas para fomentar y garantizar la convivencia ciudadana en el espacio público de Barcelona*; MELERO ALONSO, E. "Las ordenanzas locales como instrumento de exclusión social: la regulación que afecta a las personas sin hogar es derecho administrativo del enemigo", *Op. Cit.*, pp. 8-10; PÉREZ MARTÍN, C. "La regulación del espacio público: impacto de las ordenanzas municipales en el ejercicio de la prostitución desde la voz de las trabajadoras del sexo" en *Alternativas. Cuadernos de Trabajo Social*, nº 22, 2015, pp. 72-73.

por reincidencia y reiteración de las infracciones, dado que podrían afectar al colectivo objeto de estudio[362].

Puente Guerrero encontró que la mayoría de las conductas están reguladas como infracciones leves, sobre todo, las actividades de subsistencia[363]. A pesar de su aparente escasa lesividad, estas multas pueden alcanzar los 750€. Si bien la sanción se debe graduar en función de las circunstancias económicas del sujeto, las disposiciones son muy genéricas y el contenido muy diverso. Además, las ordenanzas municipales contemplan como agravante la reiteración y/o la reincidencia, lo que supone un incremento del tipo de infracción (una infracción leve puede convertirse en grave y una grave en muy grave), así como de su cuantía[364].

Algunas ordenanzas de CyL premian el pago inmediato, pero esto rara vez beneficia a la PSSH (ya que probablemente no puedan asumir la infracción pecuniaria, pese a su reducción a la mitad). Es más, aceptar esto supone asumir la culpabilidad (con la carga simbólica que supone, dado que se ven obligados a realizarlas) y renunciar a posibles alegaciones y recursos, dificultando, aún más si cabe, su ardua situación. La posibilidad de imponer medidas alternativas, que suelen consistir en trabajos en beneficio de la comunidad, se regula en todos los municipios, aunque no existe uniformidad e, incluso, en algunos territorios, se restringe a una determinada clase de infracciones[365].

En otro orden de cosas, se destaca que la mayoría de las ordenanzas no contemplan disposiciones específicas en relación a personas en situación de exclusión social. Existen dos excepciones: Segovia, que no recoge la sanción de la conducta de acampar, y Zamora, que exime de responsabilidad a las PSSH por el uso impropio de sus es-

---

362 PUENTE GUERRERO, P. "Criminalización del sinhogarismo y violencia cultural: las ordenanzas municipales como instrumentos de exclusión de las personas sin techo. Un estudio de caso en las capitales de provincia de Castilla y León", *Op. Cit.*, pp. 11-13.

363 Ver tabla nº 4 en el anexo I que presenta un resumen de los hallazgos.

364 PUENTE GUERRERO, P. "Criminalización del sinhogarismo y violencia cultural: las ordenanzas municipales como instrumentos de exclusión de las personas sin techo. Un estudio de caso en las capitales de provincia de Castilla y León", *Op. Cit.*, pp. 13-32.

365 Ibidem, pp. 32-37.

pacios públicos, utilizando ambas normativas la palabra indigente[366]. Ahora bien, el uso de este término, con la carga peyorativa que supone, se entiende como una manifestación de la violencia cultural expresada por Galtung.

Como aspecto positivo, se destaca que Zamora recoge de forma expresa la prohibición de realizar conductas en contra de la dignidad de otras personas (con independencia del motivo discriminatorio), otorgando mayor gravedad cuando se dirigen a personas en situación de pobreza. En el lado opuesto, la ciudad mencionada establece la apropiación de residuos como infracción leve (mientras que el resto sancionan conductas como extracción, vertido, selección o esparcimiento). Además, Salamanca contempla como infracción grave la realización de un fuego, conducta realizada en ocasiones por PSSH para protegerse del frio o cocinar alimentos, con multas que pueden alcanzar los 1.500€[367].

Con carácter general las ordenanzas municipales sancionan actividades que el grupo de PSSH lleva a cabo para sobrevivir[368] (por ejemplo, dormir u orinar), no teniendo otra alternativa en muchas ocasiones (por su situación de necesidad)[369]. A pesar de que las nor-

---

366 PUENTE GUERRERO, P. "Criminalización del sinhogarismo y violencia cultural: las ordenanzas municipales como instrumentos de exclusión de las personas sin techo. Un estudio de caso en las capitales de provincia de Castilla y León", *Op. Cit.*, pp. 32-37.

367 *Idem.*

368 *Idem.*

369 Esta afirmación debe ser matizada ya que existe una red de recursos públicos en España dirigida a las PSSH, como son los albergues o los comedores sociales. Sin embargo, atendiendo a la cuantía del colectivo, su totalidad no tiene cabida. Se estiman 40.000 PSSH frente a las 20.613 plazas de centros y servicios de atención a este colectivo contabilizadas por el INE en el año 2020, con un nivel de ocupación que oscila entre el 80% y el 90%, es decir, unos 18.000 individuos. Ahora bien, sólo un 24,7% son de titularidad pública, a pesar de que la mayoría estaban financiados total o predominantemente por la Administración. Además, estos lugares suelen imponer reglas de conducta que los sujetos, en ocasiones, no están dispuestos a obedecer. En esta línea, el director de Arrels Fundación destacó que los espacios habilitados por los ayuntamientos que alojan a las PSSH no satisfacen las necesidades reales del colectivo. INE. *Encuestas de centros y servicios de atención a las personas sin hogar. Año 2020*, 2021, pp. 1-2. Recuperado de: https://www.ine.es/prensa/ecapsh_2020.pdf (Consultado el

mas analizadas hacen alusión al aseguramiento del espacio público como lugar de convivencia y civismo, así como al respeto de los derechos de todas las personas, contemplando expresamente la dignidad humana, no están cumpliendo parte de su contenido. También en el estudio de caso realizado por Puente Guerrero se observa que las PSSH no son tratados como personas, dado que contempla como infracciones conductas de supervivencia[370].

A lo largo del análisis se ha puesto de manifiesto que las regulaciones municipales indicen sobre los derechos fundamentales de las PSSH, véase el libre desarrollo de la personalidad (art. 10.1 de la CE), la libertad de expresión (art. 20 de la CE) y el derecho a la libertad personal (art. 17.1 de la CE). Si bien estos derechos se plasman en multitud de conductas, quizá las de mayor urgencia y gravedad son las que limitan el ejercicio de actividades cotidianas esenciales, como dormir. En este sentido, diferentes autores/as han expresado que, si se prohíbe dormir en los espacios públicos, entonces, se establece una prohibición general a las PSSH, y así con el resto de las conductas. Es más, estas ofensas no son idóneas para evitar estos comportamientos, tampoco necesarias ni proporcionales, debido a que las PSSH van a continuar realizándolas por la situación de necesidad en la que se encuentran[371].

Melero Alonso entiende la regulación de las ordenanzas locales como un símbolo del Derecho administrativo del enemigo, planteamiento que comparto con el autor, ya que están dirigidas, indirectamente, a una categoría de sujetos (los pobres) que, con el fin de com-

---

30 de julio de 2022); LA RAZÓN. *Nadie quiere ir a albergues y equipamientos municipales*, 2021. Recuperado de: https://www.larazon.es/cataluna/20210117/bqrga5sa35gbpmh424bqwayo6e.html (Consultado el 30 de julio de 2021).

370 PUENTE GUERRERO, P. "Criminalización del sinhogarismo y violencia cultural: las ordenanzas municipales como instrumentos de exclusión de las personas sin techo. Un estudio de caso en las capitales de provincia de Castilla y León", *Op. Cit.*, pp. 30-37.

371 MELERO ALONSO, E. "Las ordenanzas locales como instrumento de exclusión social: la regulación que afecta a las personas sin hogar es derecho administrativo del enemigo", *Op. Cit.*, p. 19; PUENTE GUERRERO, P. "Criminalización del sinhogarismo y violencia cultural: las ordenanzas municipales como instrumentos de exclusión de las personas sin techo. Un estudio de caso en las capitales de provincia de Castilla y León", *Op. Cit.*, pp. 30-37

batirlos, suprimen sus garantías y derechos[372]. Muchos/as autores/as han destacado esta idea, alegando que el desarrollo de medidas legislativas para apartar de la mirada pública a los grupos más excluidos socialmente podría abrir la puerta a arbitrariedades que desemboquen en un Derecho penal del enemigo, criminalizándolos antes de cometer un delito y aplicando sanciones desproporcionadas[373].

La sanción de las manifestaciones del sinhogarismo en el espacio público, junto con la omisión del Estado en la satisfacción de las necesidades más básicas de una parte de la población, deriva en que las PSSH realicen diariamente comportamientos prohibidos. Ello desvela que España y, particularmente, CyL, recogen un sinfín de infracciones administrativas por conductas que "alteran" o "amenazan" el orden público y la seguridad ciudadana, siendo esta la justificación de las múltiples medidas aporófobas adoptadas[374]. Ahora bien, el castigo de las PSSH por acciones cuyo origen es su situación de extrema pobreza, lejos de encontrarse de forma aislada en el Derecho administrativo sancionador, se acentúa en el Derecho penal, especialmente con las últimas reformas penales que criminalizan la pobreza a través de los delitos de bagatela.

4. EL DERECHO PENAL APORÓFOBO EN ESPAÑA. CRIMINALIZACIÓN DE LA POBREZA Y DELITOS DE BAGATELA EN LAS ÚLTIMAS REFORMAS PENALES

El Derecho penal se ha convertido en el recurso prioritario en la consecución de objetivos político-criminales, aunque no se dirijan a la prevención efectiva, sino más bien a conseguir objetivos simbó-

372 MELERO ALONSO, E. "Las ordenanzas locales como instrumento de exclusión social: la regulación que afecta a las personas sin hogar es derecho administrativo del enemigo", *Op. Cit.*, pp. 24 y ss.

373 FERNÁNDEZ EVANGELISTA, G. "Penalization of homelessness", *Op. Cit.*, p. 60.

374 En este sentido, Ávila Cantos expresó "*las autoridades gubernativas estatales y autonómicas y, claro está, también los cuerpos y fuerzas de orden público, han quedado más aforados que nunca para hacer de la identificación, la detención y sobre todo la multa, un verdadero arsenal represivo fuera de todo control.* ÁVILA CANTOS, D. *et al.* "La burorrepresión de la protesta y de la pobreza", *Op. Cit.*, p. 142; MAQUEDA ABREU, M.L. *Estudios de Política criminal (a propósito de colectivos que soportan el peso de una violencia estructural), Op. Cit.*, pp. 335-338.

licos[375], como otorgar la sensación de seguridad a la ciudadanía[376]. Para ello, el aparato penal, junto con el administrativo sancionador, ejercen una vigilancia constante sobre la población, especialmente, sobre los ciudadanos considerados de riesgo[377]. Este modelo, conocido como gobernanza a través del delito, se apoya en el discurso punitivista sensacionalista y configura al Derecho penal como un instrumento de gestión de los excluidos[378] que ha estado presente a lo largo de la historia.

En el pasado, la criminalización de la pobreza y, más específicamente, de las PSSH, estuvo fuertemente asociada al concepto de peligrosidad. En el CP de 1844 existía un título dedicado a vagos y mendigos, definidos como sujetos que no poseían bienes ni rentas (art. 258), quienes eran castigados (art. 259) por su modo de ser y por su personalidad sospechosa con el fin de satisfacer los intereses de la clase burguesa. Eso sí, los burgueses ociosos, como los rentistas, estaban exentos de responsabilidad penal, por lo que podía verse representada la plutofilia (el Derecho penal del amigo que se aplica a los ricos y poderosos).

En el CP de 1870 se mantuvo el concepto de vago, pero no su configuración como delito, dado que esta situación pasó a ser una agravante. Años más tarde, se incorporó en el CP de 1928 el internamien-

---

375 El Derecho penal simbólico atiende a las demandas de inseguridad de la población, procurando el voto de los políticos, con soluciones fáciles pero engañosas, ya que no son efectivas. PÉREZ CEPEDA, A. I. *La seguridad como fundamento de la deriva del Derecho penal postmoderno*, *Op. Cit.*, pp. 335-337.

376 DÍEZ RIPOLLÉS, J.L. "El abuso del sistema penal" en *Revista Electrónica de Ciencia Penal y Criminología*, nº 19, 2017, pp. 7-8.

377 FOUCAULT, M. *Vigilar y Castigar*, Siglo XXI, 2000, pp. 287-288.

378 La elevada sensibilidad al riesgo contribuye a priorizar la intervención penal (renunciando al principio de última ratio) en detrimento de otros instrumentos de control. Lo cierto es que los grupos de riesgo o en situación de exclusión son cada vez más objeto del sistema penal y menos del asistencial. En este sentido, se hace referencia a una "administrativización" del Derecho penal por su actuación como gestor de determinados colectivos, sobre todo, en el Derecho penal económico (aplicado a los individuos más desfavorecidos) y en el ámbito europeo. SILVA SÁNCHEZ, J.M. *La expansión del Derecho Penal. Aspectos de la Política criminal en las sociedades postindustriales*, *Op. Cit.*, pp. 74-77; PÉREZ CEPEDA, A.I, "La criminalización de la pobreza y la expansión de la población carcelaria", *Op. Cit.*, pp. 322-344.

to de los vagos en el catálogo de medidas de seguridad, manteniendo la agravación por esta situación (art. 67), que no fue eliminada hasta el CP de 1932. Tan solo un año después, la *Ley de Vagos y Maleantes de 1933* fue promulgada, regulando una amplia variedad de perfiles de sujetos, cuyo denominador común era su situación de pobreza y exclusión social. En la década de los setenta, esta fue sustituida por la *Ley de Peligrosidad y Rehabilitación Social de 1970* que dotó de importancia a la carencia de bienes, rentas e ingresos en la definición de vago. La Ley de 1970 fue objeto de diferentes reformas durante las dos primeras décadas de la democracia, que eliminaron un número significativo de infracciones y redujeron el ámbito de aplicación, siendo derogada completamente con la introducción del CP de 1995[379].

Desde entonces, el CP actual ha sufrido más de 40 reformas caracterizadas por la expansión y el punitivismo, por ende, se ha "compensado" el retraso en la Política Criminal securitaria que se adoptó de forma más temprana en otros países europeos[380].

La expansión se produjo a través del incremento de figuras delictivas, ámbitos de aplicación y agravación, sobre todo, en los delitos tradicionales, es decir, la delincuencia callejera, atendiendo al concepto de riesgo y a la existencia de un Derecho penal de la seguridad. La nueva configuración del orden social asignó al riesgo una dimensión estructural y social (somos los productores y los responsables de los riesgos a los cuales estamos expuestos). Desde esta perspectiva, las PSSH son concebidas como una fuente de riesgo en el ámbito personal y patrimonial, existiendo una fuerte influencia de los estereotipos.

El incremento del punitivismo[381] se plasmó en las leyes penales a través de: (a) la creación de nuevos tipos delictivos, fundamentalmen-

---

379 SÁNCHEZ BENÍTEZ, C. "Relación entre peligrosidad y marginalidad". Comunicación presentada en el *Congreso Internacional Aporofobia y Derecho penal en el Estado Social*, Universidad de Deusto (España), 2021; PÉREZ CEPEDA, A.I. "La legislación penal española" en *Curso de Derecho penal. Parte general* (Demetrio Crespo y Rodríguez Yagüe, coords), Ediciones Experiencia, 2016, pp. 87-88.

380 MAQUEDA ABREU, M.L. "Los ismos de la globalización penal", *Op. Cit.*, pp. 314-315.

381 SILVA SÁNCHEZ, J.M. *La expansión del Derecho Penal. Aspectos de la Política criminal en las sociedades postindustriales*, *Op. Cit.*, pp. 25-28.

te, destinados a la anticipación los riesgos, así como la ampliación de los delitos ya existentes. Un ejemplo es el aumento de los delitos de peligro, particularmente, de peligro abstracto[382]; (b) la "creación" de más categorías de enemigos con el fin de mantener la paz social, criminalizando conductas de colectivos específicos[383]; (c) la adhesión de requisitos que dificultan el cumplimiento de la pena en régimen abierto[384]; y (d) la acentuada elevación de las penas[385], siendo la manifestación más extrema la incorporación de la prisión permanente revisable, antiguamente conocida como cadena perpetua.

En nuestra legislación, las sucesivas reformas penales han desembocado en una intensificación del Derecho penal de corte aporófobo que castiga conductas cuya lesividad es insignificante y/o que afectan a bienes jurídicos de forma mínima o irrelevante, constituyendo los denominados delitos de bagatela. Estas infracciones penales evidencian la auténtica criminalización de la pobreza, cuya proliferación se ha producido a nivel global. En palabras de Estrin: "*poverty is becoming increasingly criminalized*"[386].

---

382 Véase el artículo 510 del CP que sanciona los delitos de odio o, mejor dicho, el discurso de odio. El artículo mencionado se configura como un delito de peligro (a excepción del artículo 510.2.a del CP) que, después de la última reforma adoptada por la *LO 1/2015, del 30 marzo*, amplió significativamente las conductas típicas -sancionando en el artículo 510.1.a) del CP el fomento, la promoción o la incitación pública al odio, la violencia, la hostilidad y la discriminación-, las penas de prisión -entre uno y cuatro años- y la pena de multa -de seis a doce meses-. Eso sí, la reforma de los delitos de odio responde a la necesidad de armonización penal en el ámbito europeo. BECK, U. *La sociedad del riesgo. Hacia una nueva modernidad*, Paidós, 2002, pp. 52-56.

383 El Derecho penal del enemigo no sólo se ha instaurado en España, sino en casi todas las legislaciones de los Estados democráticos europeos, sobre todo, en materia de terrorismo, tráfico de drogas y tráfico de inmigrantes. BERDUGO GÓMEZ DE LA TORRE, I. "Derechos humanos y Derecho penal. Validez de las viejas respuestas y nuevas cuestiones" en *Revista penal México*, nº 1, 2011, pp. 43-55; FERNÁNDEZ EVANGELISTA, G. "Penalization of homelessness", *Op. Cit.*, pp. 61-63.

384 ACALE SÁNCHEZ, M. "El género como factor condicionante de la victimización y de la criminalidad femenina" en *Papers*, vol. 102, nº 2, 2017, pp. 2-3.

385 SERRANO MAÍLLO, A. *Teoría criminológica. La explicación del delito en la sociedad contemporánea*, *Op. Cit.*, pp. 86-87.

386 Es decir, "*la pobreza se criminaliza cada vez más*" (traducción propia). ESTRIN GILMAN, M. "The Poverty Defense", *Op. Cit.*, p. 497.

La expansión y el punitivismo del Derecho penal español se iniciaron con las reformas del año 2003 (a excepción del ámbito de la inmigración), continuando los años subsiguientes, 2007, 2010 y 2015. Estas reformas se caracterizan por adoptar medidas dirigidas a los sujetos más excluidos de la sociedad (consecuencia de la estrategia de tolerancia cero), encontrándose, entre ellos, las personas en situación de extrema pobreza.

En el año 2003, influenciadas bajo el pacto de justicia y sin un sustento de estudios criminológicos que las justificase, se promulgaron las siguientes leyes:

La *LO 7/2003, de 30 de junio, de medidas de reforma para el cumplimiento íntegro y efectivo de las penas,* que aumentó el límite máximo de prisión a los 40 años para determinados concursos de delitos, agravó los supuestos de reincidencia y endureció los delitos graves en consonancia con un alejamiento de la prevención especial positiva[387].

La *LO 11/2003, de 29 de septiembre, de medidas concretas en materia de seguridad ciudadana, violencia doméstica e integración social de los extranjeros,* merece ser destacada por su énfasis en la "delincuencia profesionalizada". Esta ley afectó a los sujetos que cometían delitos leves de forma reiterada a través de medidas como la adhesión de la agravante de multirreincidencia o la intensificación de la pena por la habitualidad en conductas de escasa lesividad[388]. Por un lado, el legislador estableció de forma potestativa la aplicación de la pena superior en grado a los sujetos que, al menos, hubieran sido condenados ejecutoriamente por tres delitos cometidos en el mismo título del CP (art. 66.1.5º del CP)[389]. Por el otro, la consideración de delito obligatoria ante la comisión de cuatro faltas de lesiones, hurto o robo (arts. 617,

---

387 GARCÍA DOMÍNGUEZ, I. *La aporofobia en el sistema penal español: especial referencia al colectivo de personas sin hogar, Op. Cit.*, p. 39.

388 OBSERVATORIO DEL SISTEMA PENAL Y LOS DERECHOS HUMANOS. "El populismo punitivo: análisis de las reformas y contrarreformas del Sistema Penal en España (1995-2005)" en *Quaderns de Barcelona, ciudadanía i Drets*, 2005, pp. 117-118.

389 Sin embargo, el endurecimiento producido en el régimen de multirreincidencia es modesto si se realiza una comparación con las leyes acogidas en EE. UU. En parte es gracias a la barrera sostenida por el Tribunal Constitucional en España frente al Tribunal Supremo de los Estados Unidos, que permite más excesos a su

623.1 y 623.3 del CP) en el plazo de un año, aplicándose la pena contemplada en los artículos 147.1, 234 y 244.1 del CP respectivamente.

Tomemos el siguiente ejemplo, cuando una PSSH cometía cuatro faltas de hurto (art. 623.1 del CP) en el plazo de un año, la pena que se aplicaba era la correspondiente al delito de hurto (art. 234 del CP), siguiendo la técnica *Three strikes and you are out* que deriva en la imposición de una pena de prisión a los responsables de una cuarta falta independientemente de su escasa lesividad, incidiendo más en el autor y sus características personales que en el desvalor de resultado (Derecho penal del enemigo). Esta modificación repercutió significativamente en las PSSH debido a que los estudios jurisprudenciales muestran que la mayoría de los delitos que cometen son de bagatela, estando el hurto sobrerrepresentado[390].

La *LO 15/2003, de 25 de noviembre, por la que se modifica la Ley Orgánica 10/1995, de 23 de noviembre, del Código Penal,* que estableció penas dudosamente proporcionales en el delito de tráfico de drogas y disminuyó el límite mínimo de prisión a 3 meses. El resultado en los sectores más desfavorecidos es notorio por la frecuencia de comisión de delitos leves con penas privativas de libertad de corta duración. Por lo tanto, se facilitó la entrada en prisión de las PSSH con el efecto estigmatizante que implica la estancia en un centro penitenciario.

En síntesis, las reformas del año 2003 repercutieron negativamente en la determinación de las penas y en las exigencias del principio

---

legislador. CASTIÑEIRA, Mª.T. "Three strikes. El principio de proporcionalidad en la jurisprudencia del Tribunal Supremo de los Estados Unidos", *Op. Cit.*, p. 83.

390 García Domínguez, con el fin de salvar la laguna acerca de las tipologías delictivas más cometidas por las PSSH en España, realizó un análisis jurisprudencial de los años 2016, 2017 y 2018, abarcando los primeros meses del año 2019. En este verificó que los delitos patrimoniales suponen el número de condenas más elevado en las PSSH, con una mayor proporción del delito de hurto sobre el delito de robo. También se constataron otros de escasa lesividad como: resistencia y atentado a los agentes de la autoridad, lesiones, amenazas leves, ocupación pacífica de bienes inmuebles y los delitos relativos a la delincuencia organizada, como el tráfico de drogas y la trata de seres humanos, pese a su menor representatividad. El estudio encontró evidencias de la criminalización de las PSSH por delitos de escasa trascendencia y, por ende, de la existencia de aporofobia en el sistema penal. GARCÍA DOMÍNGUEZ, I. *La aporofobia en el sistema penal español: especial referencia al colectivo de personas sin hogar, Op. Cit.*, pp. 78-81.

de proporcionalidad, apostando por la inocuización y el aislamiento con el fin de mantener al delincuente alejado de la sociedad el mayor tiempo posible. También marcaron el inicio del signo inocuizador de la Política Criminal española con el fin de expulsar del espacio público a los colectivos peligrosos[391], dejando atrás el "Código penal de la democracia" para pasar al "Código penal de la seguridad", como afirmó Pérez Cepeda[392].

El endurecimiento cuantitativo y cualitativo de las leyes penales de 2003 continuó en los años siguientes con la *LO 1/2004, de 28 de diciembre, de Medidas de Protección Integral contra la Violencia de Género* y su particular incidencia en los artículos 171, 172 y 153 del CP, así como la imposición de la pena de prisión en los casos de quebrantamiento de condena por estos delitos; la *LO 15/2007, de 30 de noviembre,* en materia de seguridad vial, aunque el colectivo de PSSH difícilmente comete delitos de esta naturaleza; y la *LO 5/2010, de 22 de junio,* que afectó a la libertad vigilada y al hurto, estableciéndose en este último una regulación más dura. No sólo redujo a tres el número de hurtos cometidos para la aplicación de la pena de prisión del artículo 234 del CP, sino que los autores de pequeños hurtos que fueran reincidentes podían ser condenados a penas de localización permanente los fines de semana y festivos, siempre que la cuantía no excediese de los 400€ (según la regulación del artículo 623.1 del CP).

El desarrollo de la *LO 1/2015, de 30 de marzo* es fundamental por ser la reforma más importante del CP, así como por sus grandes repercusiones[393]. La exposición de motivos de la *LO 1/2015, de 30 de marzo* hizo alusión al principio de intervención mínima, distando la *praxis* de lo descrito, dado que esta supuso una expansión del Derecho penal y un aumento de la represión a través de la introducción de nuevas conductas delictivas, la agravación de las penas privativas

---

391 DÍEZ RIPOLLÉS, J.L, "La dimensión inclusión/exclusión social como guía de la Política criminal comparada", *Op. Cit.*, pp. 14-15; MAQUEDA ABREU, M.L. "Los ismos de la globalización penal", *Op. Cit.*, pp. 315-316.

392 PÉREZ CEPEDA, A.I. "La legislación penal española", *Op. Cit.*, p. 93.

393 VIVES ANTÓN, T.S. "La reforma penal de 2015: una valoración genérica" en *Comentarios a la reforma del Código penal de 2015 (Gónzalez Cussac, dir; Górriz Royo y Matallín Evangelio, coords.),* Tirant lo Blanch, 2015, p. 20.

de libertad y el aumento de las penas de multa[394]. Uno de los cambios más notorios fue la supresión de las faltas, produciéndose, en una parte de ellas, una conversión de estas en delitos leves, eso sí, con un incremento significativo de la pena impuesta, tal como sucedió con los delitos contra el patrimonio y contra el orden socioeconómico.

En el ámbito patrimonial, todas las faltas se transformaron en delitos leves con la frontera de los 400€ para delimitar su gravedad, aunque con la inexistencia de un límite mínimo. Así, la falta de hurto y de hurto cualificado se regularon en los artículos 234.2 y 235 del CP, cuya sanción se acrecentó considerablemente con la conversión al delito leve. De este modo, con la reforma del año 2015, el artículo 234.2 del CP establece una pena de multa de 1 a 3 meses atendiendo a la escasa entidad de lo sustraído, mientras que la pena prevista en la falta del artículo 623 del CP (anterior a la modificación del año 2015) era de 4 a 12 días de localización permanente o de 1 a 2 meses de pena de multa[395].

Este cambio derivó en que cualquier apoderamiento de un bien mueble ajeno se califique como delito de hurto leve, con la *conditio sine qua non* de que no concurra ninguno de los casos previstos en el artículo 235 del CP y siempre que lo sustraído no exceda de 400€, pero sin establecer un límite mínimo, tratándose de un delito de bagatela, es decir, una conducta insignificante cuya relevancia penal es cuestionada por una gran parte de la doctrina[396]. Ahora bien, si es de aplicación alguno de los supuestos del artículo 235 del CP, la cuantía de lo sustraído no se tiene en cuenta. Hasta la reforma de 2015, el límite cuantitativo delimitaba objetivamente y de manera absoluta el ámbito de las faltas y de los delitos, mientras que ahora los hurtos de escasa entidad y cuantía pueden desembocar en una pena privativa de libertad.

---

394 MUÑOZ RUIZ, J. "A lei orgânica nº1 de 20 de março de 2015 – Uma forma de irracional expansionismo penal na Espanha?" en *Argumenta Journal Law*, nº 22, 2015, pp. 122-123.

395 FERNÁNDEZ HERNÁNDEZ, A. "Supresión de las faltas y creación de delitos leves" en *Comentarios a la reforma del Código penal de 2015* (Gónzalez Cussac, dir.; Górriz Royo y Matallín Evangelio, coords.), Tirant lo Blanch, 2015, pp. 32-35; SÁNCHEZ BENITEZ, C. "Aporofobia y derecho penal: el delito de hurto y la circunstancia agravante de multirreincidencia" en *Sistema Penal Crítico*, nº 1, 2020, pp. 232.

396 LIÑÁN LAFUENTE, A. "La agravante de multirreincidencia en los delitos leves contra el patrimonio" en *Sistema Penal Crítico*, nº 1, 2020, pp. 255-265.

A tenor de la aplicación del artículo 234.2 del CP, se puede acudir al principio de insignificancia o de oportunidad (art. 963.1 de la Ley de Enjuiciamiento Criminal, LECrim de aquí en adelante). El juez podrá acordar el sobreseimiento del procedimiento y el archivo de las diligencias cuando el Ministerio Fiscal lo solicite a la vista de las siguientes condiciones: (1) la escasa gravedad del hecho atendiendo a su naturaleza, sus circunstancias y las personales del autor y (2) la inexistencia de interés público en su persecución. En los delitos leves patrimoniales se entiende que no existe interés público en la persecución del hecho cuando el daño haya sido reparado y no exista denuncia del perjudicado, aunque si la reparación del daño es monetaria, las PSSH difícilmente serán capaces de abonarla.

Otro obstáculo que sería necesario salvar serían los casos de habitualidad por criminalidad patrimonial de escasa trascendencia (art. 234.2 del CP), ya que esta supone una agravación de la pena (nada menos que entre 6 y 18 meses de prisión) siempre que la cuantía sustraída acumulada supere los 400€. Al respecto, existe jurisprudencia que alega la desproporcionalidad de la agravación por la comisión anterior de 3 delitos de hurto, por ello, parece que en la *praxis* algunos jueces aplican la pena de multa de 1 a 3 meses contemplada en el artículo 234.2 del CP (y no la de su apartado primero)[397].

Con relación al colectivo de PSSH, existe otra cuestión de especial relevancia que les afecta, el impago de la multa, sobre todo, porque la sanción pecuniaria está contemplada en numerosos delitos de escasa entidad[398]. En ocasiones, su carestía económica provoca la entrada en un centro penitenciario —cuando su duración sea igual o superior a 3 meses, porque de ser menor debe ser sustituida de acuerdo con el artículo 71.2 del CP—, a pesar de que pueden ser aplicadas otras medidas menos gravosas, como la localización permanente o los trabajos en beneficios de la comunidad[399]. Ello, ha motivado una fuerte crítica dada la ausencia de regulación de un subtipo

---

397 *Idem.*

398 FONSECA FORTES-FURTADO, R.H. "¿Deben ir los pobres a la cárcel por el impago de una pena de multa?" en *Sistema Penal Crítico*, nº 2, 2021, pp. 87-96.

399 FERNÁNDEZ HERNÁNDEZ, A. "Supresión de las faltas y creación de delitos leves", *Op. Cit.*, p. 49.

atenuado que atienda a la situación económica del/de la autor/a en los supuestos de escaso valor del bien sustraído[400]. Además, cabe destacar que con la *LO 1/2015, de 30 de marzo,* que modificó el régimen de penas y su aplicación, la sustitución ya no es una figura autónoma, sino una modalidad de la suspensión, cuya consecuencia, en el caso de ser revocada, es el cumplimiento de la pena en su totalidad (sin el abono del tiempo que estuvo en suspenso).

En el artículo 237 del CP se amplía la estructura y alcance de las dos clases de robo, los que se cometen con fuerza en las cosas y con violencia o intimidación. Por un lado, se incluye el apoderamiento empleando fuerza en las cosas para abandonar el lugar donde se encuentren (antes solo contemplaba el acceso) y, por el otro, el uso de violencia o intimidación en las personas en la comisión del delito, el trayecto de escape (para proteger la huida) y terceros que acudiesen en auxilio de la víctima o que persiguiesen al infractor (coincidente con la interpretación que había realizado gran parte de la doctrina y de la jurisprudencia de forma previa a la reforma de 2015)[401].

En el tipo básico del delito de robo con fuerza en las cosas (art. 240.1 del CP) se mantiene la pena de prisión, pero se prevé un segundo apartado que agrava la pena (nada menos que entre 2 y 5 años de prisión) cuando concurra cualquiera de las circunstancias del artículo 235 del CP, cambiando el legislador su ubicación (ya que antes se encontraba en el artículo 241.1 del CP). Lo relevante es que se siguen extendiendo las agravantes específicas del hurto al delito de robo con fuerza en las cosas (art. 240.2 del CP)[402].

---

400 Como reflejaba en su página 372 la *Enmienda nº 564 del Grupo Parlamentario de Unión Progreso y Democracia, BOCG de 10 de febrero de 2015.* CANO CUENCA, A. "El delito de hurto (arts. 234 y ss. CP)" en *Comentarios a la reforma del Código penal de 2015 (*Gónzalez Cussac, dir.; Górriz Royo y Matallín Evangelio, coords.), Tirant lo Blanch, 2015, p. 664.

401 GÓRRIZ ROYO, E. "Delitos de robo: arts. 237, 240, 241 y 242 CP" en *Comentarios a la reforma del Código penal de 2015 (*Gónzalez Cussac, dir.; Górriz Royo y Matallín Evangelio, coords.), Tirant lo Blanch, 2015, pp. 709-721.

402 GÓRRIZ ROYO, E. "Delitos de robo: arts. 237, 240, 241 y 242 CP" en *Comentarios a la reforma del Código penal de 2015* (Gónzalez Cussac, dir.; Górriz Royo y Matallín Evangelio, coords.), Tirant lo Blanch, 2015, pp. 709-721.

La *LO 1/2015, de 30 de marzo* también incluyó nuevos subtipos agravados, siendo un ejemplo el artículo 241.4 del CP. El tipo básico de esta infracción regula el robo cometido en casa habitada, edificio o local abierto al público, o en cualquiera de sus dependencias, con una pena de prisión entre 2 y 5 años (art. 241.1 del CP). El numeral cuarto de este artículo eleva en un año la pena de prisión máxima en los casos de robo en algún tipo de local por la especial gravedad de los hechos (atendiendo a las formas de comisión del delito o los perjuicios ocasionados) y, de nuevo, siempre que concurra alguna/s de las circunstancias agravantes del hurto (art. 235 del CP).

En el artículo 235 del CP, entre otras, se contempla la sustracción de los cables de cobre de las redes de servicio público, por ende, cuando esta acción se lleve a cabo en un edificio o local abierto al público, recibirá una pena hiper agravada, siendo esta una conducta que ocasionalmente realizan las PSSH. En la misma línea, el hurto o robo de uso de cualquier vehículo o ciclomotor se convierte en delito, independientemente del valor, según la nueva regulación del artículo 244 del CP[403].

De acuerdo con el legislador, los cambios mencionados pretenden dar respuesta a la criminalidad grave en los delitos patrimoniales, como se establece en uno de los objetivos de la reforma de 2015.

Respecto a los antecedentes penales, los delitos leves no se computan a efectos de reincidencia según lo previsto en la nueva redacción del artículo 22.8 del CP, aunque se posibilita agravar la pena de los sujetos que cometan delitos comprendidos en el Título XIII, esto es, delitos patrimoniales y contra el orden socioeconómico, según establece el artículo 235.7º del CP[404], contemplando una pena de prisión que oscila entre uno y tres años. Es por ello que, en el subtipo agravado del hurto la consecuencia es más gravosa que la aplicación de la agravante de multirreincidencia del artículo 66.1.5ª del CP (re-

---

403 CANO CUENCA, A. "Hurto y robo de uso (art. 244 CP)" en *Comentarios a la reforma del Código penal de 2015* (Gónzalez Cussac, dir; Górriz Royo y Matallín Evangelio, coords.), Tirant lo Blanch, 2015, p. 701.

404 El artículo 235.7 del CP versa "*cuando al delinquir el culpable hubiera sido condenado ejecutoriamente al menos por tres delitos comprendidos en este Título, siempre que sean de la misma naturaleza*".

gla general de aplicación de la pena), debido a que su apreciación no es preceptiva.

También la *LO 1/2015, de 30 de marzo añadió en el artículo 66.2 del CP que los tribunales no están sujet*os a las reglas prescritas en su apartado 1 en los delitos leves, disponiendo de una amplísima discrecionalidad (que no le libera de su deber de motivación). En otras palabras, con la nueva regulación otorgada por la reforma de 2015, en la generalidad de las penas la agravación es potestativa (art. 66.1.5ª del CP) mientras que la expresada en los delitos de hurto es obligatoria[405]. Entonces, si el sujeto ha acumulado tres condenas firmes del Título XIII del CP, se aplicaría el subtipo agravado del 235.7º del CP, revelando el Derecho penal del autor adoptado por nuestro legislador que enfatiza en su peligrosidad[406].

Para paliar esta situación, el Tribunal Supremo ha proclamado que los delitos leves de hurto no deben ser contabilizados en la aplicación del artículo en cuestión (art. 235.7º del CP) atendiendo al principio de proporcionalidad y de culpabilidad, acercándose al Derecho penal del hecho y moderando la exasperación punitiva adoptada por el legislador[407].

En el ámbito del Derecho procesal penal, cabe mencionar el artículo 495 de la LECrim. De acuerdo con su redacción, los sujetos que no presenten un domicilio conocido o no otorguen confianza a las autoridades podrán ser detenidos por la comisión de faltas. Como la reforma de 2015 derogó las faltas, ahora resulta de aplicación a los delitos leves, afectando directamente a las PSSH, ya que por todos es sabido que habitualmente cumplen las condiciones expresadas[408].

Recapitulando, en el ámbito patrimonial se puede afirmar con rotundidad que se ha producido *"un endurecimiento general de la res-*

---

405 FERNÁNDEZ HERNÁNDEZ, A. "Supresión de las faltas y creación de delitos leves", *Op. Cit.*, pp. 49-51.

406 CANO CUENCA, A. "El delito de hurto (arts. 234 y ss. CP)", *Op. Cit.*, pp. 672-673.

407 AMO SÁNCHEZ, J.M. *Hurtos, robos y defraudaciones (con referencia al Real Decreto-Ley 1/2021 de 19 de enero)*, Factum Libri Ediciones, 2021, pp. 46-51.

408 FERNÁNDEZ HERNÁNDEZ, A. "Supresión de las faltas y creación de delitos leves", *Op. Cit.*, p. 52.

ponsabilidad penal derivada de la comisión de los delitos de hurto y robo" en palabras de Górriz Royo[409]. Así, desde el respeto a los principios penales que deberían regir en nuestro sistema penal, se puede observar como el legislador ha traspasado la frontera.

Las modificaciones punitivistas de la *LO 1/2015, del 30 de marzo* no se restringen a los delitos patrimoniales, sino que afectaron a otros delitos, como los de atentado, resistencia y desobediencia a la autoridad, contra las personas o el de ocupación pacífica de bienes inmuebles, que serán analizados a continuación.

Los delitos de atentado, resistencia y desobediencia a la autoridad (artículos 550 y ss. del CP) sufrieron dos cambios positivos: la disminución de la pena mínima en la figura básica y la eliminación de la expresión "*empleen fuerza contra ellos*". El resto del texto modificado puede conllevar interpretaciones extensivas y favorecer la inseguridad jurídica, tal como se muestra con la delimitación de las expresiones agresión o acometimiento. De facto, estos vocablos eran interpretados como sinónimos tanto doctrinal como jurisprudencialmente. En cambio, la reforma de 2015 alteró su contenido, entendiendo que la agresión va más allá de un acometimiento, debido a que requiere la utilización de la violencia con el fin de originar un resultado lesivo, lo cual permite ampliar el ámbito a las figuras propuestas en consonancia con la expansión del Derecho penal[410].

En alusión al delito de resistencia y desobediencia (art. 556 del CP), a pesar de ofrecer una pena más proporcionada, incorpora en su numeral segundo como delito leve la antigua falta del artículo 634 del CP, que contemplaba la falta de respeto y consideración a las FFCCS. En este punto, es importante mencionar que algunas conductas se convirtieron en infracciones administrativas en la Ley de Seguridad Ciudadana, que se imponen ahora sin las garantías de un proceso penal, como la desobediencia o resistencia a la autoridad o a sus agentes en el ejercicio de sus funciones, incluyendo la negativa

---

409 GÓRRIZ ROYO, E. "Delitos de robo: arts. 237, 240, 241 y 242 CP", *Op. Cit.*, p. 679.

410 CUERDA ARNAU, M.L. "Atentados y resistencia (arts. 550 y ss)" en *Comentarios a la reforma del Código penal de 2015* (Gónzalez Cussac, dir.; Górriz Royo y Matallín Evangelio, coords.), Tirant lo Blanch, 2015, pp. 1235-1240.

en la identificación previo requerimiento de la autoridad (art. 36.6 de la LSC) o la falta de respeto y consideración a las FFCCS (art. 37.4 de la LSC), ambas cuando no sean constitutivas de delito.

En los delitos contra las personas, se destaca la elevación de la pena de los apartados 2º y 3º del artículo 147 del CP, que recogen el delito leve de lesiones y de maltrato de obra (anteriormente tipificados en el artículo 617 del CP como faltas), así como de las amenazas de escasa entidad, que también se convierten en un delito leve (artículo 171.7º del CP), con una pena de multa de 1 a 3 meses y el requisito de denuncia de la persona agraviada o su representante legal.

En alusión a la ocupación pacífica de bienes inmuebles, la reforma de 2015 estableció esta conducta como un delito leve (art. 245.2 del CP), siendo una manifestación del populismo punitivo. Uno de sus principales autores son las personas en situación de exclusión social, aunque las PSSH (atendiendo a la categoría ETHOS sin techo) no serán penalizadas, ya que la jurisprudencia ha exigido que exista vocación de permanencia en su aplicación. Por lo tanto, las ocupaciones esporádicas, así como todas aquellas que no se alarguen en el tiempo son temporales por naturaleza, siendo esta la clave para que se considere atípica[411]. No obstante, este delito ha sido señalado como una forma más de criminalización de la pobreza y, por ende, de aporofobia institucional.

A partir del año 2015, también se han producido notorios avances. La *Ley Orgánica 3/2021, de 24 de marzo, de regulación de la eutanasia* supone un reconocimiento de la autonomía personal[412] y la reciente *Ley Orgánica 10/2022, de 6 de septiembre, de garantía integral de la libertad sexual* sitúa en el centro el consentimiento de la víctima. Especialmente relevante al objeto de estudio es la introducción de la cláusula "*razones de aporofobia o de exclusión social*" como agravante genérica del

---

411 GUTIÉRREZ GÓMEZ, J.E. *et al. La Ley de Protección de Seguridad Ciudadana, paralelismos con el Código Penal, Op. Cit.*, pp. 157-158; PEREZ CEPEDA, A.I. "La ocupación de un inmueble sin violencia o intimidación. Un delito innecesario" en *Revista Penal*, nº 48, 2021, pp. 145-158.

412 JUANATEY DORADO, C. "Sobre la ley Orgánica de regulación de la eutanasia voluntaria en España" en *Teoría y derecho: revista de pensamiento jurídico*, nº 29, 2021, pp. 87-97.

artículo 22.4 del CP a través de la *Ley Orgánica 8/2021, de 4 de junio, de protección integral a la infancia y la adolescencia frente a la violencia.* Como se ha hecho mención, el Derecho penal de la aporofobia también se proyecta en la infraprotección de los colectivos más desfavorecidos. Así pues, el legislador español ha dado un paso más en su tutela[413].

En otro orden de cosas, se debe tener en cuenta la situación de extranjero en el análisis del Derecho penal aporófobo. La inmigración es percibida como un problema social, cuya preocupación ha crecido exponencialmente. Asimismo, el incremento de la cifra de inmigrantes[414] ha repercutido en un aumento de la percepción subjetiva de inseguridad[415]. Es por ello que este colectivo ha sido objeto directo de la Política Criminal[416], en consonancia con la utilización del Derecho penal ante cualquier demanda social de seguridad[417].

---

413 BUSTOS RUBIO, M. "Aporofobia, motivos discriminatorios y obligaciones positivas del Estado: el art. 22,4ª CP entre la prohibición de infraprotección y la subinclusión desigualitaria", en *Revista Electrónica de Ciencia Penal y Criminología*, nº 23-04, 2021, pp. 12-42.

414 Véase el crecimiento de los inmigrantes en los últimos diez años. STATISTA. *Flujo migratorio en España de 2010 a 2019*, 2020. Recuperado de: https://es.statista.com/estadisticas/472608/flujo-migratorio-en-espana/ (Consultado el 29 de abril de 2021).

415 SERRANO TÁRRAGA. "Exclusión social y criminalidad" en *Revista de Derecho UNED*, nº 14, 2014, pp. 596-597.

416 En este ámbito ha ejercido una influencia fundamental la UE con el fin de consolidar una política contra la inmigración irregular a través de la armonización penal. Véanse los artículos 312.2, 313.1 y 318 del CP con sus tintes actuariales que quebrantan principios básicos de nuestro ordenamiento, formando parte, todos ellos, de la Política Criminal represiva frente a la inmigración irregular. En este sentido, Pomares Cintas ha encontrado que también existe un odio institucionalizado dirigido a estos sujetos: los inmigrantes irregulares, quienes no ven satisfechos sus derechos humanos. Por lo tanto, las variables inmigración, pobreza y aporofobia serán objeto de una investigación posterior. MIRÓ LLINARES, F. "Política comunitaria de inmigración y Política criminal en España ¿Protección o "exclusión" penal del inmigrante?" en *Revista Electrónica de Ciencia Penal y Criminología*, nº 5, 2008, pp. 2-22; POMARES CINTAS, E. "La Unión Europea ante la inmigración ilegal: la institucionalización del odio" en *Eunomía, Revista en Cultura de la LEGALIDAD*, nº 7, 2015, pp. 157-168.

417 Dentro del grupo de inmigrantes, los indocumentados son, aún más, percibidos como una amenaza, por lo que se ha demandado un mayor control e intervención penal. En esta percepción influyen los medios de comunicación, las *fake news* y el

La inmigración es una categoría de especial relevancia en la criminalización de la pobreza y, más específicamente, de las PSSH, ya que tradicionalmente se ha relacionado con la delincuencia[418]. En este sentido, se ha encontrado que la situación de irregularidad y empobrecimiento de los inmigrantes los hace más propensos a delinquir[419], al igual que dicho riesgo delictivo es una consecuencia de la exclusión que es acentuada por el sistema español. Un estudio realizado a nivel nacional concluyó que los inmigrantes cometen más delitos porque su situación se correlaciona con una mayor probabilidad de exclusión[420].

---

discurso del odio. MENDOZA CALDERÓN, S. "Fake news, discurso del odio y aporofobia: la criminalización de los vulnerables". Ponencia presentada en el *Congreso Internacional Aporofobia y Derecho penal en el Estado Social*, Deusto (España), 2021.

418 Los factores que influyen en esta concepción a grandes rasgos son: en primer lugar, los medios de comunicación, otorgando mayor visibilidad a los delitos cometidos por estos sujetos y haciendo énfasis en la nacionalidad del autor cuando es extranjero (una muestra más del populismo punitivo adoptado que no afecta del mismo modo a todos los sujetos); en segundo lugar, el aparato policial, que ejerce un mayor control en estos individuos y los delitos de bagatela que se dirigen a actividades realizadas mayoritariamente por este colectivo, como el *top manta*; en tercer lugar, la infravaloración de su mayor riesgo criminógeno a causa de las circunstancias que le rodean. Verbigracia, en muchas ocasiones, sin permisos de trabajo y con situaciones de marginalidad que se perpetúan en el país de destino; y, en cuarto lugar, la generalización del extranjero, sin atender a sus características individuales, otorgándoles a todos las mismas características y tipologías delictivas. En suma, estas creencias han facilitado la creación de una Política Criminal que no acoge a los inmigrantes pobres, sino que, intenta, a través de todos los medios, expulsarlos del territorio nacional, siendo su recurso preferido el Derecho penal, como muestra el artículo 89 del CP que será analizado de forma posterior. MAQUEDA ABREU, M.L. *Estudios de Política criminal (a propósito de colectivos que soportan el peso de una violencia estructural), Op. Cit.*, pp. 209-211; RODRÍGUEZ YAGÜE, C. "El modelo político-criminal español frente a la delincuencia de inmigrantes" en *Revista Electrónica de Ciencia Penal y Criminología (RECPC)*, 2012, pp. 5-6.

419 MIRÓ LLINARES, F. "Política comunitaria de inmigración y Política criminal en España ¿Protección o "exclusión" penal del inmigrante?", *Op. Cit.*, 2008, p. 9.

420 Para llegar a este resultado, Puente Rodríguez partió de tres premisas: (1) todos somos esencialmente iguales, (2) la pobreza empuja al delito y (3) las personas inmigrantes se encuentran más excluidas. PUENTE RODRÍGUEZ, L. "Inmigración y delincuencia: medias mentiras frente a medias verdades" en *Sistema Penal Crítico*, nº 1, 2020, pp. 165-176.

La Política Criminal expansionista y punitivista contra el inmigrante comenzó con la *LO 4/2000, sobre derechos y libertades de los extranjeros en España y su integración social*, que continuando la *LO 7/1985, del 1 de julio*, recoge la expulsión de los extranjeros que se hallan en un procedimiento judicial con determinadas condiciones[421]. La expulsión ha sido regulada en el artículo 89 del CP y ha sufrido diferentes reformas. Entre ellas, se destaca la *LO 11/2003, de 29 de septiembre*, que reguló esta figura con un carácter imperativo, produciéndose la expulsión como regla general y la *LO 1/2015, de 30 de marzo*, que amplió su esfera de aplicación.

La última reforma del artículo 89 del CP recoge la expulsión del extranjero ante la comisión de delitos cuya pena privativa de libertad supere un año[422], aun cuando residan legalmente. También si son ciudadanos de la UE de modo excepcional debido a la mayor protección de sus miembros, por ejemplo, cuando representen una amenaza grave a la seguridad pública[423]. La prohibición de regresar a España se mantiene (entre 5 y 10 años), pero se dificulta la expulsión cuando concurran determinadas condiciones, como la desproporcionalidad de la medida ante las circunstancias del delito y las características del autor o haber residido en España durante los 10 años previos.

---

421 En alusión a la influencia de la política migratoria de la UE, es preciso tener en cuenta que España se configura como la entrada de los inmigrantes latinoamericanos y africanos del norte hacia Europa. Igualmente, la política española está limitada por los recursos económicos del Estado. GONZÁLEZ TASCÓN, M.M. "La cuarta reforma del artículo 89 del CP relativo a la expulsión del extranjero condenado a pena de prisión" en *Estudios penales y criminológicos*, vol. 36, 2016, p. 135; RODRÍGUEZ YAGÜE, C. "El modelo político-criminal español frente a la delincuencia de inmigrantes", *Op. Cit.*, p. 2.

422 Un análisis más profundo del artículo en cuestión fue realizado Navarro Cardoso. NAVARRO CARDOSO, F. "Análisis del artículo 89 del Código Penal español, y unas reflexiones con perspectiva aporofóba" en *Revista Penal*, nº 47, 2021, pp. 193-226; RÍOS MARTÍN, J.C. *Cuestiones de Política criminal. Funciones y miserias del sistema penal*, *Op. Cit.*, pp. 78-81; RODRÍGUEZ YAGÜE, C. "El modelo político-criminal español frente a la delincuencia de inmigrantes", *Op. Cit.*, pp. 11-22.

423 ROIG TORRES, M. "Cambios en la regulación de los antecedentes penales (arts. 22,80,89,90,94 bis y 136)" en *Comentarios a la reforma del Código penal de 2015* (Gónzalez Cussac, dir.; Górriz Royo y Matallín Evangelio, coords.), Tirant lo Blanch, 2015, pp. 405-406.

La táctica de la expulsión, junto a la criminalización de la pobreza de los inmigrantes[424], supone una instrumentalización del Derecho penal que tiene como fin el control de los flujos migratorios, eso sí, a costa de renunciar a los principios generales que rigen en nuestro sistema penal[425]. Es más, el endurecimiento del régimen de expulsión —una muestra más del Derecho penal del enemigo—, que pasó de un carácter potestativo a imperativo y aumentó el ámbito de aplicación, revela la preocupación sustancial por el control de los flujos migratorios, así como por la presencia de extranjeros condenados en los centros penitenciarios y de exconvictos en nuestra sociedad[426].

Como se ha podido observar, el artículo 89 del CP persigue un doble objetivo: el control de los flujos migratorios y vaciar las cárceles[427]. En este sentido, la *Circular 7/2015, de la Fiscalía General del Estado de 17 de noviembre* hace alusión al favorecimiento de los fines de la política migratoria y a la gestión penitenciaria, enfatizando en el segundo motivo dado que la situación de extranjería se encuentra en torno a un 30% de los presos en las cárceles españolas. Además,

---

424 MIRÓ LLINARES, F. "Política comunitaria de inmigración y Política criminal en España ¿Protección o "exclusión" penal del inmigrante?", *Op. Cit.,* pp. 25-31.

425 GONZÁLEZ TASCÓN, M.M. "La cuarta reforma del artículo 89 del CP relativo a la expulsión del extranjero condenado a pena de prisión", *Op. Cit.,* p. 134.

426 En este punto, se destaca el artículo 57.7 de la *Ley de Extranjería* (LEX) que prevé la expulsión del extranjero procesado o investigado por un delito, representando una anomalía de las garantías y reglas de imputación, entre otras cuestiones, por prevalecer el orden penal sobre el administrativo. También los artículos 57.1 y 57.2 de la LEX recogen la expulsión. El primero de ellos como consecuencia jurídica y el segundo como causa de expulsión, con más problemáticas si cabe. NAVARRO CARDOSO, F. "Análisis del artículo 89 del Código Penal español, y unas reflexiones con perspectiva aporoгófoba", *Op. Cit.,* pp. 196-198.

427 Sin embargo, los datos de Instituciones Penitenciarias muestran que únicamente se expulsa en torno a un 15% de los extranjeros condenados, mientras que el porcentaje restante sale en libertad provisional, condicional o por extinción de la pena (periodo temporal 2010-2015). FERNÁNDEZ EVANGELISTA, G. "Penalization of homelessness", *Op. Cit.,* pp. 61-63; GARCÍA ESPAÑA, E. "Sistema penal y la exclusión de extranjeros sospechosos, condenados y excondenados". Ponencia presentada en el *III Workshop Internacional para estudiantes, investigadoras/es y profesoras/es Universidad de Salamanca con participación de profesoras/es e investigadoras/es de la Universidad Universidad de Málaga (España),* Salamanca (España), 2021.

previamente se ha puesto de manifiesto que es necesario resolver el problema de la alta población penitenciaria[428].

Los estudios muestran que el inmigrante, particularmente el irregular (quien sufre discriminación múltiple y representa el prototipo de sujeto excluido de la sociedad), es autor, habitualmente, de criminalidad que se asocia a su situación de marginalidad y que carece de peligrosidad[429], como el *top manta*[430]. Esta actividad, que se engloba en los delitos contra la propiedad intelectual, es castigada en nuestro ordenamiento jurídico a través de los artículos 270 y 271 del CP. Sin establecer una cantidad mínima de beneficio en su tipificación, establece penas de prisión o de multa desproporcionadas a los autores del delito, originando la estigmatización del extranjero pobre que es considerado una fuente de peligro.

El *top manta* es un ejemplo paradigmático de la criminalización de la pobreza, especialmente, de los inmigrantes, quienes lo practican en una proporción mayor (y casi absoluta) en comparación con los nacionales, así como del Derecho penal de la aporofobia. En este sentido, Benito Sánchez sostiene que "*el top manta es una manifestación más del derecho penal de la aporofobia que se ceba con el último eslabón*"[431].

La expansión y el punitivismo adoptados en la regulación penal del *top manta* se reflejaron esencialmente con la reforma operada

---

428 NAVARRO CARDOSO, F. "Discriminación de los inmigrantes, artículo 89 del CP". Ponencia presentada en el *Congreso Internacional Aporofobia y Derecho penal*, Salamanca (España), 2020.

429 GARCÍA ESPAÑA, E. "Sistema penal y la exclusión de extranjeros sospechosos, condenados y excondenados". Ponencia presentada en el *III Workshop Internacional para estudiantes, investigadoras/es y profesoras/es Universidad de Salamanca con participación de profesoras/es e investigadoras/es de la Universidad Universidad de Málaga (España)*, Salamanca (España), 2021.

430 El abordaje del *top manta* se efectúa por su consideración fundamental en la criminalización de la pobreza. Ahora bien, su análisis es breve ya que difiere del colectivo objeto de estudio, al menos en el conocimiento de la autoría de las personas sin hogar existente en la actualidad. Ciertamente, no existe ningún estudio en el territorio nacional que haya puesto de manifiesto que el *top manta* es una conducta realizada de forma habitual por el grupo de PSSH.

431 BENITO SÁNCHEZ, D. "Hurtos mínimos y ataques irrelevantes a la propiedad industrial e intelectual". Ponencia presentada en el *Congreso Internacional Aporofobia y Derecho penal*, Salamanca (España), 2020.

por la *LO 15/2003, de 25 de noviembre,* que supuso un incremento de las conductas típicas y la adhesión de nuevas formas de comisión, la ampliación de las agravantes en los artículos 270.1, 270.3 y 271 del CP y su conversión en delitos perseguibles de oficio, que facilitaron su aplicación[432]. Años más tarde, la *LO 5/2010, de 22 de junio* introdujo el segundo párrafo del artículo 270.1 del CP que contempló una pena menor atendiendo a la escasa lesividad del hecho y al beneficio obtenido, que se mantuvo con la *LO 1/2015, de 30 de marzo.*

La reforma de 2015 acrecentó la pena de prisión máxima de la conducta básica (art. 270.1 del CP) y aunó en el artículo 270.4 del CP la falta del artículo 623.5 del CP y el tipo atenuado del artículo 270.1.2º de la antigua reforma (año 2010), siendo la consecuencia jurídica la prisión. Ahora bien, se mantiene la posibilidad de apreciar una pena de multa o trabajos en beneficio de la comunidad, atendiendo a las características del autor y la cuantía reducida del beneficio económico (art. 270.4 del CP). Al respecto, también merece ser destacada la posibilidad de condena sin la necesidad de probar que se ha logrado una ganancia, así como el cálculo del beneficio en función de la venta de productos y el precio[433]. Esta modificación parece derivar en una reducción de operatividad del artículo 270.4 del CP en detrimento del artículo 270.1 del CP que implica, en todo caso, una pena privativa de libertad y una multa.

Como bien expresó Terradillos Basoco: "*se persigue al inmigrante, pero no por ser extranjero; se persigue a la prostituta, pero no a la scort de lujo; se persigue el "top manta", pero no la falsificación industrial y la venta al por mayor —muy mayor— de las copias que se exhiben en nuestras calles; se persigue al trabajador en negro, pero se persigue mucho menos al empresario que lo contrata… se persigue el narcomenudeo, pero no se implementan sistemas eficaces para acabar con redes narcotraficantes tan conocidas como violentas; se persigue el hurto trivial del indigente rumano, pero no se presta atención —*

---

432 MORÓN LERMA, E. "Capítulo 34. Delitos contra la propiedad intelectual" en *Comentarios a la reforma penal de 2010* (Álvarez García y González Cussac, dirs.), Tirant lo Blanch, 2010, pp. 294-303.

433 TOMÁS-VALIENTE LANUZA, C. "Delitos contra la propiedad intelectual (arts. 270 y 271 CP) en *Comentarios a la reforma del Código penal de 2015* (Gónzalez Cussac, dir.; Górriz Royo y Matallín Evangelio, coords.), Tirant lo Blanch, 2015, pp. 825-840.

represiva— a multimillonarias organizaciones criminales rusas que invierten en burbuja inmobiliaria"[434].

En suma, el orden establecido reproduce la aporofobia (en consonancia con la plutofilia[435]), criminalizando la pobreza a través de delitos de bagatela que habitualmente cometen los grupos más excluidos, como el colectivo de PSSH. Es más, esta tendencia, que se ha acentuado en las últimas reformas penales[436], continúa su curso con la selectividad que impera en las instituciones del sistema penal: las FFCCS, los Juzgados y las Instituciones Penitenciarias. Ellas forman parte de la cadena aporófoba y su análisis se presenta en el siguiente apartado.

5. LA CADENA APORÓFOBA Y LA SELECTIVIDAD DEL SISTEMA PENAL

Las FFCCS son la primera instancia de aplicación del control penal, por ello, ejercen un papel fundamental en el proceso de selección de los delincuentes[437]. En su actuación, los agentes policiales

434 TERRADILLOS BASOCO, J.M. *Aporofobia y plutofilia: la deriva jánica de la Política criminal contemporánea, Op. Cit.*, p. 5.

435 Para una mayor profundización consultar los trabajos de Terradillos Basoco. TERRADILLOS BASOCO, J.M. *Aporofobia y plutofilia: la deriva jánica de la Política Criminal contemporánea, Op. Cit.*, p. 5; TERRADILLOS BASOCO, J.M. "Un sistema penal para la aporofobia", *Op. Cit.*, 363-653.

436 MUÑOZ RUIZ, J. "A lei orgânica nº1 de 20 de março de 2015 – Uma forma de irracional expansionismo penal na Espanha?", *Op. Cit.*, p. 127.

437 Según argumenta Maqueda Abreu, una problemática que amenaza con generalizarse es la violencia policial. Esta afirmación se sustenta en los datos otorgados por la Coordinadora para la Prevención y Denuncia de la Tortura (CPTD), que ha documentado numerosos casos de brutalidad policial en las calles, y el Comité Europeo para la Prevención de la Tortura (CEPT) publicado en el año 2017, que ha confirmado estos datos en las detenciones. El CPTD y el CEPT en sus informes incluyen un apartado que es un cajón de sastre, incluyendo: (1) personas que han cometido pequeños delitos contra la propiedad o la salud pública; (2) personas agredidas durante identificaciones rutinarias en la vía pública; y (3) personas detenidas después de acudir una comisaría para denunciar que habían sido víctimas de un delito. No obstante, en sus informes no desglosan estas categorías, ni hacen alusión a la situación de sinhogarismo, por lo que no se pueden relacionar con la aporofobia institucional. Sin embargo, existen otras investigaciones que han arrojado luz a este ámbito, desvelando

habitualmente dirigen sus labores a los crímenes más clásicos (cuyo descubrimiento es menos costoso) y a los sujetos categorizados como fuente de riesgo, o sea, a los más excluidos de la sociedad, estando influenciados por los estereotipos. Al respecto Zaffaroni señaló "*la experiencia criminológica enseña que los estereotipos orientan la acción policial, dando lugar a una selectividad criminalizante ampliamente conocida en el campo de la delincuencia común*"[438].

En esta línea, una investigación mostró que la tipología delictiva contra el patrimonio y el orden socioeconómico acumuló la mayor proporción de la delincuencia total, siendo el delito de hurto sobrerrepresentado en el periodo temporal 2015-2019. Atendiendo a las estadísticas presentadas y a los estudios realizados sobre delincuencia de las PSSH, que concluyen la comisión reiterada de delitos patrimoniales, en particular, de los que presentan menor gravedad, se podría apuntar que las FFCCS continúan la cadena aporófoba establecida[439]. Esto se debe a que aplican y cumplen la legislación aporófoba que presenta nuestro país, por ende, no se está afirmando que las FFCCS sean una institución aporófoba en sí.

La cadena aporófoba continúa su curso en el ámbito judicial. Aunque las PSSH no tienen las mismas oportunidades que el resto de la ciudadanía (en términos generales) ni ven satisfechos sus de-

---

que existe violencia policial a las PSSH, aunque su proporción es muy baja. El estudio realizado por Rais Fundación constató un trato policial del 10,1% de los encuestados (todos ellos en situación de sinhogarismo) con agresiones físicas, así como identificaciones discriminatorias, trato vejatorio, o daño a sus pertenencias. Ahora bien, un caso que data de 2000 fue el de un ecuatoriano que realizando el *top manta* sufrió violencia por un agente policial (después de ser alertado en diversas ocasiones de que no persistiese en su actuación). El agente fue condenado a la falta de lesiones, eximiéndole del delito contra la integridad moral. Sin perjuicio de lo descrito, la información es insuficiente para establecer una generalización y/o conclusión. MAQUEDA ABREU, M.L. "¿Hacia una cultura de la brutalidad policial? La ética judicial a prueba" en *Un juez para la democracia. Libro homenaje a perfecto Andrés Ibáñez* (Portilla Contreras y Velásquez, dirs; Pomares Cintas y Fuentes Osorio, coords.), Dykinson, 2019, pp. 246-248; MAQUEDA ABREU, M.L. "Los ismos de la globalización penal", *Op. Cit.*, p. 329; RAIS FUNDACIÓN. *Informe de investigación, Op. Cit.*, pp. 23-26.

438 ZAFFARONI, E. R. *Hacia dónde va el poder punitivo*, Ediciones Olejnik, 2022, p. 18.

439 GARCÍA DOMÍNGUEZ, I. "Exclusión social y criminalidad: un análisis de las instituciones aporófobas a través de los delitos patrimoniales", *Op. Cit.*, pp. 48-55.

rechos sociales a causa del déficit del Estado en su provisión, estos sujetos son frecuentemente condenados por delitos de bagatela, reafirmando los estereotipos de una gran parte de la sociedad sobre la "peligrosidad" de los grupos más pobres (a pesar de la escasa gravedad de sus delitos) y, por ende, fomentando su rechazo, es decir, la aporofobia.

La condena sistemática de las PSSH por delitos de bagatela se produce por la desigualdad procesal que experimentan, debido a que "*el delincuente aporofóbico no combate en el proceso penal en igualdad de condiciones ni con la acusación, ni respecto de otros encausados no pobres, marginados o excluidos*" como extraordinariamente expuso Ollé Sesé[440], unida a la inexistencia de una eximente o atenuante en el CP que tenga en cuenta su situación de extrema pobreza.

Poniendo de ejemplo un delito patrimonial, la desigualdad procesal se podría identificar en: la acusación particular, ya que la víctima probablemente contará con medios superiores; la defensa. Sin menospreciar la excelente labor que realizan los abogados de oficio, se debe tener en cuenta que el factor aleatorio juega un papel fundamental, repercutiendo en su calidad; y la dificultad (o imposibilidad) de reparar el daño, con la consecuente inaplicación de la atenuante del artículo 21.5 del CP[441].

El aparato judicial se conforma como un instrumento más (y, en ocasiones, al servicio de la clase dominante) de castigo del más vulnerable, quien tiene mayores dificultades en la obtención de justicia[442]. En este ámbito, corroborar empíricamente las prácticas aporófobas en el colectivo de PSSH se torna una tarea complicada, dado que las

---

440 Si bien el desequilibro procesal alcanza todas las fases (desde la instrucción hasta el enjuiciamiento). OLLÉ SESÉ, M. "El acusado víctima de aporofobia: culpabilidad y proceso penal" en *Alternativas político-criminales frente al derecho penal de la aporofobia* (Benito Sánchez y Gil Nobajas, coords.), Tirant lo Blanch, 2022, p. 123.

441 Para una mayor profundización en este ámbito consultar el artículo de Ollé Sese titulado *El acusado víctima de aporofobia: culpabilidad y proceso penal*. OLLÉ SESÉ, M. "El acusado víctima de aporofobia: culpabilidad y proceso penal", *Op. Cit.*, pp. 122-127.

442 MANZANOS BILBAO, C. "Factores sociales y decisiones judiciales" en *Sociología: Revista de pensamiento social*, nº 5, 2004, p. 153.

estadísticas no recogen la situación de exclusión del sujeto[443] y tampoco se han realizado investigaciones relativas a la toma de decisiones en los tribunales —proceso conocido como *sentencing*—.

Sin embargo, una investigación nacional, partiendo de la teoría de la anomia de Merton, analizó la relación entre exclusión social y criminalidad a través de los delitos patrimoniales. La conclusión obtenida fue la existencia de una sobrerrepresentación de los excluidos en el aparato penal, fruto de la criminalización de la pobreza y de la selectividad penal, ambas ejercidas por el entramado institucional aporófobo[444]. La teoría de Merton ha sido igualmente utilizada para explicar el vínculo entre sujetos desfavorecidos económicamente y realización de comportamientos delictivos en otros estudios[445].

Es por ello que, a continuación, se aproxima la hipótesis de la criminalización de la pobreza en los tribunales españoles atendiendo a los condenados por delitos patrimoniales y, especialmente, al delito de hurto, debido a que situaciones de carestía económica provocan, ocasionalmente, la comisión de estos delitos.

A partir del año 2015, los sujetos condenados por delitos contra el patrimonio y el orden socioeconómico se han situado en el primer puesto, con porcentajes que oscilan entre el 30% y el 35% del total nacional. Como se puede observar en la figura nº 6, el pico se encuentra en el año 2019, con cifras significativamente inferiores en los siguientes. Además, los hurtos, que es la tipología delictiva más cometida por las PSSH

---

443 En alusión a las brutalidades policiales expresadas con anterioridad, parece que los tribunales, algunas veces, legitiman la violencia estatal, apoyando a un sustrato político. Así, en ocasiones, entienden que no se alcance el mínimo de lesividad o rebajan la gravedad utilizando diferentes argumentos que justifican, en cierta medida, las prácticas ilegítimas efectuadas por la policía. No obstante, en este campo existe ausencia de información relativa a las PSSH. MAQUEDA ABREU, M.L. "Los ismos de la globalización penal", *Op. Cit.*, p. 330-331.

444 GARCÍA DOMÍNGUEZ, I. "Exclusión social y criminalidad: un análisis de las instituciones aporófobas a través de los delitos patrimoniales", *Op. Cit.*, pp. 48-55.

445 NEUBACHER, F y BÖGELEIN, N. "¿Criminalidad de los pobres-criminalización de la pobreza? Análisis de dos conceptos recalcitrantes" en *Sistema Penal Crítico*, nº 1, 2020, pp. 48-49.

(según los pocos datos existentes), continuaron la tendencia expuesta, representando entre un 45% y un 50% de los delitos patrimoniales[446].

Figura nº 6. Gráfico lineal de los sujetos condenados en el territorio nacional (años 2015-2021)

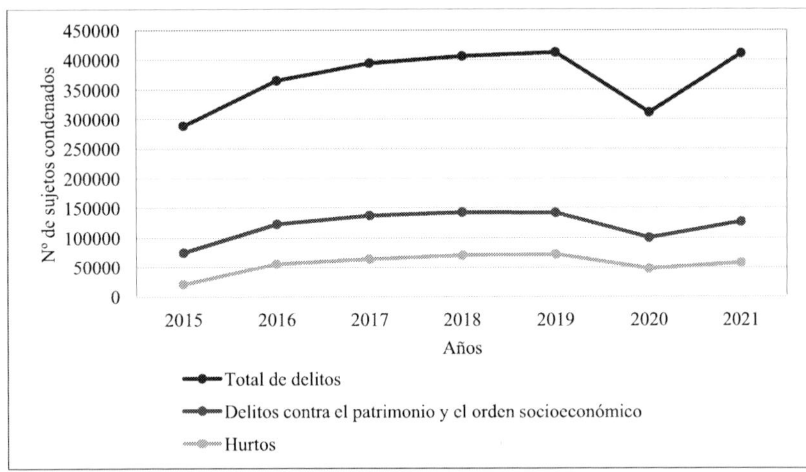

Fuente: elaboración propia con base a los datos del Consejo General del Poder Judicial (CGPJ)[447].

Otra evidencia de la criminalización de la pobreza es la población penitenciaria, en la que convergen marginalidad y pobreza[448], revelan-

446 Lo cierto es que el hurto es la infracción penal más numerosa en todos los años objeto de estudio con una diferencia muy notoria respecto del resto de categorías delictivas. MINISTERIO DEL INTERIOR. *Balances de Criminalidad*, 2015, 2016, 2017, 2018, 2019, 2020, 2021. Recuperado de: http://www.interior.gob.es/prensa/balances-e-informes/2020 (Consultado el 1 de octubre de 2019).

447 CONSEJO GENERAL DEL PODER JUDICIAL. *Estadísticas Condenados Adultos*, 2015, 2016, 2017, 2018, 2019, 2020, 2021. Recuperado de: https://www.poderjudicial.es/cgpj/es/Temas/Estadistica-Judicial/Estadistica-por-temas/Datos-penales–civiles-y-laborales/Delitos-y-condenas/Condenados–explotacion-estadistica-del-Registro-Central-de-Penados-/ (Consultado el 28 de diciembre de 2022).

448 Un estudio realizado a internos de centros penitenciarios aragoneses manifestó que más del 50% de la población penitenciaria se encontraba en una situación de extrema vulnerabilidad social, concluyendo que esta es una manifestación más de la aporofobia institucional. MARCUELLO SERVÓS, C. y GARCÍA MARTÍNEZ, J. "La cárcel como espacio de de-socialización ciudadana: ¿fracaso del

do que cárcel y exclusión social son dos conceptos que están unidos[449], sobre todo, en España donde se encarcela bastante y durante mucho tiempo[450]. Si bien la población reclusa ha disminuido desde el año 2015, en los delitos contra el patrimonio y el orden socioeconómico se mantuvo una cierta estabilidad hasta la irrupción de la pandemia mundial del COVID-19, que provocó un ligero descenso (ver figura nº 7)[451].

Figura nº 7. Gráfico lineal de la población reclusa (años 2015-2021)

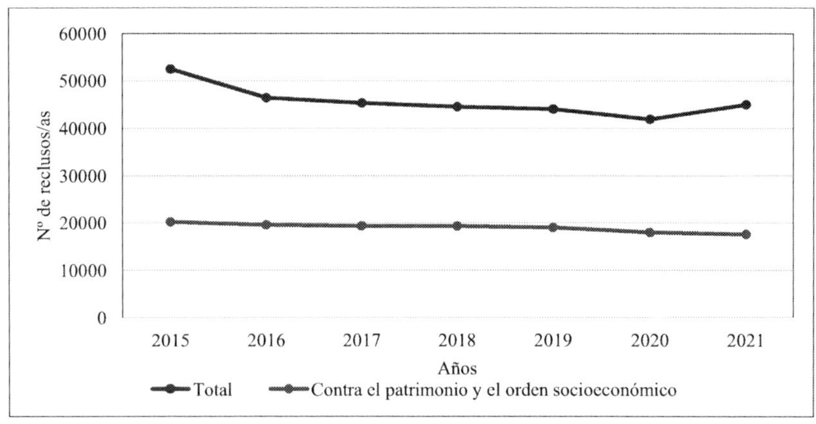

Fuente: elaboración propia con base a los datos del CGPJ[452].

En los centros penitenciarios también se ha plasmado el modelo gerencial junto con el neorehabilitador (aunque este se encuentra

---

sistema penitenciario español?, en *Portularia*, vol. 11, nº 1, 2011, pp. 55-57; SERRANO TÁRRAGA. "Exclusión social y criminalidad", *Op. Cit.*, pp. 613-616.

449 CABRERA, P. J. "Exclusión social y prisiones" en *Documentación Social*, nº 161, 2011, p. 30.

450 Véase el análisis de las penas que contempla el CP. GARCÍA DOMÍNGUEZ, I. *La aporofobia en el sistema penal español: especial referencia al colectivo de personas sin hogar*, *Op. Cit.*, pp. 39 y ss.

451 En la contabailización de esta población no existe un desglose por artículos y/o tipologías delictivas (sólo por títulos del CP), por ende, no se puede estudiar la evolución del hurto.

452 CONSEJO GENERAL DEL PODER JUDICIAL. *Estadística penitenciaria*, 2015, 2016, 2017, 2018, 2019, 2020, 2021. Recuperado de: https://www.poderjudicial.es/cgpj/es/Temas/Estadistica-Judicial/Estadistica-por-temas/Datos-penales--civiles-y-laborales/Cumplimiento-de-penas/Estadistica-de-la-Poblacion-Reclusa/ (Consultado el 1 de octubre de 2020).

más extendido en Europa), pasando la resocialización de fin a medio, con el objetivo final de proteger a la colectividad mediante la gestión de los riesgos[453]. Asimismo, en la legislación penitenciaria existen muestras de aporofobia, dado que no tiene en cuenta la situación ecómicamente desfavorecida que atraviesan la mayoría de los internos. En este sentido, se podría mencionar que para estos sujetos no se contempla la exención de las tasas en actividades educativas, una prioridad de selección en el desarrollo de una actividad laboral o la gratuitidad de las comunicaciones telefónicas con sus familiares. Tampoco la falta por amenazas, coacciones o chantajes a los colectivos excluidos es agravada en los autores, pese a que su vulnerabilidad los hace más fácilmente víctimas, ni se recoge expresamente que estas personas no resulten afectadas negativamente en la resolución de la suspensión por su situación de extrema pobreza[454].

Lo cierto es que las Instituciones Penitenciarias forman parte de un corpus y de un sistema socialmente construido que, como tal, reacciona ante los colectivos que son considerados una amenaza, cuya respuesta perpetúa su exclusión. Así, su efecto inmediato y directo es la institucionalización de la marginación. A pesar de que en teoría los centros penitenciarios son resocializadores e inclusivos, en la práctica son segregativos y excluyentes, debido a que se orientan a la reproducción del orden social y del mantenimiento del *statu quo*. Aquí es donde se encierra la principal falacia del sistema penitenciario: mientras que el objetivo formal (y retórico) es la rehabilitación del sujeto condenado, el resultado práctico es la desocialización, lo que parece encajar con otras funciones dentro de nuestra sociedad capitalista (la necesidad de un alto grado de orden social que precisa

---

453 Un ejemplo son los módulos de respeto desarrollados en las Instituciones Penitenciarias españolas. Estas se orientan al desarrollo de un sujeto gerencial, autorresponsable y autónomo que asume compromisos y cumple su tratamiento. También participa en los asuntos colectivos de forma activa. BRANDARIZ GARCÍA, J.A. *El modelo gerencial-actuarial de penalidad. Eficiencia, riesgo y sistema penal, Op. Cit.*, pp. 74-89.

454 Para ampliar este tema consultar los trabajos de Fernández García. FERNÁNDEZ GARCÍA, J. "La aporofobia y la ejecución penitenciaria: propuestas de modificaciones legislativas" en *Propuestas al legislador y a los operadores de justicia para el diseño y la aplicación del Derecho penal en clave anti-aporófoba* (Demelsa Benito y Pérez Cepeda, coords.), Ratio legis, 2022, pp. 95-101.

este régimen) y neoliberalista (con la importancia que otorga a la ley en la consecución de la seguridad)[455].

En el mantenimiento de la cadena aporófoba, la selectividad es una variable fundamental que se observa desde la creación de la ley, siendo uno de sus objetivos alcanzar la sensación de seguridad que reclama la ciudadanía. Su persecución, en perjuicio de derechos, libertades y protección exclusiva de bienes jurídicos, se evidenció desde las primeras reformas del CP de 1995 que prolongaron las dinámicas de la exclusión, características del mercado en el que vivimos[456]. Ejemplos notorios son la acogida fórmula estadounidense *Three strikes and you are out* y la agravante de multirreincidencia en los delitos patrimoniales[457]. No es de extrañar pues que las últimas reformas penales, cuya ausencia de racionalidad es considerable, no se ajusten a los índices de criminalidad que presenta España.

A pesar del aumento de la atención en la criminalidad de los poderosos, el sistema penal favorece que disfruten los beneficios del delito y la elusión de las condenas penales (plutofilia). En cambio, en los delitos convencionales existe una irracionalidad selectiva, manifestándose la aporofobia institucional en el ámbito penal, en otras palabras, la persecución penal que se dirige contra los *parias* del régimen. Así, en los delitos cometidos por las altas esferas (por ejemplo, de corrupción) el aparato punitivo es la excepción, a diferencia de la regla que se ejerce en los delitos tradicionales[458]. En efecto, el aparato penal es selectivo y como ya anunciaba Foucault "*no hay justicia penal destinada a perseguir todas las prácticas ilegales*"[459].

---

455 MARCUELLO SERVÓS, C. y GARCÍA MARTÍNEZ, J. "La cárcel como espacio de de-socialización ciudadana: ¿fracaso del sistema penitenciario español?, *Op. Cit.*, pp. 50-51.

456 TERRADILLOS BASOCO, J.M. *Aporofobia y plutofilia: la deriva jánica de la Política criminal contemporánea, Op. Cit.*, pp. 57-69.

457 NÚÑEZ CASTAÑO, E. "Las transformaciones sociales y el Derecho penal: del Estado liberal al Derecho penal del enemigo" en *Problemas actuales del Derecho penal y de la Criminología. Estudios penales en memoria de la Profesora Dra. María del Mar Díaz Pita* (Muñoz Conde, dir.), Tirant lo Blanch, 2008, p. 151.

458 BUSTOS RUBIO, M. *Aporofobia y delito. La discriminación socioeconómica como agravante (art. 22.4ª CP.), Op. Cit.*, pp. 60-61; TERRADILLOS BASOCO, J.M. *Aporofobia y plutofilia: la deriva jánica de la Política criminal contemporánea, Op. Cit.*, p. 46.

459 FOUCAULT, M. *Vigilar y Castigar, Op. Cit.*, p. 287.

El resultado de que el legislador haya establecido como criminales los comportamientos realizados, principalmente, por los colectivos excluidos de forma extrema, es la criminalización de la pobreza, consolidándose un Derecho penal arbitrario y socialmente sesgado, puesto que la respuesta que reciben los delincuentes de clase media-alta es divergente[460]. Es más, se advierte como las dinámicas de los sistemas punitivos no han cambiado a lo largo del tiempo. Los pobres han sido y son los que sufren las estrategias represivas por las clases dominantes en la "prevención" del delito. Como expresó Giorgi "*la experiencia nos ha enseñado que la mayor parte de los delitos son cometidos por quienes pesa de forma más severa la opresión social*".

La selectividad penal, que se halla en la fase de creación de las normas, continúa en todas las instituciones de la cadena aporófoba, es decir, Policía, Juzgados y centros penitenciarios.

La primera de ellas, la corporación policial, ejerce una vigilancia constante en los posibles infractores, influenciados por estereotipos y por la sociedad. En este sentido, cabe destacar que los sin techo presentan una situación de extrema pobreza y la insatisfacción de sus necesidades más básicas, así como pasan muchas horas en la calle, lo que aumenta la probabilidad de infringir la norma y ser detenido por las FFCCSS.

La segunda, el aparato judicial, aplica la legislación aporófoba, que condena por delitos de bagatela a los sujetos más pobres, quienes, habitualmente, se encuentran en una situación de indefensión en los Juzgados (ante la escasez de recursos). Además, las características del perfil de personas que acuden recurrentemente a los procesos penales, convergen, frecuentemente, en el colectivo de PSSH (baja formación académica, desempleo, familias de origen desestructuradas, *etc.*), visualizándose, de nuevo, el estrecho vínculo entre desigualdad social y aparato punitivo[461].

La tercera, Instituciones Penitenciarias[462], continúa el orden establecido, manteniéndolos lejos de la sociedad y otorgándoles la

---

460 DÍEZ RIPOLLÉS, J.L, "El abuso del sistema penal", *Op. Cit.*, pp. 7-8.

461 RÍOS MARTÍN, J.C. *Cuestiones de Política criminal. Funciones y miserias del sistema penal*, *Op. Cit.*, pp. 92-96.

462 DE GIORGI, A. *El gobierno de la excedencia. Postfordismo y control de la multitud*, *Op. Cit.*, p. 60.

etiqueta de delincuente. Por ello, una vez que la persona es puesta en libertad, también es sujeto de sospecha, iniciándose de nuevo el ciclo. En esta línea, conviene subrayar el "efecto trinquete" que se produce con relación a la inmigración. Cuando el gobierno toma como referencia la población penitenciaria en la que existe una sobrerrepresentación de los inmigrantes, el círculo vicioso se retroalimenta, justificando el legislador la intensificación de la vigilancia en este colectivo y, por ende, consolidándose como una muestra más de aporofobia institucional con la inclusión de una tercera variable, la inmigración[463].

A mayores, se subraya que el poder punitivo establece una relación inversa en la criminalización del sujeto entre su grado de vulnerabilidad y su poder económico: "*a mayor poder económico menor vulnerabilidad*" afirman Zaffaroni y Dos Santos, produciéndose una mayor criminalización de los sujetos que experimentan altos grados de vulnerabilidad a causa de su carestía económica, y teniendo en cuenta que, a mayor distancia del poder, mayor vulnerabilidad penal[464]. Este tipo de vinculaciones han sido denunciadas por diversos autores, como Estrin, quien resaltó que "*while the link between crime and poverty is complex, statistics show unequivocally that poor people are overrepresented in the criminal justice system*"[465].

La conclusión es que el colectivo de sinhogarismo es objeto de una vigilancia e intervención institucional continua e intensa. La gestión del espacio público se conforma como una dinámica más del Estado (al servicio de los poderosos) para apartar de la mirada pública a los excluidos, quienes presentan el fracaso del sistema capitalista adoptado[466]. Es por ello que son más reprimidos "*por lo que son*" que

---

463 FUZIGER, R. y SCHIMITT DE BEM, L. "Hacia una aplicación antiaporofóbica del acuerdo de no persecución penal en la legislación brasileña". Comunicación presentada en el *Congreso Internacional Aporofobia y Derecho penal*, Salamanca (España), 2020.

464 ZAFFARONI, E.R y DOS SANTOS, I.D. *La nueva crítica criminológica. Criminología en tiempos de totalitarismo financiero*, *Op. Cit.*, p. 97.

465 "*Si bien el vínculo entre crimen y pobreza es complejo, las estadísticas muestran inequívocamente que los pobres están sobrerrepresentados en el sistema de justicia penal*" (traducción propia). ESTRIN GILMAN, M. "The Poverty Defense", *Op. Cit.*, p. 497.

466 MAQUEDA ABREU, M.L. *Estudios de Política criminal (a propósito de colectivos que soportan el peso de una violencia estructural)*, *Op. Cit.*, pp. 250-251; 344-346.

"*por lo que hacen*"[467]. La sanción del sinhogarismo en las leyes administrativas y la criminalización de la pobreza que presenta el CP se acentúan con la selectividad ejercida por las FFCCS, los Juzgados y las Instituciones Penitenciarias (el último eslabón de la cadena aporófoba). Por lo tanto, se han encontrado evidencias favorables a la hipótesis de que la aporofobia institucional se encuentra en todos los niveles del sistema penal.

6. RECAPITULACIÓN: UNA PROPUESTA AL CONCEPTO DE APOROFOBIA INSTITUCIONAL

El sistema capitalista neoliberal es uno de los componentes clave de la aporofobia institucional debido a que sus efectos son exclusión social y desigualdad, con un aumento de los individuos más desfavorecidos económicamente. La ideología adoptada reduce ámbitos de la vida humana a la economía, entendiendo a los ciudadanos como consumidores, por lo que las PSSH resultan claramente excluidas. Lo cierto es que existe una desigualdad sistemática de recursos a pesar de la existencia de un número significativo de bienes y servicios en la economía actual. El Estado ejerce violencia institucional ante su inoperancia en la satisfacción de necesidades tan básicas como el derecho a la vivienda.

Una idea fundamental, reiterada por diversos autores (Beck, Sales i Campo o Brandariz) es que las sociedades del presente producen niveles insuperables de exclusión social, así como que el sistema punitivo se encarga de gestionarlos —ante la progresiva reducción de las políticas sociales—. En España se ha podido observar un auge del Estado penal en detrimento del Estado del Bienestar como parte de la reestructuración neoliberal. Sin embargo, Wacquant sostiene que el Estado penal configurado en los últimos años no es una consecuencia de la ideología neoliberal, sino más bien uno de sus ingredientes[468].

---

[467] ÁVILA CANTOS, D. *et al.* "La burorrepresión de la protesta y de la pobreza", *Op. Cit.*, p. 141. MAQUEDA ABREU, M.L. *Estudios de Política criminal (a propósito de colectivos que soportan el peso de una violencia estructural), Op. Cit.*, pp. 154-157.

[468] Aunque el neoliberalismo se relaciona fuertemente con la difusión internacional de las políticas punitivas, los Estados que mantuvieron un Estado fuerte para re-

El aparato penal, que ha abandonado el ideal rehabilitador y ha instaurado el paradigma de la seguridad, se centra en la contención de los desórdenes y en la inseguridad social. Un ejemplo significativo son las campañas de *Ley y orden* iniciadas en EE. UU. que, de forma posterior, se expandieron a nivel internacional y, sobre todo, europeo[469], siendo estas características del capitalismo global actual[470]. A pesar de que se puede observar desde el punto de vista penal algunas notas similares de un Derecho penal simbólico, punitivo y del enemigo, es necesario atender a los contextos nacionales por las diferencias cuantitativas y cualitativas que existen.

La politización del sistema penal español a la que asistimos es acelerada por los medios de comunicación de masas populistas, que han contribuido a la creación de inseguridad colectiva (atribuyendo, de forma simultánea, la responsabilidad de su condición a los propios colectivos excluidos —violencia cultural— y dejando al margen las causas estructurales). Ante este sentimiento, los ciudadanos demandan resultados rápidos y los políticos reaccionan a través de medidas legislativas simbólicas. Lo importante para el legislador no es la prevención real del delito sino el efecto que produce en la ciudadanía con relación al orden y a la seguridad[471]. Esta tendencia se ha instaurado en el campo de la criminalidad más clásica, donde la cultura penal ha sabido transmitir su sentido de frustración a la ciudadanía.

Por consiguiente, el legislador, en la creación de las leyes no tiene en cuenta el daño específico que ejercen a diferentes colectivos, ni tampoco las repercusiones, como ocurre con la criminalización. De forma contraria, ha apostado por un endurecimiento del control como respuesta a la alarma social a través de reformas jurídicas y policiales represivas. Ahora bien, no importa la criminalización de la pobreza en la que deriva, lo que importa es permanecer en el poder.

---

gular y contener la inseguridad social han sido más resistentes contra estas campañas, estrategias y políticas. Véanse los países nórdicos. WACQUANT, L. *Castigar a los pobres. El gobierno neoliberal de la inseguridad social, Op. Cit.*, pp. 428-432.

469 DEZORDI WERMUTH, M.A. "Política criminal actuarial: contornos biopolíticos da exclusão penal", *Op. Cit.*, pp. 2047-2049.

470 MAQUEDA ABREU, M.L. "Los ismos de la globalización penal", *Op. Cit.*, pp. 324.

471 FERNÁNDEZ EVANGELISTA, G. "Penalization of homelessness", *Op. Cit.*, pp. 60-61.

El populismo punitivo es utilizado por el sistema penal aporófobo para justificar el punitivismo, al mismo tiempo que ha convertido al Derecho penal en un arma política, represiva y simbólica —violencia institucional—. El pensamiento neoliberal de la globalización se plasma aquí en producir eficacia formal a través de reformas que son un medio barato e inmediato para transmitir seguridad y eficiencia a la ciudadanía y, así, restablecer la confianza institucional. Es por ello que el CP ha sido reformado en más de 40 ocasiones, acercándose, cada vez más, a un Derecho penal excepcional y del enemigo que establece determinados grupos como peligrosos y que, en su expansión, ha afectado a los delincuentes más pobres (configurándolos como un enemigo más) por la alarma social que generan (a pesar de la escasa lesividad de sus delitos)[472].

En el diseño de las políticas criminales, una cuestión fundamental ha sido la percepción de la sociedad de inseguridad, poniendo el acento en el autor (elevando la distancia con el Derecho penal del hecho) y reafirmando el sistema de exclusión y discriminación establecido por el sistema económico[473]. Así, de forma paralela a la configuración de estas nuevas clases peligrosas, se ha acentuado la vigilancia y el control de los espacios públicos, tratando de expulsarlos para "garantizar el orden" y tranquilizar a la ciudadanía, especialmente, a través del Derecho administrativo sancionador.

Un ejemplo paradigmático de lo descrito es la *Ley de Seguridad Ciudadana* del año 2015, aunque las ordenanzas municipales también responden al espíritu sancionador expansivo. Ambas se proyectan, con una especial incidencia, en las clases marginadas, quienes "ensucian" el espacio público y otorgan una imagen de desorganización, como las PSSH. A falta de un espacio para su desarrollo vital, ocupan este de forma continua, en el cual realizan actividades básicas para su supervivencia. En muchos municipios, estas conductas son objeto de infracción tomando como referencia la ordenanza municipal de Barcelona del año 2005 y la prototipo del FEMP del año 2012. Estas

---

472 MAQUEDA ABREU, M.L. "Los ismos de la globalización penal", *Op. Cit.*, pp. 309-326.

473 SANZ MULAS, N. *Política Criminal. Viejos problemas y nuevos desafíos*, *Op. Cit.*, pp. 53-55.

dinámicas legitiman la violencia institucional que el Estado ejerce contra los pobres, esto es, los enemigos convenientes, los indeseables, los excesos de nuestro régimen[474].

El Derecho penal en *strictu sensu* también ha repercutido, principalmente, en los grupos más excluidos. Cada vez más los sectores sociales desfavorecidos son objeto de las leyes penales. Ahora bien, el aumento de la severidad del sistema penal (justificado por el legislador español en la criminalidad grave y la multirreincidencia, así como en la peligrosidad) no se corresponde con un incremento de las tasas delictivas en el territorio nacional.

Sin embargo, se ha producido una elevación a delitos leves de la mayoría de las antiguas faltas, especialmente, de las acciones con una lesividad insignificante, en respuesta a la política-criminal punitivista, populista y contradictoria adoptada por España. Un ejemplo es la estrategia de tolerancia cero acentuada con la reforma de 2015, que renuncia al principio de última ratio y la eficacia del castigo con cláusulas generales y términos imprecisos que posibilitan castigos desmesurados, es decir, un delirio punitivo que persigue fielmente una aceptación de la opinión pública en concordancia con el populismo punitivo.

El aparato penal, selectivo, perjudica a los colectivos discriminados y marginados, quienes tienen que sufrir el peso de la violencia, aunque existen diversos grados en función del grupo, así como difiere la conciencia de soportar el peso de la violencia entre ellos. En este punto, un grupo que ejemplifica esta situación y sufre de forma muy intensa, son las mujeres, por lo que, haciendo alusión a la perspectiva de género, si converge en el mismo individuo la situación de sinhogarismo y el género femenino, el grado de violencia institucional se acentúa y, desafortunadamente, el Estado mantiene una estructura patriarcal a través de sus instituciones[475].

---

474 MAQUEDA ABREU, M.L. "Los ismos de la globalización penal", *Op. Cit.*, pp. 317-318.

475 El análisis de la aporofobia institucional y el género se desarrolla en el siguiente capítulo.

En síntesis, los sujetos más pobres y, más específicamente, las PSSH son las que más sufren el despliegue del sistema penal a través de los tres procesos[476]: *criminalización primaria* (qué criminalizamos y cómo lo criminalizamos): los delitos de bagatela son cada vez más consolidados en nuestra legislación penal y las leyes administrativas sancionan manifestaciones de pobreza extrema, como el acto de dormir en la vía pública o realizar necesidades fisiológicas básicas. Y aunque no exista una cultura del enemigo aplicada a las PSSH en la regulación del espacio público, existen manifestaciones aporófobas[477]. En este punto, se podría destacar que muchas ordenanzas se dirigen a apartar a las mujeres prostitutas de la mirada pública, señalándolas desde la inmoralidad y sancionándolas, cuando, habitualmente, su actividad es generada por una necesidad económica en

---

476 BARATTA, A. *Criminología crítica y crítica del Derecho penal. Introducción a la sociología jurídico penal, Op. Cit.*, pp. 191-196.

477 "*Stating that homeless people are considered to be an "enemy" in Europe might seem exaggerated and without solid evidence at a time when homelessness is not directly criminalised by legislation and where the fight to eradicate homelessness is on the European political agenda. But it is undeniable that the use of different legal and administrative provisions increasing the penalisation of homelessness is spreading as a result of the blending of the criminal policy trends described earlier: the criminalising of their day-to-day activities when they are out on the streets, the penalising of their access to public services and social benefits, and the increased pressure through dynamics like incarceration and deportation. Although homeless people are not explicit targets of these measures, in many European countries, the most prominent target group is migrants, and the increasing number of homeless migrants are also affected by the use of the Criminal Law of the Enemy*", esto es, "*afirmar que las personas en situación de sinhogarismo son consideradas un "enemigo" en Europa puede parecer exagerado y más sin pruebas sólidas en un momento en el que el sinhogarismo no está directamente criminalizado por la legislación y su lucha para erradicarlo está en la agenda política europea. No obstante, es innegable que el uso de diferentes disposiciones legales y administrativas que aumentan el castigo del sinhogarismo se está extendiendo como resultado de la mezcla de las tendencias político-criminales descritas anteriormente: la criminalización de sus actividades cotidianas cuando están en la calle, la penalización de su acceso a los servicios públicos y a las prestaciones sociales, y el aumento de la presión a través de dinámicas como el encarcelamiento y la deportación. Aunque las personas en situación de sinhogarismo no son objetivo explícito de estas medidas, en muchos países europeos, el grupo objetivo más destacado son los inmigrantes, y el creciente número de inmigrantes en situación de sinhogarismo también se ve afectado por el uso del Derecho penal del enemigo*" (traducción propia). FERNÁNDEZ EVANGELISTA, G. "Penalization of homelessness", *Op. Cit.*, p. 68.

una contexto neoliberal que promueve la actuación por el dinero[478]; *criminalización secundaria* (investigación y enjuiciamiento): las FFCCS y los tribunales continúan la cadena aporófoba a través de la selectividad, concentrando sus esfuerzos en los delitos tradicionales y de más fácil descubrimiento (de acuerdo con las estadísticas oficiales), así como imponiendo sanciones que no tienen en cuenta su situación de extrema pobreza, dificultando, aún más, su ardua condición; y *criminalización terciaria* (ejecución de las sanciones y de las medidas alternativas). Los centros penitenciarios, lejos del ideal rehabilitador plasmado en el artículo 25.2 de la CE, perpetúan su exclusión y no facilitan su resocialización. Eso sí, una vez que abandonan la prisión, a pesar de la pequeña ayuda facilita por esta situación, es habitual que retomen su situación de sinhogarismo. En palabras de Díez Ripollés[479], la prisión es "*una institución de gestión de residuos, desechos humanos procedentes de los sectores sociales más desfavorecidos, pobres o extranjeros irregulares en su mayoría*".

El despliegue del aparato penal y el hasta ahora éxito económico se complementan, siendo el primero necesario para el segundo y afectando ambos a las clases sociales más bajas. Así, la población más vulnerable, afectada por el declive de las políticas asistenciales, ve agravada su situación, mientras que el sistema socioeconómico le atribuye la responsabilidad de sus actos y el aparato penal ejerce todo su peso contra ella[480]. Lo cierto es que la criminalización de la pobreza es el resultado de las políticas adoptadas por los poderosos para conseguir sus intereses[481] y así lo apuntó Larrauri más de veinte años atrás: "*La criminalización es un instrumento más de poder*", empleando las palabras de la autora[482]. De este modo, se ha podido comprobar que el capitalismo con su ideología neoliberal, la globalización y la posmodernidad han influenciado todos los ámbitos de la vida. Entre ellos, el Derecho penal, el cual se ha conver-

---

478 MARGALEF COLOMÉ, A. "Un paseo por la calle roja. Estudio de métodos mixtos sobre la prostitución callejera en Sevilla", *Op. Cit.*

479 DÍEZ RIPOLLÉS, J.L. "El abuso del sistema penal", *Op. Cit.*, p. 16.

480 LARRAURI, E. *La herencia de la criminología crítica*, *Op. Cit.*, pp. 121-123; WACQUANT, L. *Castigar a los pobres. El gobierno neoliberal de la inseguridad social*, *Op. Cit.*, p. 434.

481 Wacquant sostiene que el punto central del Estado neoliberal es la nueva política y estrategia frente a la pobreza. *Ibidem*, p. 421.

482 LARRAURI, E. *La herencia de la criminología crítica*, *Op. Cit.*, pp. 122.

tido en un "*Derecho penal de control, actuarial y excluyente de minorías y grupos que representan las nuevas «clases peligrosas» de la posmodernidad*" como estableció de forma tan extraordinaria Maqueda Abreu. Las víctimas por excelencia son los sectores más marginados, que se sitúan en el punto central de los mecanismos de coerción, entre los que se encuentran las PSSH y, particularmente, los sin techo[483].

El control penal se ejerce sobre los efectos de los conflictos que se producen, sin intervenir en las causas que lo originan, perpetuando la selectividad y criminalización de ciertos grupos, como el configurado por las PSSH, así como las respuestas simbólicas frente al delito. La violencia institucional se despliega a través de los dispositivos de control que sostienen el dominio capitalista y el Derecho penal aporófobo se ha convertido en instrumento fundamental del modelo económico-político.

En los capítulos presentados se ha desvelado la influencia del régimen político-económico en la configuración del sistema penal aporófobo. En alusión al Derecho penal, cuando este se aplica a una persona por la acción delictiva cometida, el comportamiento individual se presenta como una variable independiente, a pesar de que, ciertamente, esta variable es dependiente de múltiples factores como la sociedad en la que está inmersa, las leyes establecidas o las deficiencias presentadas por el Estado en su "deber de garante", que se corresponde con la aporofobia institucional a la que se está haciendo referencia. Por ello, con base a todo lo desarrollado, considero que la aporofobia institucional, tomando como base el concepto de Expósito Marín[484], debe ser entendida de forma más amplia como "*el entramado de prácticas económicas, políticas, sociales y culturales, formales e informales, estructurales que producen y reproducen tanto la exclusión social como la aporofobia*".

---

483 MAQUEDA ABREU, M.L. "Los ismos de la globalización penal", *Op. Cit.*, p. 305.

484 EXPÓSITO MARÍN, J.A, "Una aproximación a la aporofobia institucionalizada", *Op. Cit.*, p. 86.

Capítulo III
APOROFOBIA INSTITUCIONAL Y GÉNERO

En el marco institucional aporófobo, se ha identificado la relevancia del factor género. Conviene destacar que el término género es una construcción sociocultural, mientras que el sexo se corresponde con la biología del cuerpo humano. El capitalismo no es indiferente al género y se ha construido sobre el patriarcado, coincidiendo en que los dos son sistemas de dominación. Es más, las relaciones de producción-reproducción del capitalismo tienen como condición y resultado la explotación de clase (relativamente oculta) y la opresión de género (con un reconocimiento superior), ambas articuladas entre sí. Así, se parte de una concepción de género como "*relación social de producción, como un fenómeno con base en el régimen económico y en la superestructura de la sociedad*" empleando las palabras de Nauel Martín[485].

La estructura patriarcal y androcentrista, asentada en relaciones jerárquicas de subordinación y desequilibrios de poder se hace visible en todas las esferas[486]. En este sentido, las dinámicas estatales, que desembocan en injusticias fruto de la distribución desigual y en un bajo (cuando no inexistente) reconocimiento de los sectores más excluidos socialmente, han afectado, particularmente, a las mujeres[487]. Por lo tanto, en las siguientes páginas se analiza la aporofobia institucional poniendo el foco en las mujeres y en la variable género.

---

485 NAUEL MARTÍN, F. "Apuntes para una teoría crítica de las relaciones de género en el capitalismo", *Op. Cit.*, pp. 111-118; 474-475.

486 En la época moderna, a pesar de la igualdad formal, el patriarcado continúa con su tradicional subordinación de las mujeres, sobre todo, en la esfera laboral. ETERNOD ARÁMBURU, M. "Igualdad y no violencia en construcción" en *El Derecho desde una perspectiva de género* (Buen Unna y Garza Marroquín, coords.), Tirant lo Blanch, 2018, pp. 186-187.

487 BRUNET ICART, I. "Pobreza y exclusión social desde la perspectiva de género" en *Revista Internacional de Organizaciones (RIO)*, nº 3, 2009, p. 14.

1. LA FEMINIZACIÓN DE LA POBREZA

Una forma de aporofobia institucional es la división sexual del trabajo que incide en la construcción de la pobreza. Las diferencias de género cuantitativas y cualitativas (ya sea salarios más bajos, trabajos a tiempo parcial, poco cualificados o, incluso, asignados al género femenino, como el ámbito asistencial) contribuyen a la vulnerabilidad económica estructural de las mujeres[488]. Así, este grupo, enmarcado en el colectivo de pobres a nivel mundial[489], adquiere cada vez una mayor representación[490], siendo esta realidad conceptualizada como feminización de la pobreza[491].

En la cuantificación de la pobreza, son varias las investigaciones que han hecho especial referencia a las diferencias de género[492], así como a la posición de vulnerabilidad económica estructural que padecen las mujeres fruto de las relaciones sociales desiguales. Estas últimas caracterizadas por una asimetría en el poder establecido, liderado por los hombres[493].

---

488 *Ibidem*, pp. 14-26.

489 En el año 1997, el 70% de la pobreza mundial se correspondía con el género femenino según el informe sobre desarrollo humano elaborado por Naciones Unidas. Si bien es un dato difícil de corroborar empíricamente por las limitaciones y dificultades que implica, se ha advertido, tanto en el ámbito científico como en el académico, la presencia generalizada de las mujeres en contextos de pobreza. NACIONES UNIDAS. *Informe sobre desarrollo humano 1997*, 1997. Recuperado de: https://derechoalaconsulta.files.wordpress.com/2012/02/pnud-informe-1997-versic3b3n-integral.pdf (Consultado el 30 de diciembre de 2022)

490 TORTOSA, J.M, "Feminización de la pobreza y perspectiva de género" en *Revista Internacional de Organizaciones*, nº 3, 2009, pp. 72-73.

491 Este término, que hace referencia a la sobrerrepresentación de las mujeres en el grupo de personas pobres, fue acuñado por Diane Pearce en su trabajo "*The feminization of poverty: Women, work and welfare*" del año 1978. CARRASCO FLORIDO, L. "Mujeres sin hogar en España: un análisis sociográfico desde una perspectiva feminista". Trabajo de fin de master presentado en la Universidad Complutense de Madrid, 2014, p. 16.

492 Aunque el *Eurostat* mencionó que la diferencia entre sexos fue pequeña (sin aportar datos más específicos) en las estadísticas relativas a la tasa de riesgo de pobreza del año 2018. EUROSTAT. *Tasa y umbral de riesgo de pobreza, Op. Cit.*

493 BRUNET ICART, I. "Pobreza y exclusión social desde la perspectiva de género", *Op. Cit.*, p. 14.

Con el fin de realizar una aproximación a las diferencias de género en contextos de pobreza: a nivel internacional, el *Census Bureau* (Oficina del Censo de EE. UU.) corroboró una presencia mayor y constante de mujeres en el colectivo de pobres de su nación entre los años 1966 y 2007; en el ámbito europeo, Naciones Unidas constató que las mujeres de la UE experimentaron un mayor riesgo de pobreza en comparación con los hombres en 2021; y en España, el INE mostró que las mujeres superaban a los hombres en la tasa de riesgo de pobreza de los últimos cinco años. De facto, la pandemia mundial del COVID-19 ha acentuado esta tendencia, aumentando la brecha de mujeres y hombres que viven en la pobreza extrema en un 9,1% entre 2019 y 2021, cuando lo esperado era una disminución cercana al 3%, según ONU Mujeres[494]. Es más, la feminización de la pobreza, que se consolida como un problema global, afecta particularmente a grupos vulnerables, como el colectivo de PSSH, las minorías o las inmigrantes[495].

Para abarcar de forma adecuada la feminización de la pobreza, es ineludible ampliar el campo de estudio a la desigualdad, en cuya base se hallan las diferencias de género asentadas en las relaciones inequitativas de poder. De hecho, la desigualdad forma parte de una violencia generalizada y estructural que ha desembocado en la exclusión del reconocimiento de derechos humanos a las mujeres, siendo

---

494 ONU. *La pandemia de COVID-19 ampliará la brecha de pobreza entre mujeres y hombres, 2020.* Recuperado de: https://news.un.org/es/story/2020/09/1479872 (Consultado el 10 de mayo de 2021).

495 En cuanto a las situaciones de vulnerabilidad, pueden distinguirse, *grosso modo*, dos grandes grupos. El primero de ellos, está caracterizado porque ésta es sobrevenida por condiciones objetivas, entre ellos, las mujeres discapacitadas. En el segundo grupo, la situación de vulnerabilidad se halla en una posición de desventaja frente al resto de la sociedad, existiendo diversos grados en función de los colectivos. Las mujeres objeto de estudio, es decir, que pertenecen al colectivo de sinhogarismo, se ubican en el segundo grupo, quienes, habitualmente, son víctimas de los delitos con una incidencia mayor que los hombres en su misma situación. Véase que su vulnerabilidad acentuada aumenta el riesgo de victimización. GARCÍA DOMÍNGUEZ, I. *La aporofobia en el sistema penal español: especial referencia al colectivo de personas sin hogar*, *Op. Cit.*, pp. 53-56; TORTOSA, J.M, "Feminización de la pobreza y perspectiva de género", *Op. Cit.*, pp. 72-79; SERRA CRISTÓBAL, R. "Mujer y doble discriminación" en *Mujer y Derecho. Jornada de Igualdad de la Facultad de Derecho. Universitat de València* (Fabregat Monfort, coord.), Tirant lo Blanch, 2011, p. 91.

desigualdad y violencia las dos caras de una misma moneda. Si a esta interacción le sumamos la discriminación como mecanismo de institucionalización de la desigualdad, la consecuencia es un alto grado de violencia en todas las esferas. Todo ello, altamente influenciado por la variable género[496].

En la violencia que experimentan las mujeres, consolidada y legitimada por la estructura de la sociedad española, esto es, patriarcal, androcéntrica y machista, el factor género es una variable fundamental. Igualmente, existen diferentes niveles, que oscilan desde la violencia directa, cuyo ejemplo más significativo es la violencia de género[497], hasta la violencia indirecta, manifestada a través de acciones de marginación y periferización de otros colectivos específicos, como el de sinhogarismo[498].

Tortosa sostiene que "*la vulnerabilidad de las mujeres, es, así pues, el resultado de una posición en la estructura social –contra la que lucha el feminismo– que facilita recibir los efectos negativos del funcionamiento de la sociedad, sea en términos de pobreza (feminización de la pobreza), sea en términos de violencia (violencia de genero). A esto se une la idea de discriminación, consecuencia de una relación estructural entre, por lo menos, dos actores*"[499].

---

496 En el año 1993, Naciones Unidas proclamó en la resolución 48/104 del 20 de diciembre que "*la violencia contra la mujer constituye una manifestación de las relaciones de poder históricamente desiguales entre el hombre y la mujer, que han conducido a la dominación de la mujer y a la discriminación en su contra por parte del hombre*". ETERNOD ARÁMBURU, M. "Igualdad y no violencia en construcción", *Op. Cit.*, pp. 184-187; NACIONES UNIDAS. "Declaración sobre la Eliminación de la Violencia sobre la Mujer" en *Resolución de la Asamblea General de las Naciones Unidas 48/104,* 20 de diciembre de 1993, pp. 1-2. Recuperado de: https://www.acnur.org/fileadmin/Documentos/BDL/2002/1286.pdf?file=fileadmin/Documentos/BDL/2002/1286 (Consultado el 4 de noviembre de 2020).

497 A pesar de la gravedad de la temática en España, este trabajo pretende conseguir unos objetivos que difieren del estudio de una problemática que engloba numerosas cuestiones sociales, cargadas de complejidad y en cuyo análisis, sería preciso dedicar, al menos, un trabajo completo.

498 TORTOSA, J.M, "Feminización de la pobreza y perspectiva de género", *Op. Cit.*, pp. 80-81.

499 TORTOSA, J.M, "Feminización de la pobreza y perspectiva de género", *Op. Cit.*, p. 83.

Las PSSH mujeres son víctimas de una doble discriminación, debido a que converge el factor género con una situación de especial vulnerabilidad: el sinhogarismo[500]. Si se le adhesiona una tercera categoría o causa de discriminación, como inmigrante u homosexual, su denominación será discriminación múltiple[501]. En este sentido, se han configurado los designados *grupos interseccionales*, colectivos que experimentan un riesgo muy alto de sufrir discriminación múltiple (o doble, en su defecto)[502]. Un ejemplo recurrente es la convergencia del género femenino, la pertenencia al colectivo de sinhogarismo y la situación de inmigrante irregular[503]. Es más, se ha constatado que el porcentaje de mujeres afectadas en estos grupos es significativamente elevado en comparación con los hombres.

---

500 La bibliografía especializada sobre mujeres en situación de sinhogarismo ha corroborado que sufren altos niveles de victimización. MATULIC DOMANDZIC, M.V. "Mujeres sin hogar en la ciudad de Barcelona. Resiliencia y trabajo social" en *Respuestas transdisciplinares en una sociedad global: aportaciones desde el trabajo social* (Carbonero Muñoz, *et al.*, coords.), Universidad de la Rioja, 2016, p. 6.

501 Se apunta que la concurrencia de un número elevado de factores discriminatorios aumenta el daño que producen en las víctimas, aunque esta última afirmación no está libre de críticas. SERRA CRISTÓBAL, R. "Mujer y doble discriminación", *Op. Cit.*, pp. 87-90.

502 Los expertos han utilizado los términos de doble discriminación y discriminación múltiple desde el año 1989. De cualquier modo, la experimentación de estas discriminaciones por el grupo de mujeres se puso de manifiesto hace más de veinte años. *Idem.*

503 En este punto se destaca la interseccionalidad como paradigma que trata de analizar las desigualdades que crean las estructuras sociales, poniendo el foco en las conexiones entre género, etnia y clase. Es por ello que se configura como una herramienta fundamental para examinar la desigualdad con una mirada más amplia. Cuando las desigualdades y las intersecciones afectan de forma directa en las experiencias de las personas en la sociedad se hace alusión a la interseccionalidad estructural. En resumen, este concepto examina la convergencia de desigualdades. Ahora bien, la interseccionalidad no debe entenderse como una suma de variables de discriminación, sino como "*un sistema complejo de estructuras de opresión con variables inseparables*" empleando las palabras de Margalef y Chacón. GUZMÁN ORDAZ, R. "Dimensiones y aportes de la interseccionalidad para abordar las desigualdades múltiples" en *Programa formativo: IV foro de debate estudiantil sobre políticas públicas de igualdad para la erradicación de la desigualdad de las mujeres en la vida política, social, económica y cultural*, Universidad de Salamanca, 2021; MARGALEF, A. y CHACÓN, V. "La perspectiva de género en la corriente ultra realista: ¿posibilidad dialógica?", *Op. Cit.*, p. 103; SERRA CRISTÓBAL, R. "Mujer y doble discriminación", *Op. Cit.*, pp. 87-90.

En síntesis, el riesgo de victimización aumenta, en mayor medida, cuando a las categorías "mujer" y "sinhogarismo" se le añaden otras variables como: minorías religiosas y/o étnicas, inmigrantes, víctimas de violencia de género, prostitutas, víctimas de trata de seres humanos o ser reincidentes, entre otras[504].

2. EL TRÁNSITO DE LA FEMINIZACIÓN DE LA POBREZA A LA CRIMINALIZACIÓN DE LA POBREZA FEMENINA. ESPECIAL REFERENCIA A LA PROSTITUCIÓN

El contexto de desigualdad económica y social que sufren las mujeres influye en su relación con el delito. En este sentido, se han encontrado evidencias de que muchas mujeres que han cometido delitos provienen de situaciones de extremas pobreza, marginación y discriminación[505]. Como las mujeres son las más pobres, podría existir una mayor motivación de cometer delitos relacionados con su situación económica desfavorecida, desembocando en una alta cifra de mujeres en los centros penitenciarios, sobre todo, atendiendo a que el hurto está sobrerrepresentado en las estadísticas de condenados[506].

Sin embargo, las estadísticas penitenciarias muestran que las mujeres son una minoría en comparación con la cifra de hombres. La población reclusa española fue de un 7,1% de mujeres frente a un 92,9% de hombres en diciembre del año 2021, cuyo porcentaje no ha variado significativamente en los periodos temporales anteriores[507]. Entre los argumentos que tratan de explicar la menor tasa de

---

504 SERRA CRISTÓBAL, R. "Mujer y doble discriminación", *Op. Cit.*, p. 95-97.

505 ARROBO FERNÁNDEZ, L. "Derecho penal, aporofobia y género". Comunicación presentada en el *Congreso Internacional Aporofobia y Derecho penal*, Salamanca (España), 2020; SERRANO SUÁREZ, E. "Pobreza y criminalidad femenina" en *Sistema Penal Crítico*, nº 1, 2020, pp. 128-129.

506 Ver figura nº 7 en el capítulo III *Un sistema penal con tintes aporófobos*.

507 Fecha del último informe publicado por el CGPJ. CONSEJO GENERAL DEL PODER JUDICIAL. *Estadística penitenciaria*, 2020. Recuperado de: http://www.poderjudicial.es/cgpj/es/Temas/Estadistica-Judicial/Estadistica-por-temas/Datos-penales–civiles-y-laborales/Cumplimiento-de-penas/Estadistica-de-la-Poblacion-Reclusa/ (Consultado el 14 de marzo de 2023).

delincuencia femenina se destacan el mayor control social ejercido por el patriarcado y la feminización de la supervivencia.

La feminización de la supervivencia hace alusión a delitos que realizan las mujeres por su situación de empobrecimiento, dado que gran parte de la delincuencia femenina tiene como objetivo conseguir dinero para subsistir[508]. Por ello, cabría pensar que las PSSH mujeres recurren, en ocasiones, a la comisión de delitos por su situación de extrema pobreza[509]. Asimismo, se ejerce un control más intenso sobre el grupo de sinhogarismo –que es percibido como una amenaza– de acuerdo con las técnicas actuariales de identificación constante, produciéndose, en ocasiones, la expulsión del espacio público, la aplicación de sanciones administrativas y, en su extremo más grave, penales –por la criminalización de la pobreza a través de los delitos de bagatela–. Ahora bien, estas cuestiones, tratadas de forma genérica, serán analizadas atendiendo al factor género.

2.1. Un sistema penal sin perspectiva de género

El sistema penal es androcéntrico en la medida en que ha sido creado por y para hombres, mostrándose ineficaz en el abordaje de los delitos cometidos por las mujeres. Es más, en muchos casos se refuerzan los estereotipos de género debido a que no cumplen el rol social asignado[510]. Así pues, para comprender el contexto en el que se desarrollan los delitos perpetrados es ineludible retrotraerse al pasado.

---

508 ARROBO FERNÁNDEZ, L. "Derecho penal, aporofobia y género". Comunicación presentada en el *Congreso Internacional Aporofobia y Derecho penal*, Salamanca (España), 2020; SERRANO SUÁREZ, E. "Pobreza y criminalidad femenina". Comunicación presentada en el *Congreso Internacional Aporofobia y Derecho penal*, Salamanca (España), 2020.

509 No obstante, no se han desarrollado estudios nacionales que hayan corroborado el razonamiento expuesto, por lo que se establece como una línea de investigación futura.

510 El Derecho penal, lejos de ser neutro, construye diferencias de género en su regulación ordinaria. Así, debiera tenerse en cuenta la perspectiva de género desde el momento de creación de la norma. LLORIA GARCÍA, P. "Algunas reflexiones sobre la perspectiva de género y el poder de castigar del Estado" en *Estudios penales y criminológicas*, 2020, pp. 314-316.

Históricamente la delincuencia femenina no ha sido analizada como un problema de la sociedad, ocupando la masculina un lugar privilegiado en el estudio histórico-científico del crimen. A pesar de ello, no significa que no existiese una criminalización de este colectivo. De hecho, las casas galeras fueron pioneras para las mujeres cuyo comportamiento era contrario a los roles de género[511] establecidos por el patriarcado en el siglo XVII. Estas instituciones (exclusivamente dirigidas al género femenino) perseguían la corrección de las mujeres deshonestas –como las PSSH o las prostitutas– y otorgaban una reprimenda por el crimen cometido, que era representado como una doble infracción: la transgresión de leyes divinas y naturales (a causa de su actuación en contra de los cánones femeninos). El objetivo era la reeducación de la mujer para el mantenimiento del orden moral y de género establecido en la época[512], siendo sus principales destinatarias las mujeres pobres[513].

A finales del siglo XIX, la Criminología positivista determinó la anormalidad biológica y/o psicológica de las mujeres infractoras, destacándose el libro de Lombroso *La donna delincuente* (1985) que

---

511 El rol de género hace alusión a las normas, obligaciones y comportamientos (tanto permitidos como no permitidos) que son asignadas al sexo biológico de los individuos desde un punto de vista social y cultural, es decir, es un papel asignado por la sociedad en función del estereotipo de género (imagen aceptada que representa al colectivo). VINAGRE GONZÁLEZ, A. M. "Criminolgía y Género", *Op. Cit.*, pp. 254-255.

512 MAQUEDA ABREU, M.L. *Estudios de Política criminal (a propósito de colectivos que soportan el peso de una violencia estructural), Op. Cit.*, pp. 103-107.

513 A propósito de lo descrito, conviene recordar que la historia ha contribuido a la mayor vulnerabilidad de las mujeres que no tenían un hombre a su lado que "velase" por ellas. En contraposición a lo expuesto, también ha mostrado que las mujeres que convivían con el género masculino han sufrido con más facilidad violencia de género, siendo estas dinámicas corroboradas por los estudios actuales. En efecto, éstos apuntan que la violencia experimentada en el ámbito doméstico está presente en las vidas cotidianas de las mujeres en situación de sinhogarismo, así como la continuación de estos episodios en la calle. De este modo, se observa como la violencia se ha ejercido y se continúa ejerciendo en múltiples ámbitos, configurándose la violencia contra las mujeres como una constante. ACALE SÁNCHEZ, M. "Mujer, inmigrante y pobreza". Ponencia presentada en el *Congreso Internacional Aporofobia y Derecho penal,* Salamanca (España), 2020; MATULIC DOMANDZIC, M. V. "Mujeres sin hogar en la ciudad de Barcelona. Resiliencia y trabajo social", *Op. Cit.*, p. 20.

no sólo presentaba a la mujer como un ser inferior, sino que categorizaba a la prostituta como un ser monstruoso[514]. Igualmente, la criminalidad femenina fue vinculada, mayoritariamente, con problemas de socialización relativos a los roles de género asignados, la sexualidad o la lealtad familiar, tendencia favorecida por instituciones sociales informales, como la familia[515], y formales, como los jueces. De este modo, se representa, una vez más, la influencia del patriarcado en todas las esferas de sociedad[516].

Lo cierto es que se desarrollaron múltiples teorías, muchas de ellas, centradas en el estudio de los periodos en los cuales las mujeres tenían alteraciones hormonales –como el periodo premenstrual o el postparto–. Es más, en ocasiones, intentaron modificar las leyes penales con una rebaja sustancial de la pena de los delitos cometidos por mujeres cuando experimentaban estos procesos. En definitiva, se puede observar que el inicio de la Criminología en el estudio de la mujer estuvo marcado por fuertes estereotipos de género (imponiéndoles estados de anormalidad natural) que, desafortunadamente, se mantuvieron con las teorías sociológicas, basadas en mitos patriarcales[517].

La tendencia patriarcal en los estudios criminológicos no fue cuestionada hasta la década de los sesenta con el desarrollo de las teorías de la reacción social –como el *labelling approach* o teoría del

---

514 LOMBROSO, C., *La donna delinquente. La prostituta e la donna normale,* Bocca, 1903, pp. 43-45; ZUKERFELD, S. "La mujer anarquista de fines de Siglo XIX ¿una doble caracterización ideológica y de género?". Ponencia presentada en el *II Congreso Internacional de Investigación y Práctica Profesional en Psicología, XVII Jornadas de Investigación Sexto Encuentro de Investigadores en Psicología del MERCOSUR.* Buenos Aires (Argentin), 2010.

515 La familia es un agente socializador y de refuerzo primordial en el orden patriarcal, el cual influye en el sistema penal. Un ejemplo de su conexión en el pasado fue el delito de violación cuya víctima no podía ser una prostituta, en tanto que no tenía honestidad. Por este motivo, las mujeres eran educadas por sus progenitores con especial referencia al mantenimiento y respeto de su honra. MAQUEDA ABREU, M.L. *Estudios de Política criminal (a propósito de colectivos que soportan el peso de una violencia estructural), Op. Cit.,* pp. 112-118.

516 En este punto, se destaca la obra denominada *La mujer criminal y la prostituta* que intentó dar respuesta a la criminalidad femenina por su sexualidad desmedida y sus sentimientos negativos de maldad. *Ibidem,* pp. 103-108.

517 *Ibidem,* pp. 107-111.

etiquetado– cuyos resultados establecieron los cimientos en el desarrollo de la Criminología Crítica que proliferó en diversas líneas[518]. Una de ellas fue la Criminología Feminista, fruto de la segunda ola del feminismo[519], que criticó las explicaciones simplificadas de la delincuencia femenina, revelando la influencia histórica de la dominación de poder sufrida por las mujeres[520]. Así, una vez desechada la explicación de la delincuencia femenina basada en la ausencia de autonomía y la imagen de debilidad (los roles de género impuestos), su estudio cambió drásticamente el rumbo marcado, como se puede observar en la actualidad[521].

En el análisis del colectivo de PSSH, el género es un factor clave en la criminalización[522], sin perjuicio de que la raza es considerada más importante. Es más, el género puede reforzar otras categorías, como sucede con la pobreza extrema. Por ello, a pesar de la unidad de las mujeres en una posición subordinada, ellas no pueden ser reducidas a un único constructo, dado que existen variaciones significativas dentro de la sociedad[523]. Razón por la que desvelar las peculiaridades de cada grupo es de vital importancia, atendiendo a que el nivel de discriminación no es el mismo y, en múltiples casos, está lejos de ser cercano[524].

---

518 ASSIS BRASIL E WEIGERT, M. y CARVALHO, S. "Criminología Feminista com Criminología Crítica: perspectivas teóricas e teses convergentes", *Op. Cit.*, pp. 1786-1787; VINAGRE GONZÁLEZ, A. M. "Criminolgía y Género", *Op. Cit.*, pp. 257-258.

519 Carol Smart inició esta corriente a través de su obra *Women, Crime and Criminology: A Feminist Critique* de 1977. SMART, C. "Women, Crime and Criminology: A Feminist Critique" en *Crime and Social Justice*, 1977, pp. 86 y ss.

520 De igual modo, se argumentan estas relaciones desiguales de poder en el mantenimiento de la sociedad capitalista en consonancia con instituciones de control social formales e informales.

521 GARCÍA DOMÍNGUEZ, I. "Exclusión social y criminalidad: un análisis de las instituciones aporófobas a través de los delitos patrimoniales", *Op. Cit.*, pp. 48-55; MAQUEDA ABREU, M.L. *Estudios de Política criminal (a propósito de colectivos que soportan el peso de una violencia estructural), Op. Cit.*, pp. 118-123.

522 Véase la diferencia en los delitos patrimoniales y la explicación de determinadas victimizaciones, como las sexuales. *Ibidem*, pp. 103-108.

523 Los grupos interseccionales repercuten en la vulnerabilidad y en la criminalización femenina.

524 BRUNET ICART, I. "Pobreza y exclusión social desde la perspectiva de género", *Op. Cit.*, pp. 19-21.

2.2. Instituciones penales y aporofobia desde una perspectiva de género

En el capítulo anterior se ha evidenciado la criminalización de la pobreza en las leyes penales, así como que determinados colectivos son más perseguidos y/o detectados por los operadores que componen el sistema penal, ya sea las FFCCS en las detenciones[525] o los jueces en la determinación de las penas, pudiendo ser afectados por variables como la situación socioeconómica y el género[526]. Ahora bien, en el abordaje de la criminalización de la pobreza es preciso atender al CP, piedra angular de nuestro aparato penal que, históricamente y en la actualidad (con algunos avances[527]), ha prescindido de una más que necesaria perspectiva de género.

El incremento de las penas de prisión de corta duración en las últimas reformas ha afectado más al género femenino[528]. Especialmente cuando no se recogen alternativas a la privación de libertad en los delitos más cometidos por las mujeres. A diferencia de la introducción de los trabajos en beneficios de la comunidad en los delitos contra la seguridad vial, cuya proporción de hombres autores es superior, en los hurtos, que existe una sobrerrepresentación del género femenino[529], se imponen las clásicas penas de prisión y/o multa, agravándose, aún más si cabe, su ardua situación económica. Este es tan solo un ejemplo de la manifiesta inobservancia de la perspectiva

---

525 GARCÍA DOMÍNGUEZ, I. "Exclusión social y criminalidad: un análisis de las instituciones aporófobas a través de los delitos patrimoniales", *Op. Cit.*, pp. 48-55.

526 PEDROSA, A. "¿Discrimina el Código Penal español a las mujeres?" en *Revista Española de Investigación Criminológica*, nº 16, 2018, pp. 1-2.

527 Por ejemplo, en materia de violencia de género con la *LO 1/2004, de 28 de diciembre, de Medidas de Protección Integral contra la Violencia de Género*, pese a los defectos en su regulación y las críticas por una gran parte de expertos/as en la materia. También la reciente *Ley Orgánica 10/2022, de 6 de septiembre, de garantía integral de la libertad sexual* que, como se ha indicado previamente, pone el acento en el consentimiento de la víctima y prevé medidas integrales, aunque algunos aspectos podrían ser mejorados.

528 PEDROSA, A. "¿Discrimina el Código Penal español a las mujeres?", *Op. Cit.*, pp. 3-5.

529 GARCÍA DOMÍNGUEZ, I. "Exclusión social y criminalidad: un análisis de las instituciones aporófobas a través de los delitos patrimoniales", *Op. Cit.*, pp. 48-55.

de género por el legislador español, no sólo en el proceso de creación de las leyes, sino también en la aplicación de las reformas y en la mayor atención otorgada por el legislador penal –sea o no casualidad– en las conductas cometidas principalmente por hombres[530].

Lo cierto es que la figura del hombre delincuente permanece en un punto central (al igual que sucedía en el pasado), con el resultante olvido del perfil femenino, del mismo modo que las condiciones y necesidades específicas que se derivan de este. Así, se revela, de nuevo, la discriminación indirecta que se origina en la aplicación de un mayor punitivismo en la delincuencia leve patrimonial que es cometida, en mayor proporción, por el género femenino, según apuntan los pocos estudios llevados a cabo. Es por ello que son necesarias más investigaciones que profundicen si el mayor punitivismo acaecido en las mujeres recae con la misma intensidad. Si bien, todo parece apuntar que, al menos, el colectivo de PSSH ha experimentado un punitivismo acentuado, dado que comete, principalmente, delitos patrimoniales por su falta de recursos[531].

---

530 Una excepción es el ámbito de la violencia de género, pese a que la respuesta otorgada no parece ser eficaz cuando las muertes por violencia de género continúan con cifras anuales tan preocupantes como: 53, 56, 49, 48 y 48 en los años 2018 al 2022 respectivamente. MINISTERIO DE IGUALDAD. *Mujeres víctimas mortales por violencia de género en España a manos de sus parejas o exparejas. Datos provisionales. Año 2022*, 2022. Recuperado de: https://violenciagenero.igualdad.gob.es/violenciaEnCifras/victimasMortales/fichaMujeres/home.htm (Consultado el 18 de noviembre de 2020).

531 Máxime, en el sentido propuesto, se ha encontrado una relación entre la feminización de la pobreza y el aumento de la realización de conductas delictivas. En un mundo que gira en torno al mercado, la mujer se encuentra en una posición deplorable. A pesar de su progresiva inclusión, las condiciones laborales son, generalmente, cuestionables, destacándose la baja remuneración y el escaso reconocimiento social. La aparente contradicción de mayor inserción laboral y el incremento de la desigualdad, así como la exclusión social de las mujeres encuentra su razón de ser en el binomio feminización del trabajo vs. feminización del reajuste laboral. Este último fenómeno se relaciona con la incidencia negativa que ha tenido la globalización neoliberal, especialmente, sobre las mujeres. ACALE SÁNCHEZ, M. "El género como factor condicionante de la victimización y de la criminalidad femenina", *Op. Cit.*, pp. 6-7: NAUEL MARRTÍN, F. "Apuntes para una teoría crítica de las relaciones de género en el capitalismo", *Op. Cit.*, pp. 477-479.

En alusión a los operadores del sistema penal, autoras como Maqueda Abreu han manifestado que los jueces imponen más agravantes, menos atenuantes y mayor cantidad de penas a las mujeres ante los mismos delitos cometidos por los hombres, observándose las diferencias de género existentes en el proceso criminalizador. Es más, si a la condición de género se le añade la variable clase social se puede atisbar como, en ocasiones, la feminización de la pobreza se traduce en una criminalización de la pobreza. Ello se observa en la teoría de la caballerosidad (más conocida como *chivalry theory*), aún vigente en los tribunales españoles, que funciona a la inversa con las mujeres que infringen el rol tradicional femenino impuesto por el patriarcado (de acuerdo con la *double deviance theory*). De este modo, se podría sostener la imposición de penas más severas a mujeres con escasos recursos económicos, sobre todo, en los delitos de tráficos de drogas, aunque esta dinámica también ha sido atisbada en la esfera patrimonial[532].

El sesgo de género se mantiene en el final de la cadena aporófoba, en las Instituciones Penitenciarias[533]. Los datos sugieren que las mujeres no sólo son más duramente castigadas que los hombres, sino que sufren mayor discriminación y cumplen la pena de prisión en condiciones más duras[534], a pesar del menor porcentaje en prisión y la menor gravedad de sus delitos. Estas dinámicas han sido expli-

---

532 MAQUEDA ABREU, M.L. *Estudios de Política criminal (a propósito de colectivos que soportan el peso de una violencia estructural), Op. Cit.*, pp. 130-131.

533 Retrotrayéndonos al pasado, también se observa que las mujeres recibieron mayores penas de prisión respecto a los hombres en el periodo temporal 2005-2007, sobre todo, en el último año citado. PEDROSA, A. "¿Discrimina el Código Penal español a las mujeres?", *Op. Cit.*, pp. 3-5.

534 Véase el porcentaje similar de penados en primer grado atendiendo al total de cada género del año 2020, esto es, un 1,55% en los varones y un 1,18% en las mujeres, sobre todo, teniendo en cuenta la menor gravedad de los delitos cometidos por las segundas. CONSEJO GENERAL DEL PODER JUDICIAL. *Estadística penitenciaria. Población reclusa penada según grado de tratamiento*, 2020. Recuperado de: http://www.poderjudicial.es/cgpj/es/Temas/Estadistica-Judicial/Estadistica-por-temas/Datos-penales–civiles-y-laborales/Cumplimiento-de-penas/Estadistica-de-la-Poblacion-Reclusa/ (Consultado el 1 de mayo de 2021); DEL VAL CID, C., VIEDMA, A., Y REVIRIEGO, F. "Hacia una medida objetiva de la discriminación en la cárcel: indicadores e índice de punición" en *Revista Criminalidad*, nº 2, 2013.

cadas atendiendo a la discriminación en sus dos vertientes: directa, por el hecho de ser mujer; e indirecta, atendiendo al género en la distribución de la delincuencia que sufre variaciones respecto a esta variable[535].

En alusión a la discriminación directa, se ha corroborado la existencia de un trato menos punitivo a las mujeres, a excepción de los delitos menores, existiendo variables que intervienen en estos procesos, como el tipo de delito o el perfil de la acusada. No obstante, examinando los datos, la discriminación directa no ha sido hallada de forma general[536].

La discriminación indirecta muestra un patrón diferente. Se observa un aumento progresivo de la delincuencia femenina en los últimos años[537]. Ciertamente, la última cifra disponible es más del doble que la cuantía del primer año objeto de estudio. Así, la justificación inicial de esta dinámica recae en el incremento de la persecución de los delitos patrimoniales cuya lesividad es mínima o insignificante, la cual ha fomentado un incremento de las condenas[538].

El ámbito patrimonial ha sufrido un crecimiento con una curva muy similar al total de los delitos, cuya dinámica es aplicable a los hurtos. Es más, esta tipología delictiva ha experimentado un incre-

---

535 Las afirmaciones explicitadas han sido corroboradas por Del Val Cid, Viedma y Reviriego, y Pedrosa. DEL VAL CID, C., VIEDMA, A., Y REVIRIEGO, F. "Hacia una medida objetiva de la discriminación en la cárcel: indicadores e índice de punición", *Op. Cit.;* PEDROSA, A. "¿Discrimina el Código Penal español a las mujeres?", *Op. Cit.*, pp. 5-6.

536 A pesar de que los datos proporcionados rechazan la afirmación expuesta, se apunta un cambio de tendencia en colectivos minoritarios e infractoras con edades jóvenes. PEDROSA, A. "¿Discrimina el Código Penal español a las mujeres?", *Op. Cit.*, pp. 6-10.

537 Los datos evidencian que la delincuencia femenina obedece a causas estructurales que se mantienen en el tiempo (véase el patriarcado y la situación de dominación). ACALE SÁNCHEZ, M. "El género como factor condicionante de la victimización y de la criminalidad femenina", *Op. Cit.*, pp. 11-12. INE. *Estadísticas de condenados: Adultos. Delitos según sexo.* Disponible en: https://www.ine.es/jaxiT3/Datos.htm?t=25998#!tabs-tabla (Consultado el 30 de diciembre de 2022).

538 PEDROSA, A. "¿Discrimina el Código Penal español a las mujeres?", *Op. Cit.*, pp. 7-8.

mento muy acentuado —a excepción de los dos últimos años por la pandemia experimentada—, representando el delito más cometido por las mujeres en todo el periodo temporal (ver figura nº 8). Estas afirmaciones han sido ratificadas en diversas investigaciones[539]. Dos ejemplos significativos son las realizadas por los autores Pedrosa y García Domínguez, debido a la utilización de fuentes oficiales y a su temporalidad[540].

Figura nº 8. Gráfico lineal de los delitos cometidos por las mujeres (años 2013-2021)

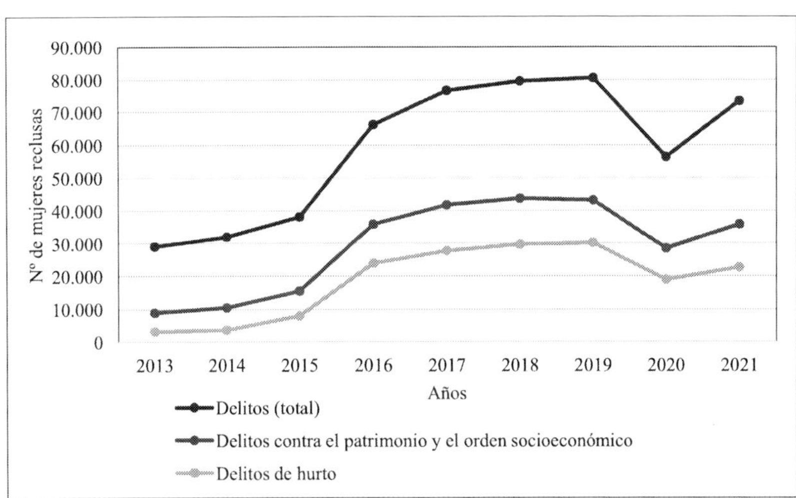

Fuente: elaboración propia con base a los datos del INE[541].

---

539 Un ejemplo es el estudio de Acale Sánchez que, en el ámbito patrimonial, puso de manifiesto como las mujeres son mayormente condenadas por delitos no violentos, así como que cuando cometen delitos con violencia, habitualmente, se producen en la modalidad de partícipe con un hombre como autor principal o bajo el síndrome de abstinencia (según el análisis jurisprudencial realizado). ACALE SÁNCHEZ, M. "El género como factor condicionante de la victimización y de la criminalidad femenina", *Op. Cit.*, pp. 11-12.

540 Ambos han sido recientemente publicados y han analizado los datos más recientes. GARCÍA DOMÍNGUEZ, I. "Exclusión social y criminalidad: un análisis de las instituciones aporófobas a través de los delitos patrimoniales", *Op. Cit.;* PEDROSA, A. "¿Discrimina el Código Penal español a las mujeres?", *Op. Cit.*

541 INE. *Estadísticas de condenados: Adultos. Delitos según sexo, Op. Cit.*

Pedrosa utilizó el criterio de mayor castigo con penas de cárcel en las mismas condiciones (hombres y mujeres), planteando dos hipótesis: las mujeres cometen delitos más graves, o, por el contrario, existe un mayor punitivismo ante la delincuencia femenina. Así, la investigación efectuada, en consonancia con la bibliografía citada, rechazó la primera afirmación, consolidándose una sobrerrepresentación de la delincuencia leve en las mujeres, principalmente, en los delitos contra el patrimonio. Análogamente, dentro de esta categoría, también se observaron divergencias, con un mayor número de hurtos cometidos por las mujeres en comparación con los robos, que son mayormente cometidos por los hombres. De hecho, entre los hombres la comisión de los hurtos fue residual. La conclusión obtenida es que las mujeres perpetran delitos más leves, como los hurtos, caracterizados por una mínima lesividad, corroborada y acentuada, nuevamente, por otras categorías delictivas insertas en los delitos patrimoniales[542].

La investigación efectuada por García Domínguez ratificó la tendencia descrita. Para ello, analizó los sujetos condenados por la categoría de delitos contra el patrimonio y el orden socioeconómico atendiendo al género. El resultado fue la existencia de un porcentaje muy superior de mujeres condenadas respecto a los hombres en todos los años objeto de estudio (2016-2019) que, incluso, se situaron por debajo del porcentaje total. Estas diferencias fueron más acentuadas en los hurtos. El efecto que se deriva es la existencia de una sobrerrepresentación femenina en los delitos patrimoniales, especialmente, en los de escasa lesividad. Además, la investigación perseguía demostrar la relación entre exclusión social y delito en los datos analizados, encontrando evidencias favorables a la hipótesis planteada. La autora concluye que las PSSH y, en especial, las mujeres, son, en muchas ocasiones, criminalizadas por delitos cuyo origen se sitúa en su situación de extrema pobreza[543].

542 PEDROSA, A. "¿Discrimina el Código Penal español a las mujeres?", *Op. Cit.*, pp. 11-15.

543 GARCÍA DOMÍNGUEZ, I. "Exclusión social y criminalidad: un análisis de las instituciones aporófobas a través de los delitos patrimoniales", *Op. Cit.*, pp. 40-58.

En el final de la cadena aporófoba, Instituciones Penitenciarias, donde el patriarcado se reproduce[544], existen pruebas de que una gran parte de las mujeres privadas de libertad se encuentran en situación de marginalidad y pobreza[545]. Igualmente, conviene destacar el aumento del encarcelamiento femenino[546] como una característica importante para comprender el encarcelamiento masivo —que se relaciona con la expansión del sistema penal—, la transformación de la economía y el neoliberalismo, aunque en términos generales nos encontramos en periodo de recesión[547].

El incremento progresivo de la criminalidad femenina es justificado por factores individuales y el populismo punitivo, unido a factores de notoria importancia, como es la exclusión social que experimentan muchas mujeres y, en tantas ocasiones, a victimizaciones y estigmas que acentúan su situación. En este sentido, la marginalidad que experimenta este grupo, lejos de tenerse en cuenta en la determinación de la pena, es un indicativo de su posible reincidencia, lo que refuerza la imposición de una pena privativa de libertad a causa del "riesgo" que representan. Puede constatarse como, los factores estructurales, a pesar de tener un papel fundamental en la violación de la ley penal, son los grandes olvidados[548].

---

544 En las prisiones se reproducen los patrones machistas de conducta a través de acciones discriminatorias y no igualitarias que existen desde la clasificación penitenciaria (no se puede realizar de forma efectiva a causa del bajo número de mujeres internas en comparación con los hombres y la capacidad de los centros penitenciarios) hasta la concesión del régimen abierto. Véase la realización de labores domésticas en su hogar. ACALE SÁNCHEZ, M. "El género como factor condicionante de la victimización y de la criminalidad femenina", *Op. Cit.*, pp. 18-21.

545 El perfil de la mujer encarcelada se puede entender como la exclusión de la exclusión debido a que, de forma previa a su entrada en prisión, ya se encontraba en situación de exclusión. ALMEDA SAMARANCH, E. "Criminologías feministas, investigación y cárceles de mujeres en España" en *Papers*, vol. 102, nº 2, 2017, p. 157.

546 Este fenómeno ha sido corroborado por los datos proporcionados por Instituciones Penitenciarias (ver la figura nº 8, que muestra los delitos cometidos por las mujeres).

547 BRANDARIZ GARCÍA, J.A. *El modelo gerencial-actuarial de penalidad. Eficiencia, riesgo y sistema penal*, *Op. Cit.*, p. 133.

548 ITURRALDE, M. y ARIZA, L. "Mujer, crimen y castigo penitenciario" en *Política criminal*, vol. 12, nº 24, 2017, pp. 742-744.

También la gradual introducción de la mujer en los centros penitenciarios ha contribuido a invisibilizar las precarias condiciones de vida que sufren, así como para justificar un discurso punitivo, debido a la suma del estigma de la prisión al rol de desviada social —por la ruptura de las expectativas que el patriarcado impone al género femenino—[549]. El paso por estas instituciones desempodera a las mujeres, quienes perciben una mayor influencia del peso del patriarcado, teniendo en cuenta que este —con la discriminación que implica— contribuye y acentúa la pobreza y la exclusión de las mujeres, especialmente, en comparación con los hombres[550].

Paralelamente, un alto porcentaje de mujeres que se encuentran en prisión han sido victimizadas anteriormente (un ejemplo es la violencia de género), influenciando la criminalización posterior[551]. Los estudios desarrollados en la actualidad concluyen que ser víctima de un delito es un factor de riesgo clave en la delincuencia femenina. Es más, una novedosa investigación empírica realizada a una muestra de población reclusa femenina reiteró la aseveración propuesta, mostrando el triángulo de victimización, exclusión y delito que sufren las víctimas invisibles —término que utiliza Picado Valverde en alusión a las mujeres delincuentes victimizadas—[552].

En otro orden de cosas, unido al ámbito patrimonial desarrollado, el tráfico de sustancias estupefacientes se ha consolidado como una tipología delictiva cometida por mujeres en situaciones de exclusión social y económica (destacándose las denominadas mulas), cuya finalidad es conseguir dinero, en muchas ocasiones, para salir de la pobreza en la que están insertas o con el fin de proveer de sustento a su familia[553]. Por

549 Es más, las dinámicas adoptadas por el sistema penal han producido una invisibilización tanto de la mujer desviada, como de la mujer delincuente, justificándola a través de su escasa incidencia estadística en comparación con los hombres. *Ibidem,* pp. 737-738.

550 ITURRALDE, M. y ARIZA, L. "Mujer, crimen y castigo penitenciario", *Op. Cit.,* pp. 733-735.

551 ACALE SÁNCHEZ, M. "El género como factor condicionante de la victimización y de la criminalidad femenina", *Op. Cit.,* pp. 3-6.

552 PICADO VALVERDE, E.M *et al.* "Análisis de los factores de victimización en mujeres delincuentes" en *Boletín Criminológico,* vol. 3, nº 177, 2018, pp. 1-8.

553 ACALE SÁNCHEZ, M. "El género como factor condicionante de la victimización y de la criminalidad femenina", *Op. Cit.,* pp. 7-8.

ende, se observa que los contextos de vulnerabilidad y violencia que experimentan las PSSH (fruto de la situación económica extrema), unidos al factor de género, podrían tener un rol fundamental en la explicación de determinadas conductas delictivas, como es el tráfico de drogas a pequeña escala, cuya incidencia en los tribunales ha sido ampliamente corroborada[554].

Por su parte, los tribunales, a pesar del conocimiento de las situaciones de vulnerabilidad e injusticia que experimenta el género femenino, imponen una estricta lucha contra las drogas que se está llevando a cabo a escala mundial, eso sí, sobre los eslabones más débiles: mujeres cuya actividad criminal es causa, en parte, de sus condiciones de marginalidad[555]. Los operadores de justicia utilizan todos los mecanismos disponibles, ya sea en el ámbito procesal-penal (cuando son extranjeras con el fin de expulsarlas, en aplicación del artículo 89 del CP) o penitenciario para cerrarles las puertas de la libertad (por ejemplo, imponiéndoles trabas en la concesión de la libertad condicional)[556].

En los centros penitenciarios españoles, el perfil de mujer implicada en el tráfico de drogas a pequeña escala es de alta exclusión social, una marcada vulnerabilidad e historias familiares con situaciones de violencia[557]. De hecho, la nefasta situación económica que experimentan las hace fácilmente manipulables, utilizándolas en mu-

---

554 Uno de ellos, realizado a través del análisis jurisprudencial de los años 2016, 2017, 2018 y los primeros meses de 2019, puso de manifiesto que, la delincuencia organizada utiliza a las personas más vulnerables para obtener un lucro económico, siendo una de las actividades más constatadas las mulas que transportan la droga, a pesar de que no se hizo una distinción en función del género. No obstante, cabe destacar que las estadísticas delictivas muestran que el tráfico de drogas no se representa como uno de los crímenes más cometidos por las mujeres en los últimos años. INE. *Estadísticas de condenados: Adultos. Delitos según sexo, Op. Cit;* LAURENZO COPELLO, P. "Mujeres en el abismo: delincuencia femenina en contextos de violencia o exclusión" en *Revista Electrónica de Ciencia Penal y Criminología (RECPC)*, nº 21, 2019, pp. 2-3.

555 LAURENZO COPELLO, P. "Mujeres en el abismo: delincuencia femenina en contextos de violencia o exclusión", *Op. Cit.*, pp. 25-26.

556 ACALE SÁNCHEZ, M. "Mujer, inmigrante y pobreza", *Op. Cit.*

557 Este perfil es muy marcado en el contexto latinoamericano, aunque también se observa en numerosos países europeos. LAURENZO COPELLO, P. "Mujeres en el abismo: delincuencia femenina en contextos de violencia o exclusión", *Op. Cit.*, pp. 25-27.

chas ocasiones como "cebos" de las FFCCS. A pesar de que también existen hombres en estas situaciones, las mujeres que se ven inmersas en estas actividades delictivas están relacionadas con la marginalidad vinculada al género[558]. De forma habitual, es necesario añadir la situación de inmigrante irregular a la ya citada de mujer y pobre[559].

Se puede concluir que la pobreza, pese a que influye en el delito, no se tiene en cuenta en los tribunales y en los centros penitenciarios, donde se acentúa, como si esta fuese una situación fácilmente modificable o, dicho de otro modo, como si las mujeres tuviesen a su alcance recursos para abandonarla o, al menos, intentar salir de ella[560]. También se observa como el contexto de vulnerabilidad y empobrecimiento, en muchas ocasiones extremo, unido al factor género, con la discriminación que implica, puede tener un rol relevante en la conducta delictiva femenina, sobre todo, de los delitos más leves, como los hurtos o el tráfico de drogas a pequeña escala. Por ello, estas variables debieran ser consideradas por los tribunales penales[561].

---

558 Véase la feminización de la pobreza que afecta de forma global. LAURENZO COPELLO, P. "Mujeres en el abismo: delincuencia femenina en contextos de violencia o exclusión", *Op. Cit.*, pp. 25-27.

559 Sin embargo, la revisión jurisprudencial ha exhibido que muchas de estas mujeres no eran inmigrantes en España, por ende, estos casos no deberían ser computados en la criminalidad de las inmigrantes. ACALE SÁNCHEZ, M. "Mujer, inmigrante y pobre: una mina para el Derecho penal" en *Revista Penal*, nº 47, 2021, pp. 17-18.

560 LAURENZO COPELLO, P. "Mujeres en el abismo: delincuencia femenina en contextos de violencia o exclusión", *Op. Cit.*, pp. 32-34.

561 Relacionado con la criminalización de estas actividades, una conducta recurrente es la inaplicación del estado de necesidad de los conocidos como correos de la droga en los tribunales españoles. Las razones son dogmáticas (entendiendo el mal de traficar con drogas como superior a "todos" los demás) y político-criminales (como la legitimación de conductas desde el punto de vista de la ciudadanía), con la consiguiente infravaloración de las situaciones de extrema vulnerabilidad que experimentan estos sujetos. Por consiguiente, es necesario seguir alegando los estados de necesidad en las mujeres que realizan estas conductas en situaciones de extrema pobreza y/o vulnerabilidad, haciendo referencia a que la evaluación de los males a ponderar (con referencia a fundamentos dogmáticos) deben partir del objetivismo de la acción y no de posibles efectos futuros judiciales, como el riesgo de impunidad, así como, concretar los requisitos para poder aplicar la eximente propuesta. Además, no sería un supuesto

2.3. La sanción de la prostitución en el espacio público

La prostitución es concebida en un gran parte de la población española como expresión de la violencia de género (fruto de la vigencia del sistema patriarcal) y también como resultado de la pobreza (desde un prisma victimológico)[562]. Ambas eliminan la autodeterminación sexual y justifican la intervención del Estado por la vulnerabilidad que presenta la mujer, quien es víctima de la explotación masculina en el ámbito sexual (en este sentido, se desenvuelven dos procesos interrelacionados: el patriarcado y la estratificación social[563]). Así, la falta de libertad atribuida en el ejercicio de la prostitución desemboca en una presunción de involuntariedad, la cual se fortalece con la idea de pobreza de las mujeres, sobre todo, si son inmigrantes en situaciones de irregularidad[564].

De acuerdo con las bases ideológicas que subyacen a la aporofobia y la concepción de orden público del territorio español, la prostitución también es entendida como una amenaza a la paz social, sobre todo, la que se ejerce en la calle[565]. El Estado, en su función de

---

del conocido efecto llamada si se tienen en cuenta las características expresadas, debido a que no todos cumplen las condiciones, es decir, no todas las personas proceden de condiciones de exclusión social extrema. GARCÍA DOMÍNGUEZ, I. *La aporofobia en el sistema penal español: especial referencia al colectivo de personas sin hogar, Op. Cit.*, p. 80; LAURENZO COPELLO, P. "Mujeres en el abismo: delincuencia femenina en contextos de violencia o exclusión", *Op. Cit.*, pp. 30-48.

562 MARGALEF COLOMÉ, A. "Un paseo por la calle roja. Estudio de métodos mixtos sobre la prostitución callejera en Sevilla". Trabajo de fin de grado en Criminología presentado en la Universidad Oberta de Catalunya, 2019, p. 10. Recuperado de: http://openaccess.uoc.edu/webapps/o2/bitstream/10609/70185/6/amargalefcTFGmemoria.pdf (Consultado el 23 de junio de 2021).

563 MAQUEDA ABREU, M.L. Estudios de Política criminal (a propósito de colectivos que soportan el peso de una violencia estructural), *Op. Cit.*, pp. 141-148.

564 En este sentido, el informe otorgado por Cáritas estableció cuatro causas interrelacionadas de entrada a la prostitución: situaciones de pobreza estructural, situaciones familiares insostenibles, vivencias personales que conducen a la vulnerabilidad y un sistema social desigual, todas ellas, en consonancia con la educación patriarcal. CÁRITAS. *La prostitución desde la experiencia y la mirada de Cáritas*, 2016, pp. 59-62. Recuperado de: http://www.caritasvitoria.org/datos/documentos/CARITASProstitucion2016.pdf (Consultado el 1 de diciembre de 2020).

565 Los fenómenos de la trata y la esclavitud sexual, a pesar de ser consecuencia de la feminización de la pobreza, no serán abordados ya que exceden del trabajo

gestión de los colectivos que provocan inseguridad en la sociedad, ha concebido la prostitución como una pieza más del tablero en el ámbito de la seguridad ciudadana[566].

Continuando con el paternalismo y el ejercicio de poder sobre las mujeres, el legislador español ha optado por la sanción administrativa del entorno de la prostituta[567], obligándolas a operar en terrenos de clandestinidad en los cuales su victimización aumenta exponencialmente. Convirtiéndose la prostitución en una estrategia más en el control de las mujeres (enfatizándose su falta de autonomía), lo que repercute negativamente en su actuación, forzosamente realizada al margen de la ley[568].En la sanción administrativa de la prostitución[569], a pesar de la sanción exclusiva del cliente a través del artículo 36.11 de la LOPSC (modelo declarado abolicionista[570] en consonancia con

---

propuesto en el cual se hace alusión a la prostitución voluntaria. GARCÍA DOMÍNGUEZ, I. *La aporofobia en el sistema penal español: especial referencia al colectivo de personas sin hogar*, *Op. Cit.*, pp. 30-48.

566 SOBRINO GARCÉS, C. "Prostitución callejera y regulación jurídica española. Estado de la cuestión" en *InDret*, nº 4, 2018, pp. 16-17.

567 Sin embargo, no existe una regulación estatal de la prostitución. Ésta se encuentra en un vacío normativo que provoca la disparidad de condiciones autonómicas y locales para su ejercicio. No obstante, se tipifica esta actividad cuando medie violencia, coacción o intimidación, al igual que cuando estén involucrados menores de edad (véanse los artículos 187 y 188 del CP). SOBRINO GARCÉS, C. "Prostitución callejera y regulación jurídica española. Estado de la cuestión", *Op. Cit.*, pp. 11-12.

568 MAQUEDA ABREU, M.L. Estudios de Política criminal (a propósito de colectivos que soportan el peso de una violencia estructural), *Op. Cit.*, pp. 124-127.

569 Tradicionalmente, las prostitutas han sido encarceladas, marginadas y estratificadas en los colectivos transgresores del orden social, al igual que se hizo en el pasado con otras minorías sociales. Desafortunadamente, la realidad diaria que experimentan no ha mejorado en gran medida debido a que no sólo tienen que resistir la presión de los poderosos, sino también las posturas feministas que no las reconocen como sujetos autosuficientes y determinadores de sus propias vidas, invalidándolas como actoras y naturalizando su profesión como una forma de violencia. Consecuentemente, las únicas estrategias adoptadas en estas mujeres es la de convencerlas, o mejor dicho, imponerlas el abandono de la práctica "errónea" de la prostitución en detrimento de la libertad de autodeterminación de la mujer. MAQUEDA ABREU, M.L. Estudios de Política criminal (a propósito de colectivos que soportan el peso de una violencia estructural), *Op. Cit.*, pp. 182-184

570 El abolicionismo no tiene en cuenta el consentimiento de la mujer en la prostitución, niega su autonomía y afirma su sexualidad victimizada, por ende, estas son víctimas del sistema, de sus proxenetas y de sus clientes. Lo cierto es que, en

los organismos internacionales europeos[571]), las prostitutas pueden cometer infracciones administrativas encuadradas en el exhibicionismo obsceno o la desobediencia —esta última en las situaciones de omisión de las órdenes otorgadas por las FFCCS acerca del abandono del espacio público—[572]. Se aprecia que la regulación está más próxima al modelo prohibicionista, que agrava aún más su situación, ya que para muchas mujeres es su única fuente de ingresos y el principal motivo de ejercer tal actividad[573].

Los datos disponibles en España son insuficientes y no permiten investigar la dinámica descrita en el párrafo anterior. El Ministerio del Interior no desglosa los datos en alusión a los colectivos multados, indicando únicamente las cifras[574]. Es por ello ineludible acudir a las fuentes no oficiales y a las asociaciones que defienden a estas mujeres, como Hetaira o AFEMTRAS. Sendas manifestaron el castigo de las prostitutas a través del 36.6 de la LOPSC, esto es, por desobediencia a la autoridad, así como los efectos que conlleva: (1) mayor vulnerabilidad; (2) incremento del riesgo de victimización; (3) fomento del abuso policial y su impunidad; (4) mayor dificultad en la identificación y protección de las víctimas de trata; (5) precariedad; y (6) desatención de las peticiones del propio colectivo[575].

---

la historia de los discursos, estas siempre se han situado en una posición de víctimas. MAQUEDA ABREU, M.L. "Cómo construir «víctimas ficticias» en nombre de las libertades sexuales de las mujeres" en *Mientras tanto,* nº 196, 2020.

571 En este punto, cabe destacar que la *Resolución sobre Explotación Sexual y Prostitución y su impacto en la Igualdad de Género, de 26 de febrero de 2014, del Parlamento Europeo,* se orienta hacia otra dirección, equiparándola con la prostitución forzada y con la explotación sexual. SOBRINO GARCÉS, C. "Prostitución callejera y regulación jurídica española. Estado de la cuestión", *Op. Cit.,* pp. 9-10.

572 MAQUEDA ABREU, M.L. Estudios de Política criminal (a propósito de colectivos que soportan el peso de una violencia estructural), *Op. Cit.,* p. 170.

573 MENESES FALCÓN, C. "Personas y contextos en la prostitución" en *Razón y fe: Revista hispanoamericana de cultura,* nº 1332, 2009, p. 203.

574 MINISTERIO DEL INTERIOR. *Anuarios y estadísticas. Seguridad Ciudadana.* Recuperado de: http://www.interior.gob.es/web/archivos-y-documentacion/seguridad-ciudadana (Consultado el 3 de diciembre de 2020).

575 COLECTIVO HETAIRA. *Hetaira contra la ley mordaza,* 2018. Recuperado de: https://colectivohetaira.org/hetaira-contra-la-ley-mordaza/ (Consultado el 3 de diciembre de 2020).

La sanción de la prostitución no se circunscribe al ámbito nacional. Algunos ayuntamientos españoles han dictado ordenanzas municipales con el fin de imponer sanciones administrativas a clientes y prostitutas[576]. El resultado, que ha sido adelantado previamente, es el aumento de la indefensión de las mujeres por sus condiciones de ilegalidad, que desemboca en la práctica de servicios sexuales en condiciones más precarias, sobre todo, en el ámbito económico[577]. Si bien, de nuevo, una de las problemáticas es la falta de datos oficiales.

Es por ello necesario acudir a otro tipo de investigaciones. En Barcelona se registraron 627 infracciones impuestas a través de su ordenanza por ofrecer servicios sexuales, sin constar ninguna por su demanda en el año 2011. Análogamente, en los años 2013 y 2014 existieron 1.052 y 741 sanciones respectivamente por la misma cuestión, registrándose en estos años 546 y 316 infracciones de demanda, las cuales son significativamente más bajas[578]. Otro ejemplo son las 637 denuncias impuestas a las prostitutas por la oferta de servicios sexuales en Málaga, de acuerdo con los datos de 2017[579]. Conviene destacar que estas ordenanzas, al igual que la ley mordaza, centran su atención en la prostitución callejera, siendo esta la tipología que más afecta al conjunto de PSSH, especialmente a los sin techo.

---

576 Algunos ejemplos se desarrollaron en el apartado titulado *La criminalización del sinhogarismo en el espacio público,* aunque otras ciudades españolas son Málaga, Alicante, Bilbao, Ávila o Valencia. FERREIRA RODRIGUES, C. "Análisis Jurídico, Criminológico y Pol*ítico-criminal de la Regulación Penal de la Prostitución en Brasil y España".* Tesis doctoral presentada en la Universidad de Granada, 2019, p. 126. Recuperado de: https://digibug.ugr.es/bitstream/handle/10481/56590/87772.pdf?sequence=4&isAllowed=y (Consultada el 3 de diciembre de 2020).

577 MAQUEDA ABREU, M.L. Estudios de Política criminal (a propósito de colectivos que soportan el peso de una violencia estructural), *Op. Cit.,* p. 169.

578 BODELÓN GONZÁLEZ, E. y ARCE BECERRA, P. "La reglamentación de la prostitución en los ayuntamientos: una técnica de ficticia seguridad ciudadana" en *Revista Crítica Penal y Poder,* nº 15, 2018, pp. 77-81.

579 GARDE, M.J. *La Policía ha multado a 637 prostitutas y solo a 24 clientes en la capital,* 2017. Recuperado de: https://www.malagahoy.es/malaga/Policia-multado-prostitutas-clientes-capital_0_1198380315.html (Consultado el 10 de mayo de 2021).

En atención al colectivo de sinhogarismo, no existen investigaciones específicas que centren su atención en la prostitución[580]. No es de extrañar ya que, si las PSSH son difícilmente detectables atendiendo únicamente a su situación de sinhogarismo, el añadido del ejercicio de la prostitución —considerado un estigma— lo obstaculiza aún más. Otra variable que agrava su complejidad es la mutación del perfil de prostituta en entornos de exclusión[581]. Por lo tanto, las PSSH que ejercen la prostitución se engloban en los grupos interseccionales ya citados, cuyo riesgo de victimización es una constante.

Según los estudios realizados[582], algunas mujeres ejercen la prostitución para no pernoctar en la calle como estrategia de su-

---

580 Empero, un trabajo realizado en Sevilla afirma que las mujeres en situación de sinhogarismo ejerciendo la prostitución son casos aislados. LÓPEZ GUTIÉRREZ, V. *Repercusión de la intervención socioeducativa en mujeres con situación de prostitución en Sevilla*, 2015, p. 225. Recuperado de: https://rio.upo.es/xmlui/bitstream/handle/10433/2117/lopez-gutierrez1-tesis15.pdf?sequence=1&isAllowed=y (Consultado el 1 de diciembre de 2020).

581 EQUIPO DE INVESTIGACIÓN SOCIOLÓGICA (EDIS). *Realidad social de las mujeres sin techo, prostitutas, ex reclusas y drogodependientes en España*, Instituto de la Mujer, 2004, pp. 17-19. Recuperado de: https://www.inmujer.gob.es/ca/observatorios/observIgualdad/estudiosInformes/docs/006-realidad.pdf (Consultado el 1 de diciembre de 2020).

582 ACALE SÁNCHEZ, M. "Mujer, inmigrante y pobreza", *Op. Cit*; ASOCIACIÓN BIZITEGI. *Estudio sobre la realidad de las mujeres en situación de exclusión residencial*, 2019, p. 27. Recuperado de: https://www.bizitegi.org/wp-content/uploads/2019/07/Mujeres-situacion-exclusion-residencial_cas.pdf (Consultado el 1 de diciembre de 2020); ÁVILA VÁZQUEZ, V. y GARRIDO GAITÁN, E. "La aporofobia como delito de odio y discriminación" en *La Criminología que viene. Resultados del I Encuentro de Jóvenes Investigadores en Criminología* (Castro Toledo, Gómez Bellvís y Buil-Gil, eds.), 2019, pp. 300-302; BARRERA TOBARES, S. "Sinhogarismo invisible. El caso de las mujeres sin hogar". Trabajo de fin de grado presentado en la Universidad de Barcelona, 2018, p. 10; MARTÍN, R.Mª., PANADERO, S. y VÁZQUEZ, J.J. "Mujeres sin hogar en Madrid. Un estudio longitudinal". Conferencia presentada en las *V Jornadas de Jóvenes Investigadores, Universidad de Alcalá (España)*, 2016; MENESES FALCÓN, C. y GUINDEO AGUERRI, L. "¿Cómo afecta la crisis económica al contexto de la prostitución de calle?" en *Cuadernos de Trabajo Social*, nº 22, 2015, p. 167-169; RODRÍGUEZ MORENO, S. *et al.* "Sucesos vitales estresantes en mujeres en situación de sin hogar" en *Mujeres e investigación. Aportaciones interdisciplinares: VI Congreso Universitario Internacional Investigación y Género*, 2016, pp. 611-624; ZUIL, M. "Todas han sufrido violencia alguna vez" en *El Confidencial*, 2020. Recuperado de: https://

pervivencia (principalmente, las autóctonas y las mayores de 40 años[583]) y con el fin de abandonar la situación de sinhogarismo[584]. Es por ello que las mujeres se hayan en mayor proporción en situación de exclusión residencial o infravivienda[585], como puso de relieve el Equipo de Investigación Sociológica. En el año 2000, estimó la cifra de mujeres en situación de exclusión que ejercen la prostitución en 96.000 en clubes y 6.000 en la calle[586]. Más recientemente, Cerezo Domínguez, Cisneros Ávila e Izco Rincón apuntaron que "*la pobreza es una de las grandes razones para ejercer la prostitución debido a que se ejerce con el mismo fin que cualquier otra actividad laboral, por dinero*"[587].

En otro orden de cosas, conviene resaltar que la prostitución callejera es la que más riesgo entraña por su exposición a la violencia, a las agresiones y a las violaciones de los clientes, de forma paralela a las menores ganancias y a la mayor estigmatización[588]. Asimismo, el perfil de prostituta callejera se relaciona con problemas de drogo-

---

www.elconfidencial.com/espana/2020-02-21/mujeres-sinhogar-pobreza-invisibles-violencia_2463839/ (Consultado el 2 de diciembre de 2020).

583 MENESES FALCÓN, C. y GUINDEO AGUERRI, L. "¿Cómo afecta la crisis económica al contexto de la prostitución de calle?", *Op. Cit.*, p. 167.

584 Es más, el propio colectivo de mujeres en situación de sinhogarismo, ajeno al ejercicio de la prostitución, utiliza habitualmente recursos para no dormir en la calle, como sostiene el estudio realizado por Martín, Panadero y Vázquez en Madrid. De acuerdo con los datos obtenidos: el 81% de las mujeres habían dormido en albergues, un 11,6% en la calle y un 7,2% en otros espacios durante el mes anterior. MARTÍN, R.Mª., PANADERO, S. y VÁZQUEZ, J.J. "Mujeres sin hogar en Madrid. Un estudio longitudinal", *Op. Cit.*

585 Las estimaciones realizadas por el Equipo de Investigación Sociológica (EDIS) sitúan a las mujeres en situación de infravivienda en mayor proporción que los hombres (117.700 frente a 97.400), mientras que los hombres en situación de sinhogarismo superaban a las mujeres (33.500 respecto a 5.000), todo ello, en alusión al año 2000. EQUIPO DE INVESTIGACIÓN SOCIOLÓGICA (EDIS). *Realidad social de las mujeres sin techo, prostitutas, ex reclusas y drogodependientes en España, Op. Cit.*, pp. 17-19.

586 EQUIPO DE INVESTIGACIÓN SOCIOLÓGICA (EDIS). *Realidad social de las mujeres sin techo, prostitutas, ex reclusas y drogodependientes en España, Op. Cit.*, pp. 21-31.

587 CEREZO DOMINGÚEZ, A., CISNEROS ÁVILA., F. y IZCO RINCÓN, M. "La mujer víctima de delitos" en *Mujer y Sistema penal* (Cerezo Domínguez, coord.), Tirant lo Blanch, 2021, pp. 224.

588 MENESES FALCÓN, C. y GUINDEO AGUERRI, L. "¿Cómo afecta la crisis económica al contexto de la prostitución de calle?", *Op. Cit.*, p. 157.

dependencia y edades más elevadas —quienes suelen ser rechazadas por los clubes—, por lo que sus características se aproximan a las del colectivo de PSSH[589].

En el ejercicio de la prostitución, la condición de inmigrante es un factor relevante. Las estadísticas apuntan que un 80% de las prostitutas provienen de países en desarrollo y se encuentran en situaciones de irregularidad[590]. Estas mujeres presentan una especial vulnerabilidad por su imposibilidad de conseguir un permiso de trabajo, así como las escasas oportunidades de supervivencia que les otorga el Estado[591]. Esta variable debiera ser tenida en cuenta en futuras investigaciones.

Como se ha podido observar, la demanda de más castigo para solucionar problemas sociales ha desembocado en dinámicas que no previenen el delito ni protegen a las mujeres, sino que incrementan su dependencia institucional —las mujeres son tratadas como víctimas y no como personas autónomas—, sin detenerse en su potencial de victimización. Por el contrario, estos problemas, así como otros (véase la violencia contra las mujeres) deberían afrontarse desde una perspectiva preventiva, centrando la atención en las necesidades de las mujeres y tratando el problema en la raíz, esto es, la sociedad patriarcal y la cultura machista[592].

Finalmente, atendiendo a lo expuesto y, especialmente, a la vulnerabilidad que experimentan las mujeres en situaciones de exclusión social extrema que se prostituyen, cabe reflexionar, además de la determinación de la prostitución en condiciones de libertad (atendien-

---

589 Si bien la edad es muy similar, se puntualiza que los problemas de drogodependencia son experimentados por una pequeña parte de la muestra. INE. Encuesta a las personas sin hogar, avance de resultados, 2012, *Op. Cit.*, pp. 1-9; INE. *Encuesta a las personas sin hogar. Año 2022, Op. Cit.*

590 MENESES FALCÓN, C. "Personas y contextos en la prostitución" en *Razón y fe: Revista hispanoamericana de cultura, Op. Cit.*, pp. 205-206.

591 SOBRINO GARCÉS, C. "Prostitución callejera y regulación jurídica española. Estado de la cuestión", *Op. Cit.*, pp. 11-12.

592 MAQUEDA ABREU, M.L. "Feminismo punitivista" en *Estudios en Homenaje a la profesora Susana Huerta Tocildo* (Pérez Manzano *et al*, coords.), Universidad Complutente de Madrid, Universidad Autónoma de Madrid e Instituto de Derechos Humanos Bartolomé de las casas, 2020, pp. 269-277.

do a la situación de pobreza grave y manifiesta), si el castigo que se ejerce es una representación más del sistema penal aporófobo que incide, de forma principal, en las mujeres más marginadas, quienes luchan por sobrevivir.

Capítulo IV
SINHOGARISMO Y DERECHO PENAL DE LA APOROFOBIA EN LA REALIDAD SOCIAL

El Derecho penal sin la Criminología está ciego, y ésta sin aquél carece de límites[593]
Jescheck

En los capítulos anteriores, se ha puesto de manifiesto la existencia de aporofobia institucional en España, así como de un sistema penal aporófobo, excluyente y sin perspectiva de género, ambos en el plano teórico. Ahora bien, diversos estudios han demostrado que la comprensión de los problemas sociales que atraviesa una nación y la obtención de datos sobre la criminalidad contribuyen al diseño de políticas más efectivas, dado que se tiene en cuenta el contexto y los factores implicados[594].

En el proceso de conocimiento de la realidad criminal, las metodologías empleadas son fundamentales, así como el análisis de los datos y contar con expertos en la materia, como son los criminólogos. Una de sus funciones es asesorar a los gobiernos en el diseño de políticas criminales y de prevención del delito. Para ello, es necesario elaborar estadísticas que muestren la realidad delincuencial y, como advirtió Segura "*este es el reto de los próximos años*"[595]. Sobre todo, si los problemas son complejos y difíciles de medir o conllevan una valoración negativa de los políticos, como sucede con el sinhogarismo.

---

593 JESCHECK, H.H. *Tratado de Derecho penal* (trad. Manzanares Samaniego), Comares, 1993, p. 35.

594 CORRAL MARAVER, N. "Datos y conocimiento empírico en la legislación penal de la Unión Europea. Una guía para el legislador español" en *Revista Electrónica de Ciencia Penal y Criminología*, nº 22-18, 2020, pp. 2-6.

595 MARTÍN SEGURA, J.A. "La ciencia estadística y la criminología" en *Revista de Derecho penal y Criminología*, nº 1, 2009, p. 466.

Atendiendo a lo descrito, considero fundamental conocer la incidencia del Derecho penal de la aporofobia en el colectivo de PSSH en la realidad social. Por ende, se llevó a cabo una doble aproximación empírica. Por un lado, del colectivo de PSSH y, más específicamente, de los sin techo (categorías ETHOS 1 y 2[596]). Por el otro, el Derecho penal de la aporofobia en sus dos vertientes: la criminalización y victimización aporófoba de las PSSH.

1. EL COLECTIVO DE PERSONAS EN SITUACIÓN DE SINHOGARISMO A TRAVÉS DE LOS DATOS

Las estadísticas otorgan información muy valiosa sobre la realidad social debido a que permiten conocer el fenómeno en cuestión y su evolución en el tiempo. Por este motivo, el objetivo es aproximar la cuantía de personas sin techo en España en el periodo temporal 2015-2020, con una breve referencia al perfil general con relación al sexo, a la edad y a la nacionalidad. También se hace alusión, muy brevemente, al ámbito global y europeo, con el fin de contextualizar el fenómeno.

La metodología utilizada fue la revisión bibliográfica en bases de datos, páginas webs, instituciones y ONGs, *etc.* Ahora bien, en el territorio nacional, se llevó a cabo una revisión exhaustiva a nivel autonómico y local. Para ello, se seleccionaron las provincias con mayor número de habitantes del año 2019 según el INE[597] y se realizó una búsqueda de todos los datos sobre sinhogarismo disponibles. No obstante, ante la inexistencia de estudios en las principales provincias y/o ciudades, se investigó sobre la segunda con mayor número de habitantes, y así sucesivamente, hasta agotar los territorios, con el fin de otorgar una panorámica más completa del sinhogarismo. En cuanto al periodo temporal, a pesar de que, en ocasiones, se reflejará su evolución —siempre y cuando existan estudios periódicos cuya

[596] Se reitera que esta categoría hace referencia a las personas que viven a la intemperie y/o pernoctan en alojamientos de emergencia, pero no tienen un lugar habitual de residencia.

[597] Ver el anexo II. Se debe tener en cuenta que los datos fueron presentados a inicios del año 2020, cuando se realizó este estudio.

metodología sea, al menos, similar—, se centrará la atención en los datos más recientes[598].

1.1. Ámbito mundial

El sinhogarismo es un fenómeno que afecta a más de 150 millones de sujetos en el mundo, esto es, en torno al 2% de la población, según los últimos datos[599]. Uno de cada 100 sujetos manifiesta haber vivido en la calle, en un alojamiento temporal o de emergencia, o en un lugar no apto para esta función en algún momento de su vida, de acuerdo con el *Eurostat*. Esta institución, al mismo tiempo, ha incidido en el desconocimiento de la cifra real de PSSH a nivel global, que podría verse agravada a causa de la pandemia mundial del COVID-19[600].

La *Organización para la Cooperación y el Desarrollo Económico* (*Organisation for Economic Co-operation and Development*, OECD por sus siglas en inglés) recolectó los datos de más de 30 países a nivel mundial en el año 2020[601]. Con el propósito de facilitar la comparación, incluyó un indicador de las categorizaciones según la tipología ETHOS, desvelando que casi todos los países reflejan en sus estadísticas personas que viven en la calle, en alojamientos de emergencia y en centros

---

598 Se destaca que a inicios del año 2021 se amplió la investigación, analizando la existencia de recuentos hasta el 31 de diciembre de 2020, pero excluyendo los datos del INE por no registrar la cifra de los sin techo. INE. *Población residente por fecha, sexo y edad. Resultados por Comunidades Autónomas.* Recuperado de: https://www.ine.es/jaxiT3/Tabla.htm?t=9681&L=0 (Consultado el 1 de febrero de 2020)

599 En cuanto a la vivienda inadecuada, esta representa el 20% de la población mundial con, aproximadamente, 1,6 billones de personas. CHAMIE, J. *As Cities Grow Worldwide, So Do The Numbers Of Homeless – Analysis, Op. Cit.*

600 Según han indicado algunas organizaciones, aunque todavía no se han publicado estadísticas relativas a la cuestión. FEANTSA y FOUNDATION ABBÉ PIERRE. *6th annual overview of Housing Exclusion in Europe*, 2021. Recuperado de: https://www.feantsa.org/en/event/2021/04/26/launch-of-the-6th-annual-overview-of-housing-exclusion-in-europe (Consultado el 28 de junio de 2021).

601 Si no existían cifras del año 2020 se tomaba como referencia el último disponible.

destinados a este colectivo[602] —categorías ETHOS 1, 2 y 3, aunque esta última de forma parcial debido a que engloba más recursos de alojamiento—.

La investigación de la OECD concluyó que las PSSH representaron menos del 1% de la población en todos los países (a excepción de Reino Unido que difiere notablemente en el registro[603]). En el punto más alto de la escala se situó Nueva Zelanda con un 0,8%[604], pero esto se explica, parcialmente, en la amplitud de su definición. Atendiendo a los países que restringen más la contabilización, se encontró Canadá en el primer puesto con un 0,3% y Japón en el último con una cifra cercana al 0%[605]. España —territorio en el que se desarrolla la presente investigación— ocupó el tercer puesto de los países con menos ratio, eso sí, tomando como referencia la última contabilización oficial realizada por el INE que sitúo la cifra en 28 552, muy lejos de la estimación realizada por Cáritas de 40 000 PSSH en el año 2018[606].

Otros países desarrollados[607], a pesar de su escasa ratio de PSSH, muestran ingentes cantidades. Un ejemplo es EE. UU., que estimó

---

602 OECD. *HC3.1. Homeless population*, 2021. Recuperado de: https://www.oecd.org/els/family/HC3-1-Homeless-population.pdf. (Consultado el 28 de junio de 2021).

603 Debido a que incluye "*households threatened with homelessness*", lo que se traduce por "*hogares amenazados con la falta de vivienda*".

604 A pesar de ser uno de los pioneros en la implantación del Estado de bienestar, Nueva Zelanda se colocó en el primer puesto para el año 2015 en una escala en la que se incluyeron numerosas naciones de los diferentes continentes, alcanzando casi el 1%, es decir, aproximadamente 1 de cada 100 sujetos se encontraba en esta situación. CHAMIE, J. *As Cities Grow Worldwide, So Do The Numbers Of Homeless – Analysis, Op. Cit.*

605 Dado que el número de PSSH es muy bajo en comparación con sus habitantes, siendo la cifra de 3 992.

606 CÁRITAS. *Día de las Personas Sin Hogar: Voluntad política y compromiso común para erradicar el sinhogarismo, Op. Cit.*; INE. *Encuesta a las personas sin hogar. Año 2022, Op. Cit.*

607 SPEAK, S. "The State of Homelessness in Developing Countries" en *The Expert Group Meeting on Affordable housing and social protection systems for all to address homelessness,* United Nations Office at Nairobi. Recuperado de: https://www.un.org/development/desa/dspd/wp-content/uploads/sites/22/2019/05/SPEAK_Suzanne_Paper.pdf (Consultado el 28 de junio de 2021).

una cifra de 580 000 en el año 2020[608], produciéndose por cuarto año consecutivo un incremento, especialmente, de los que pernoctan en la vía pública[609]. Estas personas se concentran, habitualmente, en las grandes ciudades y alrededor de un 60% de las PSSH se hallaron en áreas urbanas, sobre todo, en las capitales, donde los porcentajes aumentan exorbitadamente. Tal como la ratio de 1,2% en Washington DC[610].

A propósito de lo expuesto en el párrafo previo, los territorios estadounidenses de California y Nueva York obtuvieron los porcentajes más altos —28,0%, con 161 548 PSSH, y 16,0%, con 91 271 PSSH, respectivamente—, mientras que Florida y Texas los más bajos —en torno al 5,0%, con 27 000 PSSH—. Respecto a la categoría sin techo, California registró el 51,0% de las PSSH en todo el país —113 660 PSSH—, esto es, casi nueve veces la cifra del segundo más alto, Texas, con un 6,0% —13 212 PSSH—. En Nueva York, a pesar de su alta tasa de PSSH, tan sólo un 5,0% se situaron en la categoría ETHOS 1, siendo una diferencia significativa en comparación con California dónde representaron el 70,4%. Asimismo, Nueva York incrementó

---

608 Un 61,0% en alojamientos de emergencia o programas de transición para conseguir una casa y en torno a un 39% en la calle, edificios abandonados u otros lugares. NATIONAL LAW CENTER ON HOMELESSNESS & POVERTY. *Racism, homelessness and covid-19*, 2020. Recuperado de: https://nlchp. org/wp-content/uploads/2020/05/Racism-Homelessness-and-COVID-19-Fact-Sheet-_Final_2.pdf (Consultado el 28 de junio de 2021).

609 La investigación criminológica ha demostrado una afección mayor del sinhogarismo en las comunidades de color respecto del resto en el territorio estadounidense. En este sentido, los negros, latinos y nativos americanos, de Hawái y de las islas del Pacífico, presentan tasas vertiginosamente más altas en comparación con los blancos y los asiáticos. NATIONAL LAW CENTER ON HOMELESSNESS & POVERTY. *Racism, homelessness and covid-19, Op. Cit.*

610 Estos datos fueron recolectados con anterioridad a la pandemia bajo la dirección del *Department of Housing and Urban Development* (HUD, *Departamento de Vivienda y Desarrollo Urbano de EE.UU.*). El perfil es de un hombre —60,0%— y la edad supera los 24 años en un 74,0% de los casos. HUD. *HUD Releases 2020 Annual Homeless Assessment Report Part 1 Homelessness Increasing Even Prior to COVID-19 Pandemic*, 2021. Recuperado de: https://www.hud.gov/press/press_releases_media_advisories/hud_no_21_041 (Consultado el 28 de junio de 2021); HUD. *The 2020 Annual Homeless Assessment Report (AHAR) to Congress*, 2021. Recuperado de: https://www.huduser.gov/portal/sites/default/files/pdf/2020-AHAR-Part-1.pdf (Consultado el 28 de junio de 2021).

un 45,8% su población del año 2007 al 2020, mientras que California sufrió el auge más acentuado del año 2019 al 2020[611]. En síntesis, en el ámbito del sinhogarismo, se pueden observar notorias divergencias en los territorios en función de las categorizaciones y de los periodos temporales.

En los países en vías de desarrollo también se ha podido constatar un aumento de las cifras de sinhogarismo en los últimos 20 años[612]. Un ejemplo es el territorio brasileño en el cual se estimó una cifra de 221 869 PSSH en el año 2020 —no existe un registro nacional—, lo que supone un aumento del 140,0% en los últimos 12 años[613], con una particular incidencia en el sudeste. No obstante, se han realizado censos a niveles inferiores, como en São Paulo[614], una de las cinco metrópolis más grandes del mundo.

En la ciudad de São Paulo, en el periodo temporal 2015-2019, la cifra de PSSH aumentó en torno a un 50%, desde los 15 905 hasta los 24 344. Respecto de la última cifra, 12 651 PSSH se situaron en la categoría sin techo, es decir, se corroboró la existencia de más sujetos viviendo en la calle de forma continua o en alojamientos de emergencia que en centros destinados a este colectivo. Es más, el último

---

611 HUD. *HUD Releases 2020 Annual Homeless Assessment Report Part 1 Homelessness Increasing Even Prior to COVID-19 Pandemic*, *Op. Cit.*; HUD. *The 2020 Annual Homeless Assessment Report (AHAR) to Congress*, *Op. Cit.*

612 A pesar de las divergencias entre naciones, se puede generalizar una mayor proporción de hombres —pese a que las mujeres son subestimadas en las estadísticas— y adultos, quienes son percibidos como criminales, aunque la realidad es que son más víctimas, sobre todo, de crímenes violentos, que infractores. SPEAK, S. "The State of Homelessness in Developing Countries", *Op. Cit.*

613 Estos datos deben ser interpretados con cautela debido a que han sido rescatados de diferentes fuentes y, muchas de ellas, no ofrecen el concepto de PSSH al que se acogen. No obstante, la tendencia creciente se ha verificado en otras investigaciones. Desde el año 1991 hasta el 2019 se produjo un aumento porcentual del 670,0%, especialmente, a partir del año 2015. GARCÍA DOMÍNGUEZ, I. "La victimización de las personas sin hogar en la ciudad de São Paulo: análisis de la violencia en el sistema penal", *Op. Cit.*, pp. 94-95; NATALINO, M. "Estimativa da população em situação de rua no Brasil (setembro de 2012 a março de 2020)" en *Diretoria de Estudos e Políticais Sociais*, 2020.

614 En esta ciudad se realizó una investigación que se presenta en el capítulo V de la presente investigación.

informe expone la necesidad de plantear un nuevo itinerario en los recuentos dado que excluye algunos lugares donde pernocta este colectivo, por lo que las cifras podrían ser más elevadas[615].

1.2. Ámbito europeo

En Europa se observa un aumento alarmante del sinhogarismo, a excepción de Finlandia, como se muestra en la figura nº 9, pero con divergencias entre los grupos. Con relación a la categoría de estudio, Londres experimentó un crecimiento del 7,0% de los sujetos que pernoctan en la vía pública de 2014-2015 al 2015-2016, pero, sin duda, el territorio más llamativo es Atenas, donde 9 000 personas han sido forzadas a vivir en las calles en el periodo temporal 2010-2015. Otras ciudades también han otorgado cifras sobre las personas que pernoctan de forma continua en los espacios públicos —denominados *rough sleepers*—, como París que contabilizó 2 232 —respecto a un total de 3 641— en el año 2019, con un incremento notable respecto del año anterior[616], o Hungría con 2 350 —de los 8 650 totales— en el 2018[617].

---

615 De forma general, el perfil es de un hombre —en torno a un 84%— con una edad media de 41 años, siendo el grupo mayoritario de 31 a 49, aunque para los que pernoctan en la calle de forma ininterrumpida la edad disminuyó ligeramente, hasta los 39. PREFEITURA MUNICIPAL DE SÃO PAULO. *Pesquisa Censitária da população em situação de rua. São Paulo–SP*, 2019, 2020. Recuperado de: https://app. powerbi.com/view?r=eyJrIjoiYzM4MDJmNTAtNzhlMi00NzliLTk4MzYt Y2MzN2U5ZDE1YzI3IiwidCI6ImE0ZTA2MDVjLWUzO-TUtNDZlYS1iMmE4LThlN jE1NGM5MGUwNyJ9 (Consultado el 28 de junio de 2021).

616 La mayor proporción fueron hombres y la edad media se situó entre los 40 y los 54 años. THE LOCAL. *In numbers: How the homeless population of Paris is growing*, 2019. Recuperado de: https://www.thelocal.fr/20190319/in–numbers–how–the–homeless–population–of–paris–is–growing/ (Consultado el 1 de julio de 2021).

617 FEANTSA. *Homelessness in Hungary*, 2018, p. 1. Recuperado de: https://www.feantsa.org/download/hu-country-profile-2018927619814345975779.pdf (Consultado el 27 de julio de 2021).

Figura nº 9. Estadísticas sobre el aumento alarmante del sinhogarismo en Europa

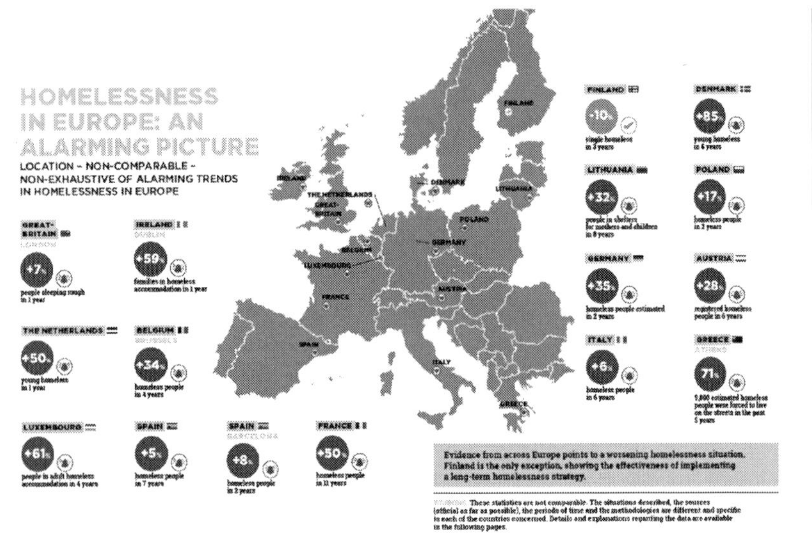

Fuente: elaborado y publicado por FEANTSA[618]

Los países nórdicos (Dinamarca, Finlandia, Noruega y Suecia) son un ejemplo a seguir en el contexto europeo por la inclusión de las categorías ETHOS, la aplicación de una metodología similar que permite la comparación y las tasas tan reducidas que presentan[619]. La ratio de estos países oscila entre el 0,5% y el 2,0% —por cada 1 000 habitantes— desde el año 2002, a excepción de Suecia. Este país presenta en la actualidad una tasa en descenso desde el año 2010, cercana al 3,5% en el 2017, aunque la definición de sinhogarismo acogida es muy amplia[620]. Por el contrario, Noruega —que es el país

618 FEANTSA. *Europe and homelessness. Alarming trends*, 2017, pp. 10-11. Recuperado de: https://www.feantsa.org/download/europe-and-homelessness-alarming-trends3178124453170261721.pdf (Consultado el 25 de septiembre de 2021).

619 Aunque es cierto que las PSSH jóvenes han aumentado exponencialmente en los últimos seis años en Dinamarca. *Idem.*

620 En esta nación también encontraron que un tercio de las mujeres en situación de sinhogarismo había sufrido violencia dentro del hogar. Es más, manifestaron que este había sido uno de los factores desencadenantes de su situación. BEN-

con más fluctuaciones— y Finlandia[621] —que recoge el concepto más estricto dentro de los países nórdicos— han disminuido su tasa desde el 2012, con un 0,7% y un 0,8%, aproximadamente, en los años 2016 y 2019 respectivamente. Dinamarca ha aumentado su tasa desde el 2009 hasta el 2017 donde alcanzó su pico y comenzó un ligero descenso hasta situarse en un 1,1% —subrayándose que 732 PSSH pernoctaron en la vía y/o espacios públicos— en el año 2019[622].

Si bien otros países no ofrecen estadísticas oficiales ni metodologías análogas (por lo que no deben ser comparados), han realizado recuentos nocturnos, como Bélgica en sus tres regiones: Valonia, Flandes y Bruselas[623]. La última mencionada es la que más esfuerzos ha volcado en la contabilización, pero lo cierto es que algunas ciudades de Flandes y Valonia han comenzado a efectuar censos en los últimos años. Un ejemplo es la ciudad de Gante[624] que registró en su primer recuento en torno a 1 500 PSSH adultas, situándose 124 y 113 en las categorías ETHOS 1 y 2, en el año 2020.

En adopción de una perspectiva de género, Bretherton y Pleace realizaron una revisión de mujeres sin techo a nivel global en el

---

JAMINSEN, L. *et al.* "Measurement of Homelessness in the Nordic Countries" en *European Journal of Homelessness*, vol. 14, nº 3, 2020, p. 173.

621 Este país fue el primero en proporcionar estadísticas. Desde el 1987 realiza recuentos anuales (cada 15 de noviembre) que se mantienen en la actualidad, eso sí, con la ayuda de los municipios ya que son estos, y todas sus instituciones, los que otorgan las cifras con el fin de incrementar la exactitud y aproximarse al máximo a la realidad. *Ibidem*, pp. 161-170; 173-176.

622 BENJAMINSEN, L. *et al.* "Measurement of Homelessness in the Nordic Countries", *Op. Cit.*, pp. 161-170; 173-176.

623 BRUS´HELP. *Dénombrement des personnes sans–abri et mal logées en Région de Bruxelles–Capitale*, 2020, pp. 10-35. Recuperado de: http://www.brusshelp. org/images/Denombrement2020_vdef.pdf (Consultado el 2 de julio de 2021); DEMAERSCHALK, E. *et al. Measuring Homelessness in Belgium. Final Report (Brussels: Belgian Science Policy)*, 2018, pp. 5-14. Recuperado de: https://www.belspo.be/belspo/brain–be/projects/FinalReports/MEHOBEL_summ_en.pdf (Consultado el 2 de julio de 2021); DRILLING, M. *Measuring Homelessness by City Counts – Experiencies from European Cities, Op. Cit.*, pp. 97-99; KING BAUDOUIN FOUNDATION. *Homelessness: establishing numbers to better fight the problem*, 2022. Recuperado de: https://www.kbs-frb.be/en/homelessness-numbers (Consultado el 11 de julio de 2022)

624 En esta ciudad también se ha realizado una investigación que se presenta en el capítulo V.

año 2018 y, aunque destinan algunos apartados a diferentes países del mundo, el centro de atención es Reino Unido. Estas autoras, después de hacer alusión a los problemas de uniformidad en el concepto de sinhogarismo, muestran la evolución de las mujeres que pernoctan en el espacio público de Reino Unido desde 1991, encontrando dos patrones comunes: (1) la menor probabilidad de las mujeres de dormir en el espacio público frente a los hombres y (2) un aumento de los sin techo, sobre todo, de mujeres jóvenes, en los últimos años.

Prosiguiendo con los datos relevantes que aporta este estudio, el último recuento de PSSH denotó 653 mujeres frente a 4 098 hombres sin techo en Inglaterra. No obstante, la base de datos CHAIN que opera en Londres registró desde 2012-2013 hasta 2016-2017 una cifra de 28 135 de PSSH que habían sufrido la experiencia de pernoctar en la calle, siendo 24 095 hombres frente a 4 040 mujeres[625], esto es, un 85,6% frente a un 14,4%. El pico se situó en el periodo 2015-2016, si bien es cierto que el segundo más alto fue el último contabilizado, 2016-2017. Asimismo, se encontró evidencia de que las mujeres suelen transitar por diversas categorías durante su periodo de sinhogarismo y en alusión a las vivencias de sin techo, las de las mujeres fueron más cortas que las de los hombres. De facto, la media de ellas fue de un trimestre. Para finalizar, las estadísticas mostraron que las mujeres tienen más probabilidades de experimentar sinhogarismo que los hombres[626].

---

625 La edad de las mujeres estaba más cercana a los 25 mientras que en los hombres oscilaba entre 36 y 55. La proporción de ambos sexos mayores de 55 fue muy pequeña y, con relación a la nacionalidad, las mujeres eran nacionales en un porcentaje más elevado que los hombres, 48,0% vs. 43,0%. En cuanto a los patrones, los hombres eran más consumidores de alcohol que las mujeres —con una diferencia de 14 puntos, 43,0% respecto de 27,0%—, pero la diferencia en el consumo de drogas fue mínima —27,0% en mujeres y 31,0% en hombres—. BRETHERTON, J. y PLEACE, N. *Women and Rough Sleeping. A Critical Review of Current Research and Methodology*, 2018, pp. 1-7. Recuperado de: https://www.mungos.org/publication/women-and-rough-sleeping-a-critical-review/ (Consultado el 21 de julio de 2021)

626 *Ibidem*, pp. 1-9.

1.3. Ámbito nacional

En España, el sinhogarismo se ha incrementado de forma progresiva en los últimos años (ver figura nº 10). Por un lado, existen los datos oficiales proporcionados por el INE que hacen alusión a las PSSH atendidas en centros asistenciales de alojamiento y restauración en los años 2005, 2012 y 2022, incluyendo en este último año el espacio público. Por el otro y de forma extraoficial, el Ministerio del Interior y la institución de Cáritas estimaron 33.000 y 40.000 casos en los años 2015 y al 2018, por lo que la cifra podría ser ingentemente superior en la actualidad, teniendo en cuenta la pandemia mundial del COVID-19[627].

En alusión a las estadísticas oficiales, el INE ha registrado las PSSH alojadas en centros destinados a este colectivo —referente a la tipología sin vivienda— desde el año 2006, cuyo aumento y dinámica creciente se han consolidado en los últimos años. Como se puede observar en la figura nº 11, la evolución es continua y ascendente, a excepción del periodo 2012-2014 y 2018-2020 que presentan un ligero descenso. No obstante, conviene resaltar el crecimiento tan acentuado que ha experimentado la ocupación de PSSH en los últimos seis años, cuya cifra se situó en 13 645 en el año 2014, alcanzando los 18 001 en el año 2018, aunque el dato más actualizado es de 17 772 en el 2020. En cuanto al perfil de PSSH, este es de un varón, con nacionalidad española y una edad cercana a los 40 años[628].

---

[627] CÁRITAS. "¿Cuántas personas sin hogar hay en España? La cara oculta del mercado residencial" en *El Boletín*, 2019. Recuperado de: https://www.elboletin.com/noticia/176557/nacional/cuantas-personas-sin-hogar-hay-en-espana-la-cara-oculta-del-mercado-residencial.html#:~:text=Las%20organizaciones%20y%20entidades%20sociales%20que%20trabajamos%20con%20personas%20en,30.000%20y%2040.000%20en%20Espa%C3%B1a (Consultado el 7 de octubre de 2020).

[628] Respecto al género, conviene destacar la mayor proporción de hombres respecto a mujeres (alrededor del 80%) en todos los años analizados. INE. *Encuesta sobre las personas sin hogar, 2005, Op. Cit.*, pp. 1-4; INE. Encuesta a las personas sin hogar, avance de resultados, 2012, *Op. Cit.*, pp. 1-9; INE. *Encuestas de centros y servicios de atención a las personas sin hogar. Año 2018, Op. Cit.*, pp. 1-2; INE. *Encuestas de centros y servicios de atención a las personas sin hogar. Año 2020*, 2021, pp. 1-2. Recuperado de: https://www.ine.es/prensa/ecapsh_2020.pdf (Consultado el 30 de julio de 2022)

Figura nº 10. Gráfico de líneas sobre la evolución de la población en situación de sinhogarismo en España (años 2005-2018)

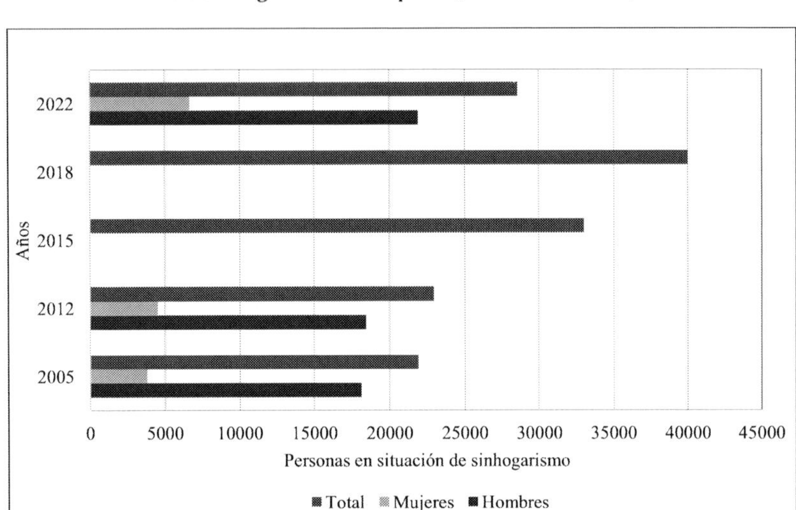

Fuente: elaboración propia con base a las estadísticas de Cáritas, el INE y el Ministerio del Interior[629].

[629] Los datos totales de los años 2005 y 2012 fueron obtenidos de las encuestas sobre PSSH y relativas a los centros y servicios de atención a este colectivo realizadas por el INE. Por el contrario, las cifras totales de los años 2015 y 2018 son estimaciones del Ministerio del Interior, para la primera cifra, y de Cáritas —una ONG—, para la segunda. CÁRITAS. *Día de las Personas Sin Hogar: Voluntad política y compromiso común para erradicar el sinhogarismo, Op. Cit.*; INE. *Encuesta sobre las personas sin hogar, 2005, Op. Cit.*, pp. 1-4; INE. Encuesta a las personas sin hogar, avance de resultados, 2012, *Op. Cit.*, pp. 1-9; INE. *Encuesta a las personas sin hogar. Año 2022, Op. Cit.;* MINISTERIO DEL INTERIOR. *Estrategia nacional integral para personas sin hogar, 2015-2020*, 2015, p. 12. Recuperado de: https://www.mscbs.gob.es/ssi/familiasInfancia/ServiciosSociales/docs/EstrategiaPSH20152 020.pdf (Consultado el 30 de junio de 2021).

Figura nº 11. Gráfico lineal sobre la evolución de las personas en situación de sinhogarismo en centros y servicios de atención a nivel nacional (2006-2020)

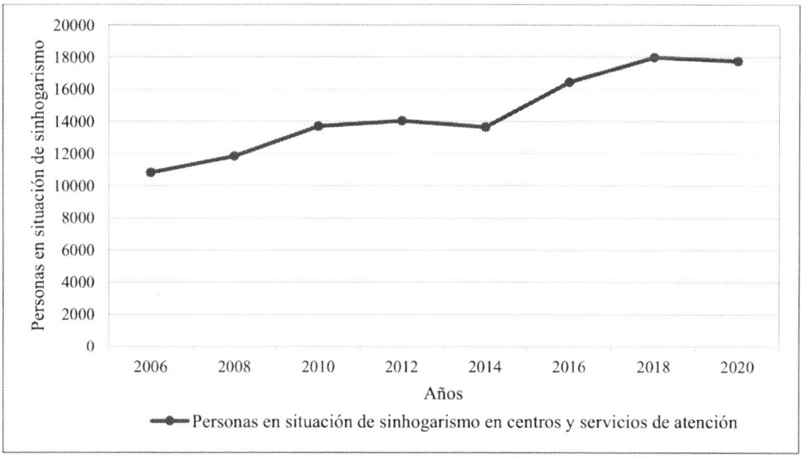

Fuente: elaboración propia con base a los datos del INE[630].

Con el propósito de presentar una radiografía más aproximada del sinhogarismo y, más específicamente, sobre la categoría sin techo, se efectuó una investigación abordando esta temática a nivel autonómico[631]. El resultado ha sido la diferenciación de tres grupos: (1) CC. AA. con inexistencia de estadísticas, (2) CC. AA. con datos limitados y/o mínimos; y (3), por último, CC. AA. con recuentos realizados de forma periódica.

En el *primer grupo* se encuentran Cantabria, Castilla la Mancha, Ceuta, Extremadura, Navarra, La Rioja y Melilla, donde no se han realizados recuentos con el fin de registrar el número de PSSH en sus territorios, por consiguiente, existe un desconocimiento de los sujetos que pernoctan en los espacios públicos. En el *segundo grupo*, Asturias, las Islas Baleares, las Islas Canarias y Murcia han contabilizado, en mayor o menor medida, el grupo poblacional objeto de estudio. Así, Asturias y las Islas Baleares realizaron recuentos en el año

630 INE. *Encuestas de centros y servicios de atención a las personas sin hogar. Año 2018, Op. Cit.*, pp. 1-2; INE. *Encuestas de centros y servicios de atención a las personas sin hogar. Año 2020, Op. Cit.*, pp. 1-2.

631 La metodología utilizada ha sido presentada al inicio del presente apartado.

2019, registrando la primera 142 PSSH en la categoría sin vivienda y 78 pernoctando en espacios públicos[632], y la segunda 225 PSSH[633]. En cambio, los registros de las Palmas de Gran Canaria[634] y Murcia datan de 2016 y 2018, con una cifra de 81 y 23 PSSH (esta última en alusión a las calles de Cartagena)[635]. En el *tercer grupo*, compuesto por Andalucía, Aragón, Castilla y León, Cataluña, Galicia, Madrid, País Vasco y Valencia, existen estadísticas sobre el colectivo objeto de estudio, siendo analizadas subsiguientemente. Mención especial merecen Barcelona y Madrid que, al ser las ciudades que han efectuado más recuentos, serán examinadas con mayor detenimiento[636].

Andalucía llevó a cabo una investigación que registró 334 personas viviendo en el espacio público en todas las provincias —Huelva representa el porcentaje mayoritario en esta categoría— en el año 2017[637] (ver figura nº 12 en el anexo III). Prosiguiendo con Aragón,

---

632 PALACIOS, L. "Más de Más de 400 personas sin hogar en Gijón: 142 duermen en la calle, 78 de ellas al raso" en *La Nueva España*, 2019. Recuperado de: https://www.lne.es/gijon/2019/11/29/400-personas-hogar-gijon-142/2564938.html. (Consultado el 01 de febrero de 2020)

633 También en la publicación del último recuento nocturno efectuado en las Islas Baleares se contempla que algunas PSSH han sido víctimas de agresiones y delitos de aporofobia, sin otorgar la cuantía ni un porcentaje aproximado. EUROPA PRESS. *Médicos del Mundo recuerda que Baleares registra 648 personas sin hogar*, 2019. Recuperado de: https://www.ultimahora.es/noticias/local/2019/11/28/1124527/medicos-del-mundo-recuerda-baleares-registra-648-personas-hogar.html (Consultado el 01 de febrero de 2020).

634 EUROPA PRESS. *Las Palmas de Gran Canaria analiza el estado de las 360 personas sin hogar de la capital para mejorar su atención*, 2016. Recuperado de: https://www.20minutos.es/noticia/2855808/0/palmas-gran-canaria-analiza-estado-360-personas-sin-hogar-capital-para-mejorar-su-atencion/ (Consultado el 01 de febrero de 2020).

635 HERNÁNDEZ PEDREÑO, M. *et al.* II *Estudio sobre exclusión residencial en Cartagena* (Hernández Pedreño, dir.), 2019, pp. 33 y ss. Recuperado de: https://www.um.es/documents/1967679/2333807/II-Estudio-sobre-ER-en-Cartagena-2018.pdf/3d949028-d6f2-4fc3-a756-10ea7b523cd0 (Consultado el 1 de febrero de 2021).

636 En este sentido, Madrid ha sido la ciudad pionera en la realización de recuentos nocturnos —cuyo inicio data del año 2006—, adoptando la metodología implementada en Nueva York a partir de los años ochenta. De forma posterior, otros territorios españoles se han sumado a esta iniciativa.

637 En cuanto al sexo, los hombres superaron a las mujeres, siendo la proporción de mujeres halladas en el espacio público menor que las de centros o recursos.

en Zaragoza se ha producido un aumento de las PSSH que pernoctan en la calle en los últimos tres años, situándose la cifra en 150 aproximadamente en el 2019, superior a los 126 registrados en el 2016 —aunque desde el 2010 se produjeron variaciones significativas, con 158, 186, y 140 en los años 2010, 2012 y 2014—[638]. En Castilla y León, Valladolid inició el año 2019 con 50 personas pernoctando en la calle y el estudio empírico efectuado denotó una media de 350 PSSH atendidas en los recursos de sinhogarismo que participaron en la investigación en el año 2020[639], ligeramente superior al dato otorgado por Cruz Roja León de 330 en el año 2019[640].

Respecto a Galicia, el recuento ha sido efectuado en siete de las grandes ciudades de la C. A. —A Coruña, Ferrol, Lugo, Ourense, Pontevedra, Vigo y Santiago de Compostela— en el año 2017. La cifra contabilizada ha sido de 129 PSSH que pernoctaban en la calle, aunque debe ser interpretado con cautela debido a que el día de su

---

Con relación a la edad, esta se encuentra entre los 30 y los 64 en más de la mitad de la muestra. Las PSSH se corresponden, principalmente, con las categorías 1,2,3 y 7 de la clasificación ETHOS. RAIS FUNDACIÓN Y JUNTA DE CASTILLA Y LEÓN. *Informes de resultados 2017, conocer para actuar*, 2017, pp. 20-27. Recuperado de: https://ssm.cordoba.es/images/pdf/otros/2019/Informe_Conocer_para_actuar_2017.pdf (Consultado el 1 de febrero de 2021).

638 La media de edad se situó en los 45 años y las mujeres representan menos del 12% para todos los años descritos. CABRERA, P. J. *IV Estudio personas sin techo, Zaragoza, 2016*, 2018, pp. 35-50. Recuperado de: https://www.researchgate.net/publication/323285620_IV_Estudio_Personas_Sin_Techo_Zaragoza_2016 (Consultado el 1 de febrero de 2021); HERALDO. *Cien voluntarios reparten kits contra el frío a personas sin hogar en Zaragoza*, 2019. Recuperado de: https://www.heraldo.es/noticias/aragon/zaragoza/2019/11/22/cien–voluntarios–reparten–esta–noche–kits–contra–el–frio–a–personas–sin–hogar–1345278.html (Consultado el 1 de febrero de 2021).

639 Ver apartado cuarto del presente capítulo, Estudio empírico: criminalización y victimización aporófoba en Castilla y León.

640 JUSTO, R.V. "Cincuenta personas inician 2019 sin hogar en Valladolid" en *El Norte de Castilla*, 2018. Recuperado de: https://www.elnortedecastilla.es/valladolid/cincuenta–personas–inician–20181230194819–nt.html (Consultado el 1 de febrero de 2021); LEON NOTICIAS. *Cruz Roja León atiende a 330 personas que viven sin recursos en la calle*, 2019. Recuperado de: https://www.leonoticias.com/leon/cruz-roja-leon-20190125103131-nt.html?ref=https%3A%2F%2Fwww.google.com%2F (Consultado el 1 de febrero de 2021).

realización el clima era frio y lluvioso[641]. Con referencia a la C. A. de Valencia, el primer censo puso de manifiesto 536 sin techo en el año 2019[642].

En el País Vasco se han realizado diferentes estudios acerca de las PSSH. Los recuentos nocturnos más recientes hallaron 430 personas —267 en Vizcaya, 140 en Guipúzcoa y 23 en Álava— en el año 2018. No obstante, la aproximación al número real de personas que pernoctó en la calle se situó entre 430 y 707, según calculó el estudio[643]. Asimismo, los sin techo habían aumentado desde el 2012 hasta el 2018, a excepción de 2016, año en el cual se registraron 274 (ver figura nº 13 en el anexo IV para ampliar la información)[644].

---

641 Las entrevistas realizadas a 240 de los sujetos —24 mujeres y 180 hombres— concluyeron una media de edad de 46 años y que la nacionalidad española era predominante —con un 67,5%—. Alrededor de la mitad de la muestra había experimentado delitos contra el patrimonio y contra su integridad corporal. XUNTA DE GALICIA. *Estudio de la situación de las personas sin hogar en Galicia, 2017. Trazos y propuestas de intervención*, 2018, pp. 30 y ss. Recuperado de: https://politicasocial.xunta.gal/sites/w_polso/files/arquivos/publicacions/estudio_personas_sin_hogar_galicia_2017_cas.pdf (Consultado el 1 de febrero de 2020).

642 Del mismo modo, en el año 2014 aproximó la cifra de PSSH a 400, con un 90,0% de hombres, pero sin hacer referencia a la categoría sin techo. No obstante un 23,0% afirmó que, en el momento de la encuesta, dormían en la calle. AYUNTAMIENTO DE VALENCIA. *Estudio sobre las personas sin hogar de la ciudad de Valencia. Características, necesidades y propuestas de intervención, 2015*. Recuperado de: https://www.valencia.es/ayuntamiento/bienestarsocial.nsf/0/9E82BA895CA28CA2C1257F40004B3106/$FILE/Estudio%20sobre%20Personas%20sin%20hogar%20ciudad%20Valencia%202015.pdf?OpenElement&lang=1 (Consultado el 1 de febrero de 2020); LA VANGUARDIA. *Casi un millar de personas vives sin hogar en València*, 2019. Recuperado de: https://www.lavanguardia.com/local/valencia/20191211/472184116351/mil-personas-viven-sin-hogar-valencia.html (Consultado el 1 de febrero de 2020).

643 CENTRO DE DOCUMENTACIÓN Y ESTUDIOS SIIS DOKUMENTAZIO ETA IKERKETA ZENTROA. *IV Estudio sobre la situación de las personas en situación de exclusión residencia grave en la CAPV 2018*, 2018, pp. 21-36. Recuperado de: https://www.siis.net/documentos/informes/545454.pdf (Consultado el 1 de febrero de 2020).

644 CENTRO DE DOCUMENTACIÓN Y ESTUDIOS SIIS DOKUMENTAZIO ETA IKERKETA ZENTROA. *I Estudio sobre la situación de las personas en situación de exclusión residencia grave en la CAPV 2014*, 2014, pp. 14-15. Recuperado de: https://issuu.com/siis/docs/estudio_personas_exclusion_residenc (Consultado el 1 de febrero de 2020); CENTRO DE DOCUMENTACIÓN Y ESTUDIOS SIIS DOKU-

Las últimas ciudades, Barcelona y Madrid, ejecutan recuentos anuales del colectivo de PSSH. En Barcelona se encontraron 1 239 sujetos pernoctando en la calle en el año 2020, observándose un aumento progresivo desde el 2008, a excepción del periodo 2017-2018, en el cual se produjo un ligero descenso[645] (como se muestra en la figura nº 14). En Madrid la cifra fue de 427 PSSH en el año 2020. Su evolución no es uniforme (ver figura nº 15), presentado periodos de aumento —2006/2008, 2010/2014 y 2016/2018— y de descenso —los restantes—[646]. Si bien, los datos de 2020 deben ser interpretados con cautela debido a la pandemia mundial sufrida durante el recuento.

MENTAZIO ETA IKERKETA ZENTROA. *II Estudio sobre la situación de las personas en situación de exclusión residencia grave en la CAPV 2014*, 2015, pp. 23-24. Recuperado de: https://www.siis.net/es/investigacion/ver-estudio/347/# (Consultado el 1 de febrero de 2020); CENTRO DE DOCUMENTACIÓN Y ESTUDIOS SIIS DOKUMENTAZIO ETA IKERKETA ZENTROA. *III Estudio sobre la situación de las personas en situación de exclusión residencia grave en la CAPV 2016*, 2016, pp. 4-5. Recuperado de: https://www.siis.net/es/investigacion/ver-estudio/528/ (Consultado el 1 de febrero de 2020); CENTRO DE DOCUMENTACIÓN Y ESTUDIOS SIIS DOKUMENTAZIO ETA IKERKETA ZENTROA. *IV Estudio sobre la situación de las personas en situación de exclusión residencia grave en la CAPV 2018, Op. Cit.*, pp. 21-36.

645 El último recuento señala que un 85,0% fueron hombres frente a un 11,0% que son mujeres, mientras que el 4,0% restante se identificó con la categoría otros. La media de edad fue de 41 años aproximadamente y un 40,0% que había sufrido agresiones físicas y/o verbales. ARRELS FUNDACIÓ. *La vulnerabilidad de las personas que viven en las calles de Barcelona*, 2016, p. 3. Recuperado de: https://www.arrelsfundacio.org/wp–content/pdf/AltresDocuments/InformeCensSenseLlar2016.pdf (Consultado el 1 de febrero de 2020); ARRELS FUNDACIÓ. *Persones sense llar a Barcelona. Qui són i com són de vulnerables? Cens 2017*, 2017, p. 12. Recuperado de: https://www.arrelsfundacio.org/wp–content/pdf/AltresDocuments/InformeCens2017.pdf (Consultado el 1 de febrero de 2020); ARRELS FUNDACIÓ. *Censo de personas que viven en la calle en Barcelona, 2018*, 2018. Recuperado de: https://www.arrelsfundacio.org/es/censo–de–personas–sin–hogar–2018/ (Consultado el 1 de febrero de 2020); ARRELS FUNDACIÓ. *Censo de personas que duermen en la calle*, 2019. Recuperado de: https://www.arrelsfundacio.org/es/personas–sin–hogar/problematica/barcelona/ (Consultado el 1 de febrero de 2020)

646 El perfil se mantuvo durante los años, siendo un hombre, con una edad media de 47 años, y extranjero —aunque en el año 2020 muchos de ellos no pudieron ser identificados—. ACCIÓN EN RED MADRID y SOLIDARIOS. *Recuento de personas en situación de calle en Madrid*, 2020. Recuperado de: https://www.accionenredmadrid.org/wp-content/uploads/2020/07/INFORME-RECUENTO-PSH-Junio-2020.pdf (Consultado el 1 de febrero de 2021); MUÑOZ

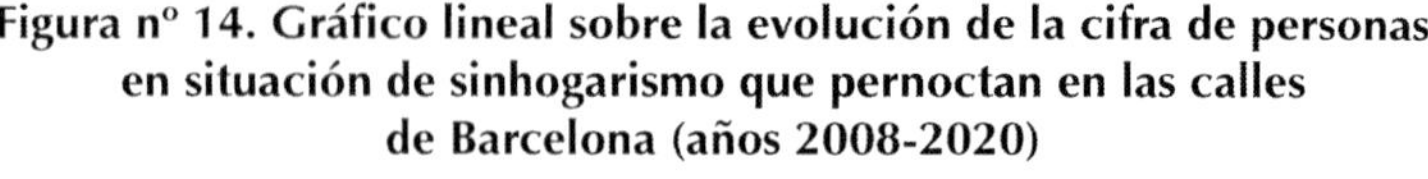

Figura nº 14. Gráfico lineal sobre la evolución de la cifra de personas en situación de sinhogarismo que pernoctan en las calles de Barcelona (años 2008-2020)

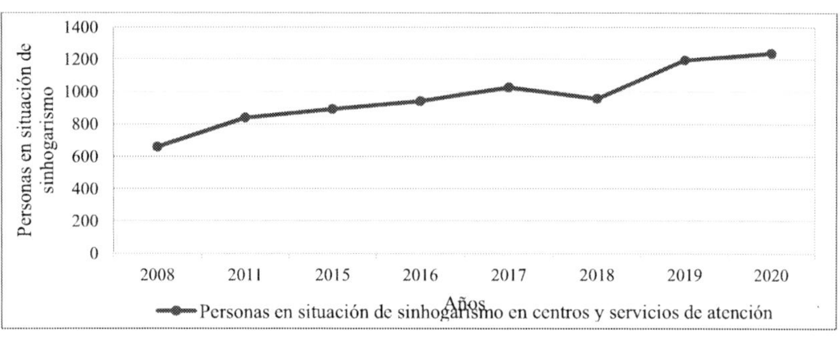

Fuente: elaboración propia con base a los datos de Arrels Fundación (2008-2020)[647].

et al. VII Recuento Nocturno de Personas sin hogar en la ciudad de Madrid, 2014, pp. 50-54. Recuperado de: https://www.madrid.es/UnidadesDescentralizadas/IgualdadDeOportunidades/SamurSocial/NuevoSamurSocial/ficheros/DATOS%20VII%20RECUENTO.pdf (Consultado el 03 de septiembre de 2020); MUÑOZ, M., SÁNCHEZ MORALES, Mª. R. y CABRERA, P. J. *Informe VIII recuento de personas sin hogar en Madrid*, 2017, pp. 26-44. Recuperado de: https://www.madrid.es/UnidadesDescentralizadas/SamurSocial/NuevoSamurSocial/ficheros/INFORME%20FINAL%20RECUENTO%202016.pdf (Consultado el 1 de febrero de 2020); MUÑOZ, M., SÁNCHEZ MORALES, Mª.R. y CABRERA, P. J. *Informe IX recuento de personas sin hogar en Madrid*, 2018, pp. 29-30. Recuperado de: https://www.madrid.es/UnidadesDescentralizadas/IntegracionyEmergenciaSocial/SAMUR%20Social/ficheros/INFORME%20RECUENTO%202018_FINAL.pdf (Consultado el 1 de febrero de 2020).

647 ARRELS FUNDACIÓ. La vulnerabilidad de las personas que viven en las calles de Barcelona, *Op. Cit.*, p. 25; ARRELS FUNDACIÓ. Persones sense llar a Barcelona. Qui són i com són de vulnerables? Cens 2017, *Op. Cit.*; ARRELS FUNDACIÓ. "Censo de personas que viven en la calle en Barcelona, 2018", *Op. Cit.*; ARRELS FUNDACIÓ. Censo de personas que viven en la calle en Barcelona, 2019, *Op. Cit.*

Figura nº 15. Gráfico lineal sobre la evolución de la cifra de personas en situación de sinhogarismo que pernoctan en las calles de Madrid (años 2006-2020)

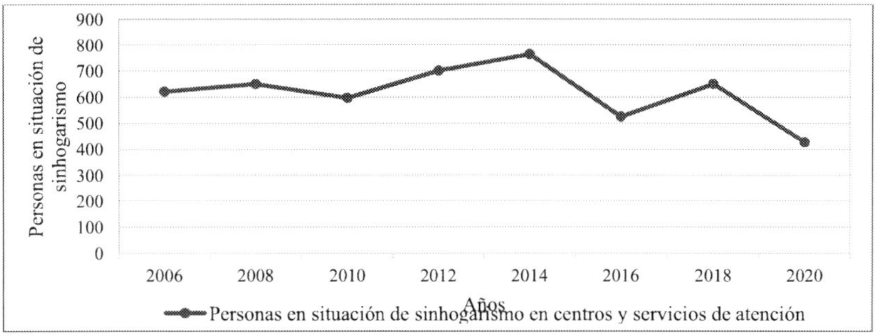

Fuente: elaboración propia con base a los recuentos nocturnos realizados en la ciudad de Madrid[648]

Finalmente, se elaboró un gráfico de barras aunando los datos recolectados con la cifra de su último recuento (ver figura nº 16). Se destaca que Barcelona registró una mayor cuantía —aunque es preciso tener en cuenta que presenta datos actualizados y dedica muchos esfuerzos a la realización de recuentos nocturnos con el fin de que abarquen la totalidad de sujetos que pernoctan en el espacio público—. En el segundo puesto se situó Valencia y en el tercero el País Vasco, con una cifra muy cercana a la ciudad de Madrid. En el extremo contrario, se encontraron Cartagena y Valladolid.

---

648 El perfil se mantuvo durante los años analizados, siendo un hombre, con una edad media de 47 años, y extranjero —pero en el año 2020 muchos de ellos no pudieron ser identificados—. ACCIÓN EN RED MADRID y SOLIDARIOS. *Recuento de personas en situación de calle en Madrid, Op. Cit.*; MUÑOZ *et al. VII Recuento Nocturno de Personas sin hogar en la ciudad de Madrid, Op. Cit.*; MUÑOZ, M., SÁNCHEZ MORALES, Mª. R., y CABRERA, P. J. *Informe VIII recuento de personas sin hogar en Madrid, Op. Cit.*; MUÑOZ, M., SÁNCHEZ MORALES, Mª.R. y CABRERA, P. J. *Informe IX recuento de personas sin hogar en Madrid, Op. Cit.*

Figura nº 16. Gráfico de barras sobre los sin techo en las diferentes ciudades, provincias y CC.AA. de España

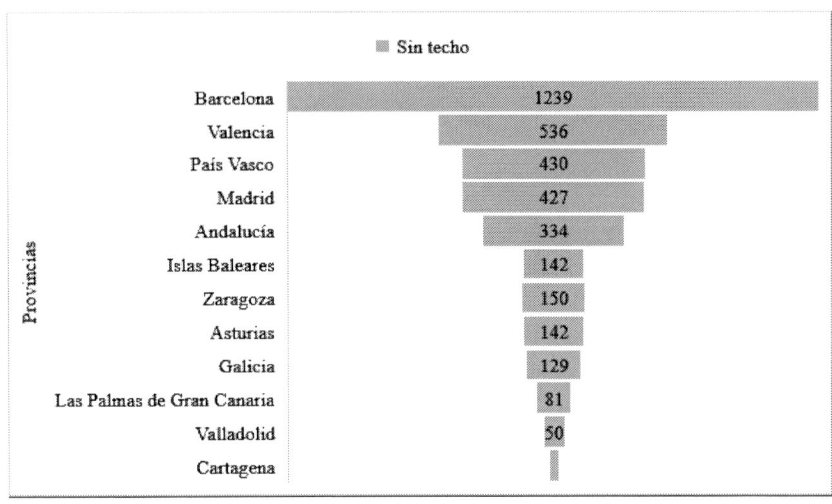

Fuente: elaboración propia con base a las fuentes consultadas en la investigación

1.4. Limitaciones y conclusión

La cuantificación del sinhogarismo es un reto, por ello, numerosas dificultades han sido enfrentadas. La primera reside en la ausencia de uniformidad en su contabilización, tanto a nivel internacional[649] como nacional. Algunos territorios registran los sujetos que pernoctan en la calle de forma estricta, esto es, los sin techo, mientras que otros incluyen los que se sitúan en la categoría sin vivienda.

A nivel mundial es muy difícil realizar una comparativa, especialmente, con los países en vías de desarrollo, debido a que la fiabilidad de las estadísticas es más baja. En el ámbito europeo también resulta una ardua tarea por la diversidad de metodologías y enfoques adoptados, las instituciones y/o actores que recogen los datos y los territorios que abarcan, que se consolidan como los tres factores fundamentales que determinan el alcance del recuento. En síntesis, no existe unanimidad de metodologías y/o categorizaciones.

---

649 Con la excepción de los países nórdicos.

En la misma línea que el párrafo anterior, a pesar de que algunos países hacen referencia las tipologías ETHOS, estos difieren en la inclusión/exclusión de las categorías que lo componen. Si bien los sin techo son el grupo más contabilizado, especialmente los que se hayan en la categoría ETHOS 1, es decir, los *rough sleepers*[650]. También las investigaciones hacen alusión a diferentes periodos temporales y en algunos países no existen datos oficiales o, por el contrario, estos datan de años atrás, así pues, no representan la realidad actual. Con base a lo expuesto, una dinámica recurrente es acudir a estimaciones realizadas por ONGs, razón por la que estas han sido incluidas en la presente investigación.

Otra limitación es la falta de estadísticas oficiales. Algunas naciones son reticentes a registrar los datos sobre sinhogarismo debido a que cifras altas son valoradas negativamente. Por este motivo, algunos países y/o ciudades tratan de ocultarlo[651], justificándolo, en ocasiones, por las dificultades en su medición[652]. No obstante, existen países que, con mayor o menor periodicidad y detalle, ofrecen estos datos, llevando a cabo buenas prácticas. Entre ellas, se destaca: el recuento de PSSH en función de las tipologías establecidas, ya sea a nivel mundial, por ejemplo, Brasil, o europeo, como los países nórdicos; y la adopción de metodologías que alcanzan todos los individuos, una muestra es el recuento de Gante (ciudad belga perteneciente a la región de Flandes).

---

650 Y así lo expuso la investigación de Teller y Bush-Geertseman que abarcó más de 24 países europeos. DRILLING, M. *Measuring Homelessness by City Counts – Experiencies from European Cities*, *Op. Cit.*, pp. 92-94; TELLER, N. y BUSCH-GEERTSEMAN, V. *State of the art: definitions and methods. Results of a survey in 24 European Countries.* Webinar Series Measuring Homelessnes in Europe, 25 de febrero de 2021. Recuperado de: https://drive.google.com/file/d/1GGzufvZAynWY2SOXhjwVw52LSfxzsgxl/view (Consultado el 2 de julio de 2021).

651 Un ejemplo es Moscú. Su gobierno ha reportado 10 000 PSSH mientras que organismos no oficiales revelan que existen más de 100 000 atendiendo a los últimos datos. Esto se debe al fuerte estigma que existe. THE BORGEN PROJECT. *The social stigma of homelessness in Russia*, 2020. Recuperado de: https://borgenproject.org/stigma–of–homelessness–russia/ (Consultado el 28 de junio de 2021).

652 En este punto, también se podría destacar que en muchos países se criminaliza la pobreza, ya sea a un mayor o menor nivel. DRILLING, M. *Measuring Homelessness by City Counts – Experiencies from European Cities*, *Op. Cit.*, pp. 89-90.

En conclusión, la metodología utilizada es clave[653], tanto en la realización del análisis longitudinal como en la comparación con otros territorios. Por lo tanto, en el ámbito autonómico y local no se pudo realizar una comparativa, dada la diversidad de técnicas empleadas, definiciones de sinhogarismo adoptadas y años seleccionados. Igualmente, existen otros motivos relacionados con el colectivo, por ejemplo, que muchos individuos no quieren ser encontrados y, por ende, evaden registros oficiales e, incluso, no oficiales. Así, la ocultación podría ser catalogada como la tercera dificultad. A pesar de ello, el objetivo propuesto ha sido cumplido, ya que se ha desarrollado una aproximación de la cifra de PSSH y, más específicamente, de los sin techo en el territorio español.

---

653 En este punto, los *city count*, *street count* y *rough-sleepers count* se han popularizado en muchas ciudades, tanto a nivel nacional como internacional, en los últimos años. La tercera técnica suele incluir la primera, pero esta trata de llegar a un colectivo más amplio. En efecto, los *city count* otorgan, normalmente, cifras puntuales de los recuentos, indicando el día, la hora y el lugar, pero sin estudiar las fluctuaciones. En este tipo de recuentos, las personas de fácil acceso y los que han experimentado largos periodos de sinhogarismo —conocidos como *permanent homelessness*— suelen estar sobrerrepresentados en detrimento de las personas que entran y salen de los refugios de forma constante, las personas que experimentan esta situación por un periodo de tiempo breve y los sujetos que se encuentran en lugares donde estos registros no llegan. Igualmente se corre el riesgo de no cubrir de igual modo a todos los grupos. Véase el sinhogarismo oculto que se observa en las mujeres, y es que se ha demostrado que muchas de ellas se esconden. Ahora bien, un aspecto positivo de combinar las fuentes oficiales —como los censos— con los recuentos es que se obtiene una cifra más representativa de la realidad. Cada vez más ciudades utilizan ambas estrategias debido a que recogen en sus estudios las personas que pernoctan en los albergues —obteniendo estos datos, habitualmente, de fuentes oficiales— y las que lo hacen en espacios públicos —a través de los recuentos realizados por ONGs, utilizando las metodologías que se exponen al inicio del párrafo—. Algunos ejemplos son Brasil, Paris, Francia, Bruselas, São Paulo, Madrid o Barcelona. En alusión a Bruselas o Barcelona, estas obtienen la cifra de PSSH de los registros de centros de alojamiento y recuentos, bianuales en el caso de la primera y anuales en la segunda, a través de la observación. DRILLING, M. *Measuring Homelessness by City Counts – Experiencies from European Cities*, *Op. Cit.*, pp. 84-91.

2. APROXIMACIÓN A LA CRIMINALIZACIÓN Y VICTIMIZACIÓN APORÓFOBA EN ESPAÑA. UNA REVISIÓN SISTEMÁTICA EXPLORATORIA (AÑOS 2015-2020)

Una vez se ha aproximado el conocimiento al colectivo objeto de estudio, se inicia el análisis del Derecho penal de la aporofobia en sus dos vertientes. Aunque la aporofobia institucional parece, a primera vista, relacionada exclusivamente con los procesos de criminalización, ya sea administrativa o penal en *strictu sensu*, si se atiende al desmantelamiento del Estado de Bienestar, con el aumento del riesgo y de la vulnerabilidad de los sujetos que implica, se puede corroborar que esta se encuentra ligada, de igual modo, a los delitos que sufren por su situación de extrema pobreza.

Como explicó Galtung, la violencia institucional —debidamente introducida en el primer capítulo— se halla estrechamente unida a la violencia cultural y directa, por ende, considero fundamental estudiar: por un lado, si la aplicación del sistema penal contribuye al mantenimiento de la estructura aporófoba a la que asistimos a través de la criminalización de las PSSH. Ahora bien, como medir la criminalización es una ardua tarea (sobre todo, en el diseño de la metodología), se atenderá, como aproximación, a la autoría delictiva de las PSSH[654]; y, por el otro, los incidentes discriminatorios y los delitos que experimentan las PSSH por su situación de extrema pobreza. Como ya se ha puesto de manifiesto, para la prevención del crimen y un desarrollo más adecuado de las leyes penales es necesario conocer la realidad; y sobre la aporofobia existe un desconocimiento que debe ser salvado

2.1. Estado de la cuestión y objetivo

La aporofobia, pese a ser conceptualizada hace más de veinte años, no ha encontrado eco en nuestra sociedad hasta el 2017, momento en el cual diversos investigadores/as e instituciones pusieron

---

[654] La criminalización y sobrecriminalización serán objeto de una investigación posterior.

el foco en este fenómeno[655]. A pesar de sus esfuerzos, el desconocimiento de la incidencia de la aporofobia en el colectivo de PSSH continúa presente en el territorio español. Así lo han destacado autores/as, como García Domínguez[656] o Bustos Rubio[657], y ONGs, por ejemplo, Rais Fundación[658].

En España, no se ha realizado ninguna revisión —incluyendo los 14 tipos desarrollados por Grant y Booth[659]— que aborde la aporofobia que sufren las PSSH[660] en sus dos vertientes: la autoría delictiva, con la consecuente criminalización y/o sobrecriminalización de la pobreza que se produce en muchas ocasiones, así como la victimización penal por motivación aporófoba (delitos de odio aporófobos)[661].

---

655 Para ampliar la información ver la Introducción.

656 GARCÍA DOMÍNGUEZ, I. *La aporofobia en el sistema penal español: especial referencia al colectivo de personas sin hogar, Op. Cit.*

657 BUSTOS RUBIO, M. *Aporofobia y delito. La discriminación socioeconómica como agravante (art. 22,4º CP.), Op. Cit.*

658 RAIS FUNDACIÓN. *"Muchas preguntas, algunas respuestas", Op. Cit.*

659 GRANT, M.J y BOOTH, A. "A typology of reviews: an analysis of 14 review types and associated methodologies" en *Health Information & Libraries Journal*, vol. 26, nº 2, 2009, pp. 91-108.

660 El colectivo de análisis son las PSSH, pero la atención se centra en los sujetos que desarrollan la mayor parte de su vida en la calle debido a su alta vulnerabilidad, entre otros motivos, por su constante exposición al riesgo.

661 En los estudios empíricos habitualmente se hace referencia a las victimizaciones penales por motivación aporófoba como delitos de odio aporófobos (o delitos aporófobos). Esto se debe a que se acogen a la definición desarrollada por la Organization for Security and Co-operation in Europe (Organización para la Seguridad y la Cooperación en Europa, OSCE) en el año 2003, referente a nivel internacional, que versa *"(A) Cualquier infracción penal, incluyendo infracciones contra las personas o las propiedades, donde la víctima, el local o el objetivo de la infracción se elija por su, real o percibida, conexión, simpatía, filiación, apoyo o pertenencia a un grupo como los definidos en la parte B; (B) Un grupo debe estar basado en una característica común de sus miembros, como su raza real o perceptiva, el origen nacional o étnico, el lenguaje, el color, la religión, el sexo, la edad, la discapacidad intelectual o física, la orientación sexual u otro factor similar"*. Así, se entiende que un delito de odio es una infracción penal cometida con una motivación prejuiciosa, que difiere de la concepción de delito de odio de la legislación penal española que se restringe al artículo 510 del CP. Ahora bien, teniendo en cuenta que delito de odio es la terminología que se utiliza en los datos oficiales y en las investigaciones extraoficiales, en esta segunda parte de estudios empíricos también será empleada. Citado en MOVIMIENTO CONTRA LA INTOLERANCIA. *Cuadernos de análisis nº 36. Leyes de delitos de odio, una guía*

Ante la ausencia de revisiones sobre la incidencia del fenómeno descrito en el territorio nacional español[662] y la importancia de desvelar su incidencia para la protección de este colectivo vulnerable, se llevó a cabo una revisión sistemática exploratoria[663] (RSE de aquí en adelante), más conocida por su término en inglés *scoping review*.

El objetivo de la RSE es mapear la evidencia empírica disponible sobre la autoría delictiva y la victimización aporófoba del colectivo de personas en situación de sinhogarismo en España en el periodo temporal 2015-2020[664]. La preguntas que guiaron la investigación

---

práctica, p. 8. Recuperado de: http://www.movimientocontralaintolerancia.com/html/cuadernosAnalisis/cuadernos_analisis.asp (Consultado el 25 de julio de 2020).

662 La búsqueda se ha realizado el día 16 de septiembre de 2021 en las bases de datos *Dialnet, Scopus, Web os Science* (WOS de aquí en adelante), *Proquest* y *Google Scholar*. Las palabras claves utilizadas han sido "revisión", "aporofobia", "sinhogarismo" y "delito" con diferentes combinaciones, pero siempre incluyendo las dos primeras citadas. No se ha establecido ningún límite con relación al periodo temporal. A pesar de que no han existido resultados sobre el objeto de estudio se destacan dos que se aproximan. El primero de ellos es una revisión sistemática bibliográfica que establece como fin conocer la literatura existente sobre el término aporofobia en español, por lo que difiere en dos aspectos fundamentales: el objeto de estudio y la tipología de las investigaciones recabadas. Mientras que en la revisión mencionada la finalidad principal fue conocer el concepto de aporofobia a través de la bibliografía, la presente investigación versa sobre la aporofobia que sufre el colectivo de PSSH en el ámbito penal, siendo las unidades de análisis estudios empíricos que cuantifiquen la temática. El segundo es una revisión ejecutada en Perú, es decir, varía en el contexto, por ende, las diferencias sociodemográficas, culturales y económicas entre ambos países no permiten establecerla como referencia. ENCISO, R.S.P y MAMANI, O.A. "Aporophobia in the context of Peruvian society: a review" en *Noesis-Revista de Ciencias Sociales y Humanidades*, vol. 29, nº 58, 2020; RAMAS NAVAS, M. "Una aproximación a la aporofobia". Trabajo de fin de grado presentado en la Universidad de Jaén, 2019. Recuperado de: http://tauja.ujaen.es/bitstream/10953.1/12875/1/TFG%20Rama%20Navas%2c%20Marta.pdf (Consultado el 8 de octubre de 2021).

663 Algunos autores defienden que el término sistemático no debería ser utilizado alegando que es una característica que todas las investigaciones deberían presentar. Independientemente de lo descrito, también exponen el gran poder de las revisiones sistemáticas. GOUGH, D. "Qualitative and mixed methods in systematic reviews" en *Systematic Reviews*, 2015, nº 4, 2015, pp. 1-3.

664 Los objetivos, los criterios de inclusión y los métodos de análisis de esta revisión se especificaron previamente y se documentaron en un protocolo —acceso no

fueron: ¿Cuántos y cuáles son los estudios empíricos que se han efectuado en España con el fin de cuantificar la autoría delictiva y la victimización de las PSSH en el periodo temporal 2015-2020?[665], ¿cómo de extenso es el conocimiento de la autoría delictiva y la victimización penal por motivación aporófoba de las PSSH en el periodo temporal 2015-2020? y ¿cuántos y cuáles son los análisis jurisprudenciales que han registrado la autoría delictiva de las PSSH y/o la victimización por motivación aporófoba de las PSSH en el periodo temporal 2015-2020?

2.2. Metodología

La aporofobia que sufren las PSSH en el ámbito penal se constituye como un área de investigación emergente en España. Los estudios empíricos que han contabilizado la autoría delictiva y la victimización por motivación aporófoba de las PSSH en el territorio español son escasos, poseyendo una naturaleza compleja y heterogénea. Por estas razones, se ha seleccionado la RSE[666] como método de investigación exploratorio con el fin de identificar lagunas

---

disponible en línea—. Estos documentos pueden ser solicitada a la investigadora a través del correo: isabelgarciadominguez@usal.es

665 Aunque el fin último de la investigación es analizar la existencia de criminalización de la pobreza y de la sobrecriminalización, este no puede alcanzarse sin el estudio previo de la autoría delictiva.

666 Este método, desarrollado en el año 2005 por los miembros del Instituto *Joanna Briggs* —en conjunto con otros cinco investigadores pertenecientes a centros colaboradores—, ha aumentado su popularidad a partir de 2012. Asimismo, pese a que las revisiones sistemáticas han sido mayormente utilizadas en el campo de las ciencias naturales, es igualmente adecuada para sintetizar el conocimiento sobre temáticas de otras áreas. Es más, en los últimos años se pueden observar ejemplos en la disciplina criminológica, véase *A Scoping Review of Serial Homicide Geographic Mobility Literature and Four Typologies* de Comerford, así como en el ámbito del sinhogarismo, *Outcomes Associated with Providing Secure, Stable, and Permanent Housing for People Who Have Been Homeless: An International Scoping Review* de Carnemolla y Skinner, sendos del año 2021. MICAH D.J, P. *et al.* "Guidance for conducting systematic scoping reviews" en *International Journal of Evidence-Base Healthcare*, vol. 13, nº 3, 2015, pp. 141-146; PETERS, M. *et al.* "Chapter 11: Scoping reviews" en JBI Manual for Evidence Synthesis (Aromataris y Munn, eds.), 2020. Recuperado de: https://synthesismanual.jbi.global; (Consultado el 8 de octubre de 2021).

en la literatura y trazar un esquema de la evidencia disponible[667]. Además, es una herramienta que otorga reconocimiento —un elemento más que necesario con relación a la aporofobia—, provee un entendimiento más comprensivo de una investigación más amplia —como es el caso— y posibilita efectuar recomendaciones en estudios futuros —que son de gran utilidad—[668].

Esta revisión cumple 18 de los 27 ítems de la PRISMA *Extension for Scoping Reviews*[669]. La elaboración se produjo siguiendo las 5 eta-

---

667 A pesar de la incorporación de la evidencia cuantitativa, cualitativa y/o mixta disponible, es importante diferenciar las RSE de la revisión de métodos mixtos —más conocida como *mixed methods review*— en los cuales se pretende resolver una pregunta de investigación basada en la síntesis de la evidencia de los tipos de estudios mencionados. En la RSE no se realiza una evaluación formal de la calidad metodológica de los estudios, a diferencia de la revisión de métodos mixtos que sí lo incluye. El fundamento radica en el propósito de la RSE, esto es, conocer la evidencia empírica sobre la materia, por lo que dicha evaluación no sería congruente con su fin. No obstante, es ineludible elaborar un protocolo con unos objetivos y métodos definidos. PETERS, M. *et al.* "Chapter 11: Scoping reviews", *Op. Cit.*

668 Una de las limitaciones señaladas es que PROSPERO (*The international prospective register of systematic reviews administered by the University of York's Centre for Reviews and Dissemination*, lo que se traduce como *El registro internacional prospectivo de revisiones sistemáticas administrado por el Centro de Revisiones y Difusión de la Universidad de York*) no las admite en el registro de sus bases de datos, pero algunas excepciones han sido efectuadas recientemente. Asimismo, como esta metodología excluye la evaluación de la calidad de las investigaciones, sus conclusiones no deben ser interpretadas como definitivas, sino más bien como un reporte del estado actual de la evidencia. NATIONAL INSTITUTE FOR HEALTH AND RESEARCH. *PROSPERO International prospective register of systematic reviews, University of York*. Recuperado de: https://www.crd.york.ac.uk/prospero/#sub_scoping (Consultado el 16 de septiembre de 2021); PETERS, M. *et al.* "Chapter 11: Scoping reviews", *Op. Cit.;* KASTNER, M. "Conceptual recommendations for selecting the most appropriate knowledge synthesis method to answer research questions related to complex evidence" en *Journal of Clinical Epidemiology*, vol. 73, 2016, pp. 44-47.

669 Los ítems 13, 15, 16, 22 y 23 no se aplican a las RSE, los 12 y 19 no son apropiadas, y los 27 y 2 tampoco se ajustan a la investigación propuesta. TRICCO, A.C *et al.* "PRISMA Extension for Scopis Reviews (PRISMA-ScR): Checklist and Explanation" en *Annals of Internal Medicine*, 2018. Recuperado de: https://www.acpjournals.org/doi/full/10.7326/M18-0850?journalCode=aim (Consultado el 10 de septiembre de 2021).

pas originales desarrolladas por Arksey y O'Malley en el año 2005[670], atendiendo a las 9 fases desarrolladas por Peters *et al*[671].

La estrategia de búsqueda —redefinida a través de múltiples intentos— incluyó los siguientes criterios: (1) *tipos de participantes:* las personas en situación de sinhogarismo mayores de edad[672] y, más específicamente, que viven a la intemperie y/o pernoctan en alojamientos de emergencia, pero no tienen un lugar habitual de residencia, que se corresponden con la categoría sin techo según la tipología ETHOS 1 y 2. No obstante, a causa de la emergente evidencia científica, así como de las dificultades de categorizar a estos sujetos, se amplió la búsqueda a las personas que se alojan en albergues, ya sea de forma temporal o a largo plazo, con el fin de obtener una mayor evidencia científica, sobre todo, por la imposibilidad de obtener certeza sobre su correspondencia. En suma, el objeto de estudio son las PSSH sin techo —de forma prioritaria— y las PSSH que pernoctan en establecimientos destinados a este colectivo (categoría ETHOS 3); (2) *conceptos*: la autoría delictiva de las PSSH, es decir, los sujetos pertenecientes al colectivo de sinhogarismo que han cometido delitos y/o infracciones procedentes del Derecho administrativo sancionador; y PSSH que hayan sido víctimas de incidentes discriminatorios y/o delitos de odio por motivación aporófoba, esto es, PSSH victimizadas por su empobrecimiento extremo. En ambos se admiten diferentes fuentes

---

670 Estas son: (1) elaborar la/s pregunta/s de investigación; (2) identificar estudios relevantes; (3) seleccionar los estudios; (4) tabular los resultados; y (5) cotejar, resumir y reportar los datos. ARKSEY, H y O'MALLEY, L. "Scoping studies: towards a methodological framework" en *International Journal of Social Research Methodology*, vol. 8, nº 1, 2005, pp. 19-25.

671 Las fases propuestas son: (1) definir y ajustar el/los objetivo/s y la/s pregunta/s de investigación; (2) definir y ajustar la inclusión de los criterios con el/los objetivo/s y la/s pregunta/s; (3) describir el enfoque planeado para obtener la evidencia en la búsqueda y la selección; (4) buscar la evidencia; (5) seleccionar la evidencia; (6) extraer la evidencia; (7) graficar la evidencia; (8) resumir la evidencia con relación a el/los objetivo/s y la/s pregunta/s; y (9) consultar la información de científicos y otros expertos. PETERS, M. *et al.* "Chapter 11: Scoping reviews", *Op. Cit.*, p. 10.

672 Se excluye a los menores debido a que implican el estudio de un ámbito que difiere del objeto de estudio y que, habitualmente, se relaciona con la inmigración, véase los MENA —menores extranjeros no acompañados—.

de procedencia, como los registros de las FFCCS o los testimonios de las PSSH; (3) *contexto*: el territorio español en el periodo temporal 2015-2020; (4) *tipos de recurso*: investigaciones empíricas[673] en español[674] realizadas por organismos oficiales, ONGs o investigadores independientes[675].

Las bases de datos seleccionadas han sido *Dialnet* y *Proquest*, complementadas con búsquedas en *Google Scholar*. Las palabras claves utilizadas: "aporofobia", "persona sin hogar"[676], "víctima", "autor", "delito", "delito de odio" y "revisión jurisprudencial". Las búsquedas fueron realizadas por la autora de la investigación el día 16 de septiembre del año 2021, de acuerdo con las estrategias desarrolladas por la autora[677].

2.3. Resultados

Las bases de datos recuperaron 344 resultados —183 hallados en *Dialnet*, 15 en *Proquest* y 146 en *Google Scholar*— de los cuales 20 fueron seleccionados. Después de la eliminación de los duplicados la muestra se redujo a 11, y finalmente a 3 con la aplicación de los criterios de inclusión y exclusión, ya que 7 no respondían a un estudio empírico y/o revisión jurisprudencial y el restante no hacía alusión a la motivación del delito por razón aporófoba.

---

673 Con metodologías cuantitativas, cualitativos o mixtas.

674 Así como en las lenguas oficiales del territorio: catalán, valenciano, gallego, euskera y aranés.

675 Se prestó especial atención a las revisiones jurisprudenciales y se excluyeron las noticias de prensa de los periódicos.

676 No se estableció el término "persona en situación de sinhogarismo" porque ha sido escasamente utilizado en la literatura.

677 Estas y sus resultados se pueden solicitar a la autora a través del correo: isabelgarciadominguez@usal.es.

Figura nº 17. Diagrama de flujo

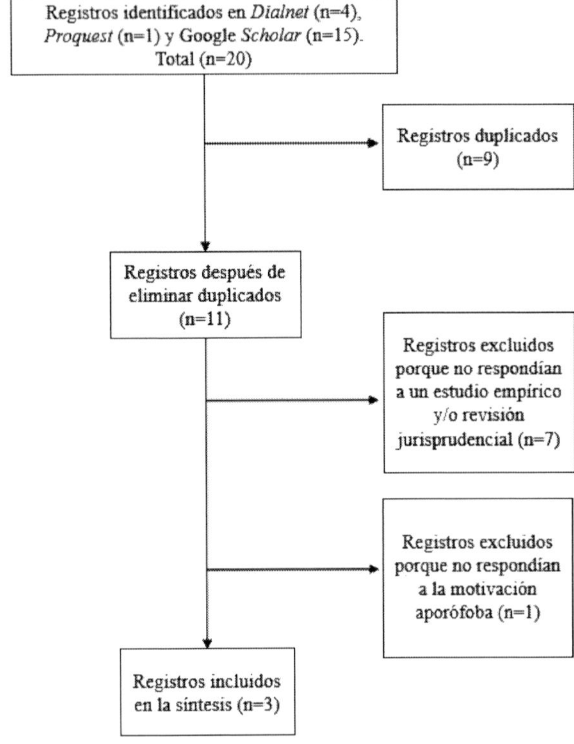

Fuente: elaboración propia con base al PRISMA-SCR[678].

En la selección de los resultados se atendió al título del trabajo y, especialmente, al resumen. Los requisitos fundamentales para su recopilación atienden a los criterios descritos, es decir, debían versar sobre el colectivo de PSSH y hacer alusión a la autoría delictiva y/o a la victimización por motivación aporófoba. De forma posterior, se comprobaba que proporcionase datos a través de estudios primarios o del análisis de la jurisprudencia correspondiente con el objeto de

---

678 TRICCO, A.C *et al.* "PRISMA Extension for Scopis Reviews (PRISMA-ScR): Checklist and Explanation", *Op. Cit.*

estudio (vertiente empírica), por ello, las revisiones bibliográficas fueron desechadas, aunque versasen sobre estudios secundarios.

Otro requisito fue que el término "sin hogar" debía reflejarse, al menos, en el resumen, pese a que lo ideal era que apareciera en el título. En la inclusión/exclusión de las investigaciones que suscitaban dudas a través del título y del resumen, se procedió a analizar la metodología de la investigación y el esquema. La motivación aporófoba también se consideró un requisito ineludible en su selección. En el periodo temporal, se observó que su publicación se situase entre el año 2015 y el 1 de septiembre de 2021, debido a que estudios basados en el año 2020 o anteriores podían haber sido publicados con posterioridad y con relación al contexto se aceptó la referencia a cualquier territorio español. Por último, acerca del tipo de participantes, se revisó que, al menos, hiciese alusión al grupo de sin techo, pese a que englobase categorías más amplias.

Los resultados seleccionados han sido tres publicaciones (ver tabla nº 5), dos que datan de 2020 y una de 2019. En todos ellos, se encuentra la expresión "persona sin hogar" en el título. En los dos más recientes, también se incluye la palabra aporofobia y, en el tercero, esta se contempla en las palabras clave. El idioma español converge en todos los estudios y el contexto es nacional en la publicación número 1 y local en los restantes —abarcando grandes ciudades españolas el número 3—. Las investigaciones número 1 y 3 presentan una revisión bibliográfica considerable y datos empíricos, el primero de ellos a través de un análisis jurisprudencial y el segundo por la realización de un estudio empírico empleando la técnica de la entrevista en profundidad. Por el contrario, el restante, que se circunscribió a la ciudad de Salamanca, empleó una metodología cualitativa utilizando la entrevista semiestructurada.

Los tipos de participantes difieren en los 3 estudios (ver tabla nº 5). En el primero, no se determina con exactitud el concepto de PSSH debido a que se refiere al acogido por los tribunales[679]. En el segundo estudio, las entrevistas se realizan a personas residentes en 2 albergues de Salamanca con un pasado de sinhogarismo en la calle.

---

[679] Por ello, se configura como una línea de investigación futura.

Respecto al último, la muestra se obtuvo de rutas de calle y centros de día de baja exigencia, así como en alojamientos de corta y larga estancia, correspondientes con las categorías sin techo y sin vivienda de acuerdo con la tipología ETHOS.

Tabla nº 5. Clasificación de los resultados seleccionados y sus características (I)

Nº	Título de la publicación	Año de publicación	Idioma	Contexto geográfico	Tipo de estudio y análisis de los datos[680]
1	La aporofobia en el sistema penal español: especial referencia al colectivo de personas sin hogar	2020	Español	Nacional	Revisión bibliográfica + revisión jurisprudencial. Análisis mixto
2	Aporofobia: una investigación cualitativa al colectivo de personas sin hogar en Salamanca	2019	Español	Local: Salamanca	Estudio empírico: investigación cualitativa y entrevista semiestructurada. Análisis cualitativo
3	Los delitos de odio contra las personas sin hogar	2015	Español	Local: las ciudades de Madrid (con los municipios de Alcobendas y Móstoles), Barcelona, Bilbao, Murcia, San Sebastián y Sevilla	Revisión bibliográfica + estudio empírico: investigación cualitativa y entrevistas en profundidad. Análisis mixto

Fuente: elaboración propia con base a los resultados obtenidos en la investigación

En cuanto a la autoría delictiva de las PSSH (ver tabla nº 6), tan sólo el estudio que data de 2020 otorgó información sobre este aspecto, reflejando los delitos por los cuales habían sido condenados y concluyendo que las PSSH cometen en su mayoría crímenes de

680 Diferenciándose entre revisión bibliográfica; estudio empírico: haciendo alusión a la metodología cuantitativa, cualitativa o mixta adoptada y al instrumento de investigación utilizado; y revisión jurisprudencial. En cuanto al análisis de datos, las categorías son: cuantitativo, cualitativo o mixto.

escasa transcendencia, por ejemplo, el hurto[681]. Los dos restantes otorgan información sobre incidentes y delitos aporófobos, aunque el más robusto es el número 3 debido a que la muestra es significativamente superior y aplica análisis estadísticos para obtener las conclusiones. La tasa de victimización por motivación aporófoba ha sido de un 75,0% en el estudio cualitativo —en alusión al periodo temporal 2013-2018— y de un 47,1% en las entrevistas en profundidad —con referencia a toda su historia de sinhogarismo—[682], destacándose que más de un 80% había sido victimizado en más de una ocasión.

---

681 Este trabajo también presenta una revisión bibliográfica exhaustiva sobre los datos disponibles de victimización aporófoba en España, pero las fuentes son secundarias.

682 Lo que se corresponde con 7 y 114 víctimas respectivamente.

Tabla nº 6. Clasificación de los resultados seleccionados y sus características (II)

Nº	Título	Tipos de participantes[683]	Información sobre la autoría delictiva de las PSSH[684]	Información sobre la victimización por motivación aporófoba de las PSSH[685]	Año de ejecución, muestra y periodo temporal analizado[686]
1	La aporofobia en el sistema penal español: especial referencia al colectivo de personas sin hogar	Se ajustan al concepto utilizados por los tribunales	Sí, hace alusión únicamente a los delitos	Sólo a través de la revisión bibliográfica	2019; más de 50 sentencias*; 2016-2019 (sólo los primeros meses)*
2	Aporofobia: una investigación cualitativa al colectivo de personas sin hogar en Salamanca	Residentes en albergues de PSSH	No	Sí, incidentes y delitos	2018; 8 PSSH; los últimos cinco años, es decir, de 2013 al 2018
3	Los delitos de odio contra las personas sin hogar	PSSH sin techo y sin vivienda	No	Sí, incidentes y delitos	Diciembre de 2014-abril de 2015; 261 PSSH; no delimitado

Fuente: elaboración propia con base a los resultados obtenidos en la investigación

683 En este punto, se trata de identificar la categoría de PSSH, prestando especial atención a los sin techo y a los sin vivienda.

684 La pregunta efectuada es: ¿el estudio proporciona investigación sobre la autoría delictiva de las PSSH? Las respuestas son sí y no, y se expresa brevemente que tipo de información otorga atendiendo al concepto de autoría delictiva desarrollado en los criterios de la estrategia de búsqueda.

685 La dinámica expresada en el ítem anterior se reitera en alusión a la victimización por motivación aporófoba. Esto es, ¿el estudio proporciona resultados sobre la victimización por motivación aporófoba de las PSSH? Las respuestas son sí y no, y se expresa brevemente que tipo de información otorga atendiendo al concepto de victimización por motivación aporófoba desarrollado en los criterios de la estrategia de búsqueda.

686 El año de ejecución se refiere al momento temporal en el cual se realizó el estudio empírico y el análisis jurisprudencial, mientras que la muestra hace referencia a la cifra de objeto de estudio, es decir, sentencias en el caso del estudio número uno, y PSSH en los restantes. Por último, el periodo temporal analizado alude la publicación de las sentencias y al rango de tiempo por el cual se le preguntó por la victimización a las PSSH.

2.4. Discusión, limitaciones y conclusión

El objetivo de la RSE ha sido alcanzando. Se han recuperado 3 publicaciones que otorgan evidencia empírica sobre la autoría delictiva y victimización aporófoba del colectivo de personas en situación de sinhogarismo en España en el periodo temporal 2015-2020[687]. Tan sólo un estudio establece entre sus objetivos cuantificar la autoría delictiva de las PSSH a través de un análisis jurisprudencial, abarcando más de 50 sentencias. La conclusión fue que son condenadas por delitos de escasa lesividad. En cambio, son 2 las publicaciones que estudian la victimización por motivación aporófoba dentro de los años objeto de estudio, existiendo 7 víctimas en Salamanca y 114 en las localidades de Madrid (incluyendo Móstoles y Alcobendas), Barcelona, Bilbao, Murcia, San Sebastián y Sevilla.

De todo ello, se puede inferir que, el conocimiento sobre el objeto de estudio no es extenso, sino todo lo contrario, escaso e insuficiente. Si bien es más común el análisis de las PSSH como víctimas por motivación aporófoba, estos resultados no son generalizables y deben ser interpretados con cautela. Además, una de las limitaciones fundamentales es que la RSE ha sido ejecutada únicamente por una investigadora[688].

La ausencia de revisiones ejecutadas de forma previa sobre la temática objeto de estudio imposibilitan la realización de una discusión más allá del contraste de los propios resultados obtenidos. Ahora bien, está claro que es necesario llevar a cabo más estudios empíricos que abarquen la autoría delictiva y la victimización aporófoba a nivel nacional, así como indagar si se han desarrollado otro tipo de investigaciones que, sin encontrarse entre sus objetivos principales cuantificar este fenómeno, otorguen luz sobre este ámbito, no sólo en todo el territorio español, sino también en las diferentes CC. AA., provincias y ciudades.

---

[687] Si es cierto que este estudio excluye las revisiones bibliográficas realizadas sobre la temática, pero el conocimiento de la realidad que subyace a este fenómeno se estableció como aspecto primordial de la presente revisión.

[688] Tampoco se ha realizado un análisis de la calidad de las investigaciones, pero este ítem se excluye del método empleado.

En conclusión, es preciso desarrollar investigaciones que indaguen con mayor profundidad el fenómeno de la aporofobia y el sinhogarismo en el ámbito penal con el fin de desvelar el sufrimiento que experimentan las PSSH en España por su situación de extrema pobreza. El colectivo de pobres, el gran olvidado a lo largo de la historia, cuando no repudiado y marginado, no solo por los gobiernos, sino también por el conjunto de la sociedad, debe ser protegido y reconocido como grupo de iguales en nuestra comunidad. Es por ello que, poner de manifiesto la victimización penal que experimentan por su situación, así como las infracciones por las cuales son sancionadas y/o condenadas, se establece como una tarea previa e ineludible.

Capítulo V
APOROFOBIA Y SINHOGARISMO EN EL SISTEMA PENAL DE BRASIL Y BÉLGICA

1. EL DERECHO COMPARADO COMO MÉTODO

La globalización, que ha transformado el mundo en un lugar cada vez más interconectado, no ha eludido el ámbito del Derecho. A pesar de la diversidad de ordenamientos jurídicos, así como de contextos políticos, económicos y socioculturales, los países habitualmente afrontan problemas similares, como el sinhogarismo y la aporofobia. Es por ello que los legisladores acostumbran a observar las medidas y soluciones de *lege ferenda* adoptadas por otros territorios, generalmente, de los que se encuentran a su alrededor y con los que comparten una identidad cultural o un espacio geográfico[689]. Si bien, la respuesta puede diferir en gran medida y es lógico atendiendo a las particularidades de cada nación, al igual que a las características del fenómeno de análisis.

En el escenario expuesto, el derecho comparado[690] —conocido como *comparative law*— ha aumentado su popularidad como método

---

689 LÓPEZ RODRÍGUEZ, A.M. "El derecho comparado en la enseñanza del derecho. Métodos y experiencias" en *Innovación docente y renovación pedagógica en derecho internacional y relaciones internacionales. El impacto de la investigación en la docencia* (Gutiérrez Castillo, coord.), Dykinson, S.L, 2021; PIETERS, D. "Functions of comparative law and practical methodology of comparing" en *Syllabus Research Master in Law*, 2009.

690 Este concepto hace alusión a la disciplina cuya finalidad es la comparación de los diferentes sistemas legales del mundo. Como método se refiere a la comparación de diferentes derechos de forma científica y sistemática, por ello, debe perseguir un objetivo de acuerdo con una metodología concreta. Si bien es cierto que existen variaciones. La vertiente más empírica versa sobre como las personas e instituciones tratan con problemas de la delincuencia, por lo que la atención se centra en la ejecución penal y en los operadores de justicia. De

en los últimos años[691] por las ventajas que presenta. Entre ellas, se destacan: mejorar y ampliar el conocimiento de los países en cuestión; desarrollar una perspectiva más profunda y crítica del objeto de estudio; además de analizar sus fortalezas y debilidades, haciendo posible, en ocasiones, que se resuelvan conflictos de carácter jurídico. También se contempla como fin último orientar al legislador, sobre todo, si se aplica desde una vertiente empírica.

Teniendo en cuenta lo anterior, se puede inferir que el derecho comparado es una herramienta crítica y adecuada en la temática de la investigación por tratar un problema social que precisa de un nuevo abordaje. Ahora bien, es preciso ir más allá del ámbito jurídico estricto. Así pues, las fases para la aplicación de este método se resumen en tres palabras: conocer, entender y comparar[692]. Los

---

hecho, este tipo de investigación parece más adecuada con los retos actuales. AMBOS, K. *Estado y futuro del derecho penal comparado* (trad. Cote Barco), Nomos, 2017, pp. 15-16.

691 Mientras que existe cierta unanimidad en la consideración del derecho comparado como método, algunos autores lo contemplan como una disciplina. No obstante, la importancia del derecho comparado como método ha sido destacada por numerosos autores en el pasado y en el presente, véase Glaner, Lambert, López Medina o Zweigert y Kötz. GLANER, S. "Method?" en *Methods of Comparative Law* (Monateri, ed.), Edward Elgar Publishing Limited, 2012, pp. 61-65; LAMBERT, E. "Conception générale, définition, méthode et histoire du droit comparé. Le droit comparé et l'enseignement du droit". Conferencia presentada en el *Congreso Internacional Droit comparé* (Francia); LÓPEZ MEDINA, D. "El nacimiento del derecho comparado moderno como espacio geográfico y como disciplina: instrucciones básicas para su comprensión y uso desde América Latina" en *Revista Colombiana de Derecho Internacional*, nº 26, 2015, pp. 124-159; LÓPEZ RODRÍGUEZ, A.M. "El derecho comparado en la enseñanza del derecho. Métodos y experiencias", *Op. Cit.*; ZWEIGERT, K., y KÖTZ, H. *Introducción al derecho comparado*, Oxford University Press, 2002, pp. 37-50.

692 Para llevarlas a cabo, es necesario poseer un profundo conocimiento del contexto socioeconómico y cultural del país, ya que, de lo contrario, corremos el riesgo de quedarnos en un análisis superficial de las leyes. En este sentido, López expresó "*no se pueden comparar sistemas, instituciones o normas sin conocer su funcionamiento, como tampoco se puede conocer tal funcionamiento si se ignora el contexto cultural, económico y jurídico de la sociedad en la que las normas, sistemas o instituciones se desenvuelven*". De modo similar, Morán destacó que para la inmersión cultural y jurídica "*nada mejor que las estancias en centro de investigación del país cuyo derecho intentamos explorar y conocer, para poder asimilarlo con*

expertos recomiendan sintetizar la información de los ordenamientos jurídicos con el fin de analizar, de forma posterior, similitudes y diferencias. Si es posible, desde una perspectiva interdisciplinar, trabajando en el lenguaje original y haciendo alusión al mismo periodo temporal[693].

A continuación, se presentan las dos primeras fases del Derecho comparado, con el fin de llevar a cabo una microcomparación empírica en una investigación futura. Los países objeto de análisis fueron Brasil y Bélgica, aunque se centrará la atención en dos de sus ciudades, São Paulo y Gante, dos territorios muy heterogéneos entre sí. El primero de ellos es una de las cinco metrópolis más grandes del mundo y presenta una desigualdad muy elevada, así como una cifra ingente de sin techo. En cambio, Gante es una ciudad europea de tamaño medio, con un nivel de vida óptimo y mucha afluencia de universitarios[694]. De acuerdo con las particularidades de cada nación y los recursos de la investigadora, se han establecido los objetivos, que difieren en los países analizados, como se presentan a continuación.

---

más intensidad y plenitud". Siguiendo las recomendaciones de los expertos en la materia y con el fin de realizar derecho comparado, la autora llevó a cabo dos estancias de investigación cuyos resultados se presentan en las siguientes páginas. LÓPEZ RODRÍGUEZ, A.M. "El derecho comparado en la enseñanza del derecho. Métodos y experiencias", *Op. Cit.*, p. 99; MORÁN, G.M. "El derecho comparado como disciplina jurídica: la importancia de la investigación y la docencia del derecho comparado y la utilidad del método comparado en el ámbito jurídico" en *Anuario da Faculdade de Dereito da Universidade da Coruña*, nº 6, 2002, p. 523.

693 Aunque es preciso tener en cuenta la accesibilidad de la información y las limitaciones de cada nación. CARAMELO GOMES, J. y MAGALHAES SILVA, M.M. "Metodología del Derecho comparado en Derechos Humanos" en *El cincuentenario de los pactos internaciones de derechos humanos de la ONU. Libro homenaje a la profesora Mª Esther Martínez Quinteiro* (Pando Ballesteros, Garrido Rodríguez y Muñoz Ramírez, eds.), Ediciones Universidad de Salamanca, 2018, pp. 111-116.

694 Gante presenta muchas similitudes con Salamanca, territorio en el cual se han desarrollado varios estudios en la materia, por ende, la comparación es idónea.

2. MANIFESTACIONES DEL DERECHO PENAL DE LA APOROFOBIA EN SÃO PAULO (BRASIL)

2.1. *Estado de la cuestión*

El Derecho penal de la aporofobia ha sido objeto de estudio en el territorio brasileño, destacándose los trabajos de Aguirre[695], Bechara[696] y Fuziger[697]. Así, la revisión bibliográfica[698] llevada a cabo recuperó diferentes investigaciones (eminentemente teóricas) relativas a la criminalización de la pobreza y a la selectividad que caracterizan al sistema penal brasileño[699]. Aunque no se ha realizado ningún estudio

---

695 AGUIRRE, R.T. "O modelo penal da aporofobia" en *Direito penal, processo penal, execuão penal e criminologia nos 30 anos de constituição cidadã: novos caminhos e desafios* (Lopes, *et al.*, coords.), D´Placido, 2018, pp. 445-461.

696 BECHARA, A. E. y FUZIGER, R. J. "Seleccionar y punir: punitivismo y la dinámica aporofóbica de la criminalización en el derecho brasileño" en *Revista Sistema Penal Crítico*, nº 1, 2020.

697 FUZIGER, R. "Aporofobia e sistema penal: Nominando a ignomínia" en *Revista do Instituto Baiano de direito processual penal*, vol. 1, 2019; FUZIGER, R. "Aporofobia y corresponsabilidad" en *Alternativas político-criminales frente al derecho penal de la aporofobia* (Benito Sánchez y Gil nobajas, coords.), Tirant lo Blanch, 2022; FUZIGER, R. y DE BEM, L.S. "Hacia una aplicación antiaporofóbica del acuerdo de no persecución penal en la legislación brasileña" en *Revista Sistema Penal Crítico*, nº 1, 2020; FUZIGER, R. y DE BEM, L.S. "Por uma aplicação 'Antiaporofóbica' do Acordo de não persecução penal" en *Acordo de não persecução penal* (Martinelly y De Bem, coords.), D'Plácido, vol. 1, 2020; FUZIGER, R., y LIÑARES, A. "Propuesta para la incorporación al código penal de una atenuante específica de exclusión social" en *Propuestas al legislador y a los operadores de la justicia para el diseño y la aplicación del derecho penal en clave anti-aporófoba* (Benito Sánchez y Pérez Cepeda, coords.), Ratio Legis, 2022.

698 Las bases de datos consultadas fueron *Latindex*, *Dialnet*, *Scielo Brazil*, *Google Schoolar*, la perteneciente a la Universidad de São Paulo y la propia del *Instituto Brasileiro de Ciências Criminais* (*Instituto Brasileño de Ciencias Criminales*, IBCCRIM por sus siglas). Las palabras clave utilizadas fueron "aporofobia", "sinhogarismo", "criminalización de la pobreza", "Derecho penal", "delitos de odio", "victimización", "víctimas" y "datos" (con diferentes combinaciones) en tres idiomas: portugués, inglés y español (dependiendo de la fuente de consulta).

699 Consultar los trabajos de Brandão, Young y Zaffalon para una mayor profundización. BRANDÃO, Q. "A seletividade do sistema penal no estado democrático brasileiro: a população negra, um direito penal do inimigo e a cidadania mínima – o caso Rafael Braga" en *Democracia, Liderança e Cidadania na América Latina* (Chinchilla, coord.), Editora da Universidade de São Paulo, 2019; YOUNG, J. *A sociedade excludente. Exclusão social, criminalidade e diferença na modernidade recente*,

empírico que analice las manifestaciones aporófobas, existen datos acerca del colectivo de sinhogarismo, cuya cifra es alarmante[700].

Las últimas estadísticas oficiales desvelaron que Brasil alberga más de 220 000 PSSH, así como que São Paulo duplicó su número de PSSH del año 2015 al 2020, situándose en 24 000 y en torno a la mitad sin techo en el 2020. Estas cifras podrían ser más elevadas en la actualidad teniendo en cuenta la pandemia del COVID-19[701]. No obstante, los datos relativos al sistema penal de la aporofobia son limitados. En este sentido, no se han publicado las cifras de las infracciones administrativas y/o penales impuestas a las PSSH por las actividades que desarrollan para satisfacer sus necesidades básicas[702], aunque se registró que un 27,0% y un 40,0% de las PSSH en São Paulo habían estado en prisión en los años 2010 y 2015[703]. Es más, diversos autores (Bechara, Cifali, Da Silveiras Campos, Fuziger, Chiringhelli o

---

Revan, 2002; ZAFFALON, L. A *política da justiça. Blindar as elites, criminalizar os pobres*, Hucitec, 2018.

700 GARCÍA DOMÍNGUEZ, I. "La victimización de las personas sin hogar en la ciudad de São Paulo: análisis de la violencia en el sistema penal", *Op. Cit.*

701 En efecto, las estimaciones más recientes apuntaron que más de medio millón de personas podrían encontrarse en situación de sinhogarismo en el territorio brasileño y la asociación TETO registró más de 5,8 millones de personas sin vivienda o con viviendas precarias en el año 2021. GARCÍA DOMÍNGUEZ, I. "La victimización de las personas sin hogar en la ciudad de São Paulo: análisis de la violencia en el sistema penal", *Op. Cit.*, pp. 92 y ss; SOCIEDADE. *Brasil tem "boom" de população de rua, que segue invisível.* Recuperado de: https://www.dw.com/pt-br/brasil-tem-boom-de-popula%C3%A7%C3%A3o-de-rua-que-segue-invis%C3%ADvel-para-o-poder-p%C3%BAblico/a-61135058 (Consultado el 1 de diciembre de 2022); TETO. *Relatorio de Impacto TETO Brasil, 2021.* Recuperado de: https://teto.org.br/nosso-impacto/ (Consultado el 1 de diciembre de 2022).

702 Por ejemplo, no existen datos sobre la *Lei nº 16.647, de 15 de maio de 2017, São Paulo* (regulada por el *Decreto nº 57.983/2017*) que dispone la aplicación de sanciones por orinar en la vía pública. Brasil. Lei nº 16.647, de 15 de maio de 2017, São Paulo. (Brasil. Ley nº 16.647, de 15 de mayo de 2017, São Paulo).

703 PREFEITURA MUNICIPAL DE SÃO PAULO. *Pesquisa censitária da população em situação de rua, caracterização socioeconômica da população adulta em situação de rua e relatório temático de identificação das necessidades desta população na cidade de São Paulo. Produto XV. Complemento do Relatório final do censo e pesquisa amostral do perfil socioeconómico e de identificação das necessidades*, 2015. Recuperado de: https://www.prefeitura.sp. gov.br/cidade/secretarias/upload/00-publicacao_de_editais/0005.pdf, pp. 116-118 (Consultado el 2 de agosto de 2021).

Ronchi) han concluido que el encarcelamiento de los más pobres se halla en aumento[704].

Con el objetivo de analizar la criminalización de las PSSH en São Paulo se acudió a las audiencias de custodia por dos motivos: el primero es que un número importante de PSSH atraviesan estos procesos debido a que son pilladas *in fraganti* y, el segundo, la posibilidad de obtener datos de fuentes oficiales[705]. En la otra vertiente del Derecho penal de la aporofobia, la regulación de los delitos co-

---

704 En las cárceles brasileñas, el perfil de recluso es un joven, afrodescendiente y pobre. Alrededor del 50% responde por delitos patrimoniales —siendo el robo cualificado el más común— y en torno al 20% por tráfico de drogas. En este punto, se destaca la *Lei AntiDrogas 11.343/2006*, ya que tuvo una incidencia notoria, en particular, de los más excluidos socialmente, en los cuales se produjo un encarcelamiento en masa. Relacionado con lo expuesto, Da Silveiras, quien investigó la ley federal citada, reflejó que los más afectados fueron hombres, jóvenes y con una educación básica, así como reiteró que los segmentos más pobres fueron los más criminalizados. Además, la *Ley Antidrogas* repercutió acentuadamente en la población penitenciaria. Los encarcelados por drogas se incrementaron en un 420,3% en el periodo temporal de 2005 al 2012, en el cual la tasa penitenciaria general creció un 61,0%. Por último, se destaca que la tasa penitenciaria de las mujeres por este delito es el doble en comparación con los hombres. Brasil. Lei nº 11.343, de 23 de agosto de 2006, Lei Antidrogas (Brasil. Ley nº 11.343, de 23 de agosto de 2006, Ley Antidrogas); BECHARA, A. E. y FUZIGER, R. J. "Seleccionar y punir: punitivismo y la dinámica aporofóbica de la criminalización en el derecho brasileño", *Op. Cit.*, pp. 95-110; CIFALI, A.C. "Política criminal e governos de esquerda na América Latina. Entre semelhanças e ambiguidades" em *Civitas*, vol. 16, nº 4, 2016, pp. 673-681; DA SILVEIRAS CAMPOS, M. "Ley de Drogas brasileira y criminalización en São Paulo, Brasil" en *Sociedad hoy*, nº 26, 2018; FUZIGER, R., y DE BEM, L.S. "Hacia una aplicación antiaporofóbica del acuerdo de no persecución penal en la legislación brasileña", *Op. Cit.*; GHIRINGHELLI, R. y CIFAL, C. "Seguridad pública, política criminal y penalidad en Brasil durante los gobiernos lula y dilma (2003-2014). Cambios y continuidades" en *Postneoliberalismo y penalidad en América del Sur* (Sozzo, ed.), 2016, pp. 29-94; RONCHI MARTINS, R.C., GODOI CALIL, T. y FERREIRA ADORNO, R.C. "Perspectivas psicanalíticas e antropológicas a respeito das violências na "Cracolândia" em São Paulo, Brasil" en *Psicología para América Latina*, nº 29, 2017, p. 179; ZAFFALON, L. *A política da justiça. Blindar as elites, criminalizar os pobres*, *Op. Cit.*

705 Atendiendo a las razones expresadas, así como a las escasas posibilidades de realizar otro tipo de estudios empíricos (véase que las estadísticas penitenciarias son muy limitadas y las sentencias no son de acceso público), se contempló como el escenario idóneo para llevar a cabo la investigación, particularmente, porque permiten a los/as investigadores/as asistir.

metidos por una motivación discriminatoria en Brasil es limitada y no recoge la situación de pobreza extrema o aporofobia[706]. Además, las estadísticas sobre victimización aporófoba del colectivo de PSSH son escasas. De facto, esta motivación es rara vez constatada y no se han ejecutado estudios extraoficiales, según denotó la revisión de la literatura. La investigación empírica llevada a cabo trata de salvar las lagunas existentes. A continuación, se presenta el estado de la cuestión de las dos temáticas, esto es, criminalización y victimización aporófoba en el colectivo de PSSH en São Paulo.

2.1.1. Audiencias de custodia y sinhogarismo: ¿un vínculo?

Las audiencias de custodia se definen como un instrumento procesal que consiste en la presentación del detenido *in fraganti* ante la autoridad judicial en un plazo de 24 horas[707]. Los actores, además de la autoridad judicial y el sujeto infractor, son: un representante del Ministerio Público y un abogado particular o un defensor público (designado de oficio). La finalidad de este proceso es analizar la legalidad de la detención (centrando la atención en la conducta del policía con la eventual práctica de violencia o malos tratos) y adoptar una resolución provisional (atendiendo a criterios de necesidad

---

706 La *Ley 7.716/89* recoge como motivos discriminatorios la raza, el color, la etnia, la religión y el origen nacional. Por interpretación extensiva, la Corte Suprema de Brasil también aplica esta ley a los delitos de odio basados en la orientación sexual de las víctimas. *Lei nº 7.716, de 05 de janeiro de 1989, Brazil*, conocida como *Lei Do Crime Racial* (*Ley nº 7.716, de 5 de enero de 1989, Brasil*).

707 A partir del año 2015, las audiencias de custodia fueron implementadas para el cumplimiento del *International Covenant on Civil and Political Rights* (*Pacto Internacional de Derechos Civiles y Políticos*, PIDCP por sus siglas en español), en especial, sus artículos 7º —ítem 5— y 9º —ítem 3—. En la región de São Paulo se introdujeron a través del *Provimento Conjunto Nº 3/2015, Presidência do Tribunal de Justiça e corregedoria geral da Justiça do Estado de São Paulo e da Corregedoria Geral da Justiça* (*Disposición conjunta nº 3/2015, Presidencia del Tribunal de Justicia e Inspección General de Justicia del Estado de São Paulo y la Inspección General de Justicia*). INSTITUTO SOU DA PAZ. *Vale a Pena? Custos e alternativas à prisão provisória na cidade de São Paulo*, 2019, pp. 2-3. Recuperado de: http://soudapaz.org/o-que-fazemos/conhecer/pesquisas/sistema-de-justica-criminal/prisao-provisoria/?show=documentos#1739 (Consultado el 25 de septiembre de 2019).

y proporcionalidad en la ejecución de las medidas, especialmente, diferentes a la prisión[708]).

Según establecen los artículos 310 y 319 del Código Procesal Penal (CPP por sus siglas) de Brasil[709], la autoridad judicial debe adoptar una de las siguientes resoluciones: (1) prisión preventiva, (2) libertad provisional con fianza o (3) sin fianza, (4) sustitución de la prisión por medidas cautelares diversas o (5) el relajamiento del fragante por detención ilegal —que implica la libertad definitiva del sujeto—[710], contemplando la posibilidad de (6) conducir el proceso a la mediación penal. También es su función derivar a las PSSH, consumidores de drogas e individuos que presenten otras vulnerabilidades sociales a los *Centros de Alternativas Penais e Inclusão Social* (*Centros de Alternativas Penales e Inclusión social*, CEAPIS por sus siglas), cuyo

---

708 En este sentido, es necesario tener en cuenta que América Latina se caracteriza por un uso excesivo de la prisión preventiva en las categorías peligrosas. Así pues, los datos proporcionados por el *Conselho Nacional de Justiça* (*Consejo Nacional de Justicia*, CNJ por sus siglas) revelaron un decrecimiento progresivo de este mecanismo desde la implementación de las audiencias de custodia (periodo temporal 2014-2019), aunque no existen datos para la comparación anterior, por lo que es una hipótesis que no puede ser corroborada. En cuanto a São Paulo, aproximadamente un tercio de la población penitenciaria se encuentra en prisión provisional (véase el año 2019, con 58 702 de los 236 349 totales) y solo 4 de cada 10 no son condenados/as a penas privativas de libertad. DE ASSIS ROMÃO, V. "A aplicação de medidas cautelares pessoais em audiências de custodia: um olhar a partir da prisão em flagrante de pessoas em situação de rua" en *Revista Brasileira de Direito Processual Penal*, vol. 7, nº 1, 2021, pp. 611-624; INSTITUTO DE DEFESA DO DIREITO DE DEFESA. *Monitoramento das audiências de custódia em São Paulo*, 2016, pp. 3-10. Recuperado de: https://iddd.org.br/wp-content/uploads/2020/09/ofimdaliberdade_completo-final.pdf (Consultado el 2 de agosto de 2021); INSTITUTO SOU DA PAZ. *Vale a Pena? Custos e alternativas à prisão provisória na cidade de São Paulo, Op. Cit.*, pp. 2-3.

709 Brasil. Decreto-Lei nº 3.689, de 3 de outubro de 1941, Código de Processo Penal (Brasil. Decreto-ley nº. 3.689, de 3 de octubre de 1941, Código Procesal Penal)

710 El relajamiento del fragante puede deberse a varios motivos: (1) incumplimiento del plazo establecido en la presentación del detenido ante la autoridad judicial; (2) ejercicio de violencia grave, desproporcionada y explícitamente injustificada por los agentes policiales en la detención; (3) inexistencia de indicios de autoridad o materialidad del crimen; y (4) contradicciones fundadas entre las versiones de los policías y los/as detenidos/as, corroboradas, en ocasiones, por los hechos. INSTITUTO DE DEFESA DO DIREITO DE DEFESA. *Monitoramento das audiências de custódia em São Paulo, Op. Cit.*, pp. 84-91.

objetivo principal es ponerles en contacto con instituciones que les ayuden a solventar su situación (por ejemplo, albergues en el caso de PSSH que pernocten en la calle)[711].

En cuanto a las estadísticas, el *Instituto de Defesa do Direito de Defesa* (*Instituto de Defensa del Derecho a la Defensa,* IDDD por sus siglas) ha monitoreado las audiencias de custodia en São Paulo desde su implementación[712], pero tan solo publicó la cifra de PSSH atendidas por los CEAPIS en el periodo temporal 2015-2016, que fue de 470 de los 19 742 sujetos totales. Asimismo, esta institución analizó una muestra de 588 sujetos —en torno al 9% en situación de sinhogarismo y más del 80% con la presencia de un defensor público, ambos porcentajes relativos a la muestra total—, obteniendo los siguientes resultados: (1) el perfil predominante fue de un hombre joven, brasileño, con un nivel de estudios bajo y pobre; (2) los delitos más cometidos fueron contra el patrimonio —con más del 60% de la muestra—, seguidos del tráfico de drogas —en torno al 20% de la muestra—; (3) la situación de sinhogarismo influyó negativamente en la adopción de la resolución. En este sentido, de las 49 PSSH identificadas, 30 obtuvieron la prisión preventiva, 13 libertad provisional con medidas cautelares diferentes de la fianza y 6 el relajamiento del fragante; (4) la prisión se produjo en mayor medida en algunas tipologías delictivas, como los robos —87,9%— y el tráfico de drogas —67,7%—, mientras que la libertad provisional fue mayoritaria en otras, por ejemplo, el hurto —66,7%—; (5) el autor principal de las detenciones fue la Policía Militar, el lugar de ocurrencia la vía pública y la justificación del abordaje, principalmente, una denuncia o una actitud sospechosa; (6) por último, la autoridad judicial no preguntó al presunto infractor si había experimentado violencia en más de la mitad de los casos, aunque según sus testimonios 141 sujetos afirmaron haber sufrido algún tipo de violencia[713].

---

711 INSTITUTO DE DEFESA DO DIREITO DE DEFESA. *Monitoramento das audiências de custódia em São Paulo, Op. Cit.*, pp. 6-15.

712 Para acceder a todos los informes publicados consultar el siguiente enlace: https://iddd.org.br/projetos/audienciadecustodia/

713 INSTITUTO DE DEFESA DO DIREITO DE DEFESA. *Monitoramento das audiências de custódia em São Paulo, Op. Cit.*, pp. 28-71.

El Instituto *Sou Da Paz* también llevó a cabo una investigación en las audiencias de custodia[714], pero dirigida exclusivamente al colectivo de PSSH. En esta, encontró que al menos 1 255 de los 19 608 presos provisionales escuchados por la Defensoría Pública en 2016 y 2017 se encontraban en situación de sinhogarismo. El perfil, las tipologías delictivas y las resoluciones adoptadas fueron similares a las encontradas por el IDDD en su estudio. Si bien, los hurtos[715] superaron los robos y, además del tráfico de drogas, habían cometido homicidios dolosos, pese a que la frecuencia fue muy baja. Igualmente, en sus hallazgos, destacó: (1) la reincidencia de un porcentaje significativo de la muestra. Es más, un 40% de las PSSH que pasaron por las audiencias de custodia ya había estado en prisión; (2) que más de un tercio de las PSSH fueron detenidas y privadas provisionalmente de libertad por la realización de hurtos[716]; (3) la existencia de pruebas frágiles y puniciones desproporcionadas, especialmente en el tráfico de drogas[717]; y (4) la sobrerrepresentación de las PSSH en la adopción de la prisión provisional[718].

---

714 INSTITUTO SOU DA PAZ. *Vale a Pena? Custos e alternativas à prisão provisória na cidade de São Paulo, Op. Cit.*, pp. 2-3.

715 Más de un tercio de los sujetos fueron detenidos por hurtos y 1 de cada 4 fue imputado en su categoría simple, cuya pena máxima asciende a los cuatro 4 de prisión.

716 Véase el caso de Carlos, quien por el hurto de 61 reales brasileños (lo que equivale a unos 12€) estuvo 5 meses en prisión provisional, hasta que fue absuelto y puesto en libertad por la insuficiencia de pruebas (año 2016). INSTITUTO SOU DA PAZ. *Vale a Pena? Custos e alternativas à prisão provisória na cidade de São Paulo, Op. Cit.*, pp. 2-3.

717 En numerosas ocasiones las PSSH consumidoras de sustancias estupefacientes son detenidas por tráfico de drogas, pese a la cuantía mínima incautada que, incluso, puede englobarse en el consumo propio.

718 Con relación a lo afirmado, en la ciudad de São Paulo se contabilizaron 15 905 PSSH en 2015, lo que representa un 0,1% de la población de la ciudad, mientras que entre los presos provisionales escuchados por la Defensoría Pública en 2016 y 2017, se registraron, al menos, un 5,9% de este grupo poblacional —excluyendo a los *okupas*—. INSTITUTO DE DEFESA DO DIREITO DE DEFESA. *Audiências de custódia. Panorama Nacional. Gestão 2016-2018*, 2017, pp. 44-50. Recuperado de: http://www.iddd.org.br/wp-content/uploads/2020/07/sumarioexecutivo_web2.pdf (Consultado el 2 de agosto de 2021); PREFEITURA MUNICIPAL DE SÃO PAULO. *Pesquisa censitária da população em situação de rua, caracterização socioeconômica da população adulta em situação de rua e relatório temático de identificação das necessidades desta população na cidade de São Paulo. Produto XV.*

Otras instituciones realizaron estudios focalizados en aspectos concretos de las audiencias de custodia, en los cuales encontraron que: (1) la mayoría de los sujetos ostentaron un nivel económico bajo, especialmente las mujeres[719]; (2) los delitos más frecuentes fueron los expresados en investigaciones anteriores, esto es, contra el patrimonio (con una mayor proporción de hurtos y robos) y tráfico de drogas. En este sentido, el informe expone que la frecuencia más elevada de estos delitos revela la prioridad que les otorgan los agentes policiales a estos incidentes, que se relacionan con situaciones de pobreza. Además, en alusión a las diferencias de género, mientras que las mujeres cometieron más hurtos y fueron acusadas de tráfico de drogas en mayor proporción, los hombres ejecutaron más robos y delitos violentos; (3) las detenciones ilegales ocurrieron esporádicamente, el testimonio de los agentes fue la única prueba del delito en más de la mitad de los casos[720] y la violencia está normalizada, tanto por las víctimas como por los diferentes operadores; (4) existen dos perspectiva enfrentadas: Policía y audiencias de custodia, con la idea de que "*a gente prende, a audiência solta*" según Marqués de Jesús, Rijotti y Alves, es decir, los agentes policiales detienen a los sujetos y las autoridades judiciales otorgan la libertad[721]. A pesar de que los cuerpos policiales alegan que existe impunidad en estos sujetos, los datos muestran lo contrario. Así, la prisión provisional es utilizada de forma sistemática, sobre todo, en los sujetos más pobres; (5) no existió privacidad en las entrevistas de las personas arrestadas con sus

---

Complemento do Relatório final do censo e pesquisa amostral do perfil socioeconómico e de identificação das necessidades, Op. Cit., pp. 116-118.

719 Manifestándose la feminización de la pobreza en el sistema de justicia penal brasileño. INSTITUTO DE DEFESA DO DIREITO DE DEFESA. *O fim da liberdade. A urgência de recuperar o sentido e a efetividade das audiências de custodia. Relatorio Nacional Completo*, 2019, pp. 60-62. Recuperado de: https://iddd.org.br/wp-content/uploads/2020/09/ofimdaliberdade_completo-final.pdf (Consultado el 2 de agosto de 2021).

720 Esta problemática ya había sido señalada en la literatura por autores como Zaffalon. *ZAFFALON, L.* A política da justiça. Blindar as elites, criminalizar os pobres, *Op. Cit.*, pp. 321-352.

721 MARQUÉS DE JESUS, M. G., RUOTTI, C. y ALVES, R. "A gente prende, a audiência de custodia solta": narrativas policiais sobre aus audiências de custódia e a crença na prisão", en *Revista Brasileira de Segurança Pública*, vol. 12, nº 1, 2018, pp. 154-160.

abogados[722], las conversaciones informales llevadas a cabo durante los intervalos influenciaron, en ocasiones, el resultado y, por último, la arbitrariedad en la aplicación de las medidas cautelares, al igual que su uso indiscriminado[723].

2.1.2. La victimización penal por motivación aporófoba

Las estadísticas sobre la victimización de las PSSH provienen, principalmente, de instituciones oficiales. Así, la *Prefeitura Municipal de São Paulo* (*Prefectura Municipal de São Paulo*, PMSP de aquí en adelante), en el año 2015, constató que el colectivo objeto de estudio experimentó discriminación de forma generalizada, destacándose la entrada y/o expulsión de establecimientos (sobre todo, bares y restaurantes), así como agresiones verbales y heterogeneidad en las tipologías delictivas. Los delitos más frecuentes fueron contra el patrimonio, con una tasa de victimización superior al 50%, seguida de las agresiones físicas, en torno al 35%, y otros crímenes como homicidios y agresiones sexuales, que no superaron el 5%. Los autores de las victimizaciones más habituales fueron los transeúntes, la Policía Militar y su propio colectivo de sinhogarismo, aunque se hallaron diferencias en función de las tipologías. Las PSSH cometieron más delitos patrimoniales y homicidios en comparación con el resto de los autores. Otras conclusiones obtenidas por la PMSP fueron que: las mujeres experimentaron situaciones de violencia diaria de forma más acentuada, la tasa de victimización fue más elevada en los sin techo y las fuerzas policiales obtuvieron porcentajes significativos en todos los crímenes[724].

---

722 Es más, los diálogos ocurren habitualmente en los pasillos u otros espacios abiertos —delante de agentes de seguridad, jueces u otras personas— durante los intervalos de las audiencias de custodia.

723 INSTITUTO DE DEFESA DO DIREITO DE DEFESA. *O fim da liberdade. A urgência de recuperar o sentido e a efetividade das audiências de custodia. Relatorio Nacional Completo, Op. Cit.*, pp. 60-84.

724 PREFEITURA MUNICIPAL DE SÃO PAULO. *Pesquisa censitária da população em situação de rua, caracterização socioeconômica da população adulta em situação de rua e relatório temático de identificação das necessidades desta população na cidade de São Paulo. Relatorio completo do censo da população em situação de rua na cidade de São Paulo. Produto V. Maio/2015*, 2015. Recuperado de https://www.prefeitura.sp.

El sistema de salud brasileño registró la violencia experimentada por las PSSH en los años 2015, 2016 y 2017, destacando que la física fue mayoritaria, seguida de la psíquica y, en último lugar, la sexual. No obstante, a diferencia de lo expresado por la PMSP, los autores de las victimizaciones fueron, principalmente, desconocidos[725]. De acuerdo con García Domínguez[726], el origen de la contradicción puede deberse al miedo de las PSSH a confesar que la policía fue el perpetrador, aunque otra posibilidad es que no acudan a los centros médicos y/o hospitales si se cumple esta condición[727]. En esta línea, el *Centro Nacional de Defesa de Direitos Humanos* (*Centro Nacional de Defensa de Derecho Humanos*, conocido por las siglas CNDDH) ha encontrado evidencia desfavorable a la hipótesis de que la policía no es habitualmente el autor. Es más, el CNDDH constató que el autor había sido el Estado en un 65% de las denuncias de violencia al co-

---

gov.br/cidade/secretarias/upload/00-publicacao_de_editais/0001.pdf (Consultado el 15 de marzo de 2020); PREFEITURA MUNICIPAL DE SÃO PAULO. *Pesquisa censitária da população em situação de rua, caracterização socioeconômica da população adulta em situação de rua e relatório temático de identificação das necessidades desta população na cidade de São Paulo. Sumário executivo*, 2015. Recuperado de: https://www.prefeitura.sp. gov.br/cidade/secretarias/upload/00-publicacao_de_editais/0003.pdf (Consultado el 15 de marzo de 2020); PREFEITURA MUNICIPAL DE SÃO PAULO. *Pesquisa censitária da população em situação de rua, caracterização socioeconômica da população adulta em situação de rua e relatório temático de identificação das necessidades desta população na cidade de São Paulo. Produto IX. Relatório final da pesquisa amostral do perfil socioeconómico*, 2015. Recuperado de: https://www.prefeitura.sp. gov.br/cidade/secretarias/upload/00-publicacao_de_editais/0004.pdf (Consultado el 15 de marzo de 2020); PREFEITURA MUNICIPAL DE SÃO PAULO. *Pesquisa censitária da população em situação de rua, caracterização socioeconômica da população adulta em situação de rua e relatório temático de identificação das necessidades desta população na cidade de São Paulo. Produto XV. Complemento do Relatório final do censo e pesquisa amostral do perfil socioeconómico e de identificação das necessidades, Op. Cit.*

725 MINISTERIO DE SAÚDE. "População em situação de rua e violência – uma análise das notificações no brasil de 2015 a 2017" en *Botelín epidemiológico*, vol. 50, nº14, 2019, pp. 1-13.

726 GARCÍA DOMÍNGUEZ, I. "La victimización de las personas sin hogar en la ciudad de São Paulo: análisis de la violencia en el sistema penal", *Op. Cit.*, pp. 98-100.

727 SCHRAMM, F.P. *Violência contra população em situação de rua no Brasil é denunciada à ONU. Terra de Direitos*, 2017. Recuperado de https://terradedireitos.org.br/noticias/noticias/violencia-contra-populacao-em-situacao-de-rua-no-brasil-e-denunciada-a-onu/22629 (Consultado el 15 de marzo de 2020).

lectivo de sinhogarismo, concluyendo que este se configura como el primer agente violador[728].

Sin embargo, las estadísticas presentadas en los párrafos previos no contabilizan si ha existido una motivación aporófoba en las victimizaciones, a excepción de la realizada por el Ministerio de Salud brasileño. Esta institución registró 3 495 casos violentos con motivación aporófoba en São Paulo de los 17 386 totales en Brasil, lo que representa en torno al 20%[729]. Además, en adopción de la perspectiva de género, se desveló que una de las manifestaciones de aporofobia institucional en el colectivo de mujeres en situación de sinhogarismo fue la esterilización sin su consentimiento por orden judicial[730], con la correspondiente violación de derechos humanos que implica.

2.2. *Objetivos e hipótesis de investigación*

El objetivo principal es analizar las manifestaciones del Derecho penal de la aporofobia en el colectivo de personas en situación de sinhogarismo en São Paulo con el fin de realizar una comparativa con España. Para ello, los objetivos específicos son: (1) conocer las características de las PSSH detenidas y analizar su sobrecriminalización por delitos de bagatela; (2) examinar el uso de violencia policial en las detenciones *in fraganti* y la aplicación sistemática de la prisión preventiva en el colectivo de PSSH; (3) estudiar las variables objeto de estudio en función de la situación de sinhogarismo; y, (4) profundizar en las experiencias de victimización por motivación aporófoba.

Las hipótesis de investigación son las siguientes:

1. Las PSSH son detenidas y sobrecriminalizadas por delitos de bagatela

---

728 MINISTERIO DE SAÚDE. "População em situação de rua e violência – uma análise das notificações no brasil de 2015 a 2017", *Op. Cit.*, pp. 1-13.

729 *Idem.*

730 MELLO, D. *Esterilização de moradora de rua não é caso isolado, dizem entidades*, 2018. Recuperado de: https://agenciabrasil.ebc.com.br/direitos-humanos/noticia/2018-06/esterilizacao-de-moradora-de-rua-nao-e-caso-isolado-dizem-entidades (Consultado el 15 de marzo de 2020).

2. Las PSSH sufren violencia policial en su detención y una incidencia significativa de prisiones provisionales
3. Existen diferencias en las tipologías delictivas, la violencia policial y la aplicación de la prisión provisional entre las PSSH y los sujetos que no se encuentran en esta situación
4. Las PSSH experimentan habitualmente violencia y victimizaciones por motivación aporófoba

2.3. Metodología

2.3.1. Diseño de la investigación

La metodología de investigación es mixta debido a que permite integrar las virtudes de ambos paradigmas[731], sobre todo, con un objeto de estudio tan particular como son las PSSH. El diseño del estudio es transversal correlacional[732] y se ha incluido la perspectiva de género[733], atendiendo a los principios de la Criminología Feminista[734].

---

731 La vertiente cuantitativa posibilita obtener datos codificados, estructurados y concretos, contabilizando el problema objeto de estudio, mientras que el paradigma cualitativo, dotado de una mayor flexibilidad, explica de forma más holística, extensa y en alusión al caso concreto, adaptándose a las características especiales del colectivo vulnerable. PLUYE, P. y NHA HONG, Q. "Combining the Power of Stories and the Power of Numbers: Mixed Methods Research and Mixed Studies Reviews", *Op. Cit.*, p. 30.

732 Este diseño —no experimental— pretende establecer relaciones entre variables en un momento temporal determinado y también se utiliza para corroborar hipótesis explicativas, pero es importante destacar que no permite establecer una relación "causa-efecto". Sin embargo, posibilita discutir los resultados con otras investigaciones previas, señalando las limitaciones y atendiendo a explicaciones alternativas. BAZ, O. y BARTOLOMÉ, R. "Revisión bibliográfica y diseño de la investigación" en *Metodología de investigación en Criminología* (Barberet, Bartolomé y Fernández-Molina, coords.), Tirant lo Blanch, 2019, pp. 57-58.

733 Se reitera que, a pesar de la menor cantidad de mujeres en situación de sinhogarismo en comparación con los hombres, es importante desvelar su magnitud —sobre todo en aquellos sectores que minimizan o niegan este fenómeno—, identificar las lagunas y profundizar en los problemas a los cuales se enfrentan, reflejando la complejidad de las experiencias vividas.

734 Así pues, se explicarán las diferencias de género y se enfatizará en la vulnerabilidad que presenta el colectivo de sinhogarismo en combinación con algunas características de acuerdo con el paradigma interseccional.

En cuanto a la investigación de las audiencias de custodia, se creó un cuestionario semiestructurado[735] (vertiente cuantitativa) y se recogieron anotaciones en un cuaderno de campo. Cuando las audiencias de custodia finalizaban, se desarrollaron conversaciones informales con los abogados defensores y, ocasionalmente, con los operadores de justicia. También se consultaron algunos boletines de ocurrencia[736] para suplir la falta de información en la cumplimentación del cuestionario[737].

Las entrevistas semiestructuradas (vertiente cualitativa)[738] se llevaron a cabo en un centro del *Movimento Nacional da População em Situação de Rua* (*Movimiento Nacional de Población en Situación de Sinhogarismo*, MNPSS por sus siglas españolas) de São Paulo, donde acuden PSSH, por lo que la investigación se desarrolló en un ambiente natural. La técnica mencionada se justifica por el colectivo al que se dirige y las finalidades de la investigación. También las conversaciones informales con los profesionales y voluntarios/as del MNPSS, así como las reuniones que se produjeron en los días de asistencia, serán tenidas en cuenta.

En el nivel cuantitativo, se realizó un análisis descriptivo y correlacional a través del paquete estadístico IBM® SPSS Statistics®, versión 26. Se aplicó el test Chi-cuadrado o la prueba exacta de Fisher[739], se realizaron tablas de contingencia y se calcularon los residuos estan-

---

735 El cuestionario, que se encuentra en portugués, puede ser solicitado a la autora a través del siguiente correo: isabelgarciadominguez@usal.es

736 Este documento, denominado "*boletim de ocorrência*" en su nombre original, es elaborado por la Policía del Estado de San Paulo y contiene el auto de prisión *in fraganti* con los hechos narrados por el agente, la derivación a la audiencia de custodia, la ficha del detenido, sus antecedentes delictivos y la asistencia a los CEAPIS, entre otras cuestiones.

737 Esta técnica es similar a la revisión de expedientes judiciales manifestada por Fernández-Molina en el contexto español. FERNÁNDEZ-MOLINA, E. "La investigación criminológica en tribunales", en *InDret*, nº 3, 2021, pp. 167-175.

738 En esta, se combinaron preguntas cerradas y semiabiertas para guiar la entrevista y, al mismo tiempo, dejar al sujeto un amplio margen en la exposición de sus vivencias y experiencias. Si bien, en la medida de lo posible, las preguntas son directivas. Asimismo, este documento, que fue aplicado en portugués, puede ser solicitado a la autora a través del siguiente correo: isabelgarciadominguez@usal.es

739 Cuando el recuento de alguna casilla de la tabla era menor que 5.

darizados corregidos —que analizan la relación entre cada par de categorías. En los últimos, los valores superiores a ±1,96 evidencian relaciones estadísticamente significativas, ya que se desvían de 0 con una probabilidad de más de 0,95. Por lo tanto, cuanto mayor sea el valor absoluto del residuo, mayor será la relación entre cada par de categorías[740]. Si bien, es preciso interpretar el signo. En alusión al tamaño del efecto, se utilizó el estadístico V de Cramer (representado a través de una "V"), con los siguientes rangos para su interpretación: 0,1-0,3 bajo; 0,3-0,5 medio; y superior a 0,5 fuerte[741].

Respecto al nivel cualitativo, se analizaron las experiencias de las PSSH autores y víctimas a través de estudios de caso[742] y códigos relacionales. En los autores, el objetivo principal fue determinar la presencia o ausencia de sobrecriminalización. Así pues, se examinaron los hechos probados (con especial énfasis en la realización de la acción por su situación de extrema pobreza), la gravedad de la conducta, la afección al bien jurídico y la resolución de la autoridad judicial. De igual modo, se estudiaron otras posibles manifestaciones aporófobas, como la ilegalidad de la detención. En las víctimas, aunque se presentó el perfil, la atención se centró en la discriminación y victimización por motivación aporófoba. También se añadieron las consideraciones oportunas de las conversaciones informales con los diferentes actores. Los resultados obtenidos fueron objeto de triangulación —más conocida como "*data triangulation*"—.

---

740 SÁNCHEZ, J. J. *Manual de análisis estadístico de los datos, Op. Cit.*

741 COHEN, J. *Statistical Power Analysis for the Behavioral Sciences, Op. Cit.*; ELLIS, P. D. *The Essential Guide to Effect Sizes. Statistical Power, Meta-Analysis, and the Interpretation of Research Results, Op. Cit.*; WEISBURD, D. y BRITT, C. *Statistics in Criminal Justice, Op. Cit.*; WEISBURD, D. *et al. Basic Statistics in Criminology and Criminal Justice, Op. Cit.*

742 Se escogió el caso factual, múltiple e incrustado. COHEN, J. *Statistical Power Analysis for the Behavioral Sciences, Op. Cit.*; ELLIS, P. D. *The Essential Guide to Effect Sizes. Statistical Power, Meta-Analysis, and the Interpretation of Research Results, Op. Cit.*; MARTÍNEZ CARAZO, P. C. "El método de estudio de caso: estrategia metodológica de la investigación científica" en *Pensamiento & Gestión*, nº 20, 2006; WEISBURD, D. y BRITT, C. *Statistics in Criminal Justice, Op. Cit.*; WEISBURD, D. *et al. Basic Statistics in Criminology and Criminal Justice, Op. Cit.*

Por último, el *iter* metodológico del derecho comparado consta de cuatro frases: electiva, descriptiva, identificativa y conclusiva[743]. A continuación, se presenta la segunda mencionada, que consiste en el análisis del problema en cuestión.

2.3.2. Muestra

El universo de estudio son las PSSH de la ciudad de São Paulo en sentido amplio, aunque la investigación se llevó a cabo en dos espacios. La muestra se compone de las PSSH llevadas a las audiencias de custodia del Fórum Criminal de Barra Funda de São Paulo y usuarias del centro del MNPSS, ambos en el mes de noviembre del año 2019. Ahora bien, en las audiencias de custodia una parte de la muestra seleccionada no se encontraba en situación de sinhogarismo con el fin de realizar la comparación. Por otra parte, en los sujetos entrevistados se establecieron dos criterios: más de 3 meses en situación de sinhogarismo y la presencia de, al menos, un 20,0% de mujeres en la muestra.

No obstante, es preciso tener en cuenta que las PSSH son una población de difícil acceso y, en ocasiones, identificación. A veces, también son reticentes a la investigación. Atendiendo a las características del colectivo, el método de muestreo elegido fue no probabilístico en las PSSH y probabilístico aleatorio en las personas que no se encontraban en situación de sinhogarismo.

Por un lado, la investigación en las audiencias de custodia se llevó a cabo los días 7, 13, 14, 18, 19, 21 y 26 de noviembre del año 2019[744]. En estas, después de solicitar de forma verbal el consentimiento a la autoridad judicial, se registraron los datos de todas las PSSH identificadas, así como de otras personas que no se encontra-

743 MORÁN, G.M. "El derecho comparado como disciplina jurídica: la importancia de la investigación y la docencia del derecho comparado y la utilidad del método comparado en el ámbito jurídico", *Op. Cit.*, pp. 524-526.

744 Las audiencias de custodia del Fórum Criminal de Barra Funda se desarrollaban los lunes y martes a partir de las 13:30h y los miércoles, jueves y viernes desde las 10:30h, extendiéndose, en ocasiones, por la tarde. Por ello, el número de procesos varía entre los 7 y los 12 diarios en cada sala.

ban en su misma situación —grupo de control de aquí en adelante—. La muestra total fue de 56 audiencias de custodia con 76 sujetos, 27 en situación de sinhogarismo y los restantes pertenecientes al grupo de control[745]. Por otro lado, las entrevistas a las PSSH que asistieron al edificio del MNPSS se realizaron los días 8, 11 y 12 de noviembre de 2019, obteniendo un tamaño muestral de 11. La duración osciló entre los 10 y los 45 minutos, aunque la media se situó alrededor de los 15 minutos.

2.3.3. Procedimiento y operacionalización de variables

Con el fin de medir los conceptos de la investigación en las audiencias de custodia se llevó a cabo la operacionalización[746]. Las variables se agruparon en cuatro grupos: (I) bloque de identificación; (II) características sociodemográficas, consumo de drogas y situación laboral; (III) aspectos criminógenos y relacionados con el delito; (IV) resolución y medidas adoptadas.

---

[745] De forma anterior, se realizó un estudio transversal de carácter exploratorio, constatando la conveniencia y accesibilidad de la investigación posterior, así como examinando la información que podía ser obtenida. Igualmente, se testó el cuestionario que fue posteriormente aplicado.

[746] Esta consiste en transformar conceptos teóricos abstractos y difíciles de medir directamente en otros más operativos y aplicables. Las fases que se han llevado a cabo son las siguientes (1) elección de los conceptos teóricos —no observables directamente—; (2) identificación de las dimensiones del concepto y sus componentes; (3) selección de los indicadores y su justificación para asegurar la validez; (4) elección de variables; y (5), por último, identificación de las categorías en cada variable. TORRENTE, D., GIMÉNEZ-SALINAS, A. y BARTOLOMÉ, R. "Medición de la delincuencia y la victimización", en *Metodología de investigación en Criminología* (Barberet, Bartolomé y Fernández-Molino, coords.), Tirant lo Blanch, 2019, pp. 69-71.

Tabla nº 7. Variables del cuestionario aplicado en las audiencias de custodia

Grupo	Variable[747]	Nivel de medida[748]	Descripción
I	Nº de caso	C	Hace referencia al número de audiencia de custodia a la que se asistía
	Nº de sujeto	C	En alusión al número de identificación del sujeto, debido a que en una misma audiencia de custodia podían encontrarse varios detenidos/as
	Fecha	C	Día, mes y año en el cual se desarrolló la audiencia de custodia
II	Sexo	ND	Hace alusión a ser (1) mujer o (2) hombre
	Edad[749]	O	Se contemplaron tres categorías: jóvenes (hasta los 29 años), adultos (entre los 30 y los 59 años) y ancianos (por encima de los 60)
	Color de piel[750]	NP	Se diferencia entre (1) negro, (2) pardo y (3) blanco
	Sinhogarismo	ND	Hace alusión a la situación de sinhogarismo con dos posibilidades de respuesta: (1) sí y (2) no
	Consumo de drogas/crack	ND/ND	Se distingue entre (1) drogas blandas: alcohol y marihuana y (2) drogas duras: crack, heroína, cocaína, y otras similares[751]. Asimismo, se contempla una variable sobre el consumo de crack[752] con dos opciones de respuesta: (1) sí y (2) no

747 El orden de exposición de las variables se corresponde con el seguido en las audiencias de custodia por las autoridades judiciales.

748 Leyenda: de razón (DR), ordinal (O), nominal politómica (NP), nominal dicotómica (ND) y cadena (C).

749 En las audiencias de custodia que la autoridad judicial no preguntaba por la edad esta fue consultada en el boletín de ocurrencia.

750 Esta variable se tiene en cuenta debido a que en la sociedad brasileña y, especialmente en el sistema penal, es un factor importante de discriminación según han señalado numerosas investigaciones. BRANDÃO, Q. "A seletividade do sistema penal no estado democrático brasileiro: a população negra, um direito penal do inimigo e a cidadania mínima – o caso Rafael Braga", Op. Cit.; GARCÍA DOMÍNGUEZ, I. "La victimización de las personas sin hogar en la ciudad de São Paulo: análisis de la violencia en el sistema penal", Op. Cit.; ZAFFALON, L. *A política da justiça. Blindar as elites, criminalizar os pobres, Op. Cit.*

751 Esta clasificación fue avalada y adoptada por el Tribunal Supremo (STS 936/1986, de 22 de mayo y STS 1999/1996, del 1 de abril, entre otras muchas) siguiendo los convenios internacionales ratificados por España en la materia.

752 La justificación es el consumo habitual de esta sustancia por las PSSH de São Paulo (consultar las investigaciones efectuadas por Cardoso Vernaglia, Senna Vieira y Santos Cruz, o Seleghim y Frari Galera) destacándose *cracolandia*, un

	Trabajo/renta mensual	NP/O	Se contemplan tres posibilidades: (1) formal, (2) informal y (3) desempleado. El primero hace referencia a contratos de trabajo regulados y el segundo a los denominados *bicos*, que son actividades remuneradas efectuadas, mayoritariamente, sin un contrato y de forma variable (sin existir continuidad). En caso afirmativo, también se contempló la renta mensual con tres posibilidades: (1) menor de 1 salario mínimo, (2) entre 1 y 2 salarios mínimos y (3) más de 2 salarios mínimos. En el momento de la investigación (noviembre del año 2019), el salario mínimo brasileño se situó en 998 reales brasileños, lo que equivale a 200€ aproximadamente. Esta forma de contabilización se corresponde con el modo de preguntar en las audiencias de custodia
III	Antecedentes delictivos/ tipología de los antecedentes/ procesos pendientes	ND / NP / ND	En la primera variable, las respuestas son: (1) sí y (2) no, al igual que en la tercera, que hace alusión a procesos en los cuales no existe una condena o absolución del sujeto. En cuanto a las tipologías, se contemplan: (1) hurto simple, (2) hurto cualificado, (3) robo, (4) receptación, (5) tráfico de drogas, (6) lesiones y (7) otros. También se añadió una categoría que hace referencia a (8) múltiples delitos
	Abordaje policial	ND/NP	Contemplando las categorías: (1) con y (2) sin violencia. En caso afirmativo, se registró: (a) el tipo de violencia: (1) física, (2) psicológica y (3) ambas; (b) la gravedad: (1) leve, (2) moderada y (3) grave; (c) la desproporcionalidad de los medios utilizados con relación a la conducta: (1) sí y (2) no; (d) la existencia de marcas visibles: (1) sí y (2) no; (e) el reconocimiento del policía: (1) sí, (2) no y (3) puede ser; y (f), por último, la coincidencia de la versión del acusado con el informe policial: (1) sí y (2) no[753]. Este apartado fue evaluado en profundidad de forma cualitativa

barrio marginal de la ciudad dónde se vende y se consume crack. En el año 2017 se calculó que unas 2 000 personas residían en él. BBC MUNDO. *Así se vive en Cracolandia, la "tierra del crack" en Brasil, el mayor consumidor del mundo*, 2017. Recuperado de: https://www.bbc.com/mundo/noticias-america-latina-39997682 (Consultado el 19 de agosto de 2021); CARDOSO VERNAGLIA, T.V., MAGLAHÃES SENNA, R.A. y SANTOS CRUZ, M. "Usuários de crack em situação de rua – características de gênero" en *Ciência & Saúde Coletiva*, vol. 20, nº 6, 2015; SELEGHIM, M.R. y FRARI GALERA, M.R. "Qual a relação do uso de crack com a ocorrência da situação de rua?" en *Saúde & Transformação Social*/ Health & Social Cha*nge*, vol. 8, nº 1, 2017.

753 Para la valoración de la violencia se tomó como referencia la versión del acusado y la información facilitada en el desarrollo de las audiencias de custodia por

IV	Resolución	NP	En esta se diferencia la petición del Ministerio Público, de la defensa y la resolución de la autoridad judicial, con las siguientes categorías: (1) prisión provisional, (2) libertad provisional con medidas cautelares, (3) libertad provisional sin medidas cautelares y (4) relajamiento del fragante por detención ilegal. Si se solicita/impone libertad provisional, se analizaron los motivos: (1) principio de insignificancia penal, (2) escasa gravedad de la conducta, (3) situación de vulnerabilidad, (4) principio de proporcionalidad, (5) primariedad delictiva y (6) petición especial de no imponer fianza. En caso de hacer alusión a varias, también se exponen las combinaciones
	Medidas impuestas (en caso de libertad provisional)	NP	El artículo 319 del CPP Brasileño establece las siguientes: (1) comparecimiento ante la autoridad judicial, (2) prohibición de acceso o frecuencia a determinados lugares, (3) prohibición de contacto o distancia con la persona especificada, (4) prohibición de ausentarse sin autorización, (5) obligación de permanecer en casa en periodo nocturno y días de descanso del trabajo, (6) suspensión del cargo público, (6) internamiento provisional en el caso de semi/inimputables que cometan delitos con violencia o amenaza grave, si existiese riesgo de repetición, (7) fianza, (8) monitorización electrónica y (9) otra no establecida en la ley. De nuevo, en el caso de imponer varias, se analizaron las combinaciones

Fuente: elaboración propia con base a los datos de la investigación

De forma posterior, se analizó la existencia de sobrecriminalización de las PSSH[754]. Este concepto se entiende como la imposición de prisión preventiva a PSSH por delitos de bagatela, esto es, conductas cuya lesividad es insignificante y/o que afectan a bienes jurídicos

los operadores jurídicos (Ministerio Público, defensores públicos y autoridad judicial). La desproporcionalidad de los medios, en el caso de no ser manifestada, fue evaluada por la investigadora que puso en relación el tipo de violencia, la gravedad y el desarrollo del delito.

754 La revisión bibliográfica ha puesto de manifiesto la existencia de criminalización de la pobreza y selectividad en el sistema penal brasileño. Ahora bien, para cumplir el objetivo propuesto se centró la atención en el proceso de criminalización secundaria que se corresponde con la aplicación de la ley por los operadores del sistema penal, incluyendo la actuación de los cuerpos policiales.

de forma mínima[755]. Entonces, la sobrecriminalización se produce cuando: (1) el sujeto comete un delito por su situación de extrema exclusión económica, especialmente, si ya había sido condenado previamente. Se destacan los delitos contra el patrimonio, sobre todo, si el fin del apoderamiento de bienes responde a la satisfacción de necesidades básicas, como pueden ser las higiénicas o las alimenticias; (2) la conducta presenta escasa gravedad[756] y el grado de afección al bien jurídico es bajo; y (3) se impone la prisión provisional del sujeto[757]. También se analizó la ilegalidad de la prisión y la aplicación del relajamiento del fragante. Para ello, se definieron 5 variables *a posteriori* que se presentan en la tabla nº 8. No obstante, como la sobrecriminalización es un concepto de difícil medición, esta se corroboró a través de los estudios de caso, en los cuales se incluyó el análisis de la ilegalidad de la detención.

---

755 Como ya se destacó en el primer capítulo, estas infracciones penales evidencian la auténtica criminalización de la pobreza que se halla a nivel nacional e internacional.

756 El CP brasileño no establece la diferenciación entre delitos graves, menos graves y leves. Si bien, distingue entre delitos punibles con reclusión a través de un régimen en prisión cerrado, semiabierto o abierto y detención con el mismo régimen, a excepción del cerrado. Las conductas castigadas con reclusión revisten una mayor gravedad, aunque no existen criterios objetivos de cantidad de pena. Igualmente, se contemplan las contravenciones, similares a las antiguas faltas del CP español, en el *Decreto-Lei 3688 de 1941* y las infracciones de menor potencial ofensivo, con una pena máxima de dos años, en el art. 61 de la *Lei nº 9.099/1995*. Para salvar esta dificultad, se analizó la gravedad de la conducta. Brasil. Decreto-Lei nº 2.848, de 7 de dezembro de 1940, Código Penal (Brasil. Decreto-ley nº 2848, de 7 de diciembre de 1940); Brasil. Decreto-Lei nº 3.688, de 3 de outubro de 1941, Lei das Contravencoes Penais (Brasil. Decreto-ley nº 3688, de 3 de octubre de 1941); Brasil. Lei nº 9.099, de 29 de setembro de 1995 (Brasil. Ley nº 9.099, de 29 de septiembre de 1995).

757 Aunque se podría contemplar la libertad provisional del sujeto con una cuantía de fianza elevada, no ha sido posible acceder a esta información en la mayoría de los casos.

Tabla nº 8. Variables (añadidas) para el análisis de la sobrecriminalización

Variable	Nivel de medida[758]	Descripción
Pobreza	O	Se analiza si la conducta ha sido realizada por su situación de extrema pobreza para satisfacer necesidades básicas con cuatro posibilidades: (1) totalmente en desacuerdo; (2) en desacuerdo; (3) de acuerdo y (4) totalmente de acuerdo.
Gravedad de la conducta	DR	Se mide a través de una escala del 1 al 10 en la cual 1 expresa ausencia de gravedad de la conducta, la cual aumenta hasta llegar al máximo de 10. Para su determinación se tiene en cuenta: (1) el tipo de pena y los límites del delito cometido[759], (2) lo expuesto por la autoridad judicial, la defensa y la acusación; y (3) los hechos plasmados en el boletín de ocurrencia
Grado de afección al bien jurídico	DR	Se mide a través de una escala del 1 al 10 en la cual 1 expresa un grado de afección muy leve y 10 muy grave. Para la determinación del grado de afección se tiene en cuenta lo expresado por los operadores de justicia, el empleo de violencia en las personas y la no afección de un derecho fundamental
Sobrecriminalización	NP	Teniendo en cuenta los indicadores anteriormente desarrollados, las respuestas posibles son: (1) sí, ha quedado suficientemente acreditada, (2) sí, pero no ha quedado suficientemente acreditada, (3) sí, pero ligeramente, se podría debatir y (4) no

758 Se reitera la leyenda expresada en la tabla anterior.

759 Las tipologías delictivas halladas en el análisis fueron: (a) hurto simple (art. 155.1º, 2º y 3º del CP brasileño). La pena es de privación de libertad de 1 a 4 años y multa. Esta puede ser sustituida por detención (régimen abierto o semiabierto) o disminuida. Igualmente, se prevé la aplicación exclusiva de la pena de multa si el sujeto es primario y la cosa hurtada es de pequeño valor; (b) hurto cualificado (art. 155.4º y 5º del CP brasileño). La pena es de privación de libertad de 2 a 8 años; (c) robo (art. 157 del CP brasileño). La pena es de privación de libertad de 4 a 10 años y multa; (d) receptación (art. 180 del CP brasileño). La pena es de privación de libertad de 4 a 10 años y multa; (e) tráfico de drogas (art. 33 de la Ley Antidrogas). La pena es de privación de libertad 5 a 15 años y de 500 a 1 500 días-multa. En esta se sancionan un sinfín de conductas muy variadas como importar, fabricar, adquirir, vender, ofrecer, transportar, guardar, favorecer o entregar, a pesar de que sea gratuitamente; (f) lesiones (art. 129 del CP brasileño). En función de su gravedad se establece la pena de detención de 3 meses a 1 año o privación de libertad de 4 a 12 años. No obstante, el juez puede reducir las cuantías atendiendo a la escasa gravedad de la conducta.

Ilegalidad de la detención (autoridad judicial)	ND	Esta se determina cuando la autoridad judicial no decreta el relajamiento del fragante ante la concurrencia de una o más de las siguientes circunstancias: (1) inexistencia de indicios de autoría o materialidad de la comisión del delito; (2) contradicciones entre las versiones de los agentes policiales y los detenidos, corroboradas, en ocasiones, por los hechos; y/o (3) el ejercicio de violencia grave, desproporcionada e injustificada. Así pues, las posibilidades de respuestas son las mismas que las mencionadas en la variable anterior

Fuente: elaboración propia con base a los datos de la investigación

En cuanto al estudio de la victimización, se analizaron: (1) las características sociodemográficas: edad, sexo —mujer/hombre/otro— y nacionalidad —brasileño/extranjero—; (2) aspectos relativos a la situación de sinhogarismo: temporalidad —continua o con intervalos—, lugar de pernocta habitual y razones de sinhogarismo; (3) consumo de alcohol y/o drogas: antes y/o después de la situación de sinhogarismo, diferenciando entre los tipos más comunes —marihuana y crack—; (4) victimización por motivación aporófoba[760]: abarcando la discriminación —miradas de desprecio, insultos, expulsiones del espacio— y la victimización penal —hurtos, robos, agresiones físicas y sexuales—, así como su frecuencia y la autoría delictiva —fuerzas policiales, transeúntes y personas en situación de sinhogarismo, entre otras categorías—. Para cerrar el apartado, se efectuó una pregunta abierta sobre un incidente aporófobo sufrido que le hubiese marcado a lo largo de su trayectoria; y (5), por último, una frase, idea o reflexión que le gustaría compartir con la sociedad. En aplicación del análisis cualitativo de la información obtenida[761], se realizaron estudios de caso, analizando las relaciones entre variables y la posibilidad de crear diagramas relacionales para su mejor comprensión.

---

760 Aunque se presentan algunas de las categorías preestablecidas, las preguntas fueron semiabiertas, por ende, los sujetos entrevistados disponían de libertad de relato.

761 Toda la información se plasmó en un documento en el cual se presenta: el contenido "en bruto" de las grabaciones efectuadas, un resumen de los casos y una tabla de comparación de las características de los sujetos (con las experiencias de discriminación y victimización). Este puede ser solicitado a la autora a través del siguiente correo: isabelgarciadominguez@usal.es

2.4. Resultados

2.4.1. Criminalización de la pobreza en las audiencias de custodia

En la muestra total de las 56 audiencias de custodia, la mayoría se desarrollaron con único acusado. Respecto a las tipologías delictivas (ver figura nº 18), los delitos patrimoniales fueron predominantes, representando, de igual modo, el 80,0% de la categoría múltiples delitos. El tráfico de drogas fue el segundo más habitual. El resto de los delitos identificados obtuvieron porcentajes ínfimos.

Figura nº 18. Gráfico de barras de las tipologías delictivas de las audiencias de custodia

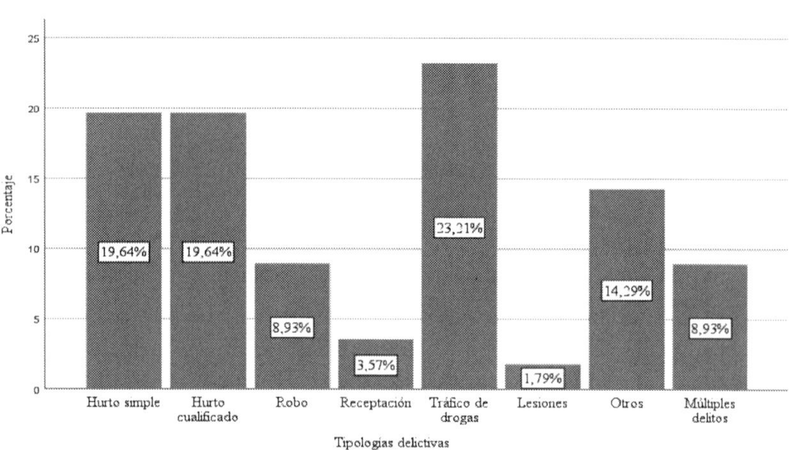

Fuente: elaboración propia con base a los datos de la investigación

2.4.1.1. Sinhogarismo y sobrecriminalización

La situación de sinhogarismo se halló en un 35,0% de la muestra, con 27 individuos. El perfil mayoritario fue de un varón —92,7%—, joven —63,0%— y con un color de piel negro o pardo —con un 37,0% y un 44,4% respectivamente—. Un 85,2% de la muestra declaró consumir sustancias estupefacientes y 3 de cada 4 hacía uso de drogas duras, mayoritariamente del crack. Con relación a la situación laboral, un 42,3% de las PSSH realizaban *bicos*, un 30,8% estaban desempleadas y un 26,9% tenían un trabajo formal. La renta (declarada tan sólo por 13 de los sujetos) fue menor de un salario mínimo en el 84,6% de la submuestra y entre 1 y 2 salarios en el porcentaje restante. En cuanto a los antecedentes[762], un 30,8% de la muestra tenía procesos pendientes[763] y un 53,8% afirmó ser reincidente, la mitad de los sujetos en más de una ocasión. En este punto, se destaca que los delitos patrimoniales y/o de tráfico de drogas representaron un 95,2% de las PSSH con procesos pendientes y/o reincidentes.

Respecto al delito flagrante, las PSSH que actuaron en conjunto fueron un 63,0% de la submuestra frente a un 37,0% que cometió el delito individualmente. El ámbito delictivo predominante fue patrimonial, más del 50% de hurto, seguido del tráfico de drogas y múltiples delitos[764]. Así pues, las tipologías delictivas de las audiencias de custodia de las PSSH fueron (en orden de mayor a menor frecuencia): (1) hurto simple, la mayoría en grado de tentativa, de escasa entidad y afección al bien jurídico[765]; (2) hurto cualificado[766], caracterizándose por su baja lesividad; (3) tráfico de drogas, en gene-

762 Tan sólo un sujeto fue preguntado por la comisión de delitos durante su minoría de edad, siendo su respuesta afirmativa.

763 El sujeto nº 5 por hurtar comida en un supermercado.

764 La frecuencia fue de 3: un caso de hurto simple, robo y receptación —sujeto nº 5—, otro de hurto simple, robo y tráfico de drogas —sujeto nº 41— y, el último, compuesto por un hurto simple y tráfico de drogas —sujeto nº 74—. De nuevo, se observa la habitualidad de los delitos patrimoniales y de tráfico de drogas.

765 En esta tipología, se encontraron: el sujeto nº 37, quien hurtó los cables de un portón que vendió por unos 50€ aproximadamente, el nº 74 que se llevó cuatro botes de chocolate en polvo —con un valor entre 8 y 10€— y el nº 9, una PSSH que respondía por una tentativa de una bicicleta de la empresa *yellow* cuyo precio era menor a un euro por cada hora de uso. Este último caso, es, todavía, más controvertido, debido a que la empresa no interpuso una denuncia, ni se interesó en absoluto por el incidente ocurrido. Así pues, fue la policía quien lo interceptó y lo puso a disposición de la autoridad judicial.

766 La PSSH nº 25 rompió la seguridad de la banca de revistas de un quiosco porque sufría el síndrome de abstinencia y necesitaba dinero para comprar más drogas, mientras que los sujetos nº 32, 33, 75 y 76 trataron de obtener los cables de un edificio.

ral, a pequeña escala[767]; y (4), por último, robo y receptación, principalmente, en grado tentativa[768] (ver figura nº 19).

La violencia ejercida por las fuerzas policiales se confirmó en un 44,4% del total de la muestra de PSSH, respecto a un 51,9% que declaró no haber sido agredido[769] —con 12 y 14 sujetos respectivamente—. El tipo más recurrente fue física y grave según declararon en sus testimonios. La desproporcionalidad de los medios utilizados fue unánime[770], pese a que uno de los sujetos no pudo ser evaluado por la ausencia de información suficiente. Tan sólo 7 de ellos se sentían capaces de reconocer al policía[771] y 4 presentaban marcas visibles. La coincidencia de la versión entre el informe realizado por los policías y los acusados no obtuvo ninguna respuesta afirmativa, existiendo discrepancia en 7 de ellos[772].

---

767 Dos de los sujetos imputados —nºs 44 y 53— fueron aprehendidos por una cantidad de droga que se englobaba en el consumo propio. Es más, el segundo individuo llevaba más de 3 meses en *cracolandia* y expresó que la policía lo abordó por su actitud sospechosa.

768 Sujetos nºs 9, 31, 32, 33 73, 75 y 76.

769 Se destaca el sujeto nº 44 ya que la primera vez que respondió a la pregunta sobre la violencia alegó que lo normal mientras que de forma posterior cambió su respuesta y afirmó que no.

770 Véase el caso nº 31. Los sujetos nºs 41, 42 y 43 experimentaron una violencia brutal con patadas en el estómago y diversas lesiones; es más, uno de ellos tenía la nariz rota. Los acusados argumentaron que entre 6 y 8 policías les agredieron cuando fueron sorprendidos cometiendo el delito de hurto simple y que, a diferencia de lo que expresaron los policías, no intentaron huir.

771 Si bien, en los demás sujetos no se efectuó esta pregunta.

772 Un ejemplo es el tráfico de drogas imputado al sujeto nº 44. La policía afirmó que eran 2 hombres al inicio, pero, de forma posterior, arrestaron a un hombre y a una mujer. Asimismo, no vieron traficar a la mujer, sino que se encontraba acostada en el lugar de los hechos.

Figura nº 19. Gráfico de barras de las tipologías delictivas de las PSSH

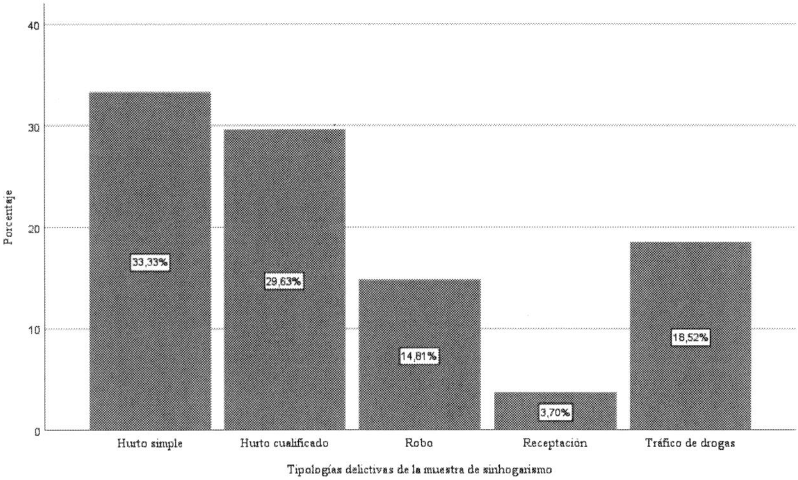

Porcentaje
40
30
20
10
0
33,33%
29,63%
14,81%
3,70%
18,52%
Hurto simple
Hurto cualificado
Robo
Receptación
Tráfico de drogas
Tipologías delictivas de la muestra de sinhogarismo

Fuente: elaboración propia con base a los datos de la investigación

En cuanto a las resoluciones, el Ministerio Público solicitó la adopción de la prisión provisional en un 88,9% de los sujetos, la libertad provisional con medidas cautelares —comparecimiento ante el juez y fianza— en un 7,4% y la libertad provisional sin medidas cautelares en un 3,7%. Se hizo referencia al orden público en un 44,4% de los casos para justificar la medida solicitada. En cambio, la defensa requirió la libertad provisional sin medidas cautelares en la mayoría de las PSSH —70,4%—, seguida de la libertad provisional con medidas cautelares —sin concretar ninguna de ellas— y el relajamiento del fragante —11,1% en cada una—. Ahora bien, en las solicitudes de libertad provisional por parte de la defensa el argumento más utilizado fue la escasa gravedad de la conducta con múltiples combinaciones (ver figura nº 20).

Figura nº 20. Gráfico de barras sobre los argumentos utilizados por la defensa en la petición de libertad provisional

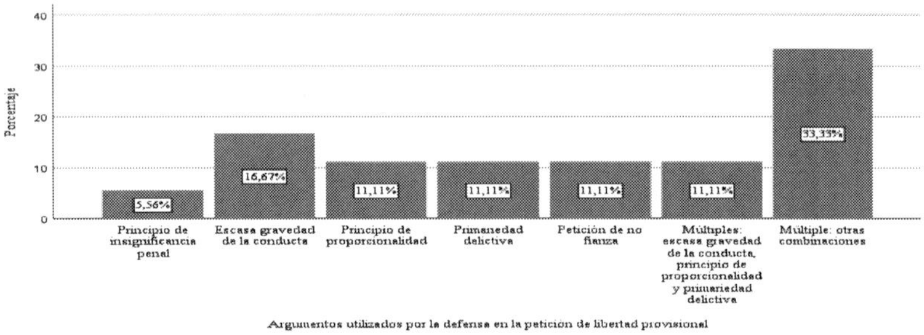

Fuente: elaboración propia con base a los datos de la investigación

En consonancia con lo solicitado por la acusación, la autoridad judicial ordenó la prisión provisional en un 85,2% de las PSSH y la libertad provisional con medidas cautelares en el 14,8% restante —23 frente a 4 individuos—[773]. La comparecencia ante el juez fue impuesta en todos los sujetos y la prohibición de ausentarte sin autorización en 3 de ellos, aunque también se contemplaron otro tipo de medidas[774]. La justificación de la resolución de la autoridad judicial fue la reincidencia y la gravedad de la conducta en un 11,1% de la muestra respectivamente, la combinación de ambas en un 3,7%, el paso anterior por las audiencias de custodia en un 7,5%[775] y otras en

773 También recomendó la asistencia a los CEAPIS en tres de los sujetos —nºs 9, 75 y 76—.

774 Con una frecuencia de uno, la autoridad judicial determinó la permanencia en casa en periodo nocturno y días de descanso del trabajo, la fianza y otra no contemplada en la ley (mantener la dirección actualizada). Ahora bien, la orden de estar en el domicilio va a ser difícilmente aplicada a este colectivo debido a que es complicado conseguir una plaza en un albergue ante el ingente número de PSSH en São Paulo.

775 El sujeto nº 32 fue uno de ellos, cuya resolución fue prisión a pesar de que el hurto fue en grado de tentativa. La jueza utilizó como justificación la situación de sin techo y el incumplimiento de las medidas impuestas en la audiencia de custodia anterior.

un 11,1%[776]. En el 55,6% restante no se efectuó ninguna argumentación[777].

En cuanto al análisis de la sobrecriminalización[778], la mayoría de las conductas no se han efectuado para satisfacer necesidades básicas —87,5% de la muestra de PSSH—, pero estas se relacionan con su situación de extrema pobreza. Tanto la valoración de la gravedad de la conducta como la afección al bien jurídico ha obtenida una media inferior a 3,5 sobre una escala de 10. Con base a lo expuesto, se concluye que la sobrecriminalización ha quedado suficientemente acreditada en 1 sujeto, se podría debatir en 16 y en los 6 restantes la respuesta es negativa (ver figura nº 21). Por el contrario, en 11 PSSH existieron suficientes indicios para probar la ilegalidad de la prisión, principalmente, por el ejercicio de violencia en la detención, en 4 se podría debatir y en 8 se refutó.

---

776 En el caso de la mujer nº 45, la jueza le reprochó que era una mala madre, que sólo visitaba a sus hijos cada 15 días, el consumo de crack mientras estaba embarazada y otras cuestiones no relacionadas con el delito.

777 De facto, la decisión fue tomada de forma anterior al inicio de la audiencia de custodia en los casos nºs 28 y 29, dialogando con la acusación y aprovechando que la defensa había salido para hablar con el detenido. El caso nº 31, con los sujetos nºs 41,42 y 43, también fue notorio ya que, a pesar de cometer un hurto simple, la violencia brutal que sufrieron y la petición del relajamiento del flagrante por la defensa, la jueza decretó la prisión provisional en menos de diez segundos.

778 La submuestra fue de 23 sujetos a causa de los 4 valores perdidos (ausencia de información).

Figura nº 21. Gráfico circular de la variable sobrecriminalización

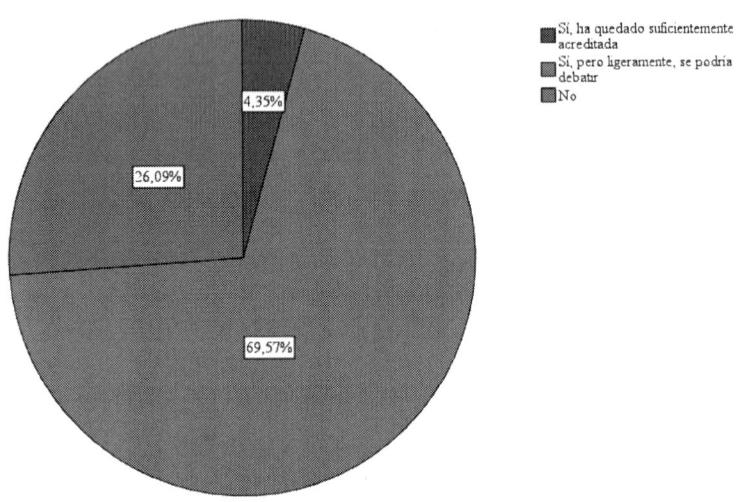

Fuente: elaboración propia con base a los datos de la investigación

En alusión a los estudios de caso (los cuales se presentan en el anexo V), se identificaron varios patrones en función de las tipologías delictivas (ver figura nº 22). En 10 de los 12 hurtos analizados[779] se determinó la existencia de sobrecriminalización[780]. El hurto de cables de cobre[781] se llevó a cabo en coautoría, con violencia y se adoptó la prisión provisional[782]. Por el contrario, cuando los objetos hurtados fueron una bicicleta o comida[783] en un supermercado los sujetos detenidos no sufrieron violencia y la medida impuesta fue diferente de la prisión[784]. El resto de los delitos identificados (robo, receptación en

779 EC nºs 2, 3, 5, 7, 8, 9, 11, 13, 14, 17, 18 y 19.

780 En este punto, se destaca que 3 sujetos ya habían sido absueltos en el pasado por delitos patrimoniales de escasa entidad. Así pues, se prevé que los casos sigan el mismo curso, aunque la autoridad judicial haya decretado la prisión provisional. EC nºs 13, 15 y 19.

781 EC nºs 2, 8, 9, 11 y 19

782 A excepción del EC nº 2. La autoridad judicial determinó la libertad provisional del sujeto nº 7 a pesar de que argumentó que pasaba por allí con su bicicleta y no tenía relación con el delito.

783 EC nºs 3, 17 y 18

784 De nuevo, con la excepción del EC nº 17.

concurso y tráfico de drogas)[785] compartieron de forma unánime la sobrecriminalización y la adopción de la prisión provisional[786]. A mayores se encontró que la cantidad de sustancias estupefacientes en la mayoría de las personas detenidas por tráfico de drogas fue muy baja, configurándose como un delito de bagatela. La escasa gravedad de la conducta y afección del bien jurídico también fueron características identificadas en los hurtos de comida y de una bicicleta, como se pude observar en el diagrama relacional que se presenta a continuación.

Figura nº 22. Diagrama relacional sobre las tipologías delictivas y los patrones comunes de las personas en situación de sinhogarismo en las audiencias de custodia

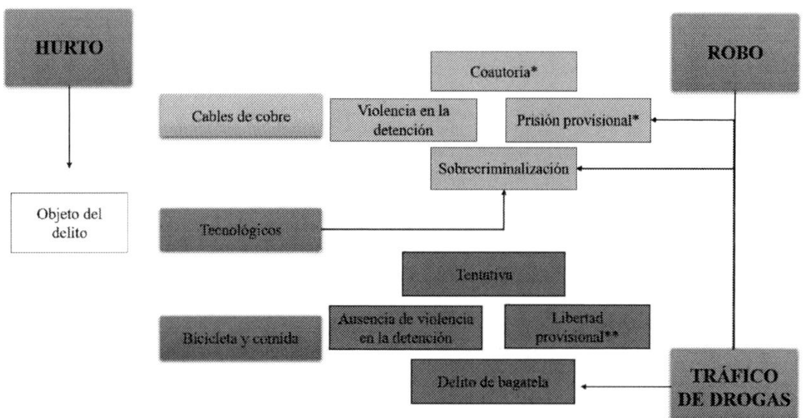

Fuente: elaboración propia con base a los datos de la investigación
*Este patrón se cumple en un 80,0% de la muestra de sinhogarismo
**Este patrón se cumple en un 66,6% de la muestra de sinhogarismo

2.4.1.2. Sinhogarismo vs. grupo de control

Con el propósito de cumplir el tercer objetivo de la investigación, se llevó a cabo la comparación de los datos recolectados en función de la situación de sinhogarismo de los sujetos (ver tablas nºs 9, 10 y 11 en los anexos VI, VII y VIII), con una frecuencia de 27 frente a 49,

---

785 EC nºs 1, 4, 6, 10, 12, 15 y 16.

786 A excepción del EC nº 16 en el cual no existió sobrecriminalización.

lo que representa un 35% frente a un 65%, aproximadamente, de la muestra total.

El perfil del acusado no difirió en gran medida por la situación de sinhogarismo[787], a excepción de las variables relativas a las sustancias estupefacientes y cuestiones laborables. El consumo de drogas fue significativamente superior en las PSSH —95,8% frente al 52,8% del grupo de comparación— y este colectivo usaba drogas duras en mayor proporción que las blandas, mientras que en el grupo de control el patrón fue inverso[788]. Con relación al trabajo, los empleos informales fueron la moda en las PSSH frente a los formales en los sujetos pertenecientes al grupo de comparación. Igualmente, se encontró un mayor porcentaje de desempleados y un menor salario en el colectivo de sinhogarismo[789].

En las variables relacionadas con el delito, las PSSH tenían más procesos pendientes y fueron más reincidentes respecto al grupo de control, obteniendo las mujeres en ambas variables un porcentaje muy inferior en comparación con los hombres. Aunque el ámbito patrimonial fue significativo en sendos grupos, las PSSH habían cometido más delitos de hurto y las personas que poseían una vivienda de robo. Con relación a las tipologías delictivas de las audiencias de custodia, el hurto fue la más constatada. Si bien, esta representó más de la mitad de la submuestra de sinhogarismo —62,9%—, situándose con un porcentaje inferior en el grupo de control —32,6%—. El segundo delito más cometido fue el tráfico de drogas, obteniendo un porcentaje superior el grupo de control —24,5%— frente al colectivo de sinhogarismo —18,5%—.

Se detectaron divergencias en la autoría múltiple. Esta se contempló en un 63,0% de las PSSH frente a un 37,0% del resto de autores individuales, por lo que el patrón fue inverso. En la misma línea, la violencia ejercida por la policía difirió en gran medida, con un 46,2% en el colectivo de sinhogarismo frente a un 13,0% en el grupo

787 Aunque se podría destacar un porcentaje ligeramente superior de jóvenes en el grupo de control.

788 El consumo de crack fue declarado por un 90,5% de las PSSH consumidoras, pero sólo por un 46,7% de los que tenían un hogar.

789 Véase que el 84,6% se situó en la categoría "<1 salario" frente al 50,0% del grupo de control.

de comparación[790]. En alusión al género, más del 85% de las mujeres cometieron delitos de hurto o tráfico de drogas y ninguna experimentó violencia.

La petición de prisión provisional por el Ministerio Público fue ligeramente superior en el colectivo de sinhogarismo, así como la mención del orden público. En cambio, la defensa solicitó la libertad provisional y el relajamiento del fragante en torno a un 70% y 20% respectivamente en sendos grupos. La justificación de las medidas con múltiples argumentos y por la escasa gravedad de la conducta obtuvieron una frecuencia alta en las PSSH, mientras que la primariedad delictiva fue más alegada por la defensa en el grupo de control.

En consonancia con lo solicitado por el Ministerio Público, la autoridad judicial decretó la prisión provisional en la mayor parte de la muestra, especialmente, en las PSSH, con una diferencia porcentual de 20 puntos. En los casos restantes, se determinó la libertad provisional con medidas cautelares, todas ellas múltiples[791], obteniendo un porcentaje más elevado las mujeres —73,9% frente al 26,1% de los hombres—. No obstante, la justificación de la medida se produjo en un 44,4% de las PSSH frente a un 34,7% del grupo de control y entre los motivos se destaca: la reincidencia en ambos grupos, la gravedad de la conducta en las PSSH y la primariedad delictiva en el grupo de control. Igualmente, el paso anterior por las audiencias de custodia representó un 7,4% de la muestra de PSSH y tan solo un 2,0% del

---

790 La frecuencia de personas con residencia que experimentó violencia policial fue de 6, por ello, el análisis cuantitativo es menos adecuado. Ahora bien, se destaca que todos los sujetos sufrieron violencia física, grave, con desproporcionalidad de los medios usados, pero tan sólo dos presentaron marcas y se sentían capaces de reconocer al policía. Además, la coincidencia de la versión de los hechos es negativa en un 100,0% de las PSSH frente a un 80,0% en el grupo de control.

791 El comparecimiento ante el juez fue adoptado en todos los sujetos con medidas cautelares. Las prohibiciones de acceso a determinados lugares y ausentarse sin autorización obtuvieron porcentajes muy similares, en torno al 50,0% y al 75,0% en sendos grupos. La obligación de permanecer en casa en periodo nocturno y la fianza fueron impuestas en mayor medida al grupo de control que al colectivo de PSSH, alrededor del 50,0% y 75,0% en el primer grupo y del 25,0% en el segundo grupo —ambas medidas—. La imposición de una medida no contemplada en la ley obtuvo un porcentaje del 25,0% y del 18,8% en el colectivo de PSSH y en el grupo de comparación respectivamente.

grupo de control. También se constató que la medida no fue justificada en más de la mitad de sendos grupos (ver figura nº 23).

La última parte del estudio cuantitativo fueron las relaciones entre categorías. Para ello, se seleccionaron 10 variables[792] que se analizaron en función de la situación de sinhogarismo. Como se puede observar en la tabla nº 12, el colectivo de sinhogarismo obtuvo una relación estadísticamente significativa con el consumo de drogas y de crack, siendo el tamaño del efecto medio-fuerte. Así pues, las PSSH usaban más drogas y más crack que el grupo de control. De igual modo, la violencia policial se relacionó positivamente con el grupo de PSSH, siendo el tamaño del efecto medio, por ende, se puede inferir que el colectivo de sinhogarismo sufrió más violencia que el grupo de control. Con una fortaleza menor, el Ministerio Público hizo más alusión al orden público y la defensa a la escasa gravedad de la conducta en el colectivo de sinhogarismo, siendo la relación positiva y estadísticamente significativa. En el resto de las variables no se obtuvieron relaciones estadísticamente significativas, aunque el porcentaje de prisión preventiva fue superior en el colectivo de PSSH.

Figura nº 23. Gráfico de barras sobre la presencia o ausencia de los motivos otorgados por la autoridad judicial para justificar la medida impuesta

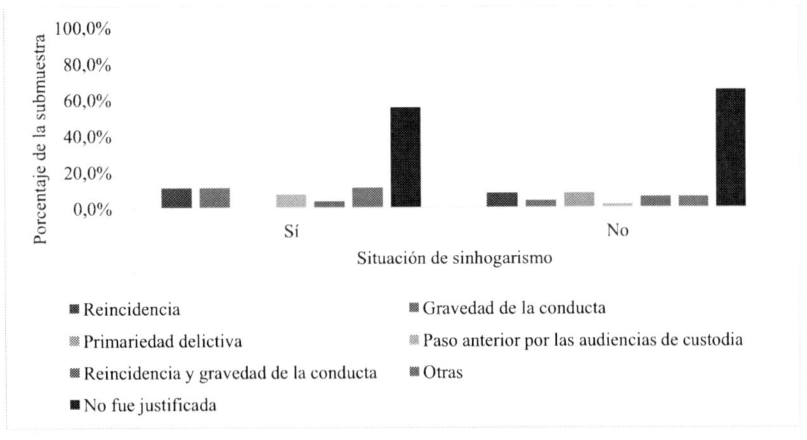

Fuente: elaboración propia con base a los datos de la investigación

792 Se destaca que algunas fueron recodificadas, como se puede observar en la tabla.

Tabla nº 12. Relación de las variables analizadas en las audiencias de custodia en función de la situación de sinhogarismo[793]

Variables[794]		Sinhogarismo Sí n (%) [REC[795]]	Sinhogarismo No n (%) [REC]	Estadístico V de Cramer (valor)
Consumo de drogas***[796]	Sí	23 (95,8) [3,6]	19 (52,8) [-3,6]	,460
	No	1 (4,2) [-3,6]	17 (47,2) [3,6]	
Consumo de crack**[797]	Sí	19 (90,5) [2,9]	7 (46,7) [-2,9]	,482
	No	2 (9,5) [-2,9]	8 (53,3) [2,9]	
Reincidencia[798]	Sí	14 (53,8) [1,1]	19 (40,4) [-1,1]	,129
	No	12 (46,2) [-1,1]	28 (59,6) [1,1]	
Violencia policial**[799]	Sí	12 (46,2) [3,1]	6 (13,0) [-3,1]	,367
	No	14 (53,8) [-3,1]	40 (87,0) [3,1]	
Reincidencia por hurto simple[800]	Sí	9 (50,0) [1,2]	7 (31,8) [-1,2]	,185
	No	9 (50,0) [-1,2]	15 (68,2) [1,2]	
Delito de las audiencias de custodia: hurto simple[801]	Sí	9 (33,3) [0,8]	12 (24,5) [-0,8]	,095
	No	18 (66,7) [-0,8]	37 (75,5) [0,8]	
Petición del Ministerio Público: prisión[802]	Sí	24 (88,9) [1,9]	34 (69,4) [-1,9]	,220
	No	3 (11,1) [-1,9]	15 (30,6) [1,9]	
El Ministerio Público alude al orden público*[803]	Sí	12 (44,4) [2,2]	10 (20,8) [-2,2]	,249
	No	15 (55,6) [-2,2]	38 (79,2) [2,2]	

793 Los porcentajes han sido calculados tomando como referencia las columnas.

794 Los valores del estadístico se presentan a pie de página del siguiente modo: Chi-cuadrado [gl]= valor (p-valor) o Test exacto de Fisher (p-valor)

795 Residuos estandarizados corregidos (REC).

796 Estadístico: Prueba exacta de Fisher p=,000

797 Estadístico: Prueba exacta de Fisher p=,007

798 Estadístico: Chi-cuadrado [1gl]=1,217; p=,270

799 Estadístico: Chi-cuadrado [1gl]=9,712; p=,002.

800 Estadístico: Chi-cuadrado [1gl]=1,364; p=,243.

801 Estadístico: Chi-cuadrado [1gl]=0,681; p=,409.

802 Estadístico: Test exacto de Fisher p=,089.

803 Estadístico: Chi-cuadrado [1gl]=4,647; p=,031.

La defensa justifica la medida por la escasa gravedad de la conducta*[804]	Sí	9 (50) [2,1]	4 (18,2) [-2,1]	,338
	No	9 (50) [-2,1]	18 (81,8) [2,1]	
Resolución de la autoridad judicial: prisión[805]	Sí	23 (85,2) [1,9]	31 (64,6) [-1,9]	,220
	No	4 (14,8) [-1,9]	17 (35,4) [1,9]	

Fuente: elaboración propia con base a los datos de la investigación
*Nivel de significación 0,1
**Nivel de significación 0,05
***Nivel de significación 0,001

2.4.1.3. Cuaderno de campo

En cuanto a las observaciones efectuadas, las dinámicas reveladas fueron las siguientes: (1) la detención de los sujetos por la sospecha de su nivel socioeconómico bajo, especialmente, de personas en situación de sinhogarismo[806]; (2) el paso diario de las PSSH por las audiencias de custodia, quienes cometen delitos de bagatela[807]; (3) las PSSH tratan de no revelar su situación e, incluso, intentan ocultarla por la creencia de que les perjudicará, y así lo declaran los abogados defensores. Por este motivo, en ocasiones, las PSSH dan la dirección de sus padres u otras personas de su entorno; y (4), por último, los defensores públicos alegan la inefectividad de la pregunta acerca del reconocimiento del policía que ejerció violencia debido a que raramente es identificado y sancionado, así como que el principio de insignificancia es sistemáticamente inaplicado en los delitos de bagatela.

---

804 Estadístico: Chi-cuadrado [1gl]=4,569; p=,033.

805 Estadístico: Prueba exacta de Fisher p=,066.

806 Algunos ejemplos son: el sujeto nº 47 (caso nº 34), que fue abordado por el hecho de tener un móvil en la mano; sujeto nº 48 (caso nº 35), a quien la policía detuvo por su apariencia de pobre cuando estaba con una bicicleta; o sujeto nº 52 (caso nº 40), abordado por su actitud sospechosa según su testimonio.

807 Un caso llamativo fue el hurtó de 5 botes de Nutella en un supermercado realizado por una mujer (que parecía encontrarse en situación de sinhogarismo) cuya resolución por la autoridad judicial fue la prisión. La audiencia de custodia tuvo lugar el 8 de octubre de 2019.

A propósito de lo descrito, se observaron diferencias en las actuaciones de los operadores jurídicos. Respecto del Ministerio Público, fueron muy pocas las acusaciones que tenían en cuenta la situación económica desfavorable del sujeto. En alusión a los defensores públicos, se diferenciaron dos grupos: el primero exponía sus argumentos brevemente y el segundo desarrollaba más sus defensas[808]. Con relación a la autoridad judicial, se observó, de forma generalizada, un trato diferenciado a las PSSH y un desinterés absoluto por el historial personal de los sujetos detenidos, así como por la violencia sufrida. Es más, en varios casos, la resolución se adoptó con la charla informal que se desarrollaba de forma previa a algunas de las audiencias de custodia.

Un motivo que alegaron para justificar la prisión, tanto el Ministerio Público como la autoridad judicial, fue el paso anterior por las audiencias de custodia. No obstante, se ha demostrado que algunos individuos (sobre todo, PSSH) son absueltos de forma posterior, por ello, considero necesario evaluar esta conducta con relación a la presunción de inocencia que debe primar[809]. También, aunque de forma excepcional, el juez determinó la prisión provisional "por la imposibilidad de localizarlos" a causa de su situación de sinhogarismo[810].

2.4.2. La victimización por motivación aporófoba

La muestra se compuso de 9 hombres y 2 mujeres en situación de sinhogarismo, con una edad media de 40 años —las edades oscilaron entre los 26 y los 50— y nacionalidad brasileña (ver tabla nº 13 en

---

808 En este grupo se observó un patrón. Los/as abogados/as más jóvenes y los/as que llevaban poco tiempo trabajando en las audiencias de custodia trataron de forma más intensa convencer al juez de la medida que consideraban adecuada, justa y proporcional, por ende, sus defensas tenían una duración superior. En cambio, los defensores con más experiencia no invirtieron tanto tiempo y exponían brevemente su posición. Estos confesaron que advierten las dinámicas de los jueces (a quienes conocen, debido a que, habitualmente, se repiten). Por ello, consideran que en muchos casos esa "batalla" no tiene sentido ya que antes de iniciar el proceso saben cuál va a ser la resolución.

809 Véase que al sujeto nº 36 se le decretó prisión por esta razón o el sujeto nº 40 al cual la acusación se refiere como reincidente pese a que todavía no ha sido juzgado por los procesos pendientes.

810 Como sucedió con los sujetos nºs 75 y 76.

el anexo IX). El color de piel predominante fue negro, seguido de blanco y pardo. Del total de la muestra, nueve consumían drogas, principalmente, cannabis. La duración temporal de la situación de sinhogarismo fue muy dispar, situándose el mínimo en 12 meses y el máximo en 33 años. En torno a la mitad de la muestra había intercalado periodos en la calle y en el albergue[811], aunque más del 90% había pernoctado en la calle alguna vez[812], sobre todo, de forma continua. Los motivos principales de su situación de sinhogarismo fueron varios, destacándose los conflictos familiares. También hicieron alusión a la separación de la pareja, al desempleo y al consumo de drogas, que se encontró en 9 de las personas entrevistadas, principalmente, de cannabis[813]. Con relación al sistema de justicia, se destaca que 5 PSSH habían cometido delitos (4 durante su mayoría de edad y 1 de forma previa)[814] y 3 habían pasado por las audiencias de custodia[815].

La discriminación por motivación aporófoba había sido experimentada por un 90,0% de la muestra y la victimización por todas las personas entrevistadas (ver tabla nº 14 en el anexo X). A través de los estudios de caso (ver anexo XI), se analizaron en profundidad las experiencias de discriminación y victimización aporófobas, así como sus relaciones. Estas se desarrollan en los siguientes párrafos y se representan gráficamente en la figura nº 24.

---

811 De las dos mujeres entrevistadas, una había permanecido casi toda su historia de sinhogarismo en el albergue —sujeto nº 7—. De forma contraria, la segunda había estado de forma constante en la calle —sujeto nº 10—. No obstante, ambas expresaron que el albergue no les gustaba. Es más, una añadió la connotación despectiva frente a la sociedad ya que una vez que descubrían dónde residían ya no les ofrecían más trabajos.

812 A causa de que no existen datos del sujeto nº 2.

813 Además, al menos 2 de los sujetos entrevistados provenían de familias de clase social baja y otros 2 habían permanecido casi toda su vida en la calle, lo que repercutió en su formación y en su desarrollo vital, de acuerdo con sus testimonios.

814 Sujetos nºs 3, 4, 5, 6 y 9. Las tipologías delictivas fueron delitos patrimoniales y contra la integridad física, como receptación, asaltos con violencia y homicidio. Asimismo, 3 habían estado privados de libertad.

815 Sujetos nºs 3, 7 y 9. En el caso de la mujer, que se corresponde con el número 7, su paso se debió a que trataron de imputarle un delito que no había cometido ya que pasó por un sitio donde se había perpetrado un asalto a un transeúnte. El juez decretó la prisión provisional, aunque después de 78 días privada de libertad fue absuelta al demostrarse su inocencia.

En cuanto a las conductas de discriminación por motivación aporófoba analizadas (miradas de desprecio, agresiones verbales y expulsiones del espacio), los autores fueron, mayoritariamente, comerciantes, transeúntes y la Policía Militar. Ahora bien, existen diferencias en función de las tipologías.

En primer lugar, las miradas de desprecio fueron experimentadas de forma habitual por todos los sujetos —a excepción del sujeto nº 5— y cometidas principalmente por transeúntes y comerciantes. La policía y personas de su mismo colectivo presentaron una frecuencia menor[816]. En segundo lugar, las agresiones verbales fueron registradas en 8 de las PSSH entrevistadas[817], en ocasiones, acompañadas de humillaciones[818]. En tercer lugar, las expulsiones del espacio, con una frecuencia de 8, se acompañaron de forma usual con insultos. Es más, se hallaron dos tipos en función del lugar: espacios públicos (principalmente, la calle) y establecimientos privados (comercios, bares y restaurantes). Mientras que los primeros fueron realizados por la Policía, los segundos fueron ejecutados más frecuentemente y, como cabría esperar, por los comerciantes y trabajadores de los establecimientos. Estos últimos los llevaron a cabo en conjunto con otras conductas discriminatorias, como efectuar una vigilancia permanente o persecuciones constantes.

Respecto a la victimización aporófoba, en los delitos registradas (hurtos, robos y violencia física) se halló que la Policía Militar fue el autor mayoritario, seguido de desconocidos y personas en situación de sinhogarismo. De nuevo, es preciso realizar puntualizaciones en función de las tipologías delictivas, las cuales se presentan a continuación.

---

816 En este punto, se destaca la historia del sujeto nº 11, una persona homosexual que narró como había sufrido mucha discriminación por parte de propio grupo de PSSH, así como que, desafortunadamente, existen muchos prejuicios contra el colectivo LGTBI+.

817 El ejemplo más común fue "*lixo*" (que significa basura). Otros comentarios ofensivos fueron: "*que vergonha a súa cara, deixe de ser vagabundo, não tem necesidade de isso", es decir, "que vergüenza tu cara, deja de ser un vagabundo, no tienes necesidad*", la cual fue emitida por los familiares del sujeto nº 4, "*mendigo, macaco*" al sujeto nº 8, o "*demonio*" al sujeto nº 11.

818 Un ejemplo fueron escupitajos en la cara —sujeto nº 10—, destacándose que una mujer hizo alusión a que fue humillada y ultrajada —sujeto nº 7—.

El hurto fue el delito más experimentado y de forma más frecuente, ocurriendo de forma principal en la calle (sobre todo, mientras dormían o en momentos en los cuales no estaban presentes) y secundaria en los albergues. Los objetos hurtados más comunes fueron mochilas (con recuerdos, documentos de identificación y otras pertenencias) y móviles, aunque también mencionaron material de trabajo, alcohol y tiendas de campaña. En los perpetradores se encontraron desconocidos, personas en su misma situación y, de forma esporádica, los operadores del servicio de limpieza de la PMSP, conocido como el rapa. Por el contrario, el robo se produjo, con una frecuencia menor, en la mitad de la muestra y en ningún caso en las mujeres. En este sentido, se encontró que las dinámicas de victimización fueron idénticas en las 2 mujeres entrevistadas, quienes experimentaron hurtos y violencia física grave.

Continuando con la violencia física, esta fue experimentada por toda la muestra, a excepción de 2[819]. El autor principal, a diferencia de los hurtos, fue la Policía Militar y, en ocasiones, la Guardia Civil Metropolitana. La mitad de la muestra hizo alusión a la brutalidad policial, incluso dirigida a menores o cuando no estaban de servicio. Otros incidentes experimentados con los agentes policiales fueron que: les hicieran comerse la droga[820], trataran de imputarles delitos que no habían cometido, les agredieran mientras trataban de grabarles[821] o intervenciones policiales en cracolandia (un barrio marginal de São Paulo dónde se vende y se consume crack)[822]. Otras PSSH habían sufrido violencia física y robos, mientras que los que no habían experimentado estas conductas expresaron que habían sido testigos de numerosas agresiones dirigidas a su colectivo, tanto de violencia

819 Sujetos n°s 2 y 5.

820 Al sujeto nº 11, según su testimonio, el agente le apuntó con un arma en la cabeza y le amenazó con dispararle si no ejecutaba la conducta descrita.

821 Aunque en estas situaciones el motivo de la violencia fue la realización de la grabación, la conducta llevada a cabo de forma previa fue una agresión con motivación aporófoba.

822 Un ejemplo paradigmático lo experimentó el sujeto nº 10, siendo el fin de las autoridades expulsarlos del espacio. Si bien cabe destacar que 3 de los sujetos habían permanecido una temporada en *cracolandia* y otros habían sido testigos. Todos coincidieron en que allí, en vez de personas, parecen *zombies* ya que no comen, no duermen e, incluso, uno añadió que no viven (sujeto nº 5).

física como sexual (aunque en mayor proporción la primera). Además, más de la mitad de la muestra expresó que la violencia era mayor de los cuerpos policiales hacia las PSSH en comparación con la violencia ejercida entre los integrantes de su propio colectivo[823].

Para finalizar, se subraya que las mujeres y los integrantes del colectivo LGTBi+ manifestaron que ser mujer o ser homosexual eran factores que añadían una mayor dificultad a su situación de sinhogarismo, así como que dicha combinación hacía que experimentasen más incidentes discriminatorios, delitos y violencia por sendos motivos. En este punto, la interseccionalidad se torna relevante debido a que se produce una doble discriminación, que, en ocasiones, puede ser triple en función de las características de las personas. Además, otros sujetos apuntaron que la apariencia ostenta un papel fundamental en la victimización aporófoba[824]. Para finalizar, la mayoría de las entrevistas concluyeron con una frase de reflexión o reclamo a la sociedad, cuyos temas fueron muy variados[825].

---

823 A propósito de lo desarrollado, la mayoría de los sujetos entrevistados destacó un abordaje policial constante con el ejercicio de violencia y un trato desigual. Del mismo modo, los prejuicios de los agentes policiales fueron manifestados por la mayoría de la muestra.

824 Por ejemplo, el sujeto nº 9, un hombre joven que no tenía la apariencia de una persona en situación de sinhogarismo había experimentado miradas de desprecio de forma puntual, expulsiones del espacio público y violencia física con una frecuencia baja a pesar de que llevaba más de 25 años viviendo en la calle. Así pues, esta variable será incluida en futuras investigaciones.

825 Ver estudios de caso en el anexo XI para más información.

Figura nº 24. Diagrama relacional sobre la discriminación y victimización aporófoba de la muestra de personas en situación de sinhogarismo entrevistadas[826]

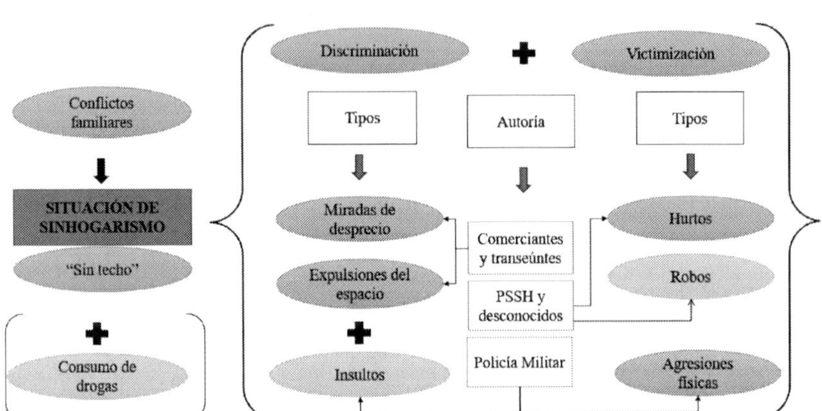

Fuente: elaboración propia con base a los datos de la investigación

Continuando con el trabajo de campo de la investigación, este se inició con un incidente en una calle cercana al edificio del MNPSS[827], donde varias PSSH tenían colchones y otras pertenencias debido a que lo utilizaban como lugar de pernocta. Así, el primer día de la investigación, 5 minutos después de mi llegada, salimos a la calle alertados por Leandro, una PSSH que vivía en la calle junto a su novia embarazada. El motivo fue que habían llegado varios agentes de la Policía Militar y de la Guardia Civil Metropolitana, acompañando al *rapa* (servicio de limpieza de la PMSP). Estos últimos estaban llevándose los colchones y las pertenencias de los sin techo, entre los cuales se encontraban las de Leandro y su pareja, quienes habían dejado, entre otras cosas, una bolsa con productos prenatales.

---

826 Para la interpretación del diagrama relacional, el color gris hace alusión a una frecuencia alta y el color amarillo moderada-baja. Así pues, las características y tipologías delictivas más experimentadas se muestran en gris y las que obtuvieron un porcentaje menor en amarillo.

827 Este refugio, como lo denominan algunas PSSH, se encuentra debajo del viaducto de Pedrosa de la ciudad de São Paulo y se distribuye en salas con espacios para el debate, la reunión o el descanso, oficinas, aseos, cocina, *etc.* Se destaca que la asistencia era mayoritariamente de hombres respecto a mujeres.

Ante la situación descrita, Leandro se alteró y trató de paralizar su actuación. La respuesta de los agentes policiales fue la detención de Leandro, utilizando una violencia física desproporcionada con relación a la conducta llevada a cabo[828]. Así pues, el personal del MNPSS se puso en marcha y solicitó que algún/a voluntario/a de la organización defensora de los derechos humanos acudiese al lugar donde Leandro se encontraba retenido[829]. Horas más tarde y justo antes de mi partida, Leandro, quien presentaba lesiones y la ropa rasgada a causa de la violencia policial, llegó al edificio del MNPSS, dónde su novia, nerviosa y alterada, le esperaba.

Desafortunadamente, el episodio desarrollado es un continuo en el colectivo de PSSH, según el testimonio de profesionales y PSSH integrantes del MNPSS[830]. Asimismo, relataron como, con el nuevo gobierno de Bolsonaro, la situación de las PSSH estaba agravándose en alusión a las Fuerzas de Seguridad, quienes cada vez los abordaban con mayor frecuencia; la criminalización de la pobreza, que se había intensificado; la reducción de las ayudas sociales; y la victimización, que aumentó en el periodo mencionado.

Las dinámicas expresadas también fueron confirmadas por la experiencia de la investigadora en la Iglesia de San Miguel de Arcanjo del barrio *Mocca* de São Paulo. En esta, se produjo una charla informal con el sacerdote Lancellotti, un referente defensor de los derechos humanos de las personas en situación de sinhogarismo[831] y con Juliana, una abogada que ejercía en beneficio de los más excluidos. Ambos habían constatado como diariamente detienen a personas en situación de sinhogarismo por delitos de bagatela, pese a la inexistencia de una acusación formal o la personación de la víctima,

---

828 Se destaca que era la tercera ocasión en la cual Leandro era privado de sus pertenencias.

829 En este sentido, se observó que el MNPSS tiene una red organizada, con la colaboración de numerosas organizaciones y asociaciones cuyo fin común es defender a este grupo poblacional tan vulnerable.

830 Entre ellos se encontraba el presidente, quien poseía muchos años de experiencia.

831 Quien cuida de ellos diariamente, no sólo abriendo las puertas de su parroquia, sino también satisfaciendo sus necesidades más básicas, incluidas las de cariño y sentido de pertenencia a una comunidad.

así como la presencia de numerosas irregularidades en los procesos contra este colectivo. Esta sinergia perjudica, aún más, al colectivo objeto de estudio.

2.5. Discusión

En cumplimiento del *primer objetivo*, el perfil predominante de PSSH fue de un varón, joven, de color de piel negro o pardo y consumidor habitual de crack. La mayoría realizaba algún tipo de actividad laboral, principalmente, *bicos*, con unas ganancias inferiores a un salario mínimo. Asimismo, se observó que todas las PSSH, muchas de los cuales eran reincidentes y/o tenían procesos pendientes (a excepción de las mujeres), mayoritariamente por hurtos y tráfico de drogas, cometieron, de nuevo, delitos contra el patrimonio y/o de tráfico de drogas, caracterizándose por su escasa entidad y gravedad.

Los hallazgos presentados son muy similares a los detectados por el IDDD[832] y el Instituto *Sou Da Paz*[833], quienes ya habían apuntado la prioridad de las Fuerzas y Cuerpos de Seguridad en la represión de esos delitos, generalmente asociados a la pobreza[834]. En efecto, a pesar de que muchos de los delitos de las audiencias de custodia no fueron cometidos para satisfacer necesidades básicas en *strictu sensu*, estaban relacionados con la situación de extrema pobreza de los sujetos. Así pues, se encontraron indicios de sobrecriminalización en más de la mitad de la muestra de sinhogarismo. Los resultados apoyan la *primera hipótesis de la investigación*, esto es, que las PSSH son detenidas por delitos de bagatela y sobrecriminalizadas.

Sin embargo, es necesario realizar algunas puntualizaciones. La sobrecriminalización fue más acentuada en los delitos de hurto, so-

---

832 INSTITUTO DE DEFESA DO DIREITO DE DEFESA. *Monitoramento das audiências de custódia em São Paulo, Op. Cit.*, pp. 3-15; 28-95.

833 INSTITUTO SOU DA PAZ. *Vale a Pena? Custos e alternativas à prisão provisória na cidade de São Paulo, Op. Cit.*, pp. 2-3.

834 Es más, esta conclusión fue obtenida del análisis de más de 600 audiencias de custodia en el año 2018. INSTITUTO DE DEFESA DO DIREITO DE DEFESA. *O fim da liberdade. A urgência de recuperar o sentido e a efetividade das audiências de custodia. Relatorio Nacional Completo, Op. Cit.*, pp. 60-62.

bre todo, cuando el objeto hurtado fueron cables de cobre. Se exceptúa el hurto de comida o de muy escasa entidad debido a que la autoridad judicial otorgó la libertad provisional. No obstante, la sobrecriminalización fue muy marcada en los delitos de tráfico de drogas pese a la mínima cantidad de sustancias estupefacientes incautada. Además, la adopción sistemática de la prisión provisional en los delitos presentados, que había sido señalada en estudios previos, se corroboró en la presente investigación[835].

El *segundo objetivo* fue, de igual modo, alcanzado. Se descubrió que los agentes policiales ejercieron violencia física, grave y desproporcionada en una gran parte de la muestra, sobre todo, en el colectivo de PSSH, reiterándose lo expuesto por la revisión bibliográfica[836] de que, desafortunadamente, es una dinámica recurrente. La única excepción fue conformada por el grupo de mujeres. Si bien estas no sufrieron violencia policial en las detenciones, en las entrevistas llevadas a cabo manifestaron que las victimizaciones violentas eran habituales (siendo los autores ajenos a la institución Policial). Entonces, los resultados apuntaron que las mujeres no experimentan violencia cuando son detenidas, pero sí en el rol de víctimas.

En consonancia con lo solicitado por el Ministerio Público, la autoridad judicial decretó la prisión provisional en más del 80% de la muestra de sinhogarismo, a pesar de los delitos de bagatela cometidos. En cambio, la defensa pidió la libertad provisional de la mayoría de la muestra, haciendo alusión, especialmente, a la escasa gravedad de la conducta y, de forma secundaria, a la proporcionalidad y al principio de insignificancia penal. También se encontró que no existió privacidad en los encuentros de las personas arrestadas con los defensores, como ya había expresado el Instituto *Sou Da Paz*[837].

Así pues, los hallazgos son favorables a la *segunda hipótesis* planteada con una puntualización. Mientras que las PSSH sufrieron una in-

---

835 INSTITUTO DE DEFESA DO DIREITO DE DEFESA. *O fim da liberdade. A urgência de recuperar o sentido e a efetividade das audiências de custodia. Relatorio Nacional Completo, Op. Cit.*, pp. 29-30.

836 INSTITUTO SOU DA PAZ. *Vale a Pena? Custos e alternativas à prisão provisória na cidade de São Paulo, Op. Cit.*, pp. 2-3.

837 *Idem.*

cidencia significativa de prisiones, sólo los hombres que se hallaron en esta situación experimentaron violencia policial en su detención. Ambas dinámicas habían sido apuntadas por estudios anteriores, pero sin la precisión de género[838]. Además, no se adoptó el relajamiento del fragante en ninguno de los casos, a pesar de que en 11 sujetos quedó suficientemente acreditada la ilegalidad de la detención.

En cuanto al *tercer objetivo*, las PSSH presentaron un consumo más elevado de drogas duras, especialmente, de crack, en comparación con el grupo de control. De igual modo, el colectivo de sinhogarismo había experimentado una cifra superior de procesos pendientes y de condenas, sobre todo, en el ámbito patrimonial. En la misma línea, la violencia policial fue más elevada y acentuada, el Ministerio Público hizo más alusión al orden público y la defensa alegó en mayor proporción la escasa gravedad de la conducta en el colectivo de sinhogarismo. No obstante, la relación entre sinhogarismo y prisión provisional no fue significativa a pesar del mayor porcentaje respecto del grupo de control.

En otro orden de cosas, las PSSH[839] manifestaron que la policía les había imputado delitos que no habían cometido. Esta dinámica no se halló en el grupo de control, por lo que existen indicios de aporofobia a causa de su experimentación exclusiva por personas en situación de extrema pobreza[840]. Por consiguiente y de acuerdo con lo expresado, los resultados apoyan la *tercera hipótesis* sobre las diferencias entre los grupos con relación a las tipologías delictivas, la violencia policial y la aplicación de la prisión provisional.

El *cuarto objetivo* también fue logrado y sostuvo la *cuarta hipótesis*, esto es, que las PSSH experimentan habitualmente experiencias discriminatorias y delitos por motivación aporófoba. Las tipologías más frecuentes fueron: (1) miradas de desprecio y expulsiones del espacio público, perpetradas, principalmente, por comerciantes y transeúntes; (2) hurtos y agresiones físicas, siendo los autores ma-

---

838 INSTITUTO DE DEFESA DO DIREITO DE DEFESA. *O fim da liberdade. A urgência de recuperar o sentido e a efetividade das audiências de custodia. Relatorio Nacional Completo, Op. Cit.*, pp. 29-30.

839 Tanto en la muestra de las audiencias de custodia como en las entrevistas.

840 Esta hipótesis podría ser testada en una investigación futura.

yoritarios personas en su misma de situación de sinhogarismo, así como desconocidos en la primera conducta y la Policía Militar en la segunda. Con relación a la autoría de los cuerpos policiales, se destaca la violencia y la brutalidad policial en las detenciones, que ya había sido manifestada en las audiencias de custodia. De igual modo, las mujeres experimentaron violencia y victimizaciones aporófobas más acentuadas en comparación con los hombres. Entonces, se ha encontrado evidencia favorable a lo expresado por la literatura[841].

2.6. Limitaciones y conclusión

A pesar de ser una investigación novedosa en el territorio brasileño y de los notables hallazgos obtenidos, existen algunas limitaciones que deben ser señaladas. Atendiendo al número de sujetos investigados y al método de muestreo seleccionado de las PSSH, la posibilidad de inferencia y generalización de los resultados es limitada, sobre todo, en la ciudad de São Paulo donde la cifra de PSSH es muy elevada. De igual modo, el análisis de las diferencias de género se contempló como una ardua tarea a causa del escaso número de mujeres en situación de sinhogarismo en la muestra.

En cuanto a las audiencias de custodia, en algunas tipologías delictivas no se pudo extraer toda la información y en muchos casos se encontraron indicios de sobrecriminalización, sin que esta haya quedado suficientemente acreditada. Con relación a la victimización aporófoba, la muestra es pequeña y únicamente se analizaron los incidentes discriminatorios y las victimizaciones por motivación aporófoba más comunes (según había expresado la literatura). De igual modo, algunos sujetos entrevistados no quisieron relatar en detalle las experiencias vividas. Empero, se ha dado un paso más allá en el

---

841 MINISTERIO DE SAÚDE. "População em situação de rua e violência – uma análise das notificações no brasil de 2015 a 2017", *Op. Cit.*, pp. 1-13; PREFEITURA MUNICIPAL DE SÃO PAULO. *Pesquisa censitária da população em situação de rua, caracterização socioeconômica da população adulta em situação de rua e relatório temático de identificação das necessidades desta população na cidade de São Paulo. Relatorio completo do censo da população em situação de rua na cidade de São Paulo. Produto V. Maio/2015, Op. Cit.*

descubrimiento de los incidentes discriminatorios y de las victimizaciones aporófobas que las PSSH experimentan diariamente.

En conclusión, esta investigación ha encontrado evidencias de que el Derecho penal de la aporofobia que afecta, particularmente, al colectivo de PSSH está presente en São Paulo. Existen manifestaciones de aporofobia y, sobre todo, de violencia, siendo una problemática muy grave que debe ser atajada y eliminada. Al contrario de lo que está sucediendo, el Estado y los operadores del sistema penal brasileño deberían proteger al colectivo de PSSH de la violencia y de los incidentes aporófobos que sufren por su situación de extrema pobreza, así como sancionar a sus autores. Solo así se conseguirá mejorar la vivencia de este segmento poblacional tan vulnerable y disminuir la ardua situación que experimentan.

3. MANIFESTACIONES DE LA APOROFOBIA EN EL SISTEMA PENAL Y ADMINISTRATIVO BELGA: UN ESTUDIO DE CASO EN GANTE

3.1. Estado de la cuestión

El aumento alarmante del sinhogarismo se ha producido en la mayoría de las naciones europeas[842], siendo una de ellas Bélgica. Su población de PSSH se ha incrementado más de un 34% en los últimos años[843] y las investigaciones más recientes han registrado récords[844]. Si bien algunas ciudades belgas poseen una larga trayectoria en el recuento de este colectivo, otras han implementado esta metodología

---

842 Para más información consultar el apartado *El colectivo de personas en situación de sinhogarismo a través de los datos* del capítulo IV de la investigación.

843 FEANTSA. *Europe and homelessness. Alarming trends*, *Op. Cit.*, pp. 10-11.

844 THE BRUSSELS TIMES. *Brussels homeless population hits new record*, 2021. Recuperado de: https://www.brusselstimes.com/160430/vanbiervliet-brusshelp-brussels-homeless-population-hits-new-record-frank-vanbiervliet-brusshelp-squatting-shelter-unoccupied-housing-coronavirus-pandemic (Consultado el 5 de septiembre de 2021); WILSON, J. *Fighting Homelessness in Belgium*, 2022. Recuperado de: https://www.eupoliticalreport.eu/fighting-homelessness-in-belgium/ (Consultado el 5 de septiembre de 2021).

recientemente. Un ejemplo es la ciudad de Gante. En su primer censo, que data del año 2020, contabilizó 1 472 PSSH mayores de edad[845] de los cuales 124, 113 y 169 se situaron en la categoría ETHOS 1, 2 y 3 respectivamente[846].

Sin embargo, los gobiernos europeos, en vez de dirigir sus esfuerzos a otorgar soluciones al sinhogarismo, se han focalizado en minimizar su visualización[847]. Para ello, los legisladores han empleado tradicionalmente medidas formales e informales[848], siendo el recurso por excelencia el sistema penal. Así pues, la criminalización de la pobreza ha estado presente en las legislaciones europeas de forma generalizada y Bélgica no ha sido la excepción[849]. Ahora bien, al igual que en la ma-

---

845 El perfil mayoritario fue de un hombre —en torno al 70%— que poseía la nacionalidad belga —alrededor del 55%—, pero también se observó la presencia de la feminización de la pobreza, una alta cifra de personas con bagaje migratorio y que más de un 30% residían de forma irregular. El estudio se llevó a cabo desde una perspectiva holística e interseccional. VERMEIR, E. y SAMYN, S. *Telling dak-en thuisloosheid: lokaal rapport: Gent, Maart, 2021. Census homelessness. Local report – Ghent. A publication of the King Baudouin Foundation*, 2021, pp. 22-35, 58-65, 75-77. Recuperado de: https://www.kbs-frb.be/fr/telling-dak-en-thuisloosheid-lokaal-rapport-gent (Consultado el 18 de marzo de 2022).

846 Aunque como apuntaron los informes de contabilización del sinhogarismo, los sin techo son sólo la punta del iceberg. RESS RELEASE. *Counting the number of homeless people in order to come up with effective solutions*, 2021. Recuperado de: Counting the number of homeless people in order to come up with effective solutions | Koning Boudewijnstichting (kbs-frb.be) (Consultado el 18 de marzo de 2022); VERMEIR, E. y SAMYN, S. *Telling dak-en thuisloosheid: lokaal rapport: Gent, Maart, Op. Cit.*, pp. 22-27.

847 Con la excepción de los países nórdicos, atendiendo a los resultados de las medidas adoptadas. FEANTSA. FEANTSA. *Europe and homelessness. Alarming trends, Op. Cit.*, pp. 10-11.

848 Véase limitar los espacios públicos donde habitualmente se reúnen, modificar el mobiliario urbano para impedir su uso o sancionar las conductas de supervivencia, las cuales son manifestaciones de la Criminología actuarial (dado que se dirigen a un grupo que es catalogado como un riesgo). POTTS, C., y MARTIN., L. "Penal visions of homelessness and responsabilization in Belgium", *Op. Cit.*, pp. 77-79; ROOF ENDING HOMELESSNESS. *Baseline study*, 2021. Recuperado de: https://stad.gent/sites/default/files/media/documents/ROOF%20Baseline%20Study.pdf (Consultado el 25 de marzo de 2022).

849 Si bien el país objeto de estudio marcó al inicio la diferencia, adoptando una perspectiva del bienestar, en los años siguientes alcanzó a las naciones de su entorno. BECKETT, K. y MURAKA, N. "Mapping the shadow carceral state: toward an institutionally capacious approach to punishment" en *Theorical Criminology*,

yoría de los países de su entorno, sus dinámicas han cambiado, produciéndose cada vez más la sanción de las manifestaciones del sinhogarismo en el nivel extrapenal y, particularmente, a través de las ordenanzas municipales[850]. Esta dinámica ha sido conceptualizada por Calatayud como "decriminalización punitiva"[851] y, en el mismo sentido, Peršak hace alusión a una "criminalización a través de la puerta de atrás"[852].

Desde esta perspectiva, cabe destacar que asistimos a una expansión de sancionar comportamientos antisociales o "de desorden"[853], que afectan, especialmente, a los grupos más desfavorecidos de la sociedad dado que regulan aspectos de sus actividades rutinarias[854].

---

vol. 16, nº 2, 2012, pp. 221-224; MAY, J. "Gone, leave, go, move, vanish": Race, public space and (in)visibilities" en *Social Identities: Journal for the Study of Race, Nation and Culture,* vol. 21, nº 5, 2014, pp. 1909-1925.

850 A priori, se podría pensar que el paso del orden penal al administrativo perjudica en menor medida al colectivo de sinhogarismo, pero lo cierto es que existen algunas puntualizaciones (las cuales se aplican a España y Bélgica). La primera es que la Administración tiene una potestad reforzada. Primero te impone la sanción y, de forma posterior, si no estás conforme, puedes interponer un recurso y acudir a un procedimiento contencioso-administrativo. Con relación a esta, la segunda es que para interponer dicho recurso debes abonar unas tasas, lo que supone una dificultad añadida en las PSSH por su nefasta situación económica. La tercera es que la vía penal presenta más garantías por la gravedad de sus sanciones en comparación con la administrativa. Por lo tanto, en ocasiones, la vía administrativa supone un mayor perjuicio del sujeto. MAROTO CALATAYUD, M. "Punitive decriminalisation? The repression of political dissent through administrative law and nuisance ordinances in Spain" en *Regulation and Social Control of Incivilities* (Persak, ed.), Routledge studies in Crime and Society, 2017, pp. 55-64.

851 *Idem.*

852 En palabras de la autora "*criminalisation through the back door*". PERSAK, N. "Criminalisation 'through the back door'" en *Regulation and Social Control of Incivilities* (Persak, ed.), Routledge studies in Crime and Society, 2017, pp. 13-34.

853 Estas conductas, que podrían aunarse bajo el concepto de incivilidades, se engloban en los métodos de castigo neoliberales con las emergentes y nuevas formas de control. DE VERTEUIL, G., MAY, J. y VON MAHS, J. "Complexity not collapse: recasting the geographies of homelessness in a 'punitive' age", en *Progress in Human Geographym,* vol. 33, nº 5, 2009, pp. 646-666; PERSAK, N. "Criminalisation 'through the back door'", *Op. Cit.*, p. 71; PODOLETZ, L. "Tackling homelessness through criminalisation. The case of Hungary" en *Regulation and Social Control of Incivilities* (Persak, ed.), Routledge studies in Crime and Society, 2017, pp. 75 y ss.

854 En parte, esto es explicado por un incremento de los sentimientos de inseguridad que han experimentado numerosos países europeos. Existen estudios

En la implementación de estas medidas, Reino Unido fue pionero con la introducción de las *Anti-Social Behaviour Orders* (Órdenes de Comportamiento Antisocial, conocidas por las siglas en inglés ASBOs) en el año 1998[855], las cuales sirvieron de modelo a otros países del entorno, véase Hungría[856], España[857] o Bélgica[858]. En este sentido, el país objeto de estudio legisló la Ley *Gemeentelijke Administratieve Sancties (Sanciones Administrativas Municipales,* conocida por las siglas en inglés MAS) de 1999[859], que fue sustituida por la *Gemeentelijke Administratieve Sancties (Sanciones Administrativas Municipales,* representada por las siglas en flamenco GAS) del año 2014[860], que continúa vigente.

---

empíricos que han encontrado un vínculo entre el sentimiento de desorden y el riesgo o la amenaza de ser victimizado, aunque la percepción del riesgo de ser víctima de un delito no se corresponde, en general, con el riesgo real del crimen. Este sentimiento puede estar influenciado por experiencias personales, estereotipos o múltiples mecanismos que pueden enlazar comportamientos antisociales con ciertos grupos de la calle. Basado en estas inseguridades, han proliferado políticas para gestionar el problema del crimen y su control, respondiendo a una visión populista —y en términos de elecciones—. DI RONCO, A. y PERŠAK, N. "Regulation of incivilities in the UK, Italy and Belgium: Courts as potential safeguards against legislative vagueness and excessive use of penalising powers?" en *International Journal of Law, Crime and Justice*, vol. 42, nº 4, 2014, pp. 340-365.

855 United Kingdom. The Crime and Disorder Act 1998 (Reino Unido. Ley de Delincuencia y Desorden de 1998)

856 PODOLETZ, L. "Tackling homelessness through criminalisation. The case of Hungary", *Op. Cit.*, pp. 75-79.

857 MAROTO CALATAYUD, M. "Punitive decriminalisation? The repression of political dissent through administrative law and nuisance ordinances in Spain", *Op. Cit.*, pp. 55-64.

858 PLEYSIER, S. "Normalisation of behaviour in public space. The construction and control of public nuisance in Belgium" en *Regulation and Social Control of Incivilities* (Persak, ed.), Routledge studies in Crime and Society, 2017, pp. 96-98.

859 Al inicio, las MAS no se utilizaron como un instrumento represivo. Por el contrario, su implementación repercutió positivamente en la ciudadanía por la creación de un mayor número de infraestructuras y la reducción de los sentimientos de inseguridad ante el delito. België. Wet van 13 mei 1999 (Bélgica. Ley del 13 de mayo del 1999); DEVROE, E., BRUINSMA, G. y VANDER BEKEN, T. "An Expanding Culture of Control? The Municipal Administrative Sanctions Act in Belgium" en *The European Journal on Criminal Policy and Research*, vol. 23, nº 1, 2017, pp. 60-65; 68-76.

860 België. Wet van 24 juni 2013 (Bélgica. Ley del 24 de junio de 2013).

En las investigaciones llevadas a cabo sobre las ordenanzas municipales en los territorios belgas, se encontraron tres hallazgos relevantes: (1) que cada vez más administraciones adoptan las sanciones municipales como un instrumento de represión y control[861]; (2) que los grupos más desfavorecidos, considerados de riesgo, como las personas en situación de sinhogarismo, son objeto de persecución[862] y (3) la necesidad de más investigación empírica. De facto, esta necesidad y la insuficiente atención prestada a la temática han sido puestas de manifiesto por diversos/as autores/as, como Peršak, Pleyseier o Di Ronco[863]. Es más, Di Ronco puntualizó que es importante realizar investigación en la regulación de las ordenanzas en el micronivel de la ciudad, considerando el excesivo impacto en las libertades y derechos de los grupos más marginados[864], ya que estas representan el primer mecanismo de control de las actividades efectuadas por las PSSH en los espacios públicos.

En la otra vertiente del Derecho penal de la aporofobia, se encuentra la victimización por motivación aporófoba. En este sentido, el Código Penal belga[865] recoge una amplia regulación de los delitos

---

861 DEVROE, E., BRUINSMA, G. y VANDER BEKEN, T. "An Expanding Culture of Control? The Municipal Administrative Sanctions Act in Belgium", *Op. Cit.*, pp. 71-75; VANDER BEKEN, T. y VANDEVIVER, C. "When Things Get Serious: Reflections on the Legitimacy of Local Administrative Sanctions in Belgium" en *Legitimacy and Trust in Criminal Law, Policy and Justice: Norms, Procedures, Outcomes* (Persak, ed.), Ashgate, 2014, pp. 40-45.

862 DE HERT, P. *et al.* "The use of municipal administrative sanctions by the municipalities of Brussels. Is there a need for a regulating role for the Brussels Capital Region?", *Op. Cit.*, pp. 12-13; POTTS, C., y MARTIN., L. "Penal visions of homelessness and responsabilization in Belgium", *Op. Cit.*, pp. 77-79; 86-87.

863 DI RONCO, A. y PERŠAK, N. "Regulation of incivilities in the UK, Italy and Belgium: Courts as potential safeguards against legislative vagueness and excessive use of penalising powers?", *Op. Cit.*, pp. 340-365; DI RONCO, A. "Understanding uncivil behaviour through urban space and culture" en *Regulation and Social Control of Incivilities* (Persak, ed.), Routledge studies in Crime and Society, 2017, pp. 108-120; PLEYSIER, S. "Normalisation of behaviour in public space. The construction and control of public nuisance in Belgium", *Op. Cit.*, pp. 96-98.

864 DI RONCO, A. "Understanding uncivil behaviour through urban space and culture", *Op. Cit.*, pp. 115-120.

865 België. Strafwerboek, 8 Juni 1867 (Bélgica. Código Penal, 8 de junio del 1867).

de odio[866], plasmando en tipologías delictivas concretas[867] 19 motivos discriminatorios[868], entre los que se encuentra la riqueza. Este término podría ser aplicado a casos de aporofobia por la situación de extrema pobreza que motiva el delito, aunque lo cierto es que se usa, principalmente, en personas a las que se les deniega el alquiler de una vivienda por sus ingresos[869]. Asimismo, las estadísticas oficiales de delitos de odio publicadas anualmente no presentan la información de la motivación discriminatoria económica de forma independiente, sino que la incluyen en una categoría denominada otros. Además, no es posible acceder a la jurisprudencia emanada por los tribunales y tampoco se han llevado a cabo estudios (ya sea teóricos o empíricos) sobre la victimización aporófoba en el país en cuestión[870], por ello, las posibilidades de investigación son limitadas.

---

866 Introducida con la *Wet ter bestrijding van bepaalde vormen van discriminatie* (*Ley de lucha contra determinadas formas de discriminación*) del 10 de mayo de 2007.

867 A diferencia de otros países de su entorno, no existe una circunstancia agravante genérica, sino que la motivación se contempla en los siguientes tipos penales: voyeurismo, asaltos sexuales y violaciones (art. 377 bis); asesinatos, lesiones dolosas y homicidios imprudentes (art. 405 *quater*); omisión del deber de socorro (art. 422 *quater*); violación de la libertad personal y allanamiento de morada (art. 438 bis); calumnias e injurias (art. 453 bis); incendios intencionales (art. 514 bis) y daños a las pertenencias o bienes personales (art. 532 bis). Estos se aplican cuando el delito es cometido por odio, desprecio u hostilidad hacia una persona por alguno de los motivos discriminatorios desarrollados en el siguiente pie de página. MICHELETTO, L. "Hate crime legislation and the limits of Criminal Law. A principled and evidence-based assessment of Hate Crime Law and its Application to Italy". Tesis doctoral presentada en la Universidad de Gante, 2020, pp. 301-302.

868 Las motivaciones discriminatorias son raza, color, descendencia, origen nacional o étnico, nacionalidad, sexo, orientación sexual, estado civil, nacimiento, edad, riqueza, creencias religiosas y otras filosofías de la vida, estado de salud actual y futuro, discapacidad, idioma, creencias políticas, organización sindical, características físicas o genéticas y origen social.

869 UNIA. *Other criteria of discrimination*, s.n. Recuperado de: https://www.unia.be/en/grounds-of-discrimination/other-criteria-of-discrimination#Wealth (Consultado el 13 de marzo de 2021)

870 Se llevó a cabo una revisión bibliográfica en las principales bases de datos internacionales y nacionales, así como en la biblioteca virtual de la Universidad de Gante. Los hallazgos apuntaron que los delitos de odio son una materia escasamente estudiada (aunque existen algunas publicaciones, como la de Piatkowska, Messner y Yang) y la ausencia de investigación sobre victimización por motivación aporófoba, menos aún dirigida al colectivo de PSSH. PIATKOWS-

Empero, el *Interfederaal Gelijkekansencentrum* (*Centro Interfederal para la Igualdad de Oportunidad y contra el racismo*, conocido como Unia) ha creado una base de datos jurisprudencial sobre delitos de odio[871]. Si bien no recoge la totalidad de las sentencias, Unia afirma que alberga la mayoría de ellas por la obligación legal existente[872]. Con estos precedentes, García Domínguez y Vander Berken[873] realizaron un estudio empírico sobre la victimización aporófoba de las PSSH en Gante[874]. Los resultados principales apuntaron que: (1) la mitad de la muestra había sido victimizada de forma habitual por su situación de extrema pobreza, mostrando un porcentaje superior los nacionales; (2) los delitos más recurrentes fueron contra el patrimonio; (3) la razón más reportada para confirmar la motivación aporófoba fue que los infractores les vieron más indefensos y vulnerables; (4) los perpetradores de las victimizaciones fueron personas en su misma situación de sinhogarismo en las amenazas y habitualmente en los daños a sus pertenencias; y (5) la denuncia fue interpuesta, al menos en una ocasión, por más de la mitad de la muestra, siendo la razón principal para no denunciar la creencia de que no se haría nada al respecto.

Atendiendo a todo lo desarrollado, se llevó a cabo una investigación con el fin de salvar las lagunas existentes en los dos lados del

---

KA, S.J., MESSNER, S.F. y YANG, T.C. "1 of 1 Xenophobic and racially motivated crime in Belgium: exploratory spatial data analysis and spatial regressions of structural covariates" en *Deviant Behaviour*, vol. 39, nº 11, 2018, pp. 1398-1418.

871 Esta labor es muy importante debido a que, como se ha hecho mención, las sentencias dictaminadas por los tribunales belgas no son públicas, a excepción de las emitidas por los cortes superiores. También Unia dispone en su página web de un canal de denuncia online de víctimas y testigos de delitos de odio, aunque advirtió que las denuncias de personas en situación de sinhogarismo son raramente efectuadas. Para más información sobre las acciones llevadas a cabo consultar su página web: https://www.unia.be/en (disponible en varios idiomas).

872 En Bélgica existe una ley que compele a todos los Juzgados de lo Penal de la nación a informar de las sentencias cuyos delitos hayan sido cometidos por motivos discriminatorios. Circular conjunta nº COL 13/2013 del Ministro de Justicia, el Ministerio del Interior y del Colegio de Fiscales al Tribunal de Apelación. Disponible en: https://www.unia.be/files/Z_ARCHIEF/14129_en_-_circulaire_col_13-2013.pdf

873 GARCÍA DOMÍNGUEZ, I. y VANDER BEKEN, T. "Aporophobic and homeless victimisation. The case of Ghent", en proceso de evaluación.

874 El tamaño muestral fue de 32 PSSH y la técnica de investigación empleada el cuestionario.

Derecho penal de la aporofobia en Bélgica, centrando la atención en Gante. Así pues, por un lado, se analizaron las sanciones de las manifestaciones del sinhogarismo en las ordenanzas municipales de la ciudad señalada y, por el otro, se efectuó un análisis jurisprudencial a nivel nacional en la base de datos proporcionada por Unia.

3.2. Objetivos

El objetivo principal es analizar manifestaciones aporófobas del sistema penal y administrativo belga en el colectivo de personas en situación de sinhogarismo con el fin de realizar una comparativa con España. Para lograrlo, se establecieron tres objetivos específicos: (1) determinar si las ordenanzas municipales de la ciudad de Gante sancionan las manifestaciones del sinhogarismo y, más específicamente, de los sin techo; (2) analizar la presencia de aporofobia en las sentencias sobre delitos de odio cometidos a personas en situación de sinhogarismo; y (3) comparar la sanción del sinhogarismo de las ordenanzas municipales de Gante-Salamanca. El colectivo objeto de estudio son las personas en situación de sinhogarismo, particularmente, los sin techo según la categoría ETHOS.

3.3. Metodología

3.3.1. Diseño de la investigación

Para cumplir con los objetivos propuestos, se realizó una triangulación metodológica con la aplicación de dos técnicas de investigación[875]. La primera es un análisis de contenido de tipo conceptual[876]

---

875 La triangulación metodológica, más conocida como "*methodological triangulation*", hace referencia a la combinación de métodos en un único proyecto de investigación. Esta permite una mayor apreciación de la multidimensionalidad del fenómeno de investigación, en este caso, la aporofobia. CROWTHER-DOWEY, C. y FUSSEY, P. *Researching crime. Approaches, Methods and Application*, Pakgrave Macmillan, 2013, pp. 211-215.

876 Esta técnica, denominada "*content analysis*" en la literatura, podría ser definida como el análisis sistemático y objetivo de textos o documentos. La justificación recae en que esta técnica es muy útil cuando no existe bibliografía disponible

del *Codex politiereglementen Stad Gent* (*Reglamento policial de Gante,* RPG de aquí en adelante)[877] y de las GAS porque otorga el marco regulatorio nacional[878]. Así pues, ambas se constituyen como las unidades de análisis, siendo las fuentes son documentales. La segunda es una revisión jurisprudencial[879] en la base de datos sobre delitos de odio creada por Unia[880]. El objeto de estudio fueron las sentencias relativas a delitos de odio cometidos a personas en situación de sinhogarismo con una motivación aporófoba y el periodo temporal del año 1983 —fecha de creación de la base de datos— al 17 de marzo de 2022 —que marcó el inicio de la investigación—.

En alusión a la revisión jurisprudencial, se realizó un estudio inicial en la base de datos a través de los filtros[881], pero este no fue fructífero ya que el motivo discriminatorio "riqueza" se encuentra inserto en la categoría otros. Con el fin de salvar esta limitación, se llevó a cabo una búsqueda en la barra general con las siguientes palabras clave (en neer-

---

sobre el estado de la cuestión, ni información en otros recursos, como es el caso. En cuanto al tipo, esto es, conceptual, se ha seleccionado porque se examinará la presencia de aporofobia en las ordenanzas municipales de Gante, manifestadas a través de la sanción de actividades que realizan por su situación de pobreza, especialmente, aquellas que son necesarias para sobrevivir. CROWTHER-DOWEY, C. y FUSSEY, P. *Researching crime. Approaches, Methods and Application, Op. Cit.*, pp. 188-194; ELO, S. *et al.* "Qualitative Content Analysis: A focus on trustworthiness" en *Sage Open*, vol. 4, nº 1, 2014, pp. 1-10; HSIEH, H.F. y SHANNON, S.E. "Three Approaches to Qualitative Content Analysis" en *Qualitative Health Research*, vol. 15, nº 9, 2005, pp. 1279-1285.

877 België. Codex politiereglementen Stad Gent, 24 November 2014 (Bélgica. Reglamento policial de Gante, 24 de noviembre de 2014)

878 Se excluyen dos ordenanzas relativas a las infracciones de tránsito y a las fiestas de la ciudad —legisladas independientemente— ya que no se engloban en el objeto de estudio.

879 Siguiendo los pasos desarrollados por Fernández Molina; FERNÁNDEZ-MOLINA, E. "La investigación criminológica en tribunales", *Op. Cit.*, pp. 170-172.

880 En esta se recogen resoluciones penales, legislación y otras declaraciones sobre delitos de odio. UNIA. *Jurisprudence.* Disponible en: https://www.unia.be/en/jurisprudence-alternatives/jurisprudence (Consultado el 13 de marzo de 2022)

881 Estos son: (1) motivación discriminatoria: racismo, discapacidad física, fe o filosofía, años, orientación sexual y otros motivos; (2) dominio de acción: trabajo, sociedad, política y justicia, educación, medios/internet, alojamiento, bienes y servicios, y otros; (3) jurisdicción: contemplando todos los tribunales y las cortes de Bélgica; (4) localización: dividida en los 13 distritos judiciales; y (5) año: desde el 1983 hasta el 2022, incluido.

landés flamenco): "*fortuin*", que es el concepto utilizado en el Código Penal belga para referirse a la riqueza; "*dakloos*", "*dakloze*" y "*thuisloos*" que significan "sin hogar" (siendo la tercera un poco más amplia) y "*dakloosheidm*", "*thuisloosheid*" y "*onzekere huisvesting*" referentes a las categorías ETHOS 1, 2 y 3, esto es, sin techo, sin vivienda y personas viviendo en albergues o establecimientos destinados a su situación de sinhogarismo[882].

El análisis preliminar tan sólo denotó 2 resultados, por ello, se ejecutó un estudio más amplio que consistió en la lectura del resumen de todas las sentencias albergadas en la base de datos, en el cual se expone brevemente los hechos y los motivos discriminatorios que subyacen al delito. Los criterios de inclusión han sido: (1) que la víctima/s se encontrase/n en situación de sinhogarismo —tomando como referencia las categorías ETHOS 1, 2 y 3—; y (2) que el motivo discriminatorio fuese la situación de pobreza, tanto de forma individual como conjunta. Por el contrario, sólo se excluyeron las sentencias que versaban sobre el colectivo *okupa*[883]. Si bien, en el desarrollo de la revisión también se procedió a la lectura de las sentencias que versaban sobre contenido racista con indicios de motivación aporófoba. Por último, con relación al derecho comparado, se reitera el *iter* metodológico expuesto en la investigación llevada a cabo en Brasil que consta de cuatro frases: electiva, descriptiva, identificativa, y conclusiva[884].

3.3.2. Muestra

La muestra del análisis de contenido es la GAS y el RPG[885], que consta de diferentes capítulos relativos a disposiciones generales

---

882 Para la selección de los términos se acudió a las palabras utilizadas en el censo de personas en situación de sinhogarismo de la ciudad de Gante, así como al asesoramiento de profesionales y organizaciones que trabajan en el ámbito del sinhogarismo y los delitos de odio, entre ellos, Unia.

883 La justificación es la misma que la expuesta en la revisión jurisprudencial española de la presente investigación. Un ejemplo de sentencia excluida fue la del Tribunal Correccional de Gante, de 7 de octubre de 2019.

884 MORÁN, G.M. "El derecho comparado como disciplina jurídica: la importancia de la investigación y la docencia del derecho comparado y la utilidad del método comparado en el ámbito jurídico", *Op. Cit.*, pp. 524-526.

885 Aunque se analizó la versión más actualizada con fecha de marzo de 2022, se destaca que ha sufrido varias modificaciones, siendo la última el 24 de junio de 2021.

y materias específicas. En cuanto al ámbito español, la muestra se compuso de: *Ley 57/2003, de 16 de diciembre, de medidas para la modernización del gobierno local* (LMMGL)[886], *Ley Orgánica 4/2015, del 30 de marzo, de Protección de la Seguridad Ciudadana* (LOPSC) y de la *Ordenanza municipal sobre protección de la convivencia ciudadana, de 19 de noviembre de 2008* (OMPCC), aunque también se analizaron la *Ordenanza municipal de limpieza urbana y gestión de residuos, de 23 de mayo de 2014* (OMLUYGR) y la *Ordenanza municipal de prevención del alcohol y tabaquismo de Salamanca, 16 de enero de 2009* (OMPAYTS)[887]. Todo el contenido de los documentos mencionados fue objeto de análisis con el fin de obtener una visión holística y dar una respuesta certera a las preguntas de investigación. Respecto a la revisión de sentencias, la muestra fue de dos: el Tribunal de Primera Instancia de Bruselas, de 17 de febrero de 2016, y la del Tribunal de Apelación de Bruselas, de 27 de enero de 2021. Las restantes fueron excluidas porque no cumplían los criterios establecidos[888].

---

886 España. Boletín Oficial del Estado, núm. 301, de 17 de diciembre de 2003. *Ley 57/2003, de 16 de diciembre, de medidas para la modernización del gobierno local.*

887 España. Boletín Oficial de la Provincia de Salamanca, núm. 223, de 19 de noviembre de 2008. Corrección de errores: Boletín Oficial de la Provincia de Salamanca núm. 46, de 9 de marzo de 2010, p. 15, y núm. 220, de 13 de noviembre de 2015, pp. 8-9; España. *Ordenanza municipal de limpieza urbana y gestión de residuos.* Boletín Oficial de la Provincia de Salamanca, núm. 97, de 23 de mayo de 2014. Corrección de errores: Boletín Oficial de la Provincia de Salamanca núm. 152, de 8 de agosto de 2014, pp. 17-19; España. *Ordenanza municipal para la prevención del alcohol y tabaquismo de Salamanca.* Boletín Oficial de la Provincia de Salamanca, núm. 10, de 16 de enero de 2009. Corrección de errores: Boletín Oficial de la Provincia de Salamanca núm. 112, de 13 de junio de 2012.

888 Por un lado, en algunas no se pudo determinar la situación de sinhogarismo de la víctima. Véase el caso de una persona de origen extranjero que fue insultada, amenazada y atacada. Aunque se impuso la agravante por motivación aporófoba, el relato de los hechos (breve y superfluo) no fue suficiente para corroborar su situación de sinhogarismo, como se expone en la sentencia del Tribunal Correccional de Gante, de 15 de septiembre de 2015. Por el otro lado, en alusión a las sentencias que versaron sobre contenido racista, en ninguna se constató la motivación aporófoba. Si bien algunas presentaron indicios, estos fueron insuficientes para determinar la motivación aporófoba. Un ejemplo fue el caso de un policía que, después de la intervención en frente de un albergue de personas en situación de sinhogarismo, cometió un delito de lesiones y de daños contra uno de ellos. Así pues, se apreció el racismo como circunstancia discriminatoria de agravación de la pena en la sentencia

3.3.3. Procedimiento de análisis de datos

En el análisis de contenido (ver tabla nº 15), en un primer nivel, se definieron dos categorías: "disposiciones generales", en alusión al marco regulatorio genérico, y "conductas específicas", que comprende las actividades concretas que son sancionadas. En un segundo nivel, se crearon las preguntas para dar respuesta a los conceptos objeto de estudio[889]. Con el fin de facilitar las búsquedas, se definieron algunas palabras clave[890]. Este procedimiento se aplicó a las normas belgas y españolas con el fin de realizar derecho comparado[891].

del Tribunal Correccional de Bruselas, de 17 de julio de 2020. Con relación a lo último expuesto, se destaca que el racismo fue el motivo discriminatorio más común. De facto, se halló en más del 50% de las resoluciones judiciales. Algunos ejemplos son los siguientes: Tribunal Correccional de Amberes, de 23 de junio de 2020; Tribunal Correccional de Gante, de 7 de octubre de 2019; Tribunal Correccional de Lovaina, de 23 de enero de 2007; y Tribunal Correccional de Amberes, de 24 de junio de 2005.

889 Con esta finalidad, se han seleccionado las conductas de estudio del apartado *La sanción de las manifestaciones del sinhogarismo en el espacio público* del capítulo II. Estas son las que podrían ser más habitualmente aplicadas a las PSSH atendiendo a su situación de extrema pobreza, según ha expresado la literatura (destacándose el trabajo de Puente Guerrero). Además, se puntualiza que algunos se determinaron de forma previa a la investigación, mientras que otros se incluyeron durante el análisis. PUENTE GUERRERO, P. "Criminalización del sinhogarismo y violencia cultural: las ordenanzas municipales como instrumento de exclusión de las personas sin techo. Un estudio de caso en las capitales de provincia de Castilla y León" en *Revista General del Derecho Penal*, nº 34, 2020, pp. 11-13.

890 Aunque se presentan en castellano, la búsqueda inicial se hizo en neerlandés flamenco con ayuda de nativos de la ciudad de Gante. Si bien, el texto fue traducido y analizado en su totalidad.

891 CROWTHER-DOWEY, C. y FUSSEY, P. *Researching crime. Approaches, Methods and Application*, *Op. Cit.*, pp. 188-194; ELO, S. *et al.* "Qualitative Content Analysis: A focus on trustworthiness", *Op. Cit.*, pp. 1-10; HSIEH, H.F. y SHANNON, S.E. "Three Approaches to Qualitative Content Analysis", *Op. Cit.*, pp. 1279-1285.

Tabla nº 15. Categorías, preguntas y conceptos para el análisis de la sanción administrativa de las manifestaciones del sinhogarismo

Categoría	Pregunta realizada	Concepto y definición	Palabras clave
Disposiciones generales	¿Cómo se clasifican las infracciones?, ¿qué tipo de sanciones aplicadas a las personas físicas se prevén? y ¿cuál es la cuantía?	Clasificación de las infracciones, tipo de sanciones en función de las conductas y cuantía de cada una de ellas	Infracción, sanción y cuantía
	¿Se regulan alternativas a la sanción pecuniaria?	Alternativas a la multa, como servicios a la comunidad o mediación	Alternativa, comunidad y mediación
	¿Existen disposiciones específicas para sujetos en situación de exclusión social? En caso afirmativo, especificar cuáles	Disposiciones específicas de sujetos en situación de exclusión social. Se analizó si se contemplaba un apartado específico de la graduación en el caso de personas en situación de sinhogarismo y/o situación de extrema pobreza	Exclusión social y sinhogarismo
	¿Se agrava la sanción por reincidencia y/o reiteración? En caso afirmativo, ¿en qué medida?	Se examinó el concepto de reincidencia, en qué ocasiones se aplicaba y cuál era la consecuencia. Del mismo modo, se analizó la agravación de la sanción por reiteración de las infracciones en la norma	Reincidencia y reiteración
	¿Existen otras disposiciones relevantes en la sanción del sinhogarismo que no hayan sido consideradas en las preguntas anteriores?	En este punto se estudió la norma con el fin de identificar disposiciones que pudiesen afectar, en mayor o menor medida, al colectivo objeto de estudio por su situación de extrema pobreza, como la reducción de la multa por pago temprano y las consecuencias de recurrir la sanción impuesta	Reducción y recurrir

Categoría	Pregunta realizada	Concepto y definición	Palabras clave
Conductas específicas	¿Se sanciona la realización de necesidades fisiológicas en la vía y/o espacio público?	Se examinaron tres conductas: orinar, defecar y escupir en las vías y espacios públicos	Orinar, defecar y escupir
	¿Se sanciona encender y/o mantener fuego en las vías y espacios públicos?	Tanto la conducta de encender como mantener un fuego en las vías y espacios públicos fueron analizadas, ya sea para calentarse o para cocinar	Fuego y hoguera
	¿Se sanciona usar las vías, espacios y/o bienes públicos para finalidades distintas a las que están destinadas?	Las actividades examinadas fueron dormir, acampar, lavarse o bañarse en una fuente (o estanque) y lavar ropa u otros objetos	Dormir, acampar, lavar, asear, fuente y estanque
	¿Se sanciona manipular o rebuscar en papeleras y/o contenedores?, ¿y realizar vertidos ilegales?	Se engloba manipular papeleras y contenedores (incluyendo sus contenidos) situados en las vías y espacios públicos. Especial referencia al acto de rebuscar en la basura. También se analizó la conducta de abandonar residuos en lugares y momentos que no se ajusten a la normativa, conceptualizada como vertidos ilegales	Papeleras, contenedores y vertidos ilegales
	¿Existen otras disposiciones relevantes en la sanción del sinhogarismo que no hayan sido consideradas en las preguntas anteriores?	En esta categoría se prestó especial atención al consumo de bebidas alcohólicas y drogas y a la prostitución. No obstante, se tuvieron en cuenta otras conductas llevadas a cabo por las personas en situación de sinhogarismo expresadas por la literatura	Alcohol, drogas y prostitución

Fuente: elaboración propia con base a la investigación

En alusión a la victimización aporófoba, a causa de la escasa cuantía de sentencias recuperadas, se realizó un estudio de casos descriptivo-explicativo, instrumental y múltiple desde el paradigma positivista (metodología cualitativa)[892] con el fin de realizar un análisis en profundidad de cada una de ellas. En este, se centró la atención en: los hechos probados; la motivación aporófoba y su corroboración; la existencia de otros motivos discriminatorios; el delito cometido; la víctima y su situación de sinhogarismo; la autoría delictiva; y la pena impuesta. También se generarán hipótesis que guíen la investigación futura.

3.4. Resultados

3.4.1. La sanción de las manifestaciones del sinhogarismo en las ordenanzas municipales de Gante

La *Ley de Sanciones Administrativas Municipales* (GAS), de 24 de junio de 2014, otorgó a los ayuntamientos belgas la potestad de regular casos menores de alteración del orden público, tales como vertidos ilegales, ruido y orinar en público (arts. 6 y 21 de la GAS)[893]. Se contemplaron dos tipos de infracciones: "mixtas", que pueden ser objeto de sanción penal o administrativa (de forma subsidiaria[894]), y "no mixtas", cuyo castigo es exclusivamente administrativo. En las "no mixtas", la única sanción aplicable a las personas físicas es la multa cuya cuantía máxima es de 350€ en los adultos. No obstante, su pago inmediato podría disminuir el importe, que oscilará entre 25€ y 100€

---

892 La justificación recae en: (1) los objetivos, estos son, describir, interpretar y comprender el delito cometido, poniendo especial énfasis en la víctima y en la motivación aporófoba que subyace al delito; (2) el número de casos, que son múltiples; y (3) el paradigma positivista, para crear hipótesis que testar en futuros estudios. DÍAZ DE SALAS, S.A, MENDOZA MARÍNEZ, V.M., y PORRAS MORALES., C.M. "Una guía para la elaboración de estudios de caso", en *RAZÓN Y PALABRA*, nº 75, 2011; JOSÉ BENITEZ, M., FERNÁNDEZ PACHECO, G. y LUZ CUERVO, A.L. "Metodología mixta. Estudios de caso", en *Metodología de investigación en Criminología* (Barberet, Bartolomé y Fernández-Molino, coords.), Tirant lo Blanch, 2019, pp. 258-260.

893 En el caso de incumplimiento de lo dispuesto, la competencia de registro de las infracciones recae en la Policía Municipal y en el vigilante comunitario (cuya figura es ostentada por un funcionario del ayuntamiento en cuestión), quienes deben elaborar un informe y proceder al trámite de la sanción (arts. 6 y 21 de la GAS).

894 La sanción administrativa sólo será aplicada cuando no se imponga una pena.

en función del número de infracciones cometidas. De facto, el límite superior sólo podrá ser aplicado cuando se registren más de 4 infracciones (art. 28 de la GAS). Por el contrario, en caso de recurrir la sanción impuesta, la persona no podrá beneficiarse de la reducción. Asimismo, la GAS presenta dos alternativas a la sanción pecuniaria —previo consentimiento del sujeto infractor—: la mediación y los servicios comunitarios[895]. Ahora bien, si el sujeto no cumple con lo establecido se restablecerá la medida inicial, esto es, la multa (arts. 4 y 22.1 de la GAS).

En cuanto a las disposiciones específicas de sujetos en situación de exclusión social, no se contempla ninguna. Si bien, se establece la individualización de la sanción atendiendo a todos los aspectos de la persona, entre ellos, su capacidad económica (art. 7 de la GAS). También que la multa administrativa debe ser proporcional a la gravedad de los hechos, a las posibles circunstancias atenuantes y a la reincidencia (art. 5 de la GAS). En este sentido, la reincidencia, que se entiende como la comisión de dos o más infracciones —independientemente de su naturaleza— en el periodo de dos años, aumenta la cuantía de la multa (art. 7 de la GAS).

En otro orden de cosas, la regulación municipal de Gante prohíbe realizar necesidades fisiológicas en la vía y/o espacio público, a excepción de los baños públicos dispuestos por la ciudad (art. 2 bis del cap. 3 del RPG). De igual modo, no está permitido hacer fuego al aire libre (art. 17.4 del cap. 3 del RPG) o realizar vertidos ilegales, es decir, abandonar residuos en lugares y momentos que no se ajusten a la normativa (art. 1 del cap. 3 del RPG). La sanción máxima de las infracciones descritas es de 250€.

En cuanto al uso de las vías, espacios y/o bienes públicos para finalidades distintas a las que están destinados, se castiga acampar o pernoctar en tiendas de campaña, coches, autocaravanas y caravanas en parques y jardines púbicos urbanos, salvo en los lugares designados por el reglamento (art. 15.4 del cap. 3 del RPG). De igual modo, no se permite utilizar estructuras móviles o desplazables —englobando coches sin ruedas— para su utilización como vivienda permanente o

---

895 Con un límite de 30 horas semanales y 6 meses de plazo.

temporal (arts. 27 y 30 del cap. 2[896] del RPG). El límite superior de la infracción es de 250€ en la primera conducta y de 60€ en la segunda, debido a que esta última es catalogada como una infracción leve.

Las conductas restantes objeto de análisis (dormir en la vía pública, lavarse o asearse en fuentes y rebuscar en la basura) no son sancionadas por las ordenanzas municipales de Gante. Sin embargo, se identificaron 3 actividades que, según ha demostrado la literatura, son realizadas, en mayor o menor medida, por el colectivo de personas en situación de sinhogarismo. La primera es el hurto menor en tiendas, conocido como *shoplifting*, que hace alusión a llevarse fraudulentamente productos de una tienda sin el uso de violencia o intimidación. Esta conducta se contempla como una infracción grave (art. 37 del cap. 2 del RPG). La segunda es publicitar la prostitución, entendida como dar a conocer, fuera de un establecimiento accesible al público, mediante palabras, gestos o signos, que se ofrecen actividades sexuales a cambio de una remuneración. También se añade que está prohibido estar en lencería, traje de baño o ropa translúcida con la intención de atraer a los clientes a visitar un establecimiento (art. 34 *quinquies* del cap. 2 del RPG)[897]. La tercera y última es relativa al consumo de alcohol en la vía pública, aunque sólo se prohíbe la posesión de envases de vidrio en los barrios de *Overpoortstraat, Voetweg, Stalhof* y *Kramersplein* entre las 20:00 horas y las 07:00 horas. (art. 1 del cap. 7 del RPG). La multa de las infracciones mencionadas puede ascender hasta los 120€.

3.4.2. La victimización de las personas en situación de sinhogarismo por motivación aporófoba

Tan sólo dos sentencias fueron seleccionadas y ambas versan sobre el mismo incidente[898]. Así pues, en los hechos probados se relata como 6 personas nacionales belgas —simpatizantes de un grupo de la extrema derecha llamado "Nación"— cometieron una agresión

---

896 Titulado *Normativa policial sobre la paz y la seguridad pública.*

897 Aunque se destaca que la prostitución "de ventana" está regulada en Bélgica.

898 En los casos restantes, la circunstancia discriminatoria "riqueza" se aplicó en casos relacionados con el alquiler de la vivienda.

contra una persona en situación de sinhogarismo de nacionalidad polaca por motivos discriminatorios. La acción llevada a cabo fue una paliza extremadamente violenta que continuó aun cuando la víctima se encontraba en el suelo[899]. Como resultado, la PSSH sufrió lesiones graves y se destaca que no presentaba síntomas de intoxicación etílica o de estupefacientes en el momento de los hechos[900].

A pesar de que la agresión fue, principalmente, el resultado de una discusión política, en la sentencia se expresa que se llevó a cabo por un motivo de odio y desprecio a la víctima, en particular por su situación económica, origen social y orientación política[901]. Asimismo, en el análisis de la aplicación de la circunstancia discriminatoria se expresan diferentes motivos en función de los sujetos, destacándose que 2 de ellos reconocieron que pensaron que era un vagabundo por su forma de vestir, mientras que otro enfatizó la identificación de su origen nacional. El tribunal concluye que el grupo percibió a la víctima como una persona en situación de sinhogarismo, de origen polaco y simpatizante con los partidos de izquierdas, por consiguiente, concurren las circunstancias de aplicación del tipo de lesiones agravado por el componente discriminatorio que subyace al delito (art. 405 *quáter* del CP belga)[902].

---

899 De forma posterior, golpearon a 2 policías y a un testigo que intervino. Se descubrió que este grupo había agredido con anterioridad, al menos, a 3 personas que no pudieron ser identificadas.

900 Este punto es relevante debido a que la víctima es conocida por estar bajo los efectos de alcohol diariamente, así como por provocar altercados entre los clientes y el personal de las cafeterías.

901 Tribunal de Primera Instancia de Bruselas, de 17 de febrero de 2016, p. 4.

902 El artículo 405*quater* (en vigor desde 2007 y reformado en 2013) del CP belga versa: "*wanneer een van de drijfveren van de misdaad of het wanbedrijf bestaat in de haat tegen, het misprijzen van of de vijandigheid tegen een persoon wegens diens zogenaamd ras, zijn huidskleur, zijn afkomst, zijn nationale of etnische afstamming, zijn nationaliteit, zijn geslacht, zijn geslachtsverandering, zijn seksuele geaardheid, zijn burgerlijke staat, zijn geboorte, zijn leeftijd, zijn fortuin, zijn geloof of levensbeschouwing, zijn huidige of toekomstige gezondheidstoestand, een handicap, zijn taal, zijn politieke overtuiging, zijn syndicale overtuiging, een fysieke of genetische eigenschap of zijn sociale afkomst, zijn de straffen de volgende: 1° in de in artikel 393 bedoelde gevallen is de straf levenslange opsluiting; 2° in de in de artikelen 398, 399, 405 en 405bis, 1° tot 3°, bedoelde gevallen wordt de in voornoemde artikelen bedoelde maximale gevangenisstraf verdubbeld met een maximum van vijf jaar en de maximale geldboete verdubbeld met een maximum van vijfhonderd euro; 3° in de in de artikelen 400, eerste lid, 402 en 405bis, 4°, bedoelde ge-*

Los perpetradores del crimen fueron condenados a una pena privativa de libertad que osciló entre los 9 y 18 meses de prisión, concurriendo en todos los autores la imposición de una multa de 1 200€ euros y el pago de 150€ destinados al Fondo especial de asistencia a las víctimas de actos de violencia dolosos, así como de 50,20€ en concepto de indemnización. El tribunal rechazó la imposición de trabajos en beneficio de la comunidad por la sensación de impunidad que podrían provocar y por la gravedad de los hechos cometidos (no solo contra la víctima, sino también contra los policías). Además, uno de los autores había cometido hechos de naturaleza similar en el año 2013.

La segunda sentencia versa sobre la apelación realizada por el exlíder del grupo[903], convirtiéndose la de primera instancia en firme en el resto de los infractores. El tribunal de Apelación de Bruselas reiteró que el autor cometió el crimen por las circunstancias discriminatorias ya mencionadas, entre ellas, su situación de extrema pobreza. Así pues, expresó que el imputado consideraba a la víctima como una persona en situación de sinhogarismo, de origen extranjero y de

---

vallen is de straf opsluiting van vijf jaar tot tien jaar; 4° in de in de artikelen 400, tweede lid, 401, eerste lid, 403, 405bis, 5° en 9°, bedoelde gevallen is de straf opsluiting van tien jaar tot vijftien jaar; 5° in de in de artikelen 401, tweede lid, 405bis, 6°, 7° en 10°, bedoelde gevallen is de straf opsluiting van vijftien jaar tot twintig jaar; 6° in de in de artikelen 404, 405bis, 8° en 11°, bedoelde gevallen is de straf opsluiting van twintig jaar tot dertig jaar". Lo que significa "*en los casos previstos en los artículos 393 a 405bis, referentes al homicidio y lesiones dolosas, las penas se aumentarán cuando uno de los motivos del delito sea el odio contra el desprecio o la hostilidad hacia una persona por razón de su llamada raza, color, ascendencia, origen nacional o étnico, sexo, orientación sexual, estado civil, nacimiento, fortuna, edad, religión o creencias, estado de salud actual y futuro, una discapacidad o característica física. Las sanciones son las siguientes: 1° en los casos previstos en el artículo 393, la pena será de cadena perpetua; 2° en los casos contemplados en los artículos 398, 399, 405 y 405bis, 1° a 3°, la pena máxima de prisión contemplada en dichos artículos se duplicará con un máximo de cinco años y la multa máxima se duplicará con un máximo de quinientos euros; 3° en los casos previstos en el apartado 1 del artículo 400, en el artículo 402 y en el apartado 4 del artículo 405bis, la pena será de prisión de cinco a diez años; 4° en los casos previstos en los artículos 400, párrafo segundo, 401, párrafo primero, 403, 405bis, 5° y 9°, la pena será de prisión de diez a quince años; 5° en los casos previstos en los artículos 401, párrafo segundo, 405 bis, 6°, 7° y 10°, la pena será de reclusión de quince a veinte años; y 6° en los casos previstos en los artículos 404, 405 bis, 8° y 11°, la pena será de prisión de veinte a treinta años*" (traducción propia).

903 Tribunal de Apelación de Bruselas, de 27 de enero de 2021

izquierdas, elementos a los que se refiere el artículo 405 *quáter* del Código Penal belga. Finalmente, al acusado apelante, quien golpeó a la víctima, se le rebajó la pena de prisión a 10 meses.

3.5. Discusión

En el análisis de las manifestaciones aporófobas de las ordenanzas municipales en Salamanca y Gante es preciso tener en cuenta dos leyes nacionales: la LMMGL y la GAS. Ambas establecen un marco regulatorio para que los municipios desarrollen sus reglamentos en materias como las relaciones de convivencia de interés local y el uso del espacio público, servicios o infraestructuras, pero sin concretar las actividades que deben ser objeto de infracción. A mayores, en España, la LOPSC contempla sanciones de conductas específicas aplicables a todo el territorio español (sin necesidad de trasposición). En este punto se halla la primera diferencia. En España existe un catálogo de infracciones administrativas de aplicación nacional (a la cual habría que sumarle las ordenanzas municipales del Ayuntamiento en cuestión), mientras que los Ayuntamientos belgas únicamente tienen la potestad de regular los casos menores de alteración del orden público a través de sus ordenanzas. En caso contrario, no podrán sancionar administrativamente este tipo de actividades.

El tipo de infracciones también es sustancialmente diferente (ver tabla nº 16 en el anexo XII). La LMMGL, LOPSC y la OMPCC establecen tres tipos en función de la gravedad: muy graves, graves y leves. Por el contrario, la GAS distingue entre "mixtas" y "no mixtas", pudiendo desembocar las primeras en la vía penal y, por consiguiente, en la imposición de una pena[904]. Ahora bien, ciñéndonos al ámbito administrativo sancionador, las regulaciones de ambos países establecen la multa como sanción exclusiva de las personas físicas. Si bien el importe máximo de 350€ en Bélgica es muy inferior a los 3 000€ de la OMPCC de Salamanca y a los 600 000€ de la LOPSC en España, siendo esta última la única que establece un mínimo (100€

---

904 Se subraya que ninguna de las conductas analizadas tenía la consideración de "mixta".

en las infracciones leves), así como regula conductas cuya gravedad es significativamente superior en comparación con el resto.

Atendiendo a las cuantías señaladas, si las PSSH infringen una norma de seguridad ciudadana tendrían más dificultades de abonar la multa en Salamanca que en Gante; también en la última ciudad citada existen dos alternativas a la sanción pecuniaria, la mediación y los servicios comunitarios. A pesar de que ambos países establecen la reducción de la cuantía por el pago temprano de la multa —siendo más acentuado en Bélgica, pero es potestativo—, este beneficio no será aplicado si recurren la sanción. Entonces, aunque la disminución citada puede resultar beneficiosa en una gran parte de la ciudadanía, sobre todo, cuando son infracciones leves, es cierto que las PSSH rara vez son capaces de abonar la multa de forma inmediata o a corto plazo, especialmente, si se tienen en cuenta el importe de la sanción y la pobreza extrema que experimentan estas personas. Además, la inaplicación de la reducción por la interposición de un recurso podría incitarles a aceptar su autoría ante el riesgo de tener que pagar la cuantía inicial que, muy probablemente, no serán capaces de abonar.

Desafortunadamente, las disposiciones específicas de sujetos en situación de exclusión social no son contempladas en ninguna de las normas analizadas. Sin embargo, la individualización de la sanción en función de la capacidad económica del sujeto infractor, entre otros criterios, ha sido unánime. En cuanto a la reincidencia, supone un aumento de la cuantía en sendos territorios, pero con puntualizaciones. La GAS y la OMPCC sólo hacen referencia a la comisión de dos o más infracciones, pero la LOPSC expone que se apreciará sólo cuando haya sido declarada por resolución firme. Por esta razón, es probable que las PSSH reciban un incremento de la multa, ya que son infractores recurrentes a causa de la sanción de algunas manifestaciones del sinhogarismo que han sido identificadas en las unidades de análisis.

El uso de tiendas de campaña, vehículos, caravanas o similares en las vías y/o espacios públicos como lugar de vivienda y/o pernocta es sancionado en ambas ciudades. La multa puede ascender hasta los 1 500€ en Salamanca frente a los 250€ en Gante. De modo similar, está prohibido encender fuego en las vías y/o espacios públicos (independientemente de la finalidad), así como vertidos ilegales, siendo, de nuevo, el importe máximo de la multa superior en Salamanca. Es más, la regulación de Salamanca va más allá debido a que no permite lavarse o asearse en fuentes o estanques, manipular papeleras, contenedores o sus contenidos, ni tampoco destinar los bienes y el espacio para finalidades distintas. Las sanciones pecuniarias por los comportamientos descritos pueden alcanzan los 750€.

De todo ello se puede inferir que no se permite a las PSSH desarrollar sus actividades cotidianas en la calle, disponer de un "techo" o espacio cerrado para su uso personal, protegerse de las inclemencias meteorológicas, cocinar alimentos con fuego o satisfacer sus necesidades higiénicas (esta última de forma exclusiva en Salamanca). Así pues, si las llevan a cabo podrían ser multadas. En cambio, dormir en la vía y/o espacio público está permitido en ambas ciudades, pero con limitaciones, ya que no pueden usar una tienda de campaña o vehículo, ni tampoco, si nos ceñimos al reglamento, mobiliario urbano que no esté destinado a esta finalidad. Por consiguiente, las PSSH deben elegir escrupulosamente el lugar de pernocta, tanto en Salamanca como en Gante.

La satisfacción de las necesidades fisiológicas en las vías y/o espacios públicos es, de igual modo, castigada. Ambas ciudades disponen de baños públicos para su disfrute[905]. Es por ello que los Ayuntamientos les proporcionan una alternativa a la infracción de la norma. Asimismo, se han identificado otras conductas —no contempladas inicialmente— por las cuales las PSSH podrían ser sancionadas de acuerdo con las actividades llevadas a cabo por el colectivo según la literatura (ver tabla nº 17 en el anexo XIII).

A propósito de lo desarrollado, Gante castiga el hurto menor en tiendas, publicitar la prostitución y, excepcionalmente, el consumo en envase de vidrio de bebidas alcohólicas con multas de hasta 120€.

---

905 LA GACETA. *Salamanca duplicará el número de aseos públicos*, 2022. Recuperado de: https://www.lagacetadesalamanca.es/amp/salamanca/salamanca-duplicara-el-numero-de-aseos-publicos-HN10843127 (Consultado el 15 de septiembre de 2022); VISITGENT. *Baños públicos gratuitos: instalaciones sanitarias públicas en el corazón de la ciudad.* Recuperado de: https://visit.gent.be/es/ver-y-hacer/banos-publicos-gratuitos (Consultado el 15 de septiembre de 2022).

Entretanto, en Salamanca las PSSH podrían ser sancionadas por la falta de custodia de los documentos legales, la omisión de las órdenes otorgadas por las FFCCSS ante la oferta de servicios sexuales en determinados lugares[906], así como por consumir alcohol y drogas en la vía pública, con cuantías que oscilan desde los 60€ hasta los 30 000€. Por lo tanto, la regulación es más amplia y la cantidad de la multa superior en Salamanca.

En la otra vertiente del Derecho penal de la aporofobia, la circunstancia agravante por la situación económica (contemplada en el CP belga) sólo se ha aplicado a un caso a PSSH por su situación de extrema pobreza en el periodo temporal 1983-2022. En las sentencias restantes, la circunstancia discriminatoria mencionada se empleó en sucesos relacionados con alquileres de la vivienda, como ya había apuntado Unia[907]. Sin embargo, el estudio empírico ejecutado por García Domínguez y Vander Beken desveló que las PSSH experimentan habitualmente discriminación y victimización por su situación de extrema pobreza. Así pues, una hipótesis plausible es que los delitos sufridos por las PSSH en Bélgica no se juzguen como delitos de odio. En este ámbito es necesaria una investigación más profunda.

3.6. Limitaciones y conclusión

Aunque los datos obtenidos son relevantes para otorgar luz sobre el estado de la cuestión, es preciso señalar algunas limitaciones. En el estudio realizado en Bélgica la primera es el idioma. Las leyes, las estadísticas y otros documentos oficiales no suelen estar disponibles en inglés, lo que dificulta la investigación por investigadores/as extranjeros/as. La segunda es relativa a las fuentes de información y a las estadísticas disponibles debido a que no existe una base de datos con la totalidad —o al menos la mayoría— de las sentencias dictadas por

---

906 GARCÍA DOMÍNGUEZ, I. "La ley orgánica de protección de la seguridad ciudadana y el colectivo de personas en situación de sinhogarismo: análisis de algunos artículos con tintes aporófobos" en *Propuestas al legislador y a los operadores de justicia para el diseño y la aplicación del Derecho penal en clave anti-aporófoba* (Demelsa Benito y Pérez Cepeda, coords.), Ratio legis, 2022, p. 156.

907 Para más información: https://www.unia.be/en/grounds-of-discrimination/other-criteria-of-discrimination#Wealth

los tribunales belgas, ni tampoco las estadísticas oficiales desglosan los datos por todas las motivaciones discriminatorias. Con relación a esta, la tercera es la escasa muestra de sentencias.

La conclusión de esta investigación es que una cantidad significativa de las conductas que las PSSH llevan a cabo por su situación de extrema pobreza son sancionadas administrativamente en las ciudades de Salamanca y Gante. No obstante, la regulación es más amplia en la primera ciudad mencionada, las cuantías máximas de la multa ingentemente superiores y, a diferencia del territorio belga, no contempla alternativas a la sanción pecuniaria. En el ámbito del Derecho penal de la aporofobia, la escasa muestra de sentencias apuntó que las PSSH no experimentan delitos de odio por motivación aporófoba en la ciudad de Gante. Sin embargo, se ha encontrado evidencia para refutar esta hipótesis. Los estudios empíricos llevados a cabo revelaron que al menos la mitad de las PSSH experimentaron delitos aporófobos de forma habitual en Gante. Empero, el bajo número de sentencias rescatado evidencia que la mayoría no son juzgados en los tribunales, al menos como delitos de odio. El objetivo de la siguiente investigación sería conocer, por un lado, si las PSSH son multadas por conductas que desarrollan por su situación de extrema pobreza y, por el otro, profundizar en la incidencia de los delitos de odio aporófobos en el colectivo de PSSH, en Gante y en Salamanca.

Capítulo VI
PROPUESTAS Y LÍNEAS DE INVESTIGACIÓN FUTURA

1. EL ARTE DE LA COMPLEJIDAD: PROPUESTAS AL LEGISLADOR, LOS OPERADORES DE JUSTICIA, LA ACADEMIA Y LA CIUDADANÍA

"La aporofobia es un obstáculo en el camino que la humanidad ha emprendido desde hace milenios"
Martínez Navarro[908]

La DRAE define el arte como "*la capacidad o habilidad para hacer algo*" y entiende que la complejidad es una composición de un gran número de piezas de difícil comprensión. Considero que *El arte de la complejidad* refleja las dificultades que supone realizar propuestas dirigidas a reducir y, en último término, eliminar la aporofobia en el sistema penal y en la sociedad, que afectan, particularmente, a los más desfavorecidos económicamente. Si bien no existe una solución única, en los siguientes párrafos se plantean medidas a instituciones, legisladores, operadores de justicia, investigadores/as y ciudadanos/as que contribuirían a alcanzar el fin propuesto.

I. A las instituciones mundiales: dotar de límites al capitalismo financiero internacional. En la historia del capitalismo, la reducción de la pobreza sólo se ha conseguido con la intervención del Estado. La experiencia ha demostrado que las consecuencias del capitalismo pueden ser mitigadas a través de políticas estatales (en gran medida sociales) con una intervención compensatoria, preventiva y duradera, aunque la resistencia a estos modelos se considera difícil y problemática, sobre todo, porque no existe un mecanismo global y transfronterizo que contrarreste el capitalismo. En este sentido, algu-

---

908 MARTÍNEZ NAVARRO, N. "Aporofobia" en *Glosario para una sociedad intercultural* (Conill, coord.), Bancaja, 2002, p. 22.

nos expertos economistas han apuntado que es necesario un sistema político supranacional eminentemente poderoso y fuerte que limite la actividad global del capitalismo financiero[909].

II. A los legisladores: promover la responsabilidad social estatal. En un mundo en el que la economía domina la política y los Estados ceden el paso a estructuras supranacionales (desde el punto de vista económico, ya que superan la autoridad nacional), la cohesión y la responsabilidad social son más necesarias que nunca. A pesar de que los Estados quieren eludir su responsabilidad de las desigualdades generadas y de la disminución de las políticas sociales bajo el discurso de la mundialización, en la presente investigación se ha desvelado que es el principal actor de las políticas aporófobas.

III. Al legislador español: reconstruir el Estado de Bienestar y fomentar políticas de redistribución de la riqueza. A lo largo de la historia se ha observado que los Estados de Bienestar con una protección social más elevada han conseguido menores tasas de pobreza y desigualdad, así como una mayor cohesión social[910], siendo un ejemplo paradigmático los países nórdicos. Ahora bien, las soluciones a las dificultades que atraviesan los Estados de Bienestar son múltiples. Desde la lógica del libre mercado, el neoliberalismo propone una reducción de los gastos sociales y una liberalización de las políticas económicas y laborales con el fin de facilitar la fluidez de mercado en el ámbito internacional[911]. Pero esta ideología fomenta la pobre-

---

909 ORDÓÑEZ MONFORT, J. "El trilema de la globalización y las nuevas variedades del capitalismo". Conferencia presentada online en el congreso del Programa de Doctorado Estado de Derecho y Gobernanza Global y el Centro de Investigación para la Gobernanza Global, Universidad de Salamanca (España), 2021.

910 CAMARERO SANTAMARIA, J. *El déficit social neoliberal. Del Estado del bienestar a la sociedad de la exclusión*, *Op. Cit.*, p. 83; ISIDRO LUNA, V.M. "Pobreza en el capitalismo, ¿por qué persiste en la actualidad?", *Op. Cit.*, pp. 102-103.

911 Véase que el pensamiento neoliberal ha difundido la idea de que los Estados de Bienestar europeos son ineficientes y no consiguen mantener un ritmo en el crecimiento económico que sea competitivo en la economía global actual. Este pensamiento sostiene la idea de que los sistemas de protección social precisan de una financiación tan grande que son imprescindibles emisiones adicionales de deuda pública, por lo que esta no dejará de crecer, obligando a utilizar parte de los presupuestos a la estimulación de la economía. CAMARERO SANTAMARIA, J. *El déficit social neoliberal. Del Estado del bienestar a la sociedad de la exclusión*, *Op. Cit.*, p. 11.

za y el encarcelamiento, especialmente, de los sujetos más pobres, situando a una parte de la población en la exclusión social más extrema[912]. Por ello, considero que debería ser rechazada. Como alternativa, propongo adoptar un régimen socialdemócrata, apostando por un sistema público de protección y seguridad social (utilizando presupuesto público y recaudando impuestos). El fin es conseguir una mejor distribución de la renta, con una estratificación social menos clasista, más plural y más igualitaria, así como que la mayoría de los ciudadanos puedan llevar una vida digna, disponiendo, por el hecho de serlo, de rentas mínimas[913]. En este sentido, García Laso expuso que "*una renta social mínima tendría un efecto directo sobre las bolsas de pobreza. Y esta es una afirmación que nadie duda*"[914]. Además, los países que adoptaron la socialdemocracia y Estados de Bienestar con una alta protección social en Europa mantienen una baja represión penal, que se puede visualizar en las tasas penitenciarias (como es el caso de Finlandia en comparación con España). En esta línea, existen evidencias de que las disparidades de renta muy elevadas en la población se relacionan con un endurecimiento del sistema penal, que repercute en los grupos más excluidos y en la población penitenciaria, aumentándola. Por ende, se atisba que los regímenes políticos más próximos al Estado social se acompañan de una menor represión penal, a pesar de que no deba establecerse "*una correlación mecánica*" como afirmó el maestro Terradillos Basoco[915].

IV. Al legislador español: hacer efectivo el derecho a la vivienda. El derecho a la vivienda es uno de los mayores retos a los que nos enfrentamos como sociedad. La vía indirecta de tutela de los consumidores en este ámbito a través del Tribunal de Justicia de la Unión Europea es un avance, pero no es la solución. En la actualidad, existe

---

912 GARCÍA LASO, A. "Visión y revisión de la globalización económica", *Op. Cit.*, pp. 69-77; STIGLITZ, J. E. *La gran brecha*, *Op. Cit.*, pp. 83-85; PÉREZ CEPEDA, A.I. "El Derecho penal en la actualidad" en *Cubalex*, nº 40, 2020, pp. 6-8.

913 CAMARERO SANTAMARIA, J. *El déficit social neoliberal. Del Estado del bienestar a la sociedad de la exclusión*, *Op. Cit.*, pp. 70-93.

914 GARCÍA LASO, A. "Análisis económico de la desigualdad". Ponencia presentada en el Seminario Internacional del proyecto Aporofobia y Derecho penal, Salamanca (España), 2022.

915 TERRADILLOS BASOCO, J.M. "Un sistema penal para la aporofobia", *Op. Cit.*, pp. 353-362.

una crisis internacional en la gestión de las PSSH, intentando los Estados, en muchas ocasiones, otorgar soluciones locales a problemas globales. Por ello, se reitera la necesidad de una cooperación internacional para implementar una lucha efectiva contra la pobreza y la exclusión social, fenómenos multicausales y de gran complejidad. Destacar que, el modelo *Housing First* está siendo implementado en algunas ciudades españolas y europeas. A pesar de que es una iniciativa prometedora, siendo su incidencia todavía baja, también es insuficiente atendiendo a las elevadas cifras de PSSH a nivel nacional. En España, el *Plan Estatal de Vivienda 2022-2025*[916] establece objetivos a corto y medio plazo para hacer efectiva la garantía constitucional del disfrute a una vivienda digna y adecuada, contemplando ayudas directas al alquiler, con especial referencia a colectivos vulnerables —como el de sinhogarismo—, y un incremento del alquiler social. Además del derecho a la vivienda, son indispensables políticas de inclusión plena, es decir, integrar a las PSSH efectivamente en la sociedad[917].

V. Al legislador español: impedir que el delito sea una estrategia de gobernanza, erradicar el populismo punitivo y desarrollar Políticas Criminales basadas en la realidad empírica. El delito es una estrategia de gobernanza, un instrumento en manos de los políticos, quienes usan el Derecho penal como *prima ratio*. Como bien expresó Zaffaroni "*la ciencia, cuando solo busca poder, no piensa*"[918]. Es preciso un conocimiento riguroso, sistemático y empírico para desarrollar políticas preventivas eficaces[919], así como un grupo de trabajo multidisciplinar formado por profesionales de Criminología, Derecho, Política, Sociología, Psicología, *etc.*, adoptando una perspectiva integral del fenómeno delictivo. Centrando la atención en la Crimi-

---

916 *Real Decreto 42/2022, de 18 de enero, por el que se regula el Bono Alquiler Joven y el Plan Estatal para el acceso a la vivienda 2022-2025* (España).

917 AGULLES MARTON, J.M. "Las personas sin hogar y la exclusión residencial ¿hacia un cambio de paradigma?" en *Cuadernos de trabajo social*, vol. 32, nº 2, 2018, pp. 265-274.

918 ZAFFARONI, E. R. *Hacia donde va el poder punitivo*, Ediciones Olejnik, 2022, p. 120.

919 MARTÍN SEGURA, J.A. "La ciencia estadística y la criminología", *Op. Cit.*, pp. 19-20; PUEYO, A. A. "Capítulo 10. Acerca de la violencia y su definición" en *Criminología aplicada* (Romero Flores, dir; Cuervo García y Vinagre González, coords.), Bosh Editor, 2021, p. 202.

nología, se subraya que estudia de forma holística los mecanismos de prevención y de control del delito, valorando los resultados de la investigación empírica[920]. Pero en la aspiración por una sensación de seguridad ciudadana, se han implementado más medidas represivas que preventivas. Las acciones llevadas a cabo por el Estado se han dirigido a la protección de una parte de la ciudadanía, permitiendo la exclusión de múltiples colectivos, por ende, la tutela estatal debe ser ampliada a todas las personas que forman parte de la sociedad[921]. Como afirmó Terradillos Basoco "*un subsistema legal-penal coherente con el sistema constitucional no puede desconocer el compromiso de la Carta Magna con la tutela de los derechos fundamentales de todos y, específicamente, siguiendo con la fórmula del art. 9 CE, de los derechos de participación igualitaria en la vida política, económica, social y cultural por parte de quienes topan con obstáculos que la impidan o dificulten*"[922].

VI. Al legislador español: eliminar todas las manifestaciones aporófobas de la legislación administrativa. Es fundamental derogar los artículos de las ordenanzas municipales y la LOPSC[923] que sancionan

---

920 ANTHONY, C. *Hacia una criminología crítica feminista. Violencia, androcentrismo, justicia y derechos humanos*, Undav Ediciones, 2019, 263-273.

921 Véase la STC 172/2020, de 19 de noviembre, que expresó "*la seguridad ciudadana es la aspiración legítima de toda sociedad democrática, expresada como anhelo individual o colectivo. Como bien jurídico cuya tutela corresponde ejercer al Estado, la seguridad ciudadana se puede entender como el estado en el que el conjunto de la ciudadanía goza de una situación de tranquilidad y estabilidad en la convivencia que le permite el libre y pacífico ejercicio de los derechos y libertades que la Constitución y las leyes les reconocen, lo que se puede lograr a través de acciones, preventivas y represivas*".

922 TERRADILLOS BASOCO, J.M. "Protección penal de Derechos humanos: pobreza, vulnerabilidad y exclusión" en *Propuestas al legislador y a los operadores de justicia para el diseño y la aplicación del Derecho penal en clave anti-aporófoba* (Demelsa Benito y Pérez Cepeda, coords.), Ratio legis, 2022, p. 20

923 En este sentido, atendiendo a la amplitud e indeterminación del articulado de la LOPSC que infringe principios fundamentales de nuestro ordenamiento jurídico protegidos por la Constitución Española de 1978, mi propuesta fue la siguiente: "*(1) ejecutar análisis empíricos con el fin de conocer la realidad criminal; (2) considerar las estadísticas y los informes criminológicos, así como de otros expertos, véase los juristas, con el fin de reformar e instaurar leyes; y (3) evaluar la posible repercusión de la legislación en los colectivos más desfavorecidos económicamente*". GARCÍA DOMÍNGUEZ, I. "La ley orgánica de protección de la seguridad ciudadana y el colectivo de personas en situación de sinhogarismo: análisis de algunos artículos con tintes aporófobos", *Op. Cit.*, pp. 76-77

manifestaciones de pobreza o, en caso contrario, incluir cláusulas de exclusión de responsabilidad a las PSSH por las conductas cuyo origen es su situación de extrema pobreza. De este modo, se reduciría la violencia cultural que legitima el rechazo a los pobres. Igualmente, sostengo la propuesta de Paredes Castañón de derogar los artículos 36.11 y 36.5 de la LOPSC, así como todas las infracciones referidas a la solicitud y oferta de servicios sexuales remunerados en las ordenanzas municipales de España[924]. En este ámbito, Acale Sánchez enfatizó la necesidad de adoptar una perspectiva de género y una mirada interseccional, eliminando la criminalización de las mujeres que se dedican al ejercicio de la prostitución, ya que en palabras de la autora "*su mantenimiento no hará otra cosa que marginar a las ya marginadas*"[925].

VII. Al legislador español: eliminar todas las manifestaciones aporófobas de la legislación penal. En este ámbito, las investigadoras y los investigadores del proyecto nacional *Aporofobia y Derecho penal* desarrollaron numerosas propuestas de *lege ferenda* dirigidas al legislador y a los operadores de justicia con el fin de diseñar y aplicar un Derecho penal en clave anti-aporófoba[926]. Con base en los resultados de la presente investigación, solicito la aplicación de la eximente de

---

924 PAREDES CASTAÑÓN, J.M. "La lucha contra la aporofobia en la Ley Orgánica de Protección de la Seguridad Ciudadana: abordaje del trabajo sexual" en *Propuestas al legislador y a los operadores de justicia para el diseño y la aplicación del Derecho penal en clave anti-aporófoba* (Demelsa Benito y Pérez Cepeda, coords.), Ratio legis, 2022, pp. 175-177.

925 ACALE SÁNCHEZ, M. "La mujer inmigrante pobre en el Derecho penal" en *Propuestas al legislador y a los operadores de justicia para el diseño y la aplicación del Derecho penal en clave anti-aporófoba* (Demelsa Benito y Pérez Cepeda, coords.), Ratio legis, 2022, pp. 106-107.

926 Las propuestas de *lege ferenda* son de múltiples ámbitos: extranjería (Navarro Cardoso), Derecho penitenciario (Fernández García), proceso penal (Ollé Sesé), *etc.* Para más información se recomienda la consulta del libro coordinado por Benito Sánchez y Pérez Cepeda Propuestas al legislador y a los operadores de la justicia para el diseño y la aplicación del Derecho penal en clave anti-aporófoba; FERNÁNDEZ GARCÍA, J. "La aporofobia y la ejecución penitenciaria: propuestas de modificaciones legislativas", *Op. Cit.*, pp. 97-100; NAVARRO CARDOSO, F. "La aporofobia y la expulsión penal de extranjeros del art. 89 del CP" en *Propuestas al legislador y a los operadores de justicia para el diseño y la aplicación del Derecho penal en clave anti-aporófoba* (Demelsa Benito y Pérez Cepeda, coords.), Ratio legis, 2022, pp. 92-94; OLLÉ SESE, M. "El acusado víctima de aporofobia: culpabilidad y proceso penal" en *Propuestas al legislador y a los operadores de justicia*

estado de necesidad en situaciones de extrema pobreza (hurto famélico) y la incorporación de la atenuante específica de exclusión social proclamada por Fuziger y Pérez Cepeda, quienes también han defendido la exención o atenuación de la pena por la corresponsabilidad del Estado que impulsó o no evitó la situación de pobreza del autor[927]. En caso de no adoptar las medidas propuestas, la consecuencia, como se concluyó en el proyecto *Aporofobia y Derecho penal,* es la creación y el mantenimiento de un Derecho penal de la aporofobia que, en una de sus vertientes, criminaliza a los sujetos más desfavorecidos económicamente[928]. Además, se ha desvelado que la criminalización de la pobreza no sólo perpetúa la exclusión social y el sinhogarismo[929], sino que se utiliza como justificación de la violencia que se ejerce[930]. Como magníficamente expuso Pérez Cepeda, debemos abogar por "*un Derecho penal realmente funcional a los valores superiores del ordenamiento jurídico: libertad, justicia e igualdad, conectando con la realidad social, teniendo como objetivo siempre contribuir a la igualdad de hombres y mujeres, defendiendo con firmeza que se produzcan las transformaciones necesarias que nos conduzcan a esa igualdad real*"[931].

VIII. Al legislador brasileño, se recomienda encarecidamente un mayor desarrollo de políticas sociales[932], así como de programas de

para el diseño y la aplicación del Derecho penal en clave anti-aporófoba (Demelsa Benito y Pérez Cepeda, coords.), Ratio legis, 2022, pp. 76-77.

927 FUZIGER, R. "Aporofobia y corresponsabilidad", *Op. Cit.*; PEREZ CEPEDA, A.I. "Aporofobia y derecho penal en el estado social", *Op. Cit.*, pp. 56-58.

928 BARATTA, A. *Criminología crítica y crítica del Derecho penal. Introducción a la sociología jurídico penal, Op. Cit.*, pp. 185-196; LARRAURI, E. *La herencia de la criminología crítica, Op. Cit.*, pp. 214-220.

929 HERRING, C., YARBROUGH, D. y ALATORRE, M.L. "Persasive Penalty: How the Criminalization of Poverty Perpetuates Homelessness" en *Social Problems,* 2019; PEREZ CEPEDA, A. "Aporofobia y derecho penal en el estado social", *Op. Cit.*, 41-74.

930 FARAGÓ, L. *et al.* "Criminalization as a justification for violence against the homeless in Hungary", *Op. Cit.*

931 PÉREZ CEPEDA, A.I. "El Derecho penal en la actualidad", *Op. Cit.*, pp. 20-21.

932 Debido a que la mejor política criminal es una buena política social, como bien ha expresado Von Liszt en numerosas intervenciones. En este sentido, ver el artículo de Andrade en alusión a las políticas de redistribución de la riqueza *Fome Zero* (Hambre Cero) que tuvieron lugar en Brasil. ANDRADE, M. "¿Qué es la "aporofobia"? Un análisis conceptual sobre prejuicios, estereotipos y discriminación hacia los pobres" en *Agenda Social,* vol. 2, nº 3, 2008, pp. 135 y ss.

prevención del consumo de drogas y de rehabilitación, centrando la atención en el crack por su uso generalizado. Por un lado, con relación a la criminalización de la pobreza y a los operadores del sistema penal: (1) un control de la actuación de los cuerpos policiales, eliminado la selectividad y la violencia desproporcionada que ejercen sobre los sujetos más desfavorecidos económicamente; (2) una mayor consideración de la situación socioeconómica del sujeto en las audiencias de custodia y preservar la privacidad en las entrevistas de los sujetos detenidos con sus abogados/as defensores; (3) la aplicación del principio de insignificancia penal en los delitos de escasa entidad, sobre todo, de hurto; (4) profundizar en los casos de violencia policial y la sanción de sus autores; y (5) fomentar que las autoridades judiciales decreten más resoluciones de libertad provisional y menos prisión por los delitos de bagatela cometidos por las PSSH, el relajamiento del fragante en las detenciones ilegales —que implica la libertad definitiva del sujeto— y que, en todo caso, justifiquen la medida impuesta. Por otro lado, en alusión a la victimización aporófoba, se insta a: (1) incorporar la motivación discriminatoria por aporofobia en la legislación penal[933]; (2) desarrollar planes de prevención de delitos por motivación aporófoba; y (3) fomentar la denuncia de estos delitos, atendiendo a las necesidades de las víctimas e indemnizándolas por los perjuicios del hecho delictivo.

IX. Al legislador belga, se propugna: (1) eliminar la sanción de las manifestaciones del sinhogarismo de la legislación administrativa, introducir la exclusión por la situación de extrema pobreza del infractor y desarrollar estudios de campo; (2) mejorar las estadísticas criminales sobre delitos de odio, desglosando todas las motivaciones discriminatorias[934] y elaborando planes de prevención al respecto; (3) luchar contra la infradenuncia, proteger a las PSSH victimizadas

933 Véase el *Projeto de Lei nº 3.135, de 2020. Criminaliza atos violentos praticados contra pessoa em decorrência de sentimento de ódio por sua condição de pobreza, assim denominados como aporofobia.* (*Proyecto de Ley nº 3.135, de 2020. Criminalizar los actos violentos practicados contra las personas por el odio que subyace a su situación de pobreza, denominados como aporofobia*) por Fábio Trad (ex diputado federal de Brasil)

934 PAUWELS, L. y HARDYNS, W. "Crime and Criminal Justice Statistics in Belgium: An Overview" en *Social disorganisation, offending, fear and victimisation. Findings from Belgian studies on the urban context of crime Pauwels* (Pauwels, ed.), BJu Legal Publishers, 2010.

y aplicar la agravante de discriminación en los delitos cometidos con una motivación aporófoba; y (4) continuar los proyectos relativos a la contabilización y disminución del sinhogarismo, como el *ROOF Ending homelessness* en el que participó la ciudad de Gante.

X. A la academia: reflexionar sobre la legitimidad estatal del castigo a los excluidos de la sociedad. Se plantea lo siguiente: ¿Existe legitimidad de castigar a los excluidos cuando el Estado impone una estructura económica, política, social y cultural que promueve y favorece su exclusión social y, a mayores, no ha cumplido sus deberes mínimos de tutela? Al respecto, Maqueda Abreu se pronunció afirmando que: "*no se puede exigir nada a quien no recibe nada*"[935]. En el mismo sentido, Cigüela Sola desarrolló la inexigibilidad política[936]. Siguiendo a Pérez Cepeda y Fuziger, podría existir una corresponsabilidad estatal en el delito[937]. Como ya han apuntado muchos profesionales, destacándose Gargarella, es necesaria una orientación hacia la justicia social[938].

XI. A la academia: investigar siempre con perspectiva de género. Con el objetivo último de construir una sociedad con formas de organización no opresivas, es preciso adoptar una perspectiva de género en las investigaciones, también para conseguir una igualdad en todos los ámbitos. En este sentido, Cerezo Domínguez expresó que "*no hay esfera o nivel de la vida humana y social que no sea susceptible de un análisis de género*"[939]. En la investigación feminista es de gran importancia la

---

935 MAQUEDA ABREU, M.L. "Finalidad y legitimación del Derecho Penal: ¿instrumento de Justicia social?". Ponencia presentada en el *I Congreso de Derecho penal "Derecho penal y justicia social". Encuentro de la asociación del profesorado de Derecho penal de las universidades españolas (APDP)*, Bilbao (España), 2022.

936 CIGÜELA SOLA, J. *Crimen y castigo del excluido social. Sobre la ilegitimidad política de la pena, Op. Cit.*

937 FUZIGER, R. *Del Libre albedrío a la autodeterminación: Hacia una nueva fundamentación de la responsabilidad jurídico-penal*, Ratio Legis, 2020; PEREZ CEPEDA, A. "Aporofobia y derecho penal en el estado social" en *Alternativas político-criminales frente al derecho penal de la aporofobia* (Benito Sánchez y Gil Nobajas, coords.), 2022, pp. 41-74; SILVA SÁNCHEZ, J.M. *Malum passionis. Mitigar el dolor del Derecho penal*, Atelier, Barcelona, 2018, p. 25.

938 GARGARELLA, R. *De la injusticia penal a la justicia social, Bogotá: Siglo del Hombre Editores*, 2008. STIGLITZ, J. E. *La gran brecha, Op. Cit.*, pp. 83-85.

939 CEREZO DOMINGÚEZ, A. "La perspectiva feminista en Criminología", *Op. Cit.*, pp. 31;38-41.

metodología cualitativa (sin perjuicio de su complementación con la cuantitativa) debido a que se contribuye a superar uno de los mayores retos: dar voz a las mujeres y a sus vivencias. El sistema de justicia penal, que ha sido creado hacia y para el hombre, precisa de una deconstrucción, introduciendo un enfoque sensible al género[940]. También la interseccionalidad se torna de vital importancia, especialmente, en el colectivo de mujeres en situación de sinhogarismo. Como expresaron Sánchez Moreno y Fuente Roldán "*la aporofobia y la victimización constituyen un elemento central que incrementa la brecha de género que convierte a las mujeres en situación de sinhogarismo en un grupo especialmente en riesgo y vulnerabilidad… y si eres inmigrantes más*"[941].

XII. A la ciudadanía: implementar estrategias dirigidas a alcanzar una sociedad más solidaria. Para erradicar la aporofobia no sólo son necesarias políticas criminales, sociales y de redistribución de la riqueza[942], sino también educación, como en numerosas ocasiones ha proclamado Berdugo Gómez de la Torre[943]. Una cuestión fundamental es eliminar los prejuicios y estereotipos del grupo de pobres, sobre todo, los de culpabilización de su miseria. Para ello, es de vital importancia la transferencia, con la difusión de los hallazgos de la investigación a toda la sociedad. En este caso, sobre las causas del sinhogarismo, las trayectorias vitales y el rol del Estado en la situación

---

940 Conocido como *Gender-Responsive Approach*. BARONA VILAR, S. "La necesaria desconstrucción del modelo patriarcal de justicia" en *Análisis de la Justicia desde la Perspectiva de Género*, Tirant lo Blanch, 2018; BRUNET ICART, I. "Pobreza y exclusión social desde la perspectiva de género", *Op. Cit.*, pp. 15-17 CEREZO DOMINGÚEZ, A. "La perspectiva feminista en Criminología", *Op. Cit.*, pp. 21-42.

941 Con relación al inmigrante, Miró Linares expresó que la Política criminal española va más allá de la exclusión del inmigrante, incluyendo, su criminalización. MIRÓ LLINARES, F. "Política comunitaria de inmigración y Política criminal en España ¿Protección o "exclusión" penal del inmigrante?", *Op. Cit.*, pp. 25-31; SÁNCHEZ MORENO, E. y FUENTE ROLDÁN, I.N. *Exclusión social y COVID-19. El impacto de la pandemia en la salud, el bienestar y las condiciones de vida de las personas sin hogar, FACIAM*, 2021, p. 111. Recuperado de: https://faciam.org/wp-content/uploads/2021/11/informe-Covid19_Faciam-HR.pdf (Consultado el 13 de enero de 2023).

942 BARATTA, A. *Criminología crítica y crítica del Derecho penal. Introducción a la sociología jurídico penal, Op. Cit.*, pp. 240-241.

943 BERDUGO GÓMEZ DE LA TORRE, I. "La pobreza y la protección internacional de los derechos humanos". Ponencia presentada en el Seminario Internacional del proyecto Aporofobia y Derecho penal, Salamanca (España), 2022.

de vulnerabilidad económica que experimentan las PSSH. Como expresa Fernández Evangelista "*it is crucial to remember that poverty and homelessness are not a voluntary lifestyle decision: they are problems associated with social exclusion*"[944]. Concienciar a la ciudadanía de la enorme influencia de las desigualdades económicas, sociales y culturales en determinados grupos vulnerables es transcendental. También mostrar a la sociedad que las PSSH son más víctimas que autores, rompiendo el mito de delincuencia-pobreza y rechazando cualquier forma de violencia, ya sea institucional, cultural o directa (en alusión a la pirámide de Galtung). A pesar de que existe una generalización de la intolerancia social hacia la violencia, unas manifestaciones son más "castigadas" socialmente que otras, al igual que aceptadas, siendo un ejemplo significativo los incidentes discriminatorios y los delitos cometidos con una motivación aporófoba.

2. RETOS PENDIENTES Y LÍNEAS DE INVESTIGACIÓN FUTURA

I. La disminución del sinhogarismo es el primer reto pendiente en el ámbito nacional, europeo y mundial, así como la adopción de metodologías uniformes para su efectiva contabilización. Es preciso que los registros engloben todas las categorías de PSSH (incluyendo los sin techo) y salvar las limitaciones expuestas, especialmente cuando las predicciones son de aumento en los próximos años (influyendo significativamente la pandemia del COVID-19 y la invasión de Ucrania). Asimismo, como anunció Pérez Cepeda, uno de los mayores desafíos de la globalización es reconocer el carácter supraestatal de los derechos humanos[945], prever garantías para tutelarlos y satisfacerlos en los diferentes Estados, siendo un ejemplo paradigmático

---

944 Esto es, "*es importante recordar que la pobreza y el sinhogarismo no son decisiones voluntarias de estilos de vida: son problemas asociados a la exclusión*" (traducción propia). FERNÁNDEZ EVANGELISTA, G. "Penalization of homelessness", *Op. Cit.*, p. 60.

945 Al respecto, Picado Valverde apuntó "*la aporofobia es la expresión más grave de discriminación al pobre y de violación de los derechos humanos*". PICADO VALVERDE, E.M *et al.* "Detección de la discriminación hacia los pobres, «aporofobia»", *Op. Cit.*, p. 421.

el derecho a la vivienda[946]. La efectividad del *Plan Estatal de Vivienda 2022-2025* recientemente implementado en España será objeto de análisis en futuras investigaciones.

II. El segundo reto que afrontar es la ausencia de investigaciones empíricas sobre la criminalización de la pobreza y victimización aporófoba del colectivo de PSSH en España (y en el ámbito internacional), poniendo el acento en la cifra oculta de los delitos aporófobos. Para ello, la autora llevará a cabo una revisión sistemática, un estudio empírico en Castilla y León y una revisión jurisprudencial sobre la autoría delictiva, la (sobre)criminalización y la victimización penal de las PSSH en España (años 2015-2022) por su situación de extrema pobreza. También realizará una comparación con Brasil y Bélgica atendiendo a los resultados obtenidos. Además, sería de vital importancia constituir un equipo multidisciplinar que trabaje en conjunto con las instituciones, aumentando los esfuerzos. Véase que cada delito con motivación aporófoba representa: una vulneración del respeto a la condición humana y los elementos inherentes a la misma (derecho de dignidad de la persona); un trato diferente por su condición socioeconómica desfavorecida (derecho a la igualdad y principio de no discriminación); y, a mayores, la injusticia de no considerar la motivación aporofóba que subyace al delito (derecho a la tutela judicial efectiva), esperando que sea revertida con la *LO 8/2021, de 4 de junio*. En los próximos años se llevará a cabo un estudio sobre la aplicación del artículo 22.4 del CP en los delitos cometidos a las PSSH en los que subyace una motivación aporófoba.

III. La falta de un enfoque integral de los delitos cometidos con una motivación discriminatoria hace que permanezcan invisibles, aunque sean muy difíciles de medir, explicar e identificar. En este ámbito es necesario un debate con expertos en la materia y una aproximación empírica a nivel nacional. Igualmente, es preciso considerar que los motivos que influyen en las personas para actuar son, habitualmente, múltiples, por ello, establecer la causa determinante de la acción es complicado. Además, como expresó Teijón Alcalá, el delito puede ser cometido por la vulnerabilidad de la víctima y no

946 PÉREZ CEPEDA, A. I. *La seguridad como fundamento de la deriva del Derecho penal postmoderno, Op. Cit.*, p. 390.

por el odio *strictu sensu.* En este sentido, los hallazgos apuntan que las PSSH sin techo presentan un mayor riesgo de victimización y sufren más delitos que el resto de la ciudadanía, por ende, siguiendo a la autora, la vulnerabilidad implícita de la situación extrema de exclusión social y económica en la que se encuentran las PSSH podría ser un factor determinante. La autora continuará esta línea de investigación, analizando la relación entre vulnerabilidad, violencia y aporofobia en el ámbito criminógeno[947], así como teniendo en cuenta las dificultades que experimentan la mayoría de las PSSH (discriminaciones y victimizaciones reiteradas, consumo abusivo de alcohol y/o drogas, enfermedades mentales, *etc.*) a las cuales, en ocasiones, se añaden largas trayectorias en la calle y problemas con la justicia. En efecto, en el análisis de la otra vertiente del Derecho penal de la aporofobia, existe un desconocimiento empírico sobre las sanciones administrativas o penales que experimentan las PSSH. Es importante poner de manifiesto que las personas más vulnerables no deben ser criminalizadas por su situación de extrema pobreza, siendo una tarea previa indispensable de los/as investigadores/as identificar las muestras de aporofobia en la legislación y luchar por su eliminación. Sólo así erradicaremos el círculo vicioso de pobreza-cárcel y fomentaremos una convivencia global más humana y apacible. Otras líneas de investigación futura, teórica y empíricamente, son: la criminalización de la pobreza y la sanción de las manifestaciones del sinhogarismo en el ámbito nacional e internacional. Ahora bien, el enfoque debe ser macrocriminológico (teniendo en cuenta el contexto socioeconómico, político y cultural del país objeto de análisis) y microcriminológico (exponiendo casos particulares y dando voz a las PSSH)[948]. Por consiguiente, se alienta a la academia, los legisladores, los operadores del sistema de justicia y la ciudadanía a continuar el camino iniciado y a luchar por uno de los colectivos más excluidos socialmente: las personas en situación de sinhogarismo, especialmente, las que viven en la calle.

---

947 TEIJÓN ALCALÁ, M. "La subcultura del odio y la violencia. Un análisis empírico sobre la asociación entre valores y conductas violentas" en *El odio como motivación criminal* (Teijón Alcalá, dir.), Wolters Kluwer, 2022, pp. 319-350

948 BRAITHWAITE, J. *Macrocriminology and freedom,* Anu press, 2020, pp. 35-38; 194; 606-608; 617.

IV. En futuras investigaciones se recomienda la adopción de la perspectiva del daño social (más conocida como "*social harm*") en el estudio de la aporofobia[949]. El daño social hace alusión a todas las situaciones que afectan a las personas durante su vida, incluyendo las acciones de Estados y corporaciones[950]. Sus principales creadores, Hyllard y Tombs, entienden que la defininción legal de delito excluye muchos daños que experimentan las personas, sobre todo, los más pobres (véase sino el Estado con su exclusión), así como que este es usado para mantener las relaciones de poder[951], como bien se ha apuntado en la presente investigación. En este sentido, Rivera Beiras afirma que "*La categoría de violencia estructural es más necesaria que nunca en el presente*"[952] y así se ha manifestado en alusión al racismo institucional por Hyllard y Tombs, al igual que con la aporofobia institucional en la presente investigación. Asimismo, con la adopción de una perspectiva del daño social, se sentarían las bases de políticas que favorecerían a muchas personas, dado que se amplifica el enfoque de estudio a cuestiones como la ausencia de un Estado de Bienestar efectivo, con las repercusiones que conlleva, ya sea la falta de vivienda, la violación de derechos humanos básicos o la exposición tan elevada de algunas personas a determinadas formas de victimización. Además, sus autores sustentan que el daño no se disitribuye de forma aleatoria, sino que variables como la raza, la edad o el género juegan un papel relevante (teniendo en cuenta la interseccionalidad ya mencionada). A pesar de las dificultades que conlleva su defini-

---

949 RIVERA BEIRAS, I. "Hacía una criminología crítica global" en *Athenea Digital. Revista de Pensamiento e Investigación Social*, vol. 16, nº 1, 2016, pp. 23-41.

950 SALCEDO LÓPEZ, D.M. "Los daños sociales de género: consecuencias de la crisis/quiebra del sistema capitalista y patriarcal" en *Delitos de los Estados, de los Mercados y daño social. Debates en Criminología Crítica y Sociología jurídico penal* (Rivera Beiras, coord.), Anthropos, 2014, pp. 142-157.

951 HILLYARD, P. y TOMBS, S. "Beyond criminology?" en *Criminal obsessions: Why harm matters more tan crime*, King's College of London, Centre for Crime and Justice Studies, 2008, pp. 6-23.

952 RIVERA BEIRAS, I. "A modo de epílogo. Retomando el concepto de violencia estructural. La memoria, el daño social y el derecho a la resistencia como herramienta de trabajo" en *Delitos de los Estados, de los Mercados y daño social. Debates en Criminología Crítica y Sociología jurídico penal* (Rivera Beiras, coord.), Anthropos, 2014, p. 269.

ción[953], este enfoque permitiría prestar más atención al desarrollo y posterior implementación de respuestas políticas eficaces para reducir los niveles de daño, por ende, también se aboga por un cambio político y, más específicamente, un cambio en la estructura[954]. Por último, comparto con Pemberton la necesidad de incluir la perspectiva del daño social en los debates criminológicos desde la multidisciplinariedad y sin obviar uno de sus objetivos principales: intervenir y modificar la forma de organización actual, es decir, la sociedad patriarcal y capitalista que perjudica sistemáticamente a una gran parte de la población[955].

---

953 Véase la dificultad de definir el daño social, considerando las percepciones y experiencias de las personas, más que lo que ha establecido un Estado.

954 RIVERA BEIRAS, I. "A modo de epílogo. Retomando el concepto de violencia estructural. La memoria, el daño social y el derecho a la resistencia como herramienta de trabajo", *Op. Cit.*, pp. 253-281.

955 PEMBERTON, S. "Where next? The future of the social harm perspective" en *Criminal obsessions: Why harm matters more tan crime*, King's College of London, Centre for Crime and Justice Studies, 2008, pp. 89-90.

CONCLUSIONES

I. En la presente investigación se ha llevado a cabo un análisis del sistema penal aporófobo que experimentan las personas en situación de sinhogarismo (PSSH), particularmente, los sin techo en España. El contexto en el que se inserta el fenómeno objeto de estudio es un sistema económico capitalista deshumanizado, autodestructivo y peligroso, con una inestabilidad que no deja de crecer y la dirección de las acciones hacia un único fin: el beneficio. El resultado ha sido una reducción de las ayudas de protección social que ha afectado negativamente al Estado de Bienestar, provocando un aumento de la desigualdad. En efecto, las políticas adoptadas por el capitalismo neoliberal han producido una polarización mundial entre ricos y pobres que nunca había sido tan evidente. Es más, diversos investigadores compartimos que es deplorable la diferencia abismal entre los recursos económicos de los que más y de los que menos tienen, cuya evolución ha sido increíblemente notoria en los últimos años. Así pues, el capitalismo actual con su ideología neoliberal ejerce una violencia institucional que genera desigualdad y pobreza extrema, mientras que la posmodernidad más avanzada ha fomentado la violencia, tanto en su esfera invisible (violencia institucional) como visible (violencia directa), calificándose las sociedades actuales como opresivas. La violencia institucional ejercida por los grupos de poder sitúa a un gran número de sujetos en un nivel de vulnerabilidad económica extrema, especialmente al grupo de mujeres (feminización de la pobreza), aumentando su riesgo de victimización (violencia directa). A esta hay que sumarle la exclusión originada por las políticas estatales (influenciadas por el patriarcado). En este sentido, se advierte que la exclusión genera mayores niveles de violencia, pues esta misma es violencia institucional por la restricción de derechos esenciales que supone para una parte de la ciudadanía, siendo un ejemplo significativo el colectivo de PSSH. Un ejemplo palpable es que a pesar de que el derecho a la vivienda es un principio rector de la Constitución Española y de su importancia respecto a la dignidad, existe una ausencia de instrumentos que compelan a hacerlo efectivo, uniformidad respecto a su contenido y alcance a nivel internacional, europeo y nacional.

II. Ello provoca, un auge del sinhogarismo, sobre todo, de las PSSH sin techo, quienes representan en torno al 1% de la población mundial, según los datos más recientes. En Europa, al menos 4 millones de personas han sufrido alguna vivencia de sinhogarismo y en España, además del crecimiento generalizado, se observan fluctuaciones en el periodo temporal examinado. A nivel nacional, el perfil de PSSH sin techo es de un hombre adulto, aunque las mujeres podrían estar infrarrepresentadas. Como la medición del sinhogarismo es una ardua tarea, la comparación, ya sea entre y/o dentro de los países, presenta muchas dificultades, principalmente, por la diversidad metodológica, conceptual y temporal de las investigaciones.

III. En el análisis de la aporofobia se diferencian dos dinámicas: la sanción del sinhogarismo en el espacio público a través del Derecho administrativo sancionador —en auge— y la criminalización de la pobreza en el Derecho penal *strictu sensu*. Por un lado, existen múltiples manifestaciones de la situación de pobreza extrema que experimentan las PSSH sancionadas en el espacio público. Especialmente notorias son las actividades de supervivencia como dormir o satisfacer necesidades básicas. Así pues, este tipo de conductas, entre otras, como consumir alcohol o drogas en el espacio público, están prohibidas con carácter general en el grupo de sin techo. También la prostitución es objeto de infracción, afectando, sobre todo, al colectivo de mujeres (ya sea de forma directa o indirecta), quienes, en ocasiones, lo utilizan como estrategia para no pernoctar en la calle. En consecuencia, se reducen, aún más, las opciones de los grupos más desfavorecidos económicamente. Por el otro, se ha revelado un endurecimiento progresivo del Derecho penal y la proliferación de los delitos de bagatela en el Código Penal español que ha afectado, principalmente, a los sectores más desfavorecidos de la sociedad, como el colectivo de PSSH. En este ámbito la perspectiva de género es un factor clave, desvelándose un sistema penal androcentrista y sexista que recae, con más fuerza si cabe, en las mujeres pobres.

IV. Las PSSH sufren la aplicación del sistema penal a través de: (a) la *criminalización primaria*: como se ha indicado, los delitos de bagatela que han experimentado un auge y un endurecimiento en las últimas reformas penales y, en el ámbito extrapenal, las leyes administrativas que sancionan manifestaciones del sinhogarismo en el espacio público, así como otras actividades que llevan a cabo por su necesidad económica; (b) la *criminalización secundaria*: los agentes policiales y los jueces continúan la cadena aporófoba con la detención y condena de las PSSH por delitos de bagatela, configurándose la selectividad como una variable fundamental. En este punto, es importante aclarar que no se está afirmando que las FFCCS y los Juzgados sean instituciones aporófobas en sí, sino que aplican y cumplen la legislación vigente. No obstante, se han identificado algunas manifestaciones aporófobas en sus actuaciones; (c) la *criminalización terciaria*: las Instituciones Penitenciarias se encuentran en el final de la cadena aporófoba que, lejos del ideal rehabilitador plasmado en la norma suprema española, perpetúan su exclusión. Al fin y al cabo, el sistema penitenciario es el reflejo de las dinámicas del sistema económico, político, social y cultural. En síntesis, el castigo y encarcelamiento de los sectores más desfavorecidos económicamente, aunque parecía una vieja táctica superada, está a la orden del día.

V. El ciclo de la violencia que se produce con el aparato institucional del Estado español continúa y se agrava con el funcionamiento del sistema penal, que contribuye a su mantenimiento, especialmente, con las Políticas Criminales adoptadas que criminalizan la pobreza, concentrando sus esfuerzos en la delincuencia marginal y, por ende, afectando a los grupos más excluidos socialmente. Cuando el Derecho penal se aplica a una persona por el delito cometido, es importante tener en cuenta que el comportamiento delictivo individual no es una variable independiente. Al contrario, esta variable se encuentra estrechamente relacionada, en la mayoría de los casos, con el contexto socioeconómico y político del delincuente. Por ello, la sociedad, las leyes y las deficiencias del Estado en la satisfacción de sus derechos influyen en la acción delictiva.

VI. La aporofobia institucional se observa en la adopción por el Estado español de un punitivismo creciente con su aparato más represivo, el sistema penal. El delito legitima el orden excluyente (el control de la desviación tiene como fin mantener las clases dominantes en su situación de poder, siendo estos agentes quienes definen qué y quién es criminalizado) y contribuye a ocultar las contradicciones internas del régimen de producción capitalista, desvelándose, una vez más, la influencia de la economía en los regímenes punitivos.

Razón por la que, nuestra propuesta al concepto de aporofobia institucional (tomando como base la definición de Expósito Marín) es la siguiente "*el entramado de prácticas económicas, políticas, sociales y culturales, formales e informales, estructurales que producen y reproducen tanto la exclusión social como la aporofobia*".

VII. Atendiendo a las dos vertientes del Derecho penal de la aporofobia, criminalización de la pobreza y victimización por motivación aporófoba, se llevó a cabo una revisión sistemática exploratoria que concluyó la escasez de estudios empíricos sobre la autoría delictiva y la victimización penal por motivación aporófoba de las PSSH, sobre todo, de los sin techo, en el territorio nacional español.

VIII. En Brasil, se llevaron a cabo dos investigaciones empíricas: la primera, en las audiencias de custodia del Fórum Criminal de Barra Funda de São Paulo y, la segunda, en el centro del Movimiento Nacional de Población en Situación de Sinhogarismo de São Paulo. El objetivo principal fue analizar las manifestaciones del Derecho penal de la aporofobia en el colectivo de personas en situación de sinhogarismo en São Paulo. En las audiencias de custodia se encontró que la mayoría de las PSSH fueron detenidas por delitos de bagatela y sobrecriminalizadas, especialmente, en los delitos de hurto y tráfico de drogas, a pesar de la mínima cuantía incautada. La violencia fue ejercida por la Policía en una gran parte de la muestra, con la excepción del grupo de mujeres. Estas dinámicas fueron más recurrentes en el colectivo de PSSH frente al grupo de control, que no se encontraba en situación de sinhogarismo. Por lo tanto, se sostiene lo expuesto por estudios anteriores. En alusión a la muestra de PSSH entrevistadas, se encontró que experimentaron de forma habitual discriminación y fueron víctimas de delitos por su situación de extrema pobreza, especialmente, las mujeres. Los autores más frecuentes fueron personas en su misma situación de sinhogarismo, a excepción de los delitos de hurto, que fueron cometidos en su mayoría por desconocidos, y las agresiones físicas, por agentes de la Policía, encontrando, de nuevo, evidencias de la violencia y brutalidad policial.

IX. En Bélgica, el objetivo general fue analizar manifestaciones aporófobas de su sistema penal y administrativo en el colectivo de personas en situación de sinhogarismo con el fin de realizar una microcomparativa con España. Los resultados apuntaron que las ordenanzas municipales de Salamanca castigan más tipologías de actividades cotidianas realizadas por los sin techo y con una mayor cuantía en las sanciones que la ciudad de Gante. Sin embargo, en ambos territorios se recoge como infracción: la satisfacción de necesidades fisiológicas, hacer un fuego en la vía y/o espacios públicos, realizar vertidos ilegales y el uso de tiendas de campaña, vehículos, caravanas o similares en las vías y/o espacios públicos como lugar de vivienda/ pernocta. Tampoco existen disposiciones específicas para excluir de responsabilidad por su situación de extrema pobreza. Ahora bien, dormir en la vía y/o espacio público está permitido en ambas ciudades —con las precisiones señaladas— y, de igual modo, disponen de baños públicos. En alusión al Derecho penal de la aporofobia, la motivación aporófoba en los delitos supone la agravación de la pena en España —recientemente— y en Bélgica. En la revisión jurisprudencial ejecutada en el territorio belga (periodo temporal 1983-2022) sólo se encontró su aplicación en un caso, aunque el estudio empírico apuntó que más de la mitad de las PSSH encuestadas habían experimentado delitos aporófobos.

X. En síntesis, puede inferirse que, tanto en el ámbito internacional como en el nacional existen manifestaciones del Derecho penal de la aporofobia que afectan al colectivo de PSSH en sus dos vertientes: criminalización de la pobreza e infraprotección en los delitos aporófobos. Retomando los tres tipos de violencia conceptualizados por Galtung, esta investigación ha desvelado como el colectivo de personas en situación de sinhogarismo experimenta: (1) la violencia institucional en la privación de sus necesidades de supervivencia, bienestar y libertad, destacándose el derecho a la vivienda, así como la violencia cultural junto a la institucional a través de la criminalización de la pobreza prevista en la legislación y ejercida por ciertos operadores del sistema de justicia, que se extiende y acentúa con el Derecho administrativo sancionador; y (2) la violencia directa a través de la criminalización y victimización por su situación de extrema pobreza. Es más, las PSSH sin techo sufren una violencia institucional y directa agravada. Lo cierto es que una vez institucionalizada la violencia e interiorizada en la cultura, la tipología directa tiende a mantenerse en el tiempo.

XI. Con base en los resultados de la investigación, se realizaron una serie de propuestas dirigidas a reducir y, en último término, eliminar la aporofobia en el sistema penal y en la sociedad. Comenzando con las instituciones mundiales, es preciso que pongan límites al capitalismo financiero internacional y promuevan la responsabilidad social de los Estados. Continuando con el legislador español, se le insta a la reconstrucción del Estado de Bienestar, el fomento de políticas de redistribución de la riqueza y hacer efectivo el derecho a la vivienda. Asimismo, el delito no debe ser una estrategia de gobernanza, siendo inaplazable la erradicación del populismo punitivo y el desarrollo de políticas criminales basadas en la realidad empírica, tarea para la cual los criminológicos son imprescindibles. Todas las manifestaciones aporófobas de la legislación administrativa y penal deben ser eliminadas, así como la discrecionalidad del sistema penal, no sólo en España, también en Bélgica y Brasil. A la atención del legislador brasileño, se le ruega introducir la aporofobia como motivo discriminatorio discriminatorio en la legislación penal y promover medidas para eliminar la violencia policial. También la aplicación del principio de insignificancia en las audiencias de custodia por los delitos de bagatela que cometen las PSSH. En alusión a los delitos de odio aporófobos, la lucha contra la infradenuncia desde una perspectiva integral es ineludible, con el fin de proteger al colectivo de PSSH, implicando a todos los actores del sistema penal, especialmente a las FFCCSS. A la academia, se dirige la petición de reflexionar sobre la legitimidad estatal del castigo a los excluidos de la sociedad, investigar siempre con perspectiva de género y continuar la investigación sobre la aporofobia en el ámbito nacional e internacional. Ahora bien, con el fin de erradicar la aporofobia de la sociedad, además de las políticas criminales, sociales y de redistribución de la riqueza, el arma más poderosa es la educación, junto con la implementación de estrategias dirigidas a alcanzar una sociedad más solidaria, especialmente con los que se encuentran en situaciones económicamente más desfavorecidas, como son las PSSH sin techo.

BIBLIOGRAFÍA

ACALE SÁNCHEZ, M. "El género como factor condicionante de la victimización y de la criminalidad femenina" en *Papers*, vol. 102, nº 2, 2017.

– "Mujer, inmigrante y pobre: una mina para el Derecho penal" en *Revista Penal*, nº 47, 2021.

ACCIÓN EN RED MADRID y SOLIDARIOS. *Recuento de personas en situación de calle en Madrid*, 2020. Recuperado de: https://www.accionenredmadrid.org/wp-content/uploads/2020/07/INFORME-RECUENTO-PSH-Junio-2020.pdf (Consultado el 1 de febrero de 2021).

AEBI, M. F. y TIAGO, M. M. *Prisons and Prisoners in Europe in Pandemic Times: An evaluation of the short-term impact of the COVID-19 on prison populations. Council of Europe*, 2020. Recuperado de: https://www.researchgate.net/publication/342345043_Prisons_and_Prisoners_in_Europe_in_Pandemic_Times_An_evaluation_of_the_short-term_impact_of_the_COVID-19_on_prison_populations (Consultado el 22 de abril de 2021).

AEBI, M.F. *et al. Prision in Europe, 2005-2015. Volume 2: Sourcebook of prison statistics*, 2019. Recuperado de: https://www.researchgate.net/publication/338925140_Prisons_in_Europe_2005-2015_Volume_2_Sourcebook_of_prison_statistics (Consultado el 21 de diciembre de 2022).

AGUILAR GARZA, L.J y PARADA RIVERA, E.M. "La pobreza al interior del capitalismo: ¿fenómeno marginal o resultado estructural del sistema económico". Trabajo de fin de grado presentado en la Universidad Centroamericana José Simeón Cañas, 2007. Recuperado de: https://www.uca.edu.sv/economia/wp-content/uploads/La-pobreza-al-interior-del-capitalismo-%C2%BFFen%C3%B3meno-marginal-o-resultado-estructural-del-sistema-econ%C3%B3mico.pdf (Consultado el 15 de septiembre de 2020)

AGUIRRE, R.T. "O modelo penal da aporofobia" en *Direito penal, processo penal, execuão penal e criminologia nos 30 anos de constituição cidadã: novos caminhos e desafios* (Lopes, *et al.*, coords.), D´Placido, 2018.

AGULLES MARTON, J.M. "Las personas sin hogar y la exclusión residencial ¿hacia un cambio de paradigma?" en *Cuadernos de trabajo social*, vol. 32, nº 2, 2018.

AIZPURÚA, E. "Delimitando el punitivismo. Las actitudes de los españoles hacia el castigo de los infractores juveniles y adultos" en *Revista Española de Investigación Criminológica*, nº 13, 2015.

ALATORRE, L.M. *et al. Punishing the Poorest. How the Criminalization of Homelessness Perpetuates Poverty in San Francisco*, 2015. Recuperado de: https://www.homelesshub.ca/resource/punishing-poorest-how-criminalization-homelessness-perpetuates-poverty-san-francisco (Consultado el 23 de mayo de 2022).

ALMEDA SAMARANCH, E. "Criminologías feministas, investigación y cárceles de mujeres en España" en *Papers*, vol. 102, nº 2, 2017.

AMBOS, K. *Estado y futuro del derecho penal comparado* (trad. Cote Barco), Nomos, 2017.

AMO SÁNCHEZ, J.M. *Hurtos, robos y defraudaciones (con referencia al Real Decreto-Ley 1/2021 de 19 de enero)*, Factum Libri Ediciones, 2021.

AMORE, K., BAKER, M. y HOWDEN-CHAPMAN, P. "The ETHOS Definition and Clasification of Homelessness: An Analysis" en *European Journal of Homelessness*, vol. 5, nº 1, 2011.

ANDRADE, M. "¿Qué es la "aporofobia"? Un análisis conceptual sobre prejuicios, estereotipos y discriminación hacia los pobres" en *Agenda Social*, vol. 2, nº 3, 2008.

ANSFIELD, B. "The Broken Windows of the Bronx: Putting the Theory in Its Place" en *American Quarterly*, vol. 72, nº 1, 2020.

ANTHONY, C. *Hacia una criminología crítica feminista. Violencia, androcentrismo, justicia y derechos humanos*, Undav Ediciones, 2019.

ARKSEY, H y O'MALLEY, L. "Scoping studies: towards a methodological framework" en *International Journal of Social Research Methodology*, vol. 8, nº 1, 2005.

ARRELS FUNDACIÓ. *Censo de personas que duermen en la calle*, 2019. Recuperado de: https://www.arrelsfundacio.org/es/personas–sin–hogar/problematica/barcelona/ (Consultado el 1 de febrero de 2020).

– *Censo de personas que viven en la calle en Barcelona, 2018*, 2018. Recuperado de: https://www.arrelsfundacio.org/es/censo–de–personas–sin–hogar–2018/ (Consultado el 1 de febrero de 2020).

– *La vulnerabilidad de las personas que viven en las calles de Barcelona*, 2016. Recuperado de: https://www.arrelsfundacio.org/wp–content/pdf/AltresDocuments/InformeCensSenseLlar2016.pdf (Consultado el 1 de febrero de 2020).

– *La vulnerabilidad de las personas que viven en la calle en Barcelona (Censo 2016)*, 2017. Recuperado de: https://www.arrelsfundacio.org/es/censo–de–personas–sin–hogar–2018/ (Consultado el 21 de septiembre de 2021).

- *Memoria Arrels.* Años 2020, 2019, 2018, 2017 y 2016. Recuperado de: https://www.arrelsfundacio.org/es/informate/publicaciones/ (Consultado el 21 de septiembre de 2021).
- *Persones sense llar a Barcelona. Qui són i com són de vulnerables? Cens 2017,* 2017. Recuperado de: https://www.arrelsfundacio.org/wp–content/pdf/AltresDocuments/InformeCens2017.pdf (Consultado el 1 de febrero de 2020).
- *Vivir en la calle en Barcelona. Radiografía de una ciudad sin hogar,* 2020. Recuperado de: https://www.arrelsfundacio.org/wp-content/uploads/2021/02/vivir-en-la-calle-en-Barcelona-informe-2020.pdf (Consultado el 13 de septiembre de 2021).

ASAMBLEA GENERAL DE LAS NACIONES UNIDAS. *Directrices para la aplicación del Derecho a una Vivienda Adecuada. Informe de la Relatora Especial sobre una vivienda adecuada como elemento integrante del derecho a un nivel de vida adecuado y sobre el derecho de no discriminación a este respecto,* 2019. Recuperado de: https://undocs.org/es/A/HRC/43/43 (Consultado el 26 de abril de 2021).

ASOCIACIÓN BIZITEGI. *Estudio sobre la realidad de las mujeres en situación de exclusión residencial,* 2019. Recuperado de: https://www.bizitegi.org/wp-content/uploads/2019/07/Mujeres-situacion-exclusion-residencial_cas.pdf (Consultado el 1 de diciembre de 2020).

ASSIS BRASIL E WEIGERT, M. y CARVALHO, S. "Criminología Feminista com Criminología Crítica: perspectivas teóricas e teses convergentes" en *Revista Direito e Praxis,* vol. 11, nº 3, 2020.

ÁVILA CANTOS, D. *et al.* "La burorrepresión de la protesta y de la pobreza" en *Defender a quien defiende. Leyes mordaza y criminalización de la protesta en el estado español* (Bondia, dir.; Daza y Sánchez, coords.), Icaria, 2015.

ÁVILA VÁZQUEZ, V. y GARRIDO GAITÁN, E. "La aporofobia como delito de odio y discriminación" en *La Criminología que viene. Resultados del I Encuentro de Jóvenes Investigadores en Criminología* (Castro Toledo, Gómez Bellvís y Buil-Gil, eds.), 2019.

AYALA BLANCO, L.A. "Legitimación posmoderna (J.F. Lyotard: la condición posmoderna)" en *Estudios Políticos,* año XLV, novena época, nº 52, 2021.

AYUNTAMIENTO DE VALENCIA. *Estudio sobre las personas sin hogar de la ciudad de Valencia. Características, necesidades y propuestas de intervención, 2015.* Recuperado de: https://www.valencia.es/ayuntamiento/bienestarsocial.nsf/0/9E82BA895CA28CA2C1257F40004B3106/$FILE/Estudio%20sobre%20Personas%20sin%20hogar%20ciudad%20Valencia%202015.pdf?OpenElement&lang=1 (Consultado el 1 de febrero de 2020).

BANCO MUNDIAL. *Reseña: Ajuste en las líneas mundiales de pobreza,* 2022. Recuperado de: https://www.bancomundial.org/es/news/factsheet/2022/05/02/fact-sheet-an-adjustment-to-global-poverty-lines (Consultado el 8 de diciembre de 2022).

BARATTA, A. "La vida y el laboratorio del Derecho. A propósito de la imputación de responsabilidad en el proceso penal" en *Doxa: Cuadernos de filosofía del Derecho,* nº 5, 1998.

– *Criminología crítica y crítica del Derecho penal. Introducción a la sociología jurídico penal* (2ª ed.; Búnster, trad), Reus Editorial, 2023.

BARONA VILAR, S. "La necesaria desconstrucción del modelo patriarcal de justicia" en *Análisis de la Justicia desde la Perspectiva de Género,* Tirant lo Blanch, 2018.

BARRERA TOBARES, S. "Sinhogarismo invisible. El caso de las mujeres sin hogar". Trabajo de fin de grado presentado en la Universidad de Barcelona, 2018.

BAUMAN, Z. *Vidas desperdiciadas. La modernidad y sus parias,* Paidós, 2005.

BECHARA, A. E. y FUZIGER, R. J. "Seleccionar y punir: punitivismo y la dinámica aporofóbica de la criminalización en el derecho brasileño" en *Revista Sistema Penal Crítico,* nº 1, 2020.

BECK, U. *La sociedad del riesgo. Hacia una nueva modernidad,* Paidós, 2002.

BECKETT, K. y MURAKA, N. "Mapping the shadow carceral state: toward an institutionally capacious approach to punishment" en *Theorical Criminology,* vol. 16, nº 2, 2012.

BENJAMINSEN, L. *et al.* "Measurement of Homelessness in the Nordic Countries" en *European Journal of Homelessness,* vol. 14, nº 3, 2020.

BERDUGO GÓMEZ DE LA TORRE, I. "Derechos humanos y Derecho penal. Validez de las viejas respuestas y nuevas cuestiones" en *Revista penal México,* nº 1, 2011.

BERGALLI, R. *Control social punitivo. Sistema penal e instancias de aplicación (policía, jurisdicción y cárcel),* Bosch, 1996.

BILBAO UBILLOS, J.M. "La llamada ley mordaza: la ley orgánica 4/2015 de protección de la seguridad ciudadana" en *Teoría y Realidad Constitucional,* nº 36, 2015.

BODELÓN GONZÁLEZ, E. y ARCE BECERRA, P. "La reglamentación de la prostitución en los ayuntamientos: una técnica de ficticia seguridad ciudadana" en *Revista Crítica Penal y Poder,* nº 15, 2018.

BORJA JIMÉNEZ, E. "Sobre el concepto de Política Criminal. Una aproximación a su significado desde la obra de Claus Roxin" en *Anuario de Derecho Penal y Ciencias Penales,* vol. 56, nº 1, 2003.

BRAITHWAITE, J. "Reducing the Crime Problem: A not So Dismal Criminology" en *The New Criminology Revisited* (Walton y Young, eds.), 1997.

– *Macrocriminology and freedom*, Anu press, 2020.

BRANDÃO, Q. "A seletividade do sistema penal no estado democrático brasileiro: a população negra, um direito penal do inimigo e a cidadania mínima – o caso Rafael Braga" en *Democracia, Liderança e Cidadania na América Latina* (Chinchilla, coord.), Editora da Universidade de São Paulo, 2019.

BRANDARIZ GARCÍA, J. A. *Política Criminal de la exclusión*, Comares, 2007.

– "El *New Public Management* y las políticas penales" en *Revista Nuevo Foro Penal*, nº 87, vol. 12, 2016.

– *El modelo gerencial-actuarial de penalidad. Eficiencia, riesgo y sistema penal*, Dykinson, 2016.

BRETHERTON, J. y PLEACE, N. *Women and Rough Sleeping. A Critical Review of Current Research and Methodology*, 2018. Recuperado de: https://www.mungos.org/publication/women-and-rough-sleeping-a-critical-review/ (Consultado el 21 de julio de 2021).

BROWARCZYK. "Criminalisation of homelessness in Poland" en *Mean Streets. A report on the criminalisation of homeless in Europe* (Fernández Evangelista, coord.), Fondation Abbé Pierre, Feantsa y Housing Right Watch, 2013. Recuperado de: https://www.housingrightswatch.org/sites/default/files/Mean%20Streets%20-%20Full.pdf (Consultado el 23 de mayo de 2021).

BRUNET ICART, I. "Pobreza y exclusión social desde la perspectiva de género" en *Revista Internacional de Organizaciones (RIO)*, nº 3, 2009.

BRUS'HELP. *Dénombrement des personnes sans–abri et mal logées en Région de Bruxelles–Capitale*, 2020. Recuperado de: http://www.brusshelp. org/images/Denombrement2020_vdef.pdf (Consultado el 2 de julio de 2021).

BUSTOS RUBIO, M. *Aporofobia y delito. La discriminación socioeconómica como agravante (art. 22.4ª CP)*, Bosch Editor, 2020.

– "Aporofobia, motivos discriminatorios y obligaciones positivas del Estado: el art. 22,4ª CP entre la prohibición de infraprotección y la subinclusión desigualitaria", en *Revista Electrónica de Ciencia Penal y Criminología*, nº 23-04, 2021, pp. 1-42.

– "*¿Cogitationis poenam nemo patitur*? La agravante de discriminación en la encrucijada: principio de legalidad penal vs. principio del hecho" en *El odio como motivación criminal* (Teijón Alcalá, dir.), Wolters Kluwer, 2022.

- "El art. 22,4ª del Código Penal: una circunstancia inconclusa en una realidad social aporófoba" en Revista Electrónica de Estudios Penales y de la Seguridad, nº 7, 2021, pp. 1-18.

CABRERA, P. J. "Exclusión social y prisiones" en *Documentación Social*, nº 161, 2011.

CABRERA CARO, M, y NAVARRO ARDOY, L. "La medición del miedo al delito a través de los barómetros del CIS" en *Revista Española de Investigaciones Sociológicas*, nº 157, 2017.

CABRERA, P. J. *IV Estudio personas sin techo, Zaragoza, 2016*, 2018. Recuperado de: https://www.researchgate.net/publication/323285620_IV_Estudio_Personas_Sin_Techo_Zaragoza_2016 (Consultado el 1 de febrero de 2021).

CAMARERO SANTAMARIA, J. *El déficit social neoliberal. Del Estado del bienestar a la sociedad de la exclusión,* Sal Terrae, 1998.

CAMPESI, G. "Neoliberal and Neoconservative Discourses on Crime and Punishment" en *Sortuz: Oñati Journal of Emergent Socio-legal Studies*, vol. 3, nº 1, 2009.

CANO CUENCA, A. "El delito de hurto (arts. 234 y ss. CP)" en *Comentarios a la reforma del Código penal de 2015 (Gónzalez Cussac, dir.; Górriz Royo y Matallín Evangelio, coords.),* Tirant lo Blanch, 2015.

- "Hurto y robo de uso (art. 244 CP)" en *Comentarios a la reforma del Código penal de 2015* (Gónzalez Cussac, dir; Górriz Royo y Matallín Evangelio, coords.), Tirant lo Blanch, 2015.

CANO PAÑOS, M.A y CALVO ALBA, Mª. A. "Evolución del miedo al delito y del punitivismo en la población universitaria española a partir de una muestra de estudiantes de Derecho" en *Revista Española de Investigación Criminológica (REIC)*, nº 18, 2020.

CARAMELO GOMES, J. y MAGALHAES SILVA, M.M. "Metodología del Derecho comparado en Derechos Humanos" en *El cincuentenario de los pactos internaciones de derechos humanos de la ONU. Libro homenaje a la profesora Mª Esther Martínez Quinteiro* (Pando Ballesteros, Garrido Rodríguez y Muñoz Ramírez, eds.), Ediciones Universidad de Salamanca, 2018.

CARBONELL APARICI, G.J. "Los derechos sociales en la Constitución Española" en *Revista de Servicios Sociales*, nº 70, 2020.

CARDOSO VERNAGLIA, T.V., MAGLAHÃES SENNA, R.A. y SANTOS CRUZ, M. "Usuários de crack em situação de rua – características de gênero" en *Ciência & Saúde Coletiva*, vol. 20, nº 6, 2015.

CARPIO RIBERT, O.V. "El neoliberalismo: Principios Generales" en *Temas Sociales*, nº 21, 2000.

CARRASCO FLORIDO, L. "Mujeres sin hogar en España: un análisis sociográfico desde una perspectiva feminista". Trabajo de fin de master presentado en la Universidad Complutense de Madrid, 2014.

CASTIÑEIRA, Mª.T. "Three strikes. El principio de proporcionalidad en la jurisprudencia del Tribunal Supremo de los Estados Unidos" en *Revista de Derecho penal y Criminología*, nº 14, 2004.

CENTRO DE DOCUMENTACIÓN Y ESTUDIOS SIIS DOKUMENTAZIO ETA IKERKETA ZENTROA. *IV Estudio sobre la situación de las personas en situación de exclusión residencia grave en la CAPV 2018*, 2018. Recuperado de: https://www.siis.net/documentos/informes/545454.pdf (Consultado el 1 de febrero de 2020).

– *III Estudio sobre la situación de las personas en situación de exclusión residencia grave en la CAPV 2016*, 2016. Recuperado de: https://www.siis.net/es/investigacion/ver-estudio/528/ (Consultado el 1 de febrero de 2020).

– *II Estudio sobre la situación de las personas en situación de exclusión residencia grave en la CAPV 2014*, 2015. Recuperado de: https://www.siis.net/es/investigacion/ver-estudio/347/# (Consultado el 1 de febrero de 2020).

– *I Estudio sobre la situación de las personas en situación de exclusión residencia grave en la CAPV 2014*, 2014. Recuperado de: https://issuu.com/siis/docs/estudio_personas_exclusion_residenc (Consultado el 1 de febrero de 2020).

CEREZO DOMINGUEZ, A. "La perspectiva feminista en Criminología" en *Mujer y Sistema penal* (Cerezo Domínguez, coord.), Tirant lo Blanch, 2021

CEREZO DOMINGÚEZ, A., CISNEROS ÁVILA., F. y IZCO RINCÓN, M. "La mujer víctima de delitos" en *Mujer y Sistema penal* (Cerezo Domínguez, coord.), Tirant lo Blanch, 2021.

CHAMIE, J. *As Cities Grow Worldwide, So Do The Numbers Of Homeless – Analysis, 2021.* Recuperado de: https://www.eurasiareview.com/author/yaleglobal–online/ (Consultado el 12 de diciembre de 2022)

CIAFARDINI, M. *Capitalismo y Criminalidad. Una visión criminológica desde el materialismo histórico*, Ediciones Didot, 2021.

CIFALI, A.C. "Política criminal e governos de esquerda na América Latina. Entre semelhanças e ambiguidades" em *Civitas*, vol. 16, nº 4, 2016.

CIGÜELA SOLA, J. *Crimen y castigo del excluido social. Sobre la ilegitimidad política de la pena*, Tirant lo Blanch, 2019.

COMISIÓN EUROPEA. *El pilar europeo de derechos sociales.* Recuperado de: https://ec.europa.eu/info/strategy/priorities-2019-2024/economy-works-people/jobs-growth-and-investment/european-pillar-social-rights/european-pillar-social-rights-20-principles_es (Consultado el 5 de abril de 2021).

COMITÉ EUROPEO DE LAS REGIONES. *Hacia una agenda europea de la vivienda.* Recuperado de: https://eur-lex.europa.eu/legal-content/ES/TXT/PDF/?uri=OJ:JOC_2018_164_R_0010&from=ES (Consultado el 23 de junio de 2021).

CORRAL MARAVER, N. "Datos y conocimiento empírico en la legislación penal de la Unión Europea. Una guía para el legislador español" en *Revista Electrónica de Ciencia Penal y Criminología*, nº 22-18, 2020.

CORTINA, A. *Aporofobia, el rechazo al pobre. Un desafío para la democracia*, Paidós, 2017.

– *El quehacer ético. Guía para la educación moral*, Santillana, 1996.

COUNCIL OF EUROPE. *Prison populations. Space I – 2020*, 2021. Recuperado de: https://wp. unil.ch/space/files/2021/04/210330_FinalReport_SPACE_I_2020.pdf (Consultado el 21 de diciembre de 2022).

CRESPO MONEDERO, M.E. "La aporofobia en Cataluña. Tratamiento policial y especial referencia a la víctima". Trabajo de fin de grado presentado en la Escuela Nacional de Ávila, 2022.

CROWTHER-DOWEY, C. y FUSSEY, P. *Researching crime. Approaches, Methods and Application*, Pakgrave Macmillan, 2013.

CUERDA ARNAU, M.L. "Atentados y resistencia (arts. 550 y ss.)" en *Comentarios a la reforma del Código penal de 2015* (Gónzalez Cussac, dir.; Górriz Royo y Matallín Evangelio, coords.), Tirant lo Blanch, 2015.

DA SILVEIRAS CAMPOS, M. "Ley de Drogas brasileira y criminalización en São Paulo, Brasil" en *Sociedad hoy*, nº 26, 2018.

DAMON, J. "For public toilets…" en *Criminalisation of people who are homeless*, Feantsa, 2007.

DASMACENO DE ANDRADE, C. "Por uma criminologia crítica feminista" en *Revista Espaço Acadêmico*, nº 183, 2016.

DAY COLLINS, E. "From the frontline: How the war has impacted homelessness in Ukraine" en *The war in Ukraine and its consequences on homelessness*, 2022. Recuperado de: https://www.feantsa.org/public/user/Resources/magazine/2022/Summer/FEA_002-22_magazine_summer_2022_v3.pdf (Consultado el 12 de diciembre de 2022).

DE ASSIS ROMÃO, V. "A aplicação de medidas cautelares pessoais em audiências de custodia: um olhar a partir da prisão em flagrante de pessoas em situação de rua" en *Revista Brasileira de Direito Processual Penal*, vol. 7, nº 1, 2021.

DE GIORGI, A. *El gobierno de la excedencia. Postfordismo y control de la multitud*, Traficante de sueños, 2006.

DE HERT, P. *et al.* "The use of municipal administrative sanctions by the municipalities of Brussels. Is there a need for a regulating role for the Brussels Capital Region?" en *Brussels Studies [online], General Collection* (trad. AdK), nº 18, 2008.

DE VERTEUIL, G., MAY, J. y VON MAHS, J. "Complexity not collapse: recasting the geographies of homelessness in a 'punitive' age", en *Progress in Human Geographym,* vol. 33, nº 5, 2009.

DEL ROSAL BLASCO, B. "La estrategia actuarial del control del riesgo en la Política criminal y en el Derecho penal" en *Estudios penales homenaje al profesor Javier Alba Muñoz* (Hernández-Romo Valencia y Ochoa Romero, coords.), Tirant lo Blanch, 2013.

DEL VAL CID, C., VIEDMA, A., Y REVIRIEGO, F. "Hacia una medida objetiva de la discriminación en la cárcel: indicadores e índice de punición" en *Revista Criminalidad,* nº 2, 2013.

DEMAERSCHALK, E. *et al. Measuring Homelessness in Belgium. Final Report (Brussels: Belgian Science Policy),* 2018. Recuperado de: https://www.belspo.be/belspo/brain-be/projects/FinalReports/MEHOBEL_summ_en.pdf (Consultado el 2 de julio de 2021).

DEVROE, E., BRUINSMA, G. y VANDER BEKEN, T. "An Expanding Culture of Control? The Municipal Administrative Sanctions Act in Belgium" en *The European Journal on Criminal Policy and Research,* vol. 23, nº 1, 2017.

DEZORDI WERMUTH, M.A. "Política criminal actuarial: contornos biopolíticos da exclusão penal" en *Revista Direito e Praxis,* vol. 8, nº 3, 2017.

DI RONCO, A. "Understanding uncivil behaviour through urban space and culture" en *Regulation and Social Control of Incivilities* (Persak, ed.), Routledge studies in Crime and Society, 2017.

DI RONCO, A. y PERŠAK, N. "Regulation of incivilities in the UK, Italy and Belgium: Courts as potential safeguards against legislative vagueness and excessive use of penalising powers?" en *International Journal of Law, Crime and Justice,* vol. 42, nº 4, 2014.

DÍAZ DE SALAS, S.A, MENDOZA MARÍNEZ, V.M. y PORRAS MORALES., C.M. "Una guía para la elaboración de estudios de caso" en *RAZÓN Y PALABRA,* nº 75, 2011.

DÍEZ RIPOLLÉS, J.L. "El abuso del sistema penal" en *Revista Electrónica de Ciencia Penal y Criminología,* nº 19, 2017.

- "La dimensión inclusión/exclusión social como guía de la Política criminal comparada" en *Revista Electrónica de Ciencia Penal y Criminología,* nº 13, 2011.

DOMÍNGUEZ MARTÍNEZ, J.M. "Tiempo de desigualdad: cuestiones básicas para el análisis económico", en *eXtoikos*, nº 13, 2014.

ELLSWORTH, J.T. "Street Crime Victimization Among Homeless Adults: A Review of the Literature" en *Victims & Offenders*, vol. 14, nº 1, 2019.

ELO, S. *et al.* "Qualitative Content Analysis: A focus on trustworthiness" en *Sage Open*, vol. 4, nº 1, 2014.

EQUIPO DE INVESTIGACIÓN SOCIOLÓGICA (EDIS). *Realidad social de las mujeres sin techo, prostitutas, ex reclusas y drogodependientes en España*, Instituto de la Mujer, 2004. Recuperado de: https://www.inmujer.gob.es/ca/observatorios/observIgualdad/estudiosInformes/docs/006-realidad.pdf (Consultado el 1 de diciembre de 2020).

ESTÉVEZ ARAUJO, J.A. "Las transformaciones económicas de la globalización neoliberal" en *El Derecho ya no es lo que era* (Estévez Araujo, dir.), Editorial Trotta, 2021.

ESTRIN GILMAN, M. "The Poverty Defense" en *University of Richmond Law Review*, nº 47, 2013.

ETERNOD ARÁMBURU, M. "Igualdad y no violencia en construcción" en *El Derecho desde una perspectiva de género* (Buen Unna y Garza Marroquín, coords.), Tirant lo Blanch, 2018.

EUROSTAT. *Desigualdades en la renta*, 2019. Recuperado de: https://ec.europa.eu/eurostat/statistics-explained/index.php?title=Income_poverty_statistics/es&oldid=456699#Tasa_y_umbral_de_riesgo_de_pobreza (Consultado el 8 de junio de 2020).

- *One in five people in the EU at risk of poverty or social exclusion*, 2021. Recuperado de: https://ec.europa.eu/eurostat/en/web/products-eurostat-news/-/edn-20211015-1?_ga=2.35679847.65080244.1670598120-483250557.1670598120 (Consultado el 8 de diciembre de 2022).
- *Tasa y umbral de riesgo de pobreza*, 2019. Recuperado de: https://ec.europa.eu/eurostat/statistics-explained/index.php?title=Income_poverty_statistics/es&oldid=456699#Tasa_y_umbral_de_riesgo_de_pobreza (Consultado el 8 de junio de 2020).

EXPÓSITO MARÍN, J.A. "Una aproximación a la aporofobia institucionalizada", en *XIV Premio de Ensayo Breve "Fermín Caballero"* (Díaz Cano y Barbeito Iglesias, coords.), ACMS, 2015.

FARAGÓ, L. *et al.* "Criminalization as a justification for violence against the homeless in Hungary" en The *Journal of Social Psychology*, 2020.

FARGE COLLAZOS, C. "Estados de bienestar" en *Enfoques XIX*, nº 1-2, 2007.

FEANTSA y FOUNDATION ABBÉ PIERRE. *6th annual overview of Housing Exclusion in Europe*, 2021. Recuperado de: https://www.feantsa.org/en/event/2021/04/26/launch–of–the–6th–annual–overview–of–housing–exclusion–in–europe (Consultado el 28 de junio de 2021).

FEANTSA. "The criminalisation of homelessness" en *Homeless in Europe*, 2020. Recuperado de: https://www.feantsa.org/public/user/Resources/magazine/2020/Homeless_in_Europe_Magazine_Spring2020_Criminalisation_of_homelessness.pdf (Consultado el 1 de julio de 2021).

– *European typology of homelessness and housing exclusión*, 2005. Recuperado de:https://www.feantsa.org/download/ethos2484215748748239888.pdf (Consultado el 3 de septiembre de 2020).

– *Fifth Overview of Housing Exclusion in Europe, 2020.* Recuperado de: https://www.feantsa.org/en/report/2020/07/23/fifth-overview-of-housing-exclusion-in-europe-2020?bcParent=27 (Consultado el 12 de diciembre de 2022).

– *Homelessness in Hungary*, 2018, p. 1. Recuperado de: https://www.feantsa.org/download/hu-country-profile-20189276198143459757 79.pdf (Consultado el 27 de julio de 2021).

FERNÁNDEZ EVANGELISTA, G. "Penalization of homelessness" *en Mean Streets. A report on the criminalisation of homeless in Europe* (Fernández Evangelista, coord.), Fondation Abbé Pierre, Feantsa y Housing Right Watch, 2013. Recuperado de: https://www.housingrightswatch.org/sites/default/files/Mean%20Streets%20-%20Full.pdf (Consultado el 22 de mayo de 2021).

FERNÁNDEZ GARCÍA, J. "La aporofobia y la ejecución penitenciaria: propuestas de modificaciones legislativas" en *Propuestas al legislador y a los operadores de justicia para el diseño y la aplicación del Derecho penal en clave anti-aporófoba* (Demelsa Benito y Pérez Cepeda, coords.), Ratio legis, 2022.

FERNÁNDEZ HERNÁNDEZ, A. "Supresión de las faltas y creación de delitos leves" en *Comentarios a la reforma del Código penal de 2015 (Gónzalez Cussac, dir.; Górriz Royo y Matallín Evangelio, coords.),* Tirant lo Blanch, 2015.

FERNÁNDEZ, J.M. "La construcción social de la pobreza en la sociología de Simmel" en *Cuadernos de Trabajo Social*, nº 13, 2000.

FERNÁNDEZ-MOLINA, E. "La investigación criminológica en tribunales" en *InDret*, nº 3, 2021.

FERREIRA RODRIGUES, C. "Análisis Jurídico, Criminológico y Político-criminal de la Regulación Penal de la Prostitución en Brasil y España". Tesis doctoral presentada en la Universidad de Granada, 2019, p. 126. Recuperado de: https://digibug.ugr.es/bitstream/handle/10481/56590/87772.pdf?sequence=4&isAllowed=y (Consultada el 3 de diciembre de 2020).

FINE LICHT, K. "Hostile urban architecture: A critical discussion of the seemingly offensive art of keeping people away" en *Etikk i praksis. Nord J Appl Ethics*, vol. 11, nº 2, 2017.

FISS, O. "Capitalismo y Democracia" en *THEMIS Revista De Derecho*, nº 27-28, 1994.

FOESSA. *Índice sintético de exclusión social (ISES), 2022*. Recuperado de: https://www.foessa.es/encuestas-sobre-integracion/exclusion-social/el-indice-sintetico-de-exclusion-social/ (Consultado el 8 de diciembre de 2022).

– *VIII Informe sobre exclusión y desarrollo social en España*, 2019. Recuperado de: https://www.foessa.es/main-files/uploads/sites/16/2019/06/Informe-FOESSA-2019_web-completo.pdf (Consultado el 23 de octubre de 2020).

FONSECA FORTES-FURTADO, R.H. "¿Deben ir los pobres a la cárcel por el impago de una pena de multa?" en *Sistema Penal Crítico*, nº 2, 2021.

FOUCAULT, M. *Vigilar y Castigar*, Siglo XXI, 2000.

FUNDACIÓN CRUZ BLANCA Y MINISTERIO DE SANIDAD. *Informe sobre el estudio de la situación de consumos y adicciones de personas sin hogar en Algeciras, Granada y Zaragoza*, 2020. Recuperado de: https://www.fundacioncruzblanca.org/sites/default/files/informe_investigacion.pdf (Consultado el 25 de diciembre de 2022).

FUZIGER, R. "Aporofobia e sistema penal: Nominando a ignomínia" en *Revista do Instituto Baiano de direito processual penal*, vol. 1, 2019.

– "Aporofobia y corresponsabilidad" en *Alternativas político-criminales frente al derecho penal de la aporofobia* (Benito Sánchez y Gil nobajas, coords.), Tirant lo Blanch, 2022.

– *Del Libre albedrío a la autodeterminación: Hacia una nueva fundamentación de la responsabilidad jurídico-penal*, Ratio Legis, 2020.

FUZIGER, R. y DE BEM, L.S. "Hacia una aplicación antiaporofóbica del acuerdo de no persecución penal en la legislación brasileña" en *Revista Sistema Penal Crítico*, nº 1, 2020.

– "Por uma aplicação 'Antiaporofóbica' do Acordo de não persecução penal" en *Acordo de não persecução penal* (Martinelly y De Bem, coords.), D'Plácido, vol. 1, 2020.

FUZIGER, R., y LIÑARES, A. "Propuesta para la incorporación al código penal de una atenuante específica de exclusión social" en *Propuestas al legislador y a los operadores de la justicia para el diseño y la aplicación del derecho penal en clave anti-aporófoba* (Benito Sánchez y Pérez Cepeda, coords.), Ratio Legis, 2022.

GALTUNG, J. "Capítulo quinto. La violencia: cultural, estructural y directa" en *Cuadernos de estrategia,* nº 183, 2016.

GARCÍA DOMÍNGUEZ, I. "Aporofobia: una investigación cualitativa al colectivo de personas sin hogar en Salamanca" en *Ars Iruis Salmanticensis,* vol. 7, nº 2, 2019.

- "El tratamiento penal de los delitos de odio en España con la adopción de una perspectiva comparada" en *ANIDIP,* nº 8, 2020.
- "Exclusión social y criminalidad: un análisis de las instituciones aporófobas a través de los delitos patrimoniales" en *Revista Penal,* nº 48, 2021.
- "La ley orgánica de protección de la seguridad ciudadana y el colectivo de personas en situación de sinhogarismo: análisis de algunos artículos con tintes aporófobos" en *Propuestas al legislador y a los operadores de justicia para el diseño y la aplicación del Derecho penal en clave anti-aporófoba* (Demelsa Benito y Pérez Cepeda, coords.), Ratio legis, 2022.
- "La victimización de las personas sin hogar en la ciudad de São Paulo: análisis de la violencia en el sistema penal" en *Revista de Estudios Brasileños,* vol. 7, nº 15, 2020.
- *La aporofobia en el sistema penal español: especial referencia al colectivo de personas sin hogar,* Ratio Legis, 2020.

GARCÍA LASO, A. "Algunas claves del crecimiento económico en España en el contexto europeo" en *Gaceta Sindical. Reflexión y debate,* nº 9, 2007.

- "Visión y revisión de la globalización económica" en *Gaceta Sindical. Reflexión y Debate. Sindicalismo y globalización,* nº 2, 2002.

GARCÍA MÉNDEZ, E. A. "Política criminal y medios de comunicación de masas" en *Capítulo Criminológico,* nº 4, 1976.

GARCIA PEREIRA, B. "Pensamiento y Cultura Posmoderna. Un estado de la cuestión". Trabajo de fin de grado presentado en la Universidad de Cantabria, 2017. Recuperado de: https://repositorio.unican.es/xmlui/bitstream/handle/10902/12203/GarciaPereiraBorja.pdf?sequence=1 (Consultado el 13 de septiembre de 2020).

GARCÍA SÁNCHEZ, B. "Algunas manifestaciones de la política criminal de exclusión. Derecho penal "del amigo": corrupción pública (la criminalidad de cuello blanco)" en *Revista Penal,* nº 47, 2021.

GARGARELLA, R. *De la injusticia penal a la justicia social, Bogotá: Siglo del Hombre Editores,* 2008

GARLAND, D. *La cultura del control. Crimen y orden social en la sociedad contemporánea* (trad. Sozzo), Gedisa, 2005.

GHIRINGHELLI, R. y CIFAL, C. "Seguridad pública, política criminal y penalidad en Brasil durante los gobiernos lula y dilma (2003-2014). Cambios y continuidades" en *Postneoliberalismo y penalidad en América del Sur* (Sozzo, ed.), 2016.

GIANNONI, D. "The Control of Public Space: Brussels South Train Station" en *Criminalisation of people who are homeless*, 2007.

GIMÉNEZ MERINO, A. "La naturaleza oligárquica del poder y del derecho en la sociedad de la exclusión" en *El Derecho ya no es lo que era* (Estévez Araujo, dir.), Editorial Trotta, 2021.

GIMÉNEZ-SALINAS FRAMIS, A. *et al. Análisis de casos y sentencias en materia de racismo, xenofobia, lgbtifobia y otras formas de intolerancia 2014-2017. Ministerio de Trabajo, Migraciones y Seguridad Social,* 2019. Recuperado de: https://www.inclusion.gob.es/oberaxe/ficheros/documentos/Informe-Analisis-y-Sentencias-Definitivo.pdf (Consultado el 5 de julio de 2021).

GLANER, S. "Method?" en *Methods of Comparative Law* (Monateri, ed.), Edward Elgar Publishing Limited, 2012.

GOBIERNO DE REINO UNIDO. *Anti-social Behaviour, Crime and Policing Act.* Recuperado de: https://www.gov.uk/government/collections/anti-social-behaviour-crime-and-police-bill#:~:text=The%20Anti%2Dsocial%20Behaviour%2C%20Crime,assent%20on%2013%20March%202014.&text=The%20Act%20introduced%20simpler%2C%20more,protection%20for%20victims%20and%20communities (Consultado el 26 de diciembre de 2022).

– *Repeal of the Vagrancy Act 1824: Police, Crime, Sentencing and Courts Act 2022 factsheet.* Recuperado de: https://www.gov.uk/government/publications/police-crime-sentencing-and-courts-bill-2021-factsheets/repeal-of-the-vagrancy-act-1824-police-crime-sentencing-and-courts-act-2022-factsheet (Consultado el 26 de diciembre de 2022).

GOFFMAN, E. *Estigma. La identidad deteriorada,* Amorrortu editores, 2006.

GONZÁLEZ ORDOVÁS, M.J. *El derecho a la vivienda. Reflexiones en un contexto socioeconómico complejo,* Dykinson, 2013.

– "El derecho a una vivienda digna y adecuada" en *Constitución y derechos fundamentales* (Betegón *et al.*, coords.), 2004.

GONZÁLEZ TASCÓN, M.M. "La cuarta reforma del artículo 89 del CP relativo a la expulsión del extranjero condenado a pena de prisión" en *Estudios penales y criminológicos,* vol. 36, 2016.

GÓRRIZ ROYO, E. "Delitos de robo: arts. 237, 240, 241 y 242 CP" en *Comentarios a la reforma del Código penal de 2015 (Gónzalez Cussac, dir.; Górriz Royo y Matallín Evangelio, coords.),* Tirant lo Blanch, 2015.

GOUGH, D. "Qualitative and mixed methods in systematic reviews" en *Systematic Reviews*, 2015, nº 4, 2015.

GRANT, M.J y BOOTH, A. "A typology of reviews: an analysis of 14 review types and associated methodologies" en *Health Information & Libraries Journal*, vol. 26, nº 2, 2009.

GUTIÉRREZ GÓMEZ, J.E. *et al. La Ley de Protección de Seguridad Ciudadana, paralelismos con el Código Penal*, Sepin, 2022.

HERNÁNDEZ PEDREÑO, M. *et al.* II *Estudio sobre exclusión residencial en Cartagena* (Hernández Pedreño, dir.), 2019. Recuperado de: https://www.um.es/documents/1967679/2333807/II-Estudio-sobre-ER-en-Cartagena-2018.pdf/3d949028-d6f2-4fc3-a756-10ea7b523cd0 (Consultado el 1 de febrero de 2021).

HERRERA HERNÁNDEZ, J.M. y BARRANCO EXPÓSITO, M.C. "La violencia social e institucional hacia los sin techo" en *Alternativas. Cuadernos de Trabajo Social*, nº 10, 2002.

HERRING, C., YARBROUGH, D. y ALATORRE, M.L. "Persasive Penalty: How the Criminalization of Poverty Perpetuates Homelessness" en *Social Problems*, 2019.

HILLYARD, P. y TOMBS, S. "Beyond criminology?" en *Criminal obsessions: Why harm matters more tan crime*, King's College of London, Centre for Crime and Justice Studies, 2008.

HIRTENLEHNER, H. "The origins of punitive mentalities in late modern societies. Testing an expressive explanatory theory" en *Punitivity. International developments, 1 – Punitiveness – A global phenomenon?* (Kury y Shea, eds), Bochum, 2011.

HOGAR SÍ. *El sinhogarismo en España tras el COVID-19: plan de transición para el sistema de atención*, 2022. Recuperado de: https://hogarsi.org/pdf/plan_de_transicion_para_la_atencion_a_las_personas_sin_hogar_tras_COVID-19.pdf (Consultado el 8 de julio de 2022).

HOUSING RIGHTS WATCH. *Homeless Bill of Rights*, 2017. Recuperado de: https://www.housingrightswatch.org/sites/default/files/Template%20Homeless%20Bill%20of%20Rights%20EN_0.pdf (Consultado el 23 de junio de 2021).

HSIEH, H.F. y SHANNON, S.E. "Three Approaches to Qualitative Content Analysis" en *Qualitative Health Research*, vol. 15, nº 9, 2005.

HUD. *HUD Releases 2020 Annual Homeless Assessment Report Part 1 Homelessness Increasing Even Prior to COVID-19 Pandemic*, 2021. Recuperado de: https://www.hud.gov/press/press_releases_media_advisories/hud_no_21_041 (Consultado el 28 de junio de 2021).

– *The 2020 Annual Homeless Assessment Report (AHAR) to Congress*, 2021. Recuperado de: https://www.huduser.gov/portal/sites/default/files/pdf/2020–AHAR–Part–1.pdf (Consultado el 28 de junio de 2021).

INE. *Encuesta a las personas sin hogar, avance de resultados, 2012*, 2012. Recuperado de: https://www.ine.es/prensa/np761.pdf (Consultado el 30 de junio de 2021).

– *Encuesta a las personas sin hogar. Año 2022*, 2022. Recuperado de: https://www.ine.es/prensa/epsh_2022.pdf (Consultado el 12 de diciembre de 2022).

– *Encuesta sobre las personas sin hogar, 2005*, 2005. Recuperado de: http://www.ine.es/prensa/np398.pdf (Consultado el 30 de junio de 2021).

– *Encuestas de centros y servicios de atención a las personas sin hogar. Año 2020*, 2021. Recuperado de: https://www.ine.es/prensa/ecapsh_2020.pdf (Consultado el 30 de julio de 2022).

INSTITUTO DE DEFESA DO DIREITO DE DEFESA. *Monitoramento das audiências de custódia em São Paulo*, 2016. Recuperado de: https://iddd.org.br/wp-content/uploads/2020/09/ofimdaliberdade_completo-final.pdf (Consultado el 2 de agosto de 2021).

– *O fim da liberdade. A urgência de recuperar o sentido e a efetividade das audiências de custodia. Relatorio Nacional Completo*, 2019, pp. 60-62. Recuperado de: https://iddd.org.br/wp-content/uploads/2020/09/ofimdaliberdade_completo-final.pdf

INSTITUTO SOU DA PAZ. *Vale a Pena? Custos e alternativas à prisão provisória na cidade de São Paulo*, 2019. Recuperado de: http://soudapaz.org/o-que-fazemos/conhecer/pesquisas/sistema-de-justica-criminal/prisao-provisoria/?show=documentos#1739 (Consultado el 25 de septiembre de 2019).

ISIDRO LUNA, V.M. "Pobreza en el capitalismo, ¿por qué persiste en la actualidad?" en *Ecos de Economía*, nº 37, 2013.

ITURRALDE, M. y ARIZA, L. "Mujer, crimen y castigo penitenciario" en *Política criminal*, vol. 12, nº 24, 2017.

IZCO RINCÓN, M. "La mujer autora de delitos" en *Mujer y Sistema penal* (Cerezo Domínguez, coord.), Tirant lo Blanch, 2021.

JACINTO URANGA, M. "El derecho a la vivienda ante la crisis del COVID-19" en *Guías sectoriales COVID 19, Sección de Derechos humanos*, Ilustre Colegio de Madrid, 2020.

JESCHECK, H.H. *Tratado de Derecho penal* (trad. Manzanares Samaniego), Comares, 1993.

JIMÉNEZ ALEMÁN, A. A. "Capítulo 5. Un derecho no tan débil: La movilización jurídica ante la hipermercantilización de la vivienda" en *Políticas y derecho a la vivienda. Gente sin casa y casas sin gente* (Paleo Mosqueda, ed.), 2020.

JOSÉ BENITEZ, M., FERNÁNDEZ PACHECO, G. y LUZ CUERVO, A.L. "Metodología mixta. Estudios de caso" en *Metodología de investigación en Criminología* (Barberet, Bartolomé y Fernández-Molino, coords.), Tirant lo Blanch, 2019.

JUANATEY DORADO, C. "Sobre la ley Orgánica de regulación de la eutanasia voluntaria en España" en *Teoría y derecho: revista de pensamiento jurídico*, nº 29, 2021.

KASTNER, M. "Conceptual recommendations for selecting the most appropriate knowledge synthesis method to answer research questions related to complex evidence" en *Journal of Clinical Epidemiology*, vol. 73, 2016.

KIESCHNICK, H. "A Cruel and Unusual Way to Regulate the Homeless: Extending the Status Crimes Doctrine to Anti-homeless ordinances" en *Stanford Law Review*, vol. 70, 2018.

KING BAUDOUIN FOUNDATION. *Homelessness: establishing numbers to better fight the problem*, 2022. Recuperado de: https://www.kbs-frb.be/en/homelessness-numbers (Consultado el 11 de julio de 2022).

KOCHA, J. *Historia del capitalismo* (trad. Cortés Fernández), Crítica, 2014.

KURY, H y BRANDESTEIN, M. "Sobre la cuestión de una «nueva punitividad» – actitudes sancionadoras y política sancionadora" en *Derecho penal y criminología como fundamento de la política criminal: estudios en homenaje al profesor Alfonso Serrano Gómez* (Buenos Arús, Guzmán Dalbora y Serrano Maíllo, coords.), Dykinson, 2006.

KURY, H y FERDINAND, T. "Public Opinion and Punitivy" en *International Journal of Law and Psychiatry*, vol. 22, nº 3-4, 1999.

KUZNETSOVA, A. "El derecho a la vivienda como derecho humano" en *Desafíos actuales del derecho. Aportaciones presentadas al II Congreso Nacional de Jóvenes Investigadores en Ciencias Jurídicas* (Valencia Sáiz, dir.; Archidona Hidalgo y Pastor García, A, coords.), 2020.

LAPARRA, D. y TORTOSA, J.M. "Violencia estructural: una ilustración del concepto" en *Documentación Social*, nº 131, 2003.

LAPARRA, M. *et al.* "Una propuesta de consenso sobre el concepto de exclusión. Implicaciones metodológicas" en *Revista española del tercer sector*, nº 5, 2007.

LARRAURI, E. *La herencia de la criminología crítica* (2ª ed.), Siglo XXI de España, 2000.

LAURENZO COPELLO, P. "Mujeres en el abismo: delincuencia femenina en contextos de violencia o exclusión" en *Revista Electrónica de Ciencia Penal y Criminología (RECPC)*, nº 21, 2019.

LEE, B. A. y SCHRECKM, C.J. "Danger on the Streets. Marginality and Victimization Among Homeless People" en *American Behavioral Scientist*, vol. 48, nº 8, 2005.

LIÑÁN LAFUENTE, A. "La agravante de multirreincidencia en los delitos leves contra el patrimonio" en *Sistema Penal Crítico*, nº 1, 2020.

LLANO ORTIZ, J.C. *XII Informe: El estado de la pobreza en España. Seguimiento de los indicadores de la Agenda UE 2030. 2015-2021*, 2022. Recuperado de: https://eapn-clm.org/wp/wp-content/uploads/2022/10/Datos-Espana-informe-AROPE-2022-resumen-ejecutivo.pdf (Consultado el 8 de diciembre de 2022).

LLORIA GARCÍA, P. "Algunas reflexiones sobre la perspectiva de género y el poder de castigar del Estado" en *Estudios penales y criminológicas*, 2020.

LOMBROSO, C., *La donna delinquente. La prostituta e la donna normale*, Bocca, 1903

LÓPEZ DEL PASO, R. "La medición del nivel de pobreza" en *eXtoikos*, nº 13, 2014.

LÓPEZ GUTIÉRREZ, J. *et al. Informe de la encuesta sobre delitos de odio. Oficina Nacional de Lucha contra los Delitos de odio*, 2021. Recuperado de: http://www.interior.gob.es/documents/642012/13622471/Informe+de+la+encuesta+sobre+delitos+de+odio_2021.pdf/0e6ffacb-195e-4b7b-924e-bf0b-9c4589b5 (Consultado el 7 de septiembre de 2021).

LÓPEZ MEDINA, D. "El nacimiento del derecho comparado moderno como espacio geográfico y como disciplina: instrucciones básicas para su comprensión y uso desde América Latina" en *Revista Colombiana de Derecho Internacional*, nº 26, 2015.

LÓPEZ RODRÍGUEZ, A.M. "El derecho comparado en la enseñanza del derecho. Métodos y experiencias" en *Innovación docente y renovación pedagógica en derecho internacional y relaciones internacionales. El impacto de la investigación en la docencia* (Gutiérrez Castillo, coord.), Dykinson, S.L, 2021.

LORENZO GILSANZ, F.J. "Una mirada desde la acción social a la realidad de las personas sin hogar" en *Imagen, estigma y derechos humanos: clave para abordar la vulnerabilidad y la exclusión social desde el trabajo social y la comunicación* (Gómez Ciriano, coord.), Tirant lo Blanch, Valencia, 2019.

LUCAS, J. "En los márgenes de la legitimidad. Exclusión y ciudadanía" en *DOXA*, nº 15-16, 1994.

MACHO CARRO, A. "La tutela jurisdiccional indirecta del derecho a la vivienda en la Unión Europea" en *Revista de Estudios Europeos,* nº 75, 2020.

MANZANOS BILBAO, C. "Factores sociales y decisiones judiciales" en *Sociología: Revista de pensamiento social,* nº 5, 2004.

MAQUEDA ABREU, M.L. "¿Hacia una cultura de la brutalidad policial? La ética judicial a prueba" en *Un juez para la democracia. Libro homenaje a perfecto Andrés Ibáñez* (Portilla Contreras y Velásquez, dirs; Pomares Cintas y Fuentes Osorio, coords.), Dykinson, 2019.

- "Cómo construir «víctimas ficticias» en nombre de las libertades sexuales de las mujeres" en *Mientras tanto,* nº 196, 2020.
- "Feminismo punitivista" en *Estudios en Homenaje a la profesora Susana Huerta Tocildo* (Pérez Manzano *et al,* coords.), Universidad Complutente de Madrid, Universidad Autónoma de Madrid e Instituto de Derechos Humanos Bartolomé de las casas, 2020.
- "Los ismos de la globalización penal" en *El derecho ya no es lo que era* (Estévez Raujo, ed.), Editorial Trotta, 2021.
- *Estudios de Política criminal (a propósito de colectivos que soportan el peso de una violencia estructural),* Olejnik, 2018.

MARBÁN GALLEGO, V. y RODRÍGUEZ CABRERO, G. "Las políticas sociales de lucha contra el sinhogarismo en la Unión Europea y España: alcance, efectividad y principales limitaciones y prioridades" en *ZERBITZUAN,* 2020.

MARCUELLO SERVÓS, C. y GARCÍA MARTÍNEZ, J. "La cárcel como espacio de de-socialización ciudadana: ¿fracaso del sistema penitenciario español?, en *Portularia,* vol. 11, nº 1, 2011.

MARGALEF COLOMÉ, A. "Un paseo por la calle roja. Estudio de métodos mixtos sobre la prostitución callejera en Sevilla". Trabajo de fin de grado en Criminología presentado en la Universidad Oberta de Catalunya, 2019, p. 10. Recuperado de: http://openaccess.uoc.edu/webapps/o2/bitstream/10609/70185/6/amargalefcTFGmemoria.pdf (Consultado el 23 de junio de 2021).

MAROTO CALATAYUD, M. "Punitive decriminalisation? The repression of political dissent through administrative law and nuisance ordinances in Spain" en *Regulation and Social Control of Incivilities* (Persak, ed.), Routledge studies in Crime and Society, 2017.

MARQUÉS DE JESUS, M. G., RUOTTI, C. y ALVES, R. "A gente prende, a audiência de custodia solta": narrativas policiais sobre aus audiências de custódia e a crença na prisão", en *Revista Brasileira de Segurança Pública,* vol. 12, nº 1, 2018.

MARTÍN NAVARRO, J. L. "Crisis económica y crisis de la economía moderna. ¿Hacia una economía postmoderna?" en *Representaciones de la posmodernidad: Una perspectiva interdisciplinar* (Almagrado Jiménez, ed.), ArCiBel Editores, S. L, 2011.

MARTÍN SEGURA, J.A. "La ciencia estadística y la criminología" en *Revista de Derecho penal y Criminología*, nº 1, 2009.

MARTÍN, R.Mª., PANADERO, S. y VÁZQUEZ, J.J. "Mujeres sin hogar en Madrid. Un estudio longitudinal". Conferencia presentada en las *V Jornadas de Jóvenes Investigadores, Universidad de Alcalá (España)*, 2016.

MARTÍNEZ CARAZO, P. C. "El método de estudio de caso: estrategia metodológica de la investigación científica" en *Pensamiento & Gestión*, nº 20, 2006.

MARTÍNEZ NAVARRO, N. "Aporofobia" en *Glosario para una sociedad intercultural* (Conill, coord.), Bancaja, 2002.

MARTÍNEZ, P. "Análisis de la "ley mordaza" española a la luz de los conceptos de Jacques Rancière" en *POSTData*, vol. 23, nº 1, 2018.

MARTÍN-LEGENDRE, J.I. "The challenge of measuring poverty and inequality a comparative analysis of main indicators" en *European Journal of Government and Economics*, vol. 7, nº 1, 2018.

MATULIC DOMANDZIC, M.V. "Mujeres sin hogar en la ciudad de Barcelona. Resiliencia y trabajo social" en *Respuestas transdisciplinares en una sociedad global: aportaciones desde el trabajo social* (Carbonero Muñoz, *et al.*, coords.), Universidad de la Rioja, 2016.

MAY, J. "Gone, leave, go, move, vanish": Race, public space and (in)visibilities" en *Social Identities: Journal for the Study of Race, Nation and Culture*, vol. 21, nº 5, 2014.

MELERO ALONSO, E. "Las ordenanzas locales como instrumento de exclusión social: la regulación que afecta a las personas sin hogar es derecho administrativo del enemigo" en *Nueva Época*, nº 6, 2016.

MENESES FALCÓN, C. "Personas y contextos en la prostitución" en *Razón y fe: Revista hispanoamericana de cultura*, nº 1332, 2009.

MENESES FALCÓN, C. y GUINDEO AGUERRI, L. "¿Cómo afecta la crisis económica al contexto de la prostitución de calle?" en *Cuadernos de Trabajo Social*, nº 22, 2015.

MICAH D.J, P. *et al.* "Guidance for conducting systematic scoping reviews" en *International Journal of Evidence-Base Healthcare*, vol. 13, nº 3, 2015.

MICHELETTO, L. "Hate crime legislation and the limits of Criminal Law. A principled and evidence-based assessment of Hate Crime Law and its Application to Italy". Tesis doctoral presentada en la Universidad de Gante, 2020.

MINISTERIO DE SANIDAD, SERVICIOS SOCIALES E IGUALDAD. *Estrategia Nacional para Personas sin Hogar 2015-2020*, 2015. Recuperado de: https://www.mscbs.gob.es/ssi/familiasInfancia/ServiciosSociales/docs/EstrategiaPSH20152020.pdf (Consultado el 23 de junio de 2021).

MINISTERIO DE SAÚDE. "População em situação de rua e violência – uma análise das notificações no brasil de 2015 a 2017" en *Botelín epidemiológico*, vol. 50, nº14, 2019.

MINISTERIO DEL INTERIOR. *Anuario Estadístico del Ministerio del Interior*. Recuperado de: https://www.interior.gob.es/opencms/es/archivos-y-documentacion/documentacion-y-publicaciones/anuarios-y-estadisticas/anuarios-estadisticos-anteriores/anuario-estadistico-de-2021/ (Consultado el 26 de diciembre de 2022).

- *Anuarios y estadísticas. Seguridad Ciudadana*. Recuperado de: http://www.interior.gob.es/web/archivos-y-documentacion/seguridad-ciudadana (Consultado el 3 de diciembre de 2020).
- *Balances de Criminalidad*, 2015, 2016, 2017, 2018, 2019, 2020, 2021. Recuperado de: http://www.interior.gob.es/prensa/balances-e-informes/2020 (Consultado el 1 de octubre de 2019).
- *Estrategia nacional integral para personas sin hogar, 2015-2020*, 2015. Recuperado de: https://www.mscbs.gob.es/ssi/familiasInfancia/ServiciosSociales/docs/EstrategiaPSH20152 020.pdf (Consultado el 30 de junio de 2021).
- *La estancia en prisión: consecuencia y reincidencia. Documentos penitenciarios 16*, 2017. Recuperado de: http://www.interior.gob.es/documents/642317/1201664/La_estancia_en_prision_126170566_web.pdf/9402e5be-cb74-4a2d-b536-4a3a9de6ff59 (Consultado el 22 de abril de 2021).

MIRÓ LLINARES, F. "Política comunitaria de inmigración y Política criminal en España ¿Protección o "exclusión" penal del inmigrante?" en *Revista Electrónica de Ciencia Penal y Criminología*, nº 5, 2008.

MISETICS, B. "Criminalisation of homelessness in Hungary" en *Mean Streets. A report on the criminalisation of homeless in Europe* (Fernández Evangelista, coord.), Fondation Abbé Pierre, Feantsa y Housing Right Watch, 2013. Recuperado de: https://www.housingrightswatch.org/sites/default/files/Mean%20Streets%20-%20Full.pdf (Consultado el 23 de mayo de 2021).

MOCLÚS MASÓ, M. "Las criminologías anglosajonas: realismo criminológico *vs*. Criminología de la intolerancia" en *Panóptico*, nº 6, 2003.

MONTAGUT, T. "El capitalismo y sus crisis: ¿qué tipo de crisis?" en *Revista Internacional de Organizaciones*, nº 7, 2011.

MORÁN, G.M. "El derecho comparado como disciplina jurídica: la importancia de la investigación y la docencia del derecho comparado y la utilidad del método comparado en el ámbito jurídico" en *Anuario da Facultade de Dereito da Universidade da Coruña*, nº 6, 2002.

MORA-SANGUINETTI, J.S. *La factura de la injusticia. Sistema judicial, economía y prosperidad en España*, Tecnos, 2022.

MORENO, L. y SARASA, S. "Génesis y desarrollo del Estado de Bienestar en España" en *Documentos de trabajo*, nº 13, 1992.

MORÓN LERMA, E. "Capítulo 34. Delitos contra la propiedad intelectual" en *Comentarios a la reforma penal de 2010* (Álvarez García y González Cussac, dirs.), Tirant lo Blanch, 2010.

MOVIMIENTO CONTRA LA INTOLERANCIA. *Cuadernos de análisis nº 36. Leyes de delitos de odio, una guía práctica*. Recuperado de: http://www.movimientocontralaintolerancia.com/html/cuadernosAnalisis/cuadernos_analisis.asp (Consultado el 25 de julio de 2020).

MUNCIE, J. "Reassessing competing Paradigms in Criminological Theory" en *The New Criminology Revisited* (Walton y Young, eds.), 1997.

MUÑOZ *et al. VII Recuento Nocturno de Personas sin hogar en la ciudad de Madrid*, 2014. Recuperado de: https://www.madrid.es/UnidadesDescentralizadas/IgualdadDeOportunidades/SamurSocial/NuevoSamurSocial/ficheros/DATOS%20VII%20RECUENTO.pdf (Consultado el 03 de septiembre de 2020).

MUÑOZ RUIZ, J. "A lei orgânica nº1 de 20 de março de 2015 – Uma forma de irracional expansionismo penal na Espanha?" en *Argumenta Journal Law*, nº 22, 2015.

MUÑOZ, M., SÁNCHEZ MORALES, Mª. R. y CABRERA, P. J. *Informe VIII recuento de personas sin hogar en Madrid*, 2017. Recuperado de: https://www.madrid.es/UnidadesDescentralizadas/SamurSocial/NuevoSamurSocial/ficheros/INFORME%20FINAL%20RECUENTO%202016.pdf (Consultado el 1 de febrero de 2020).

– *Informe IX recuento de personas sin hogar en Madrid*, 2018. Recuperado de: https://www.madrid.es/UnidadesDescentralizadas/IntegracionyEmergenciaSocial/SAMUR%20Social/ficheros/INFORME%20RECUENTO%202018_FINAL.pdf (Consultado el 1 de febrero de 2020).

NACIONES UNIDAS. "Declaración sobre la Eliminación de la Violencia sobre la Mujer" en *Resolución de la Asamblea General de las Naciones Unidas 48/104*, 20 de diciembre de 1993. Recuperado de: https://www.acnur.org/fileadmin/Documentos/BDL/2002/1286.pdf?file=fileadmin/Documentos/BDL/2002/1286 (Consultado el 4 de noviembre de 2020).

– *COVID-19: expertos y expertas de la ONU hacen un llamado a la solidaridad internacional para aliviar las cargas financieras de los países en desarrollo y los más vulnerables*, 2020. Recuperado de: http://www.oacnudh.org/covid-19-expertos-y-expertas-de-la-onu-hacen-un-llamado-a-la-solidaridad-internacional-para-aliviar-las-cargas-financieras-de-los-paises-en-desarrollo-y-los-mas-vulnerables/ (Consultado el 26 de abril de 2021).

– *Directrices relativas a la COVID-19*, 2020. Recuperado de: https://www.ohchr.org/SP/NewsEvents/Pages/COVID19Guidance.aspx (Consultado el 26 de abril de 2021).

– *Informe sobre desarrollo humano 1997*, 1997. Recuperado de: https://derechoalaconsulta.files.wordpress.com/2012/02/pnud-informe-1997-versic3b3n-integral.pdf (Consultado el 30 de diciembre de 2022)

– *Segunda Conferencia de Naciones Unidas sobre asentamientos humanos (HABITAT II), 3-14 de junio, Estambul, Turquía, 1996.* Recuperado de: https://www.un.org/es/events/pastevents/unchs_1996/#:~:text=(3%2D14%20de%20junio%20de%201996%2C%20Estambul%2C%20Turqu%C3%ADa)&text=La%20primera%20gran%20conferencia%20de,Vancouver%2C%20-Canad%C3%A1%2C%20en%201976.&text=%2C%20por%20la%20cual%20los%20Gobiernos,todos%20y%20asentamientos%20humanos%20sostenibles (Consultado el 29 de marzo de 2021).

– *The 2019 global Multidimensional Poverty Index (MPI). United Nations Development Programme*, 2019. Recuperado de: http://hdr.undp. org/en/2019-MPI (Consultado el 3 de noviembre de 2020).

NATALINO, M. "Estimativa da população em situação de rua no Brasil (setembro de 2012 a março de 2020)" en *Diretoria de Estudos e Políticais Sociais*, 2020.

NATIONAL LAW CENTER ON HOMELESSNESS & POVERTY. *Housing not handcuffs. Ending the Criminalization of Homelessness in U.S Cities*, 2019, pp. 11-14. Recuperado de: https://nlchp. org/wp-content/uploads/2019/12/HOUSING-NOT-HANDCUFFS-2019-FINAL.pdf (Consultado el 27 de julio de 2021).

– *Racism, homelessness and covid–19*, 2020. Recuperado de: https://nlchp.org/wp–content/uploads/2020/05/Racism–Homelessness–and–COVID–19–Fact–Sheet–_Final_2.pdf (Consultado el 28 de junio de 2021).

NAUEL MARRTÍN, F. "Apuntes para una teoría crítica de las relaciones de género en el capitalismo" en *Revista Reflexiones* vol. 96, nº 1, 2017.

NAVARRO CARDOSO, F. "Análisis del artículo 89 del Código Penal español, y unas reflexiones con perspectiva apororófoba" en *Revista Penal*, nº 47, 2021.

- "La aporofobia y la expulsión penal de extranjeros del art. 89 del CP" en *Propuestas al legislador y a los operadores de justicia para el diseño y la aplicación del Derecho penal en clave anti-aporófoba* (Demelsa Benito y Pérez Cepeda, coords.), Ratio legis, 2022.

NEUBACHER, F y BÖGELEIN, N. "¿Criminalidad de los pobres-criminalización de la pobreza? Análisis de dos conceptos recalcitrantes" en *Sistema Penal Crítico*, nº 1, 2020.

NÚÑEZ CASTAÑO, E. "Las transformaciones sociales y el Derecho penal: del Estado liberal al Derecho penal del enemigo" en *Problemas actuales del Derecho penal y de la Criminología. Estudios penales en memoria de la Profesora Dra. María del Mar Díaz Pita* (Muñoz Conde, dir.), Tirant lo Blanch, 2008.

O´MALLEY, P. "Neoliberalism and Risk in Criminology", en *Legal Studies Research Paper*, nº 9, 2009.

O´SULLIVAN, E. "Criminalizing people who are homeless?" en *Criminalisation of people who are homeless*, Feantsa, 2007.

O'GRADY, B., GAETZ, S. y BUCCIERI, K. *Can I See your ID? The Policing of Youth Homelessness in Toronto. Toronto: Justice for Children and Youth Homeless*, Hub Press, 2011. Recuperado de: https://homelesshub.ca/sites/default/files/CanISeeYourID_nov9.pdf (Consultado el 23 de mayo de 2020).

OBSERVATORIO DEL SISTEMA PENAL Y LOS DERECHOS HUMANOS. "El populismo punitivo: análisis de las reformas y contrarreformas del Sistema Penal en España (1995-2005)" en *Quaderns de Barcelona, ciudadanía i Drets*, 2005.

OECD. *HC3.1. Homeless population*, 2021. Recuperado de: https://www.oecd.org/els/family/HC3–1–Homeless–population.pdf. (Consultado el 28 de junio de 2021).

OLIVARES RODRÍGUEZ, E. "El estado de necesidad racional de la legítima defensa. Análisis jurisprudencial sobre la forma de apreciar la necesidad racional del medio empleado frente a la agresión ilegítima" en *Política Criminal*, vol. 8, nº 15, 2013.

OLLÉ SESE, M. "El acusado víctima de aporofobia: culpabilidad y proceso penal" en *Propuestas al legislador y a los operadores de justicia para el diseño y la aplicación del Derecho penal en clave anti-aporófoba* (Demelsa Benito y Pérez Cepeda, coords.), Ratio legis, 2022.

- "El acusado víctima de aporofobia: culpabilidad y proceso penal" en *Alternativas político criminales frente al derecho penal de la aporofobia* (Benito Sánchez y Gil Nobajas, coords.), Tirant lo Blanch, 2022.

ORTIZ GARCÍA, J. *Nuevos modelos de Gobernanza en el ámbito local,* Dykinson, 2021.

PALMA, J. G. "Do nations just get the inequality they deserve? The 'Palma ratio' re-examined", en *Cambridge Working Paper Economics,* nº 1627, 2016.

PAREDES CASTAÑÓN, J.M. "La lucha contra la aporofobia en la Ley Orgánica de Protección de la Seguridad Ciudadana: abordaje del trabajo sexual" en *Propuestas al legislador y a los operadores de justicia para el diseño y la aplicación del Derecho penal en clave anti-aporófoba* (Demelsa Benito y Pérez Cepeda, coords.), Ratio legis, 2022.

PASTOR, E. y TORRES, M. "El sistema penitenciario y las personas privadas de libertad en España desde una perspectiva internacional" en *Política criminal,* vol. 12, nº 23, 2017.

PAUWELS, L. y HARDYNS, W. "Crime and Criminal Justice Statistics in Belgium: An Overview" en *Social disorganisation, offending, fear and victimisation. Findings from Belgian studies on the urban context of crime Pauwels* (Pauwels, ed.), BJu Legal Publishers, 2010.

– *Social disorganisation, offending, fear and victimisation. Findings from Belgian studies on the urban context of crime Pauwels,* BJu Legal Publishers, 2010.

PEDROSA, A. "¿Discrimina el Código Penal español a las mujeres?" en *Revista Española de Investigación Criminológica,* nº 16, 2018.

PEMBERTON, S. "Where next? The future of the social harm perspective" en *Criminal obsessions: Why harm matters more tan crime,* King's College of London, Centre for Crime and Justice Studies, 2008.

PENA GONZÁLEZ, W. "El comunitarismo y el Derecho penal de aporofobia" en *Revista Penal,* nº 47, 2021.

PEREZ CEPEDA, A. "Aporofobia y derecho penal en el estado social" en *Alternativas político-criminales frente al derecho penal de la aporofobia* (Benito Sánchez y Gil Nobajas, coords.), Tirant lo Blanch, 2022.

– "Capítulo II. Estadísticas sobre criminalidad en la Unión Europea" en *Hacia una evaluación racional de las leyes penales* (Nieto Martín, Muñoz de Morales y Becerra Muñoz, dirs.), 2016.

– *La seguridad como fundamento de la deriva del Derecho penal postmoderno, Iustel,* 2007.

– "La criminalización de la pobreza y la expansión de la población carcelaria" en *Revista Brasileira de Ciencias Criminais,* nº 82, 2010.

– "El Derecho penal en la actualidad" en *Cubalex,* nº 40, 2020.

– "La ocupación de un inmueble sin violencia o intimidación. Un delito innecesario" en *Revista Penal,* nº 48, 2021.

PEREZ CEPEDA, A. I. y BENITO SÁNCHEZ, D. "Conclusiones finales" en *Propuestas al legislador y a los operadores de la justicia para el diseño y la aplicación del Derecho penal en clave anti-aporófoba* (Benito Sánchez y Pérez Cepeda, coords.), Ratio Legis, 2022.

PÉREZ MARTÍN, C. "La regulación del espacio público: impacto de las ordenanzas municipales en el ejercicio de la prostitución desde la voz de las trabajadoras del sexo" en *Alternativas. Cuadernos de Trabajo Social*, nº 22, 2015.

PERSAK, N. "Criminalisation 'through the back door'" en *Regulation and Social Control of Incivilities* (Persak, ed.), Routledge studies in Crime and Society, 2017.

PETERS, M. *et al.* "Chapter 11: Scoping reviews" en JBI Manual for Evidence Synthesis (Aromataris y Munn, eds.), 2020. Recuperado de: https://synthesismanual.jbi.global; (Consultado el 8 de octubre de 2021).

PIATKOWSKA, S.J., MESSNER, S.F. y YANG, T.C. "1 of 1 Xenophobic and racially motivated crime in Belgium: exploratory spatial data analysis and spatial regressions of structural covariates" en *Deviant Behaviour*, vol. 39, nº 11, 2018.

PICADO VALVERDE, E.M *et al.* "Análisis de los factores de victimización en mujeres delincuentes" en *Boletín Criminológico*, vol. 3, nº 177, 2018.

– "Detección de la discriminación hacia los pobres, «aporofobia»" en *Miscelánea Comillas*, nº 151, vol. 7, 2019.

PIETERS, D. "Functions of comparative law and practical methodology of comparing" en *Syllabus Research Master in Law*, 2009.

PIKETTY, T. *Capital en el Vigésima Primera Siglo* (Goldhammer, trad), Harvard University Press, 2014.

PINTOS, J.L. "Inclusión-exclusión. Los imaginarios sociales de un proceso de construcción social" en *SEMATA Ciencias Sociales e Humanidades*, vol. 16, 2004,

PLATT, T. "Perspectivas para una criminología radical en los EU" en *Criminología crítica* (Taylor, Walfon y Young, dirs.), Siglo XXI editores, 1981.

PLEYSIER, S. "Normalisation of behaviour in public space. The construction and control of public nuisance in Belgium" en *Regulation and Social Control of Incivilities* (Persak, ed.), Routledge studies in Crime and Society, 2017.

PLUYE, P. y NHA HONG, Q. "Combining the Power of Stories and the Power of Numbers: Mixed Methods Research and Mixed Studies Reviews" en *Annual Review of Public Health*, vol. 35, 2014.

PODOLETZ, L. "Tackling homelessness through criminalisation. The case of Hungary" en *Regulation and Social Control of Incivilities* (Persak, ed.), Routledge studies in Crime and Society, 2017.

POMARES CINTAS, E. "La Unión Europea ante la inmigración ilegal: la institucionalización del odio" en *Eunomía, Revista en Cultura de la LEGALIDAD*, nº 7, 2015.

POTTS, C. y MARTIN, L. "Penal visions of homelessness and responsabilization in Belgium" en *Mean Streets. A report on the criminalisation of homeless in Europe* (Fernández Evangelista, coord.), Fondation Abbé Pierre, Feantsa y Housing Right Watch, 2013, pp. 77-79. Recuperado de: https://www.housingrightswatch.org/sites/default/files/Mean%20Streets%20-%20Full.pdf (Consultado el 23 de mayo de 2021).

PREFEITURA MUNICIPAL DE SÃO PAULO. *Pesquisa Censitária da população em situação de rua. São Paulo–SP*, 2019, 2020. Recuperado de: https://app. powerbi.com/view?r=eyJrIjoiYzM4MDJmNTAtNzhlMi00 NzliLTk4MzYt Y2MzN2U5ZDE1YzI3IiwidCI6ImE0ZTA2MDVjLWUzOTUtNDZlYS1iMmE4LThlN jE1NGM5MGUwNyJ9 (Consultado el 28 de junio de 2021).

- *Pesquisa censitária da população em situação de rua, caracterização socioeconômica da população adulta em situação de rua e relatório temático de identificação das necessidades desta população na cidade de São Paulo. Produto XV. Complemento do Relatório final do censo e pesquisa amostral do perfil socioeconómico e de identificação das necessidades*, 2015. Recuperado de: https://www.prefeitura.sp. gov.br/cidade/secretarias/upload/00-publicacao_de_editais/0005.pdf, pp. 116-118 (Consultado el 2 de agosto de 2021).
- *Pesquisa censitária da população em situação de rua, caracterização socioeconômica da população adulta em situação de rua e relatório temático de identificação das necessidades desta população na cidade de São Paulo. Relatorio completo do censo da população em situação de rua na cidade de São Paulo. Produto V. Maio/2015*, 2015. Recuperado de https://www.prefeitura.sp. gov.br/cidade/secretarias/upload/00-publicacao_de_editais/0001.pdf (Consultado el 15 de marzo de 2020).
- *Pesquisa censitária da população em situação de rua, caracterização socioeconômica da população adulta em situação de rua e relatório temático de identificação das necessidades desta população na cidade de São Paulo. Sumário executivo*, 2015. Recuperado de: https://www.prefeitura.sp. gov.br/cidade/secretarias/upload/00-publicacao_de_editais/0003.pdf (Consultado el 15 de marzo de 2020).

– *Pesquisa censitária da população em situação de rua, caracterização socioeconômica da população adulta em situação de rua e relatório temático de identificação das necessidades desta população na cidade de São Paulo. Produto IX. Relatório final da pesquisa amostral do perfil socioeconómico*, 2015. Recuperado de: https://www.prefeitura.sp. gov.br/cidade/secretarias/upload/00-publicacao_de_editais/0004.pdf (Consultado el 15 de marzo de 2020).

PUENTE GUERRERO, P. "Criminalización del sinhogarismo y violencia cultural: las ordenanzas municipales como instrumentos de exclusión de las personas sin techo. Un estudio de caso en las capitales de provincia de Castilla y León" en *Revista General de Derecho Penal*, nº 34, 2020.

PUENTE RODRÍGUEZ, L. "Inmigración y delincuencia: medias mentiras frente a medias verdades" en *Sistema Penal Crítico*, nº 1, 2020.

PUEYO, A. A. "Capítulo 10. Acerca de la violencia y su definición" en *Criminología aplicada* (Romero Flores, dir; Cuervo García y Vinagre González, coords.), Bosh Editor, 2021.

RAIS FUNDACIÓN Y JUNTA DE CASTILLA Y LEÓN. *Informes de resultados 2017, conocer para actuar*, 2017. Recuperado de: https://ssm.cordoba.es/images/pdf/otros/2019/Informe_Conocer_para_actuar_2017.pdf (Consultado el 1 de febrero de 2021).

RAIS FUNDACIÓN. "Muchas preguntas, algunas respuestas", 2015. Recuperado de: http://hatento.org/wp-content/uploads/2014/10/informe-diagnostico.pdf (Consultado el 21 de mayo de 2021).

– *Informe de investigación*, 2015. Recuperado de: http://hatento.org/wp-content/uploads/2015/06/informe-resultados-digital.pdf (Consultado el 10 de mayo de 2020).

REHBEIN, B. "Capitalism and inequality" en *Revista Sociedade e Estado*, vol. 35, nº 3, 2020.

RÍOS MARTÍN, J.C. *Cuestiones de Política criminal. Funciones y miserias del sistema penal*, Comares, 2017.

RÍOS PATIO, G. "La influencia del neoliberalismo en la producción de la criminalidad" en *Archivos de Criminología, Seguridad Privada y Criminalística*, vol. 15, 2020.

RIVERA BEIRAS, I. "A modo de epílogo. Retomando el concepto de violencia estructural. La memoria, el daño social y el derecho a la resistencia como herramienta de trabajo" en *Delitos de los Estados, de los Mercados y daño social. Debates en Criminología Crítica y Sociología jurídico penal* (Rivera Beiras, coord.), Anthropos, 2014.

RIVERA BEIRAS, I. "Hacía una criminología crítica global" en *Athenea Digital. Revista de Pensamiento e Investigación Social*, vol. 16, nº 1, 2016.

RODRÍGUEZ CABRERO, G. "Las políticas sociales de lucha contra el sinhogarismo en la Unión Europea y España: alcance, efectividad y principales limitaciones y prioridades" en *ZERBITZUAN*, 2020.

RODRÍGUEZ MORENO, S. *et al.* "Sucesos vitales estresantes en mujeres en situación de sin hogar" en *Mujeres e investigación. Aportaciones interdisciplinares: VI Congreso Universitario Internacional Investigación y Género*, 2016.

RODRÍGUEZ YAGÜE, C. "El modelo político-criminal español frente a la delincuencia de inmigrantes" en *Revista Electrónica de Ciencia Penal y Criminología (RECPC)*, 2012.

RODRÍGUEZ-LÓPEZ, S. "The invisibility of Labour Trafficking in Spain. A critical análisis of cases and policies" en *Revista Española de Investigación Criminológica*, nº 2, vol. 18, 2020.

ROIG TORRES, M. "Cambios en la regulación de los antecedentes penales (arts. 22,80,89,90,94 bis y 136)" en *Comentarios a la reforma del Código penal de 2015* (Gónzalez Cussac, dir.; Górriz Royo y Matallín Evangelio, coords.), Tirant lo Blanch, 2015.

RONCHI MARTINS, R.C., GODOI CALIL, T. y FERREIRA ADORNO, R.C. "Perspectivas psicanalíticas e antropológicas a respeito das violências na "Cracolândia" em São Paulo, Brasil" en *Psicología para América Latina*, nº 29, 2017.

ROOF ENDING HOMELESSNESS. *Baseline study*, 2021. Recuperado de: https://stad.gent/sites/default/files/media/documents/ROOF%20Baseline%20Study.pdf (Consultado el 25 de marzo de 2022).

RUIZ-RICO RUIZ, G. "El desarrollo de la constitución social" en *Revista de Derecho Político*, nº 100, 2017.

SALCEDO LÓPEZ, D.M. "Los daños sociales de género: consecuencias de la crisis/quiebra del sistema capitalista y patriarcal" en *Delitos de los Estados, de los Mercados y daño social. Debates en Criminología Crítica y Sociología jurídico penal* (Rivera Beiras, coord.), Anthropos, 2014.

SALES i CAMPO, A. *El delito de ser pobre. Una gestión neoliberal de la criminalidad*, Icaria, 2014.

SÁNCHEZ BENITEZ, C. "Aporofobia y derecho penal: el delito de hurto y la circunstancia agravante de multirreincidencia" en *Sistema Penal Crítico*, nº 1, 2020.

SÁNCHEZ MORENO, E. y FUENTE ROLDÁN, I.N. *Exclusión social y COVID-19. El impacto de la pandemia en la salud, el bienestar y las condiciones de vida de las personas sin hogar, FACIAM*, 2021, p. 111. Recuperado de: https://faciam.org/wp-content/uploads/2021/11/informe-Covid19_Faciam-HR.pdf (Consultado el 13 de enero de 2023).

SANDERS, B. y ALBANESE, F. *It's no life at all." Rough sleepers' experiences of violence and abuse on the streets of England and Wales,* Crisis, 2016.

SANZ FUENTES, A. "Análisis ecológico del miedo al delito en España: entornos rurales y urbanos" en *La Criminología que viene. Resultados del I Encuentro de Jóvenes Investigadores en Criminología* (Castro Toledo, Gómez Bellvís y Buil-Gil, eds.), 2019. Recuperado de: file:///C:/Users/USAL/Downloads/Dialnet-LaCriminologiaQueViene-745952.pdf (Consultado el 22 de abril de 2021).

SANZ MORÁN, A.J. "La reincidencia y la habitualidad" en *La adecuación del Derecho penal español al ordenamiento de la Unión Europea. La Política criminal europea* (Álvarez García, dir.; Álvarez García, Manjón-Cabeza Olmeda y Ventura Püschel, coords.), Tirant lo Blanch, 2009.

SANZ MULAS, N. *Política Criminal. Viejos problemas y nuevos desafíos,* Editorial Flores, 2017.

SELEGHIM, M.R. y FRARI GALERA, M.R. "Qual a relação do uso de crack com a ocorrência da situação de rua?" en *Saúde & Transformação Social/Health & Social Change,* vol. 8, nº 1, 2017.

SEN, A. *La desigualdad económica,* Fondo de cultura económica, 2001.

SERRA CRISTÓBAL, R. "Mujer y doble discriminación" en *Mujer y Derecho. Jornada de Igualdad de la Facultad de Derecho. Universitat de València* (Fabregat Monfort, coord.), Tirant lo Blanch, 2011.

SERRANO MAÍLLO, A. "Dos hipótesis sobre la naturaleza y el origen de la firmeza frente al delito a nivel individual: un modelo log-lineal causal con variables latentes" en *InDret, Revista para el análisis del Derecho,* nº 4, 2014.

- *Firmeza frente al delito y comunidad en la modernidad reflexiva. La tesis extendida de los sentimientos de inseguridad como teoría de control social,* Dykinson, 2016.
- *Teoría criminológica. La explicación del delito en la sociedad contemporánea,* Dykinson, 2021.

SERRANO SUÁREZ, E. "Pobreza y criminalidad femenina" en *Sistema Penal Crítico,* nº 1, 2020.

SERRANO TÁRRAGA. "Exclusión social y criminalidad" en *Revista de Derecho UNED,* nº 14, 2014.

SILVA SÁNCHEZ, J.M. *En busca del Derecho penal. Esbozos de una teoría realista del delito y de la pena,* BdF, 2017.

- *La expansión del Derecho Penal. Aspectos de la Política criminal en las sociedades postindustriales,* Civitas, 2001.
- *Malum passionis. Mitigar el dolor del Derecho penal,* Atelier, Barcelona, 2018.

SIMÓN MORENO, H. "La vivienda como derecho fundamental" en *Housing. Newsletter de la Cátedra de Vivienda de la Universidad Rovira i Virgili,* nº 1, 2014.

SMART, C. "Women, Crime and Criminology: A Feminist Critique" en *Crime and Social Justice,* 1977.

SOBRINO GARCÉS, C. "Prostitución callejera y regulación jurídica española. Estado de la cuestión" en *InDret,* nº 4, 2018.

SOTO NAVARRO, S. "La delincuencia en la agenda mediática" en *Revista Española de Investigaciones Sociológicas,* nº 112, 2005.

SPEAK, S. "The State of Homelessness in Developing Countries" en *The Expert Group Meeting on Affordable housing and social protection systems for all to address homelessness,* United Nations Office at Nairobi. Recuperado de: https://www.un.org/development/desa/dspd/wp–content/uploads/sites/22/2019/05/SPEAK_Suzanne_Paper.pdf (Consultado el 28 de junio de 2021).

STIGLITZ, J. E. *La gran brecha* (trads. Rodríguez Tapia y Corriente), Penguin Random House, 2017.

TAYLOR, I., WALTON, P. y YOUNG, J. *The New Criminology. For a social Theory of Deviance,* Routledge, 1973.

TEIJÓN ALCALÁ, M. "La subcultura del odio y la violencia. Un análisis empírico sobre la asociación entre valores y conductas violentas" en *El odio como motivación criminal* (Teijón Alcalá, dir.), Wolters Kluwer, 2022.

TERRADILLOS BASOCO, J.M. "Protección penal de Derechos humanos: pobreza, vulnerabilidad y exclusión" en *Propuestas al legislador y a los operadores de justicia para el diseño y la aplicación del Derecho penal en clave antiaporófoba* (Demelsa Benito y Pérez Cepeda, coords.), Ratio legis, 2022.

– "Un sistema penal para la aporofobia" en *Un juez para la democracia. Libro homenaje a perfecto Andrés Ibáñez* (Portilla Contreras y Velásquez, dirs.; Pomares Cintas y Fuentes Osorio, coords.), Dykinson, S.L, 2019.

– *Aporofobia y plutofilia: la deriva jánica de la Política criminal contemporánea,* J.M Bosch, 2020.

TIJOUZ, M.E. "Cárceles para la tolerancia cero: clausura de pobres y seguridad de ciudadanos" en *Última Década,* nº 16, 2002.

TOMÁS-VALIENTE LANUZA, C. "Delitos contra la propiedad intelectual (arts. 270 y 271 CP) en *Comentarios a la reforma del Código penal de 2015* (Gónzalez Cussac, dir.; Górriz Royo y Matallín Evangelio, coords.), Tirant lo Blanch, 2015.

TORRENTE, D., GIMÉNEZ-SALINAS, A. y BARTOLOMÉ, R. "Medición de la delincuencia y la victimización" en *Metodología de investigación en Criminología* (Barberet, Bartolomé y Fernández-Molino, coords.), Tirant lo Blanch, 2019.

TORTOSA, J.M, "Feminización de la pobreza y perspectiva de género" en *Revista Internacional de Organizaciones*, nº 3, 2009.

TRICCO, A.C *et al.* "PRISMA Extension for Scopis Reviews (PRISMA-ScR): Checklist and Explanation" en *Annals of Internal Medicine*, 2018. Recuperado de: https://www.acpjournals.org/doi/full/10.7326/M18-0850?journalCode=aim (Consultado el 10 de septiembre de 2021).

VANDER BEKEN, T. y VANDEVIVER, C. "When Things Get Serious: Reflections on the Legitimacy of Local Administrative Sanctions in Belgium" en *Legitimacy and Trust in Criminal Law, Policy and Justice: Norms, Procedures, Outcomes* (Persak, ed.), Ashgate, 2014.

VARONA GÓMEZ, D. "¿Somos los españoles punitivos? Actitudes punitivas y reforma penal en España" en *InDret*, nº 1, 2009.

– "Percepción y elección del castigo en España: resultados a partir de la Encuesta Social Europea (5.ª ed)" en *Cuadernos de Política criminal 111*, 2013.

VENERO, M. "El nuevo paradigma de la exclusión social para el conocimiento criminológico" en *Derecho y Ciencias Sociales*, nº 1, 2009.

VERMEIR, E. y SAMYN, S. *Telling dak-en thuisloosheid: lokaal rapport: Gent, Maart, 2021. Census homelessness. Local report – Ghent. A publication of the King Baudouin Foundation*, 2021, pp. 22-35, 58-65, 75-77. Recuperado de: https://www.kbs-frb.be/fr/telling-dak-en-thuisloosheid-lokaal-rapport-gent (Consultado el 18 de marzo de 2022).

VINAGRE GONZÁLEZ, A. M. "Criminolgía y Género" en *Criminología aplicada* (Romero Flores, dir.; Cuervo García y Vinagre González, coords.), Bosh Editor, 2021.

VIVES ANTÓN, T.S. "La reforma penal de 2015: una valoración genérica" en *Comentarios a la reforma del Código penal de 2015* (Gónzalez Cussac, dir; Górriz Royo y Matallín Evangelio, coords.), Tirant lo Blanch, 2015.

VOZMEDIANO, L., SAN JUAN, C. y VERGARA, A. I. "Problemas de medición del miedo al delito. Algunas respuestas teóricas y técnicas" en *Revista Electrónica de Ciencia Penal y Criminología*, nº 10, 2008.

WACQUANT, L. *Castigar a los pobres. El gobierno neoliberal de la inseguridad social* (trad. Polo), Editorial Gedisa, 2010.

WILLIS, J.J. "Punishment and Democracy: Three strikes and you're out in California. Franklin E. Zimring, Gordon Hawkins, and Sam Kamin" en *Crime, Law and Social Change*, nº 47, 2007.

WILSON, J.Q. y KELLING, G.L. *Broken Windows. The police and neighborhood safety*, Atlantic, 1982.

XUNTA DE GALICIA. *Estudio de la situación de las personas sin hogar en Galicia, 2017. Trazos y propuestas de intervención*, 2018. Recuperado de: https://politicasocial.xunta.gal/sites/w_polso/files/arquivos/publicacions/estudio_personas_sin_hogar_galicia_2017_cas.pdf (Consultado el 1 de febrero de 2020).

YOUNG, J. A sociedade excludente. Exclusão social, criminalidade e diferença na modernidade recente, Revan, 2002.

ZAFFALON, L. A política da justiça. Blindar as elites, criminalizar os pobres, Hucitec, 2018.

– *Hacia dónde va el poder punitivo*, Ediciones Olejnik, 2022.

ZAFFARONI, E. R. y DIAS DOS SANTOS, I. "La nueva crítica criminológica. Criminología en tiempos de totalitarismo financiero", Tirant lo Blanch, 2020.

ZAKIM, D. A. "Housing Over Handcuffs: The Criminalization of Homelessness in Hungary" en Suffolk Transnational Law Review, vol. 37, nº 1, 2014.

ZIMBARDO, P. G. "A social psychological analysis of vandalism: making sense of senseless violence" en *US department of the Navy (Stanford Univ Ca Dept of Psychology)*, 1970.

ZIPF, H. *Introducción a la Política Criminal*, Edersa, 1979.

ZUBERO, I. *Movimientos sociales y alternativas a la sociedad*, HOAC, 1961.

ZUIDAM, P. y POLS, G. "On criminalisation of homelessness and people who are homeless in Rotterman" en *Criminalisation of people who are homeless*, Feantsa, 2007.

ZULOAGA LOJO, L. "La concepción securitaria de la inmigración en el caso español" en *Athenea Digital*, vol. 16, nº 2, 2016.

ZWEIGERT, K. y KÖTZ, H. *Introducción al derecho comparado*, Oxford University Press, 2002.

ANEXOS

ANEXO I. ORDENANZAS MUNICIPALES DE LAS CAPITALES DE PROVINCIA DE CYL

Tabla nº 4. Ordenanzas municipales de las capitales de provincia de CyL[956]+

Capital de provincia[957]/ Conductas	Av	Bur	Le	Pal	Sal	Seg	Sor	Vall	Zam
Grupo 1	R: IL	R: IL	R: IL, IG	R: IL	R: IL	R: IL, IG	R: IL	R: IL	R: IL
Grupo 2	R: IL	NR	R: IL	R: IL	R: IG	R: IL	R: IL	R: IL	R: IL
Grupo 3	R: IL	NR	R: IG	NR	R: IG	R: IL	R: IL	R: IL, IG, IMG	R: IL
Grupo 4	R: IL	NR	R: IL	R: IL	R: IL	R: IL	NR	R: IL	R: IL
Grupo 5	R: IL	R: IL	R: IL	R: IL	R: IL	R: IL, IMG	R: IL	R: IL	R: IL

956 Leyenda: conductas de los grupos: (1) satisfacer necesidades fisiológicas y/o escupir en las vías y espacios públicos; (2) encender y/o mantener fuego en las vías y espacios públicos; (3) acampar en las vías y espacios públicos; (4) usar los bienes públicos para finalidades distintas a las que están destinados; (5) manipular papeleras o contenedores (o sus contenidos) situados en las vías y espacios públicos; (6) lavarse o bañarse; (7) lavar ropa u otros objetos; (8) bañar animales; y (9) abrevar animales, en todos los casos en estanques o fuentes públicos. También ha examinado la existencia de sanciones alternativas a la multa y el establecimiento de disposiciones distintas dirigidas a las PSSH; R: conducta regulada y sancionada; NR: conducta no regulada ni sancionada; IL: infracción leve; IG: infracción grave; IMG: infracción muy grave; disposiciones específicas (DE): se refiere a preceptos en el caso de que las personas infractoras se encuentren en situación de exclusión social; graduación de la sanción (GS): circunstancias económicas: hace alusión a la graduación de la sanción en función de las capacidades económicas del sujeto que ha infringido la norma; graduación de la sanción (GS): reincidencia/reiteración: se atiende a la existencia de una disposición que establezca una graduación diferente por el hecho que el individuo reincidencia o por la reiteración de la infracción.

957 Ávila (Av); Burgos (Bur); Le (León); Palencia (Pal); Salamanca (Sal); Segovia (Seg); Soria (Sor); Valladolid (Vall); Zamora (Zam).

Capital de provincia[957]/ Conductas	Av	Bur	Le	Pal	Sal	Seg	Sor	Vall	Zam
Grupo 6	R: IL	NR	R: IL	R: IL	R: IL	R: IL	R: IL	R: IL	R: IL
Grupo 7	R: IL	NR	R: IL	R: IL	R: IL	R: IL	NG	R: IL	R: IL
Grupo 8	R: IL	R: IL	R: IL	R: IL	R: IL	R: IL	R: IL	R: IL	R: IL
Grupo 9	R: IL	R: IL	R: IL	R: IL	R: IL	R: IL	R: IL	NR	R: IL
DE	No	No	No	No	No	Sí	No	No	Sí
GS: circunstancias económicas	No	Sí	Sí	No	Sí	Sí	Sí	No	Sí
GS: reincidencia/ reiteración	Sí	Sí	Sí	Sí	Sí	Sí	Sí	Sí	Sí

Fuente: elaboración propia con base al estudio exploratorio realizado por Puente Rodríguez[958]

ANEXO II. PROVINCIAS SELECCIONADAS PARA LA BÚSQUEDA DE ESTADÍSTICAS SOBRE SINHOGARISMO EN ESPAÑA

Lista de provincias seleccionadas con base a los datos del INE a 1 de enero de 2020[959] para obtener una mayor representatividad del fenómeno del sinhogarismo en el territorio español.

1. Andalucía: Sevilla (1.950.219 habitantes)
2. Aragón: Zaragoza (972.528 habitantes)
3. Asturias: Asturias (1.018.784habitantes)
4. Baleares: Baleares (1.171.543 habitantes)
5. Canarias: Las Palmas (1.131.065 habitantes)
6. Cantabria: Cantabria (*582.905* habitantes)

958 PUENTE GUERRERO, P. "Criminalización del sinhogarismo y violencia cultural: las ordenanzas municipales como instrumentos de exclusión de las personas sin techo. Un estudio de caso en las capitales de provincia de Castilla y León", *Op. Cit.*, pp. 35-40.

959 Los datos han sido publicados el 30 de diciembre de 2020. INE. *Población residente por fecha, sexo y edad, Op. Cit.*

7. Castilla-La Mancha: Toledo (703.772 habitantes)
8. Castilla y León: Valladolid (520.649 habitantes)
9. Cataluña: Barcelona (5.743.402 habitantes)
10. Comunidad Valenciana: Valencia (2.591.875 habitantes)
11. Extremadura: Badajoz (672.137 habitantes)
12. Galicia: A Coruña (1.121.815 habitantes)
13. Madrid: Madrid (6.779.888 habitantes)
14. Murcia: Murcia (1.511.251 habitantes)
15. Navarra: Navarra (661.197 habitantes)
16. País Vasco: Vizcaya (1.159.443 habitantes)
17. La Rioja: La Rioja (319.914 habitantes)

ANEXO III. SINHOGARISMO EN ANDALUCÍA

Figura nº 12. Gráfico de barras de las personas en situación de sinhogarismo contabilizadas en Andalucía (año 2017)

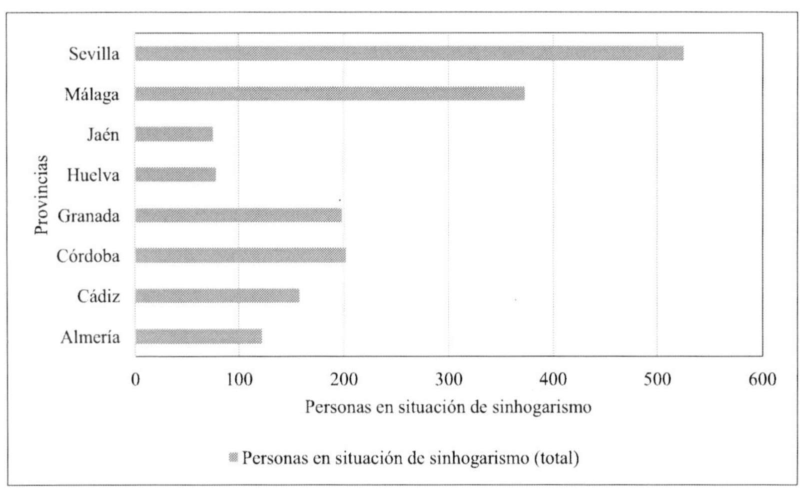

Fuente: elaboración propia con base a la investigación de Rais Fundación y la Junta de Andalucía[960]

[960] RAIS FUNDACIÓN Y JUNTA DE CASTILLA Y LEÓN. *Informes de resultados 2017, conocer para actuar, Op. Cit.*, pp. 20-27.

ANEXO IV. SINHOGARISMO EN EL PAÍS VASCO

Figura nº 13. Gráfico lineal sobre la evolución de la población de sinhogarismo en el País Vasco (años 2012, 2014, 2016 y 2018)

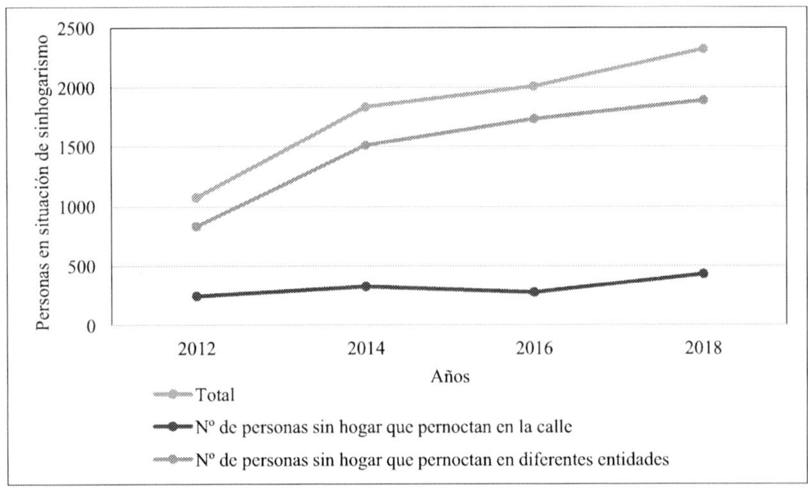

Fuente: elaboración propia con base a las investigaciones del Centro de Documentación y Estudios SIS[961]

961 CENTRO DE DOCUMENTACIÓN Y ESTUDIOS SIIS DOKUMENTAZIO ETA IKERKETA ZENTROA. *I Estudio sobre la situación de las personas en situación de exclusión residencia grave en la CAPV 2014, Op. Cit.*, pp. 14-15; CENTRO DE DOCUMENTACIÓN Y ESTUDIOS SIIS DOKUMENTAZIO ETA IKERKETA ZENTROA. *II Estudio sobre la situación de las personas en situación de exclusión residencia grave en la CAPV 2014, Op. Cit.*, pp. 23-24; CENTRO DE DOCUMENTACIÓN Y ESTUDIOS SIIS DOKUMENTAZIO ETA IKERKETA ZENTROA. *III Estudio sobre la situación de las personas en situación de exclusión residencia grave en la CAPV 2016, Op. Cit.*, pp. 4-5; CENTRO DE DOCUMENTACIÓN Y ESTUDIOS SIIS DOKUMENTAZIO ETA IKERKETA ZENTROA. *IV Estudio sobre la situación de las personas en situación de exclusión residencia grave en la CAPV 2018, Op. Cit.*, pp. 21-36.

ANEXO V. ESTUDIOS DE CASO DEL ANÁLISIS DE LA SOBRECRIMINALIZACIÓN DE LA MUESTRA DE SINHOGARISMO (AUDIENCIAS DE CUSTODIA)

Estudio de caso nº 1 (sujeto nº 5)

Identificación	Audiencia de custodia nº 5, 13 de noviembre de 2019
Sobrecriminalización: no	Este caso versa sobre un presunto delito de receptación de un coche. El acusado, quien enfatiza que no había efectuado el robo, alega que estaba haciendo un *bico*" por el cual le pagaron 100 reales brasileños (lo que equivale aproximadamente a 40€). En ese trayecto, la policía lo interceptó y el sujeto se dio a la fuga poniendo en riesgo la vida de algunas personas, incluida la del agente policial. Es en este punto donde reside la gravedad de la conducta. El sujeto había sido condenado por dos delitos de hurto simple años atrás y tenía dos procesos pendientes: un hurto de comida en un supermercado y un robo. Atendiendo a lo expuesto, la autoridad judicial determinó la prisión provisional y no se entiende que exista sobrecriminalización.

Estudio de caso nº 2 (sujetos nºs 6 y 7)

Identificación	Audiencia de custodia nº 6, 13 de noviembre de 2019
Sobrecriminalización: sí, pero ligeramente, se podría debatir	El delito imputado a las dos PSSH es un hurto cualificado de hilo de cobre, el cual es muy común entre las personas en situación de sinhogarismo. A pesar de que es un hurto cualificado por el empleo de fuerza en las cosas, la conducta efectuada es de escasa gravedad, así como la afección del bien jurídico. Ambos sujetos habían tenido contacto con la justicia por otro delito de hurto. No obstante, los acusados no aceptan los hechos, es más, uno hace alusión a que no tenía nada que ver con el delito imputado, sino que simplemente pasaba por allí con su bicicleta. La autoridad judicial determinó la prisión provisional para el sujeto nº 6 y libertad provisional para el sujeto nº 7, con diversas medidas cautelares, entre las que se encuentran una fianza de 372 reales brasileños, lo que equivale a 70€ aproximadamente. Así pues, se podría debatir la existencia de sobrecriminalización por la determinación de prisión provisional atendiendo a la escasa gravedad de la conducta y al principio de proporcionalidad, como bien indicó la defensa. Con relación al segundo, a pesar de la adopción de libertad provisional se cuestiona: (1) la legalidad de la detención por la contradicción en la versión de los policías y el detenido (se reitera que el sujeto nº 7 hizo referencia a que sólo pasaba por allí con su bicicleta) y (2) la imposición de la fianza de 70€ que difícilmente va a ser abonada por una persona sin techo.

Estudio de caso nº 3 (sujeto nº 9)

Identificación	Audiencia de custodia nº 8, 13 de noviembre de 2019
Sobrecriminalización: no	El sujeto nº 9 (reincidente por otro delito de hurto) fue detenido por una tentativa de hurto simple de una bicicleta *yellow*. De acuerdo con los 20 minutos que disfrutó del servicio, debería haber pagado 2 reales brasileños, lo que equivale a un importe menor de 50 céntimos. Como la juez determinó la libertad provisional, no se concluye la existencia de sobrecriminalización. Sin embargo, es cierto que la policía lo detuvo y lo condujo a las audiencias de custodia aun cuando la empresa no se personó ni mostró interés por la conducta del sujeto. En este punto, se observa la dinámica de los agentes policiales (previamente expresada por la literatura), quienes centran su atención en los más vulnerables y, a pesar de la nula lesividad de la conducta, los conducen a las audiencias de custodia.

Estudio de caso nº 4 (sujeto nº 16)

Identificación	Audiencia de custodia nº 19, 13 de noviembre de 2019
Sobrecriminalización: x	La PSSH fue conducida a las audiencias de custodia por un delito de tráfico de drogas. Como era sordomudo, la jueza no se pudo comunicar con él ni obtener ningún tipo de información. Atendiendo al boletín de ocurrencia, decretó la prisión provisional. En este caso no existe suficiente información para determinar si ha existido sobrecriminalización, aunque se destaca que los juzgados deberían disponer de profesionales que conozcan el lenguaje de signos para este tipo de situaciones.

Estudio de caso nº 5 (sujeto nº 25)

Identificación	Audiencia de custodia nº 22, 14 de noviembre de 2019
Sobrecriminalización: no	Un sujeto cometió un presunto delito de hurto cualificado en un quisco rompiendo la seguridad de la banca de revistas. En la audiencia de custodia argumentó que estaba bajo el síndrome de abstinencia y quería dinero para comprar más drogas. El sujeto presentó reincidencia múltiple en el ámbito patrimonial y sufrió violencia física grave, con desproporcionalidad de los medios utilizados, que dejó marcas visibles. La autoridad judicial determinó la prisión provisional, por lo que, ante la violencia ejercida, se podría determinar la ilegalidad de la prisión, aunque no la sobrecriminalización. Si bien no cometió el delito en *strictu sensu* por su situación de pobreza extrema, se debiera tener en cuenta que es una persona que vive en la calle y es drogodependiente.

Estudio de caso nº 6 (sujeto nºs 28 y 29)

Identificación	Audiencia de custodia nº 22, 18 de noviembre de 2019
Sobrecriminalización: x	Dos sujetos cometieron un presunto delito de robo. La ausencia de información no ha permitido contestar a las variables de pobreza, gravedad de la conducta y grado de afección al bien jurídico, pero se destaca que la jueza tomó la decisión de imponerles la prisión provisional antes de comenzar la audiencia de custodia, dialogando con la acusación (en ese momento la defensora había salido para hablar con los acusados)

Estudio de caso nº 7 (sujeto nº 31)

Identificación	Audiencia de custodia nº 24, 18 de noviembre de 2019
Sobrecriminalización: x	Un sujeto, reincidente de hurto simple, fue acusado de cometer un hurto en una casa en grado de tentativa. La ausencia de información no ha permitido contestar a las variables de pobreza, gravedad de la conducta y grado de afección al bien jurídico. La autoridad judicial determinó la prisión provisional

Estudio de caso nº 8 (sujeto nºs 32 y 33)

Identificación	Audiencia de custodia nº 25, 18 de noviembre de 2019
Sobrecriminalización: sí, pero ligeramente, se podría debatir	Dos PSSH cometieron un delito de hurto cualificado en grado de tentativa sobre los cuadros de luz y cableado de un colegio según la versión de los agentes policiales. Por el contrario, los acusados argumentan que estaban durmiendo en ese local y que no tenían la intención de hurtar ningún objeto. Se destaca que los sujetos experimentaron violencia física, grave y desproporcionada. La jueza determinó la prisión provisional por el incumplimiento previo de las medidas impuestas y por la reincidencia de ambos sujetos en delitos contra el patrimonio. Se podría debatir la existencia de sobrecriminalización. Si nos ceñimos a la versión de los detenidos, entraron con el fin de pernoctar, por lo que se estaría cumpliendo una necesidad básica. Por el contrario, si es veraz que trataron de cometer el delito, se debería tener en cuenta la escasa gravedad y afección del bien jurídico de la conducta realizada. En el desarrollo de las audiencias, los acusados dan una versión muy diferente a la expuesta en el informe policial. Entonces, no se puede determinar con certeza la existencia de sobrecriminalización. Si bien, a causa de la violencia injustificada ejercida, así como de la información contradictoria presentada en la audiencia de custodia, se señala que se debiera haber adoptado el relajamiento del fragante

Estudio de caso nº 9 (sujeto nº 37)

Identificación	Audiencia de custodia nº 28, 19 de noviembre de 2019
Sobrecriminalización: sí, pero ligeramente, se podría debatir	Una persona cometió un presunto delito de hurto simple. Los objetos fueron los cables de un portón que vendió por un valor de 300 reales brasileños, lo que equivale a 60€ aproximadamente. En la detención sufrió violencia física leve e injustificada. La jueza le concedió la libertad provisional con dos medidas: comparecer ante el juez y la obligación de permanecer en caso en periodo nocturno. Si bien, la segunda medida es de difícil cumplimiento atendiendo a que es una persona sin techo, por lo que tendría que solicitar el favor de un familiar/conocido o conseguir plaza en un albergue (la cual no es una tarea sencilla debido al número tan elevado de PSSH que presenta la ciudad). Así pues, se entiende que podría existir sobrecriminalización ya que se debió declarar el relajamiento del fragante por la violencia empleada. Además, la medida cautelar impuesta es cuestionable atendiendo a su situación de sinhogarismo y su incumplimiento (cuya probabilidad es alta) implica la conversión en prisión provisional.

Estudio de caso nº 10 (sujeto nº 38)

Identificación	Audiencia de custodia nº 29, 19 de noviembre de 2019
Sobrecriminalización: sí, pero ligeramente, se podría debatir	Una persona cometió un presunto delito de tráfico de drogas. A pesar de la variedad de las sustancias estupefacientes, la cantidad fue mínima según expresaron los operadores jurídicos. La autoridad judicial determinó la prisión provisional para la PSSH y la libertad provisional para su compañero (quien no se encontraba en situación de sinhogarismo). No existió argumentación ni justificación de la medida impuesta. Por consiguiente, teniendo en cuenta que la conducta realizada podría no constituir un delito (ya que se podría englobar en el consumo propio), se debate la existencia de sobrecriminalización. No obstante, sería necesario contar con más información ya que la disponible es insuficiente (incluso la contemplada en el boletín de ocurrencia).

Estudio de caso nº 11 (sujeto nºs 41, 42 y 43)

Identificación	Audiencia de custodia nº 31, 19 de noviembre de 2019
Sobrecriminalización: sí, pero ligeramente, se podría debatir	Tres sujetos, de común acuerdo, hurtaron los cables de cobre en un local. En la detención sufrieron violencia muy grave, tanto física (los detenidos presentaban marcas visibles, como nariz rota, ojos hinchados, *etc.*) como psicológica injustificada. Se destaca que fueron detenidos *in fraganti*. A pesar de la brutalidad de la violencia y la primariedad delictiva de dos de los sujetos, así como la antigüedad de los delitos de hurto del tercero, la autoridad judicial declaró la prisión provisional para los tres detenidos en menos de diez segundos. Entonces, se entiende que podría existir sobrecriminalización porque (1) la conducta no reviste especial gravedad y (2) se debió declarar el relajamiento del fragante por la brutalidad de la violencia que ha quedado suficientemente acreditada. En caso contrario, la medida más adecuada hubiese sido la libertad provisional, sobre todo, atendiendo a la escasa gravedad de los hechos y a la necesidad de aclarar lo sucedido ante las contradicciones existentes.

Estudio de caso nº 12 (sujetos nºs 44 y 45)

Identificación	Audiencia de custodia nº 32, 19 de noviembre de 2019
Sobrecriminalización: sí, pero ligeramente, se podría debatir	Un hombre y una mujer fueron conducidos a las audiencias de custodia por tráfico de drogas a pesar de que portaban una cantidad mínima que, incluso, podría englobarse en el consumo propio (según expuso la defensa). No obstante, la policía argumentó que encontraron más droga, aunque no quedó probado que fuese de la detenida. Quizá que fuese reincidente en este delito influenció la actuación de los agentes policiales, pero esta hipótesis no puede ser corroborada. La jueza determinó la prisión provisional argumentando que el tráfico de drogas es un delito grave y a la mujer le increpó que: es una amenaza para su hijo, al cual solo lo visita cada 15 días, así como que consumió crack cuando estaba embarazada. Si bien no se puede determinar que la conducta se debió a su situación de pobreza, tampoco se puede obviar que la cantidad de droga era mínima, el sufrimiento de violencia policial, las reprimendas de la jueza que no se relacionan con el delito (únicamente dirigidas a la mujer) y las contradicciones del relato policial. En este afirman que había dos hombres, pero, finalmente, acaban arrestando a un hombre y a una mujer. Aunque al primer sujeto mencionado sí lo pillaron *in fraganti*, la mujer se encontraba acostada. Así pues, considero que se debería haber adoptado el relajamiento del fragante para ambos y se entiende entiendo que existe sobrecriminalización, aunque se podría debatir, ya que se ha determinado prisión provisional por una conducta de escasa entidad que podría no constituir un crimen.

Estudio de caso nº 13 (sujeto nº 47)

Identificación	Audiencia de custodia nº 39, 19 de noviembre de 2019
Sobrecriminalización: sí, pero ligeramente, se podría debatir	Una PSSH cometió un delito de hurto de un teléfono móvil. Existen discrepancias entre la acusación y la defensa en la categorización de simple o cualificado. La defensa alegó: (1) la ilegalidad en la detención ya que no estaba cometiendo el delito en ese momento, sino que estaba con un móvil en la mano (fue abordado por su situación de extrema pobreza según apuntó la defensa); y (2) había estado en prisión preventiva por un crimen por el cual fue absuelto. De este modo, la defensa entiende que este proceso va a seguir la misma dinámica y la pena va a ser cumplida en exceso. A pesar de lo descrito, la jueza determinó la prisión provisional. Se entiende que existe sobrecriminalización e ilegalidad en la detención, aunque ambas no pueden ser corroboradas, para ello, se precisaría más información.

Estudio de caso nº 14 (sujeto nº 52)

Identificación	Audiencia de custodia nº 39, 21 de noviembre de 2019
Sobrecriminalización: sí, pero ligeramente, se podría debatir	Un sujeto hurtó objectos tecnológicos, constituyendo un delito de hurto simple. La autoridad judicial determinó la prisión provisional por la reincidencia de hurto simple y los procesos pendientes del sujeto. A pesar de que no se considera que su actuación haya sido motivada por su situación de extrema pobreza en el sentido de satisfacción de necesidades básicas, se debe tener en cuenta la escasa gravedad de la conducta y el principio de proporcionalidad. Entendemos que la libertad provisional con una medida cautelar, como la de comparecimiento ante el juez, hubiese sido suficiente atendiendo al delito de bagatela cometido. Por eso, se concluye la existencia de sobrecriminalización, pero ligeramente, debido a que se podría debatir, así como la ilegalidad de la detención.

Estudio de caso nº 15 (sujeto nº 53)

Identificación	Audiencia de custodia nº 40, 21 de noviembre de 2019
Sobrecriminalización: sí, ha quedado suficientemente acreditada	Un sujeto fue abordado por su actitud sospechosa (según se expresó en el boletín de ocurrencia) y detenido por tráfico de drogas ya que encontraron en su posesión una piedra de crack, equivalente a unas 60 porciones. En la detención sufrió violencia física grave y desproporcionalidad de los medios utilizados. Aunque la defensa alegó que la cantidad de droga es mínima, la absolución en el pasado del sujeto por un delito patrimonial y la ilegalidad de la prisión por la violencia injustificada ejercida, la autoridad judicial resolvió la prisión provisional para el detenido. Se entiende que existe sobrecriminalización por varios motivos. El primero es la inaplicación del principio de proporcionalidad, así como la inadecuación de la medida a la conducta delictiva y a la situación económica del sujeto. El segundo es que en el pasado había sufrido un proceso similar relativo a un delito patrimonial por el cual, finalmente, fue absuelto. Además, se debería haber declarado el relajamiento del fragante por la violencia ejercida. Se concluye que ha quedado suficientemente acreditada la existencia de sobrecriminalización e ilegalidad de la detención

Estudio de caso nº 16 (sujeto nºs 68 y 69)

Identificación	Audiencia de custodia nº 51, 26 de noviembre de 2019
Sobrecriminalización: no	Dos PSSH cometen un presunto delito de robo de un teléfono móvil a una señora de 60 años, siendo reincidentes en el mismo crimen. Ambos sujetos experimentaron violencia física grave y desproporcional en la detención. A pesar de no existir pruebas suficientes para el delito (según argumentó la defensa), la autoridad judicial resolvió la prisión provisional para los detenidos. Aunque no se entiende que exista sobrecriminalización por la violencia ejercida sobre la víctima, debiera considerarse la situación de sinhogarismo de ambos, especialmente, en el sujeto nº 68 que había experimentado más de 15 años viviendo y durmiendo en la calle, así como la posibilidad de imponer libertad provisional con medidas cautelares (a excepción de la fianza). Por el contrario, se indica la ilegalidad de la detención, quedando está suficientemente acreditada y se cuestiona la inexistencia de indicios suficientes del presunto robo para la medida impuesta

Estudio de caso nº 17 (sujeto nº 73)

Identificación	Audiencia de custodia nº 54, 26 de noviembre de 2019
Sobrecriminalización: sí, pero ligeramente, se podría debatir	Un sujeto cometió un supuesto delito de hurto cualificado en grado de tentativa. El objeto fue una bicicleta. A pesar de que el delito no se consumó, por lo que no existió perjuicio para la víctima y a los antecedentes de hace más de siete años por un hurto simple, la autoridad judicial determinó la prisión provisional. Se entiende que existe sobrecriminalización, aunque se podría debatir, por la escasa gravedad de la conducta, la nula afección del bien jurídico de la víctima y el principio de insignificancia penal. Por el contrario, no existen indicios de ilegalidad en la detención.

Estudio de caso nº 18 (sujeto nº 74)

Identificación	Audiencia de custodia nº 55, 26 de noviembre de 2019
Sobrecriminalización: no	Un sujeto, reincidente por múltiples delitos contra el patrimonio y tráfico de drogas, cometió un delito de hurto simple en grado de tentativa en un supermercado. Los objetos que trató de hurtar fueron 4 botes de chocolate, cuyo valor se sitúa en los 10€ aproximadamente. La defensa alegó que la empresa presenció el delito y no hizo nada para pararlo hasta la salida, es decir, que no podría haberlo cometido, por lo que se configura como un delito imposible. Además, añade la consideración del principio de insignificancia penal. La autoridad judicial concuerda con la defensa, aplicando la libertad provisional con medidas cautelares diferentes a la fianza. Así pues, aunque se podría debatir que cometió el delito por su situación de extrema pobreza, atendiendo a la medida impuesta y a la consideración de la autoridad judicial de su situación, se entiende que no ha existido sobrecriminalización. Tampoco existen indicios de ilegalidad en la detención.

Estudio de caso nº 19 (sujeto nºs 75 y 76)

Identificación	Audiencia de custodia nº 56, 26 de noviembre de 2019
Sobrecriminalización: sí, pero ligeramente, se podría debatir	Dos sujetos, reincidentes por otros delitos de hurto simple, tratan de entrar en una residencia para quitar los cables de cobre de una puerta de aluminio y venderlos, sin conseguirlo. Ante lo expuesto, fueron detenidos por un delito de hurto cualificado en grado de tentativa. A pesar de la escasa afección al bien jurídico y de la violencia injustificada experimentada por el sujeto nº 76, la autoridad judicial decretó la prisión provisional, así como que fuesen encaminados a los CEAPIS para tratar las cuestiones de vivienda y drogadicción. Si bien su conducta no fue cometida por su situación de extrema pobreza en *strictu sensu*, se debería tener en cuenta la escasa afección al bien jurídico y entidad del hecho. También que el sujeto nº 76 había sido absuelto en el pasado por otros procesos. Lo expuesto es suficiente para señalar que se podría debatir la existencia de sobrecriminalización, así como la ilegalidad de la detención para el sujeto nº 76 por la violencia sufrida, aunque esta última no pueda ser corroborada.

ANEXO VI. LA MUESTRA DE LAS AUDIENCIAS DE CUSTODIA EN FUNCIÓN DE LA SITUACIÓN DE SINHOGARISMO (I)

Tabla nº 9. Características sociodemográficas, consumo de drogas y situación laboral de la muestra de las audiencias de custodia en función de la situación de sinhogarismo

Variables	Categorías	Sinhogarismo F (% válido)	
		Sí	No
Sexo	Hombre	25 (92,6)	44 (89,2)
	Mujer	2 (7,4)	5 (10,2)
Edad	Jóvenes	17 (63,0)	35 (71,4)
	Adultos	10 (37,0)	13 (26,5)
	Ancianos	0 (0,0)	1 (2,0)
Color de piel	Pardo	10 (37,0)	20 (40,8)
	Negro	12 (44,4)	15 (30,6)
	Blanco	5 (18,5)	14 (28,6)

Consumo de drogas	Sí	23 (95,8)	19 (52,8)
	No	1 (4,2)	17 (47,2)
Tipos de drogas	Blandas	2 (9,5)	9 (50,0)
	Duras	16 (76,2)	7 (38,9)
	Ambas	3 (14,3)	2 (11,1)
Consumo de crack	Sí	19 (90,5)	7 (46,7)
	No	2 (9,5)	8 (53,3)
Trabajo	Formal	7 (26,9)	23 (48,9)
	Informal	11 (42,3)	13 (27,7)
	Desempleado	8 (30,8)	10 (21,3)
	Estudiante	0 (0,0)	1 (2,1)
Renta mensual	<1 salario	11 (84,6)	10 (50,0)
	Entre 1 y 2 salarios	2 (15,4)	7 (35,0)
	>2 salarios	0 (0,0)	3 (15,0)

Fuente: elaboración propia con base a los datos de la investigación

ANEXO VII. LA MUESTRA DE LAS AUDIENCIAS DE CUSTODIA EN FUNCIÓN DE LA SITUACIÓN DE SINHOGARISMO (II)

Tabla nº 10. Aspectos criminógenos y relacionados con el delito de la muestra de las audiencias de custodia en función de la situación de sinhogarismo

Variables	Categorías	Sinhogarismo F (% válido)	
		Sí	No
Incidentes delictivos anteriores a los 18 años	Sí	1 (3,8)	13 (27,7)
	No	0 (0,0)	2 (4,3)
	No se preguntó	25 (96,2)	32 (68,1)
Procesos pendientes	Sí	8 (30,8)	6 (13,0)
	No	18 (69,2)	40 (87,0)
Reincidencia	Sí	14 (53,8)	19 (40,4)
	No	12 (46,2)	28 (59,6)

Reincidencia múltiple	Sí	7 (70,0)	9 (81,8)
	No	3 (30,0)	2 (18,2)
Ámbito delictivo (reincidencia y procesos pendientes)	Patrimonial	15 (71,4)	17 (77,3)
	Tráfico de drogas	3 (14,3)	4 (18,2)
	Ambas[962]	2 (9,5)	0 (0,0)
	Otros[963]	1 (4,8)	1 (4,5)
Delito (reincidencia y procesos pendientes)	Hurto simple	9 (50,0)	7 (31,8)
	Hurto cualificado	1 (5,6)	0 (0,0)
	Robo	2 (11,1)	6 (27,3)
	Tráfico de drogas	3 (16,7)	4 (18,2)
	Múltiples delitos	3 (16,7)	5 (22,7)
Delito (audiencia de custodia)	Hurto simple	9 (33,3)	8 (16,3)
	Hurto cualificado	8 (29,6)	8 (16,3)
	Robo	4 (14,8)	4 (8,2)
	Receptación	1 (3,7)	2 (4,1)
	Tráfico de drogas	5 (18,5)	12 (24,5)
	Otros	0 (0,0)	7 (14,3)
	Múltiples delitos	0 (0,0)	8 (16,3)
Autoría múltiple	Sí	17 (63,0)	18 (36,7)
	No	10 (37,0)	31 (63,3)
Violencia policial	Sí	12 (46,2)	6 (13,0)
	No	14 (53,8)	40 (87,0)

Fuente: elaboración propia con base a los datos de la investigación

962 En alusión a las categorías anteriores, esto es, delitos patrimoniales y tráfico de drogas.

963 En esta categoría, además de otros, se incluye la combinación de las categorías anteriores con otros.

ANEXO VIII. LA MUESTRA DE LAS AUDIENCIAS DE CUSTODIA EN FUNCIÓN DE LA SITUACIÓN DE SINHOGARISMO (III)

Tabla nº 11. Resolución y medidas adoptadas de la muestra de las audiencias de custodia en función de la situación de sinhogarismo

Variables	Categorías[964]	Sinhogarismo F (% válido)	
		Sí	No
Petición del Ministerio Público	PP	24 (88,9)	34 (64,3)
	LPMC	2 (7,4)	8 (16,3)
	LPSMC	1 (3,7)	7 (14,3)
Mención del MP al orden público	Sí	12 (44,4)	10 (20,8)
	No	15 (55,6)	38 (79,2)
Petición de la defensa	LPCMC[965]	3 (11,1)	5 (10,4)
	LPSMC	19 (70,4)	34 (70,8)
	RF	3 (11,1)	8 (16,7)
	RF, o, en caso contrario, LPSMC	2 (7,4)	1 (2,1)
Resolución de la autoridad judicial	PP	23 (85,2)	31 (64,6)
	LPCMC	4 (14,8)	17 (35,4)
Argumentos de la autoridad judicial[966]	Reincidencia	3 (11,1)	4 (8,2)
	Gravedad de la conducta	3 (11,1)	2 (4,1)
	Primariedad delictiva	0 (0,0)	4 (8,2)

964 Leyenda: (1) prisión provisional (PP); (2) libertad provisional con medidas cautelares (LPCMC); (3) libertad provisional sin medidas cautelares (LPSMC); y (4) relajamiento del fragante (RF).

965 Sin hacer alusión a ninguna específica en ninguno de los sujetos.

966 Para justificar la resolución.

Variables	Categorías[964]	Sinhogarismo F (% válido)	
		Sí	**No**
	Paso por las audiencias de custodia	2 (7,4)	1 (2,0)
	Reincidencia y gravedad de la conducta	1 (3,7)	3 (6,1)
	Otras	3 (11,1)	3 (6,1)
	No fue justificada	15 (55,6)	32 (65,3)

Fuente: elaboración propia con base a los datos de la investigación

ANEXO IX. LA MUESTRA DE PERSONAS EN SITUACIÓN DE SINHOGARISMO ENTREVISTADAS EN SÃO PAULO (I)

Tabla nº 13. Descripción de la muestra de personas en situación de sinhogarismo entrevistadas en São Paulo

Nº[967]	S[968]	E[969]	N[970]	CP[971]	T[972]	MPS[973]	Drogas[974]	DA[975]	VA[976]
1	H	42	NB	B	2 años, C, CLL + A	CAD + SP	Sí. SE: cannabis	Sí	Sí
2	H	50	NB	B	2 años, C	SP + CF + CAD	No	Sí	Sí
3	H	49	NB	P	10 años, C, CLL + A	CF + D	No	Sí	Sí
4	H	37	NB	N	8 años, I, CLL	SP	Sí. A + SE: cannabis	Sí	Sí
5	H	29	NB	N	3 años, C, CLL	CF	Sí. SE: cannabis	No[977]	Sí

967 Número de caso.

968 Sexo, con dos respuestas posibles: (1) hombre y (2) mujer.

969 Edad en el momento de realizar la entrevista, esto es, noviembre del año 2019.

970 Nacionalidad, con dos categorías: (1) nacionalidad brasileña (NB) y (2) extranjero (E).

971 Color de piel, diferenciando entre: (1) blanco, (2) pardo y (3) negro.

972 Tiempo de sinhogarismo. Se refiere a la suma de total de experimentación de la situación de sinhogarismo y se diferencia entre: continúa (C) o por intervalos (I), así como albergues (A), calle (CLL) o sendos (A + CLL). Para esta última, se presenta el primer puesto del lugar donde haya pernoctado más tiempo.

973 Motivo principal de la situación de sinhogarismo. Hace alusión a las razones principales para desembocar en dicha situación y se contemplan: (1) consumo abusivo de alcohol (CAA); (2) consumo abusivo de drogas (CAD); (3) conflictos familiares (CF); (3) separación de la pareja (SP); (4) desempleo (D) y (5) otros. Estos se exponen en el orden de importancia que le otorga el sujeto entrevistado, de mayor a menor.

974 Consumo de alcohol (A), sustancias estupefacientes (SE) o ambas (A + SE) en su situación de sinhogarismo actual.

975 Discriminación aporófoba. Hace alusión a si alguna vez ha sufrido: miradas de desprecio, agresiones verbales, expulsión del espacio público u otras similares por motivación aporófoba, con dos opciones de respuesta: (1) sí y (2) no.

976 Victimización aporófoba. En esta se contemplan hurtos, robos, violencia física, remoción forzada o cualquier otra tipología delictiva que haya sufrido por motivación aporófoba.

977 Aunque el sujeto hace alusión a que las personas no perciben que se encuentra en situación de sinhogarismo.

6	H	40	NB	N	33 años, C, CLL	-	Sí. SE: cannabis	Sí	Sí
7	M	60	NB	P	10 años, A + CLL	D	Sí. A, ocasional	Sí	Sí
8	H	34	NB	N	8 años, CLL + A	CF	Sí. A + SE: cannabis y cocaína	Sí	Sí
9	H	39	NB	B	25 años, I, CLL + A	CF	Sí. A + SE: cannabis	Sí	No
10	M	26	NB	N	1 año, C, CLL	D + CF	Sí. A + SE: cannabis, popper y crack	Sí	Sí
11	H	34	NB	B	3 años, A + CLL	CF	Sí. SE: cocaína	Sí	Sí

Fuente: elaboración propia con base a los datos de la investigación

ANEXO X. LA MUESTRA DE PERSONAS EN SITUACIÓN DE SINHOGARISMO ENTREVISTADAS EN SÃO PAULO (II)

Tabla nº 14. Discriminación y victimización aporófoba de la muestra de personas en situación de sinhogarismo entrevistadas en São Paulo

Nº[978]	MD[979]	AV[980]	EEP[981]	AD[982]	H[983]	R[984]	VF[985]	AV[986]	PV[987]
1	Sí	Sí	No	PM y T	Sí	Sí	Sí	PM y D	A
2	Sí	Sí	Sí	T y C	Sí	No	No	D	C
3	Sí	No	No	C	Sí	Sí	Sí	PM y D	A
4	Sí	Sí	Sí	PM, GCM, C, LU y otros[988]	Sí	Sí	Sí	PM, PSSH, LU y D	B

978 Número de caso.

979 Miradas de desprecio por motivación aporófobas con dos opciones de respuesta: (1) sí y (2) no.

980 Agresiones verbales: insultos, humillaciones, etc. De nuevo, dos posibilidades: (1) sí y (2) no.

981 Expulsión del espacio público: (1) sí y (2) no.

982 Autor/es de la discriminación por motivación aporófoba (pueden ser varios): (1) policía militar (PM), (2) guardia civil metropolitana (GCM), (3) transeúntes (T), (4) PSSH, (5) comerciantes (C), (6) traficantes (TF), (7) seguridad privada (SP), (8) limpieza urbana (LU) y/o (9) desconocidos (D).

983 Hurtos por motivación aporófoba con dos opciones de respuesta: (1) sí y (2) no.

984 Robos por motivación aporófoba con las mismas categorías de respuesta que la anterior.

985 Violencia física por motivación aporófoba. De nuevo, dos posibilidades: (1) sí y (2) no.

986 Autor/es de la victimización por motivación aporófoba (pueden ser varios): (1) policía militar (PM), (2) guardia civil metropolitana (GCM), (3) transeúntes (T), (4) PSSH, (5) comerciantes (C), (6) traficantes (TF), (7) seguridad privada (SP), (8) limpieza urbana (LU) y/o (9) desconocidos (D).

987 Se preguntó lo siguiente "según tu experiencia en situación de sinhogarismo, ¿cuál es la afirmación sobre la violencia con la que estás más de acuerdo?" con cuatro opciones de respuesta: "(A) la violencia es mayor de los cuerpos policiales hacia las personas sin hogar, (B) la violencia es mayor entre las personas sin hogar, (C) ambas, no podría decantarme por una de ellas y (D) no creo que exista violencia entre los colectivos mencionados anteriormente".

988 La categoría otros hace alusión a amigos y familiares, siendo un ejemplo "*que vergonha a súa cara, deixe de ser vagabundo, não tem necesidade de isso*", es decir, "*que vergüenza su cara, deja de ser un vagabundo, no tienes necesidad* (traducción propia).

5	No	No	No	-	Sí	Sí	No	T, PSSH y D	A
6	Sí	Sí	Sí	PM, GCM, T, C y LU	Sí	Sí	Sí	PM, GCM, PSSH y D	B
7	Sí	Sí	No	PM, T, PSSH y C	Sí	No	Sí	PM y PSSH	A
8	Sí	Sí	Sí	PM, T, y C	Sí	Sí	Sí	PM, T, PSSH, LU y D	B
9	Sí	No	Sí	PM, T, y C	No	No	No	-	A
10	Sí	Sí	Sí	PM, T, y C	Sí	No	Sí	PM, PSSH y D	A
11	Sí	Sí	Sí	PM, T, C y SP	Sí	No	Sí	PM, PSSH y LU	A

Fuente: elaboración propia con base a los datos de la investigación

ANEXO XI. ESTUDIOS DE CASO DE LA MUESTRA DE PERSONAS EN SITUACIÓN DE SINHOGARISMO ENTREVISTADAS EN SÃO PAULO

Estudio de caso nº 1

Identificación	Sujeto nº 1, 8 de noviembre de 2019
Discriminación y victimización aporófoba: sí, ambas	La primera entrevista se realizó a un hombre de 42 años con nacionalidad brasileña (nacido en São Paulo) y de color de piel blanco. La situación de sinhogarismo fue de dos años, de forma continua. Sobre todo, en la calle y de forma temporal en albergues. El motivo de su situación de sinhogarismo fue la droga y, más específicamente, el crack, que es muy común en São Paulo. En el momento de la entrevista, sólo consumía marihuana. En cuanto a la victimización, había sufrido miradas de desprecio por su situación de sinhogarismo de forma habitual y hurtos, sobre todo, de sus pertenencias, tanto en la calle como en los albergues. Hizo alusión a la mochila. Respecto al agresor, comentó que la policía le había agredido en varias ocasiones. En una de ellas, cuando iba a comprar droga. Consideró que la policía ejerce más violencia sobre las PSSH que las personas en su misma situación y entiende que el problema son los poderes públicos que no forman a los policías para tratar con las personas. Su frase final para la sociedad fue "*ajuda muito mais quem tem menos*", esto es, "*ayuda más quien menos tiene*" (traducción propia).

Estudio de caso nº 2

Identificación	Sujeto nº 2, 8 de noviembre de 2019
Discriminación y victimización aporófoba: sí, ambas	La segunda entrevista se realizó a un hombre de 50 años con nacionalidad brasileña (nacido en São Paulo) y de color de piel blanco. La situación de sinhogarismo fue de 2 años, de forma continua. El motivo de su situación de sinhogarismo fue la concurrencia de varias situaciones: la separación de su mujer y el fallecimiento de sus padres, que desencadenaron en alcoholismo y en la situación de sinhogarismo. En el momento de la entrevista, no consumía ninguna droga. En cuanto a la victimización, había sufrido miradas de desprecio por su situación de sinhogarismo de forma habitual y hurtos, sobre todo, de sus pertenencias y del documento de identidad, habitualmente mientras dormía. Hacía 3 días le habían robado la mochila mientras dormía con sus pertenencias. En cuanto al agresor, hizo alusión a que en ninguna ocasión había sido la policía. Consideró que tanto la policía como las PSSH ejercen violencia contra su colectivo, sin distinción.

Estudio de caso nº 3

Identificación	Sujeto nº 3, 8 de noviembre de 2019
Discriminación y victimización aporófoba: sí, ambas	La tercera entrevista se realizó a un hombre de 49 años con nacionalidad brasileña (nacido en São Paulo) y de color de piel pardo. La situación de sinhogarismo fue de 10 años, con periodos de sin techo (unos 2 años) y el resto en el albergue. Los motivos de su situación de sinhogarismo fueron conflictos familiares y desempleo. No consumía drogas y alcohol, tampoco antes de su situación de sinhogarismo. En el año 1994 entró en prisión por un asalto con violencia, pero fue de forma previa a su situación de sinhogarismo. En cuanto a la victimización, había sufrido: (1) miradas de desprecio por su situación de sinhogarismo de forma habitual; (2) discriminación, con vigilancia permanente en las tiendas; (3) hurtos y robos de sus pertenencias (por ejemplo, más de 6 móviles). Mientras dormía le robaron la mochila en numerosas ocasiones, con recuerdos de su familia, la documentación, *etc.* También experimentó un incidente con la policía. El sujeto trato de grabar a unos agentes que abordaron a una PSSH y comenzaron a agredirla. Cuando se dieron cuenta, le exigieron que le diese el teléfono y le golpearon. De forma posterior, le acusaron de un hurto que no cometió e intentaron imputárselo. Los policías se inventaron una historia para justificar la violencia que ejercieron sobre la persona, ya que incluso recibió puntos en la cabeza a causa de la brutal agresión. Así, asistió a las audiencias de custodia y explicó la violencia que experimentó. En el momento de la entrevista, estaba esperando al juicio. El entrevistado compartió que, en el pasado, cuando era menor de edad, fue acusado de un hurto de un reloj. Desde ese momento, hace alusión a que le quitaron la inocencia y que le marcaron para toda la vida. En síntesis, el sujeto ha tenido diferentes contactos con el sistema de justicia. Consideró que tanto la policía como las PSSH ejercen violencia contra su colectivo, sin distinción. Su frase final fue: "*posso todas as coisas naquele que me fortalece, Deus*", haciendo alusión a Dios.

Estudio de caso nº 4

Identificación	Sujeto nº 4, 8 de noviembre de 2019
Discriminación y victimización aporófoba: sí, ambas	La tercera entrevista se realizó a un hombre de 37 años con nacionalidad brasileña (nacido en Paraná) y de color de piel negro. La situación de sinhogarismo fue de 8 años, sobre todo, en la calle, a la cual se acostumbró. Los motivos de su situación de sinhogarismo fueron varios, entre ellos, separarse de su mujer y de su familia. En el momento de la entrevista consumía alcohol, tabaco y marihuana. Estuvo en la cárcel 45 días por conducir bajo la influencia de bebidas alcohólicas. En cuanto a la discriminación, había sufrido: miradas de desprecio por su situación de sinhogarismo de forma habitual, muchas veces, por parte de sus familiares y amigos, con frases como: "*deixe de ser vagabundo, não ten necesitate di isso*", es decir, "deja de ser vagabundo, no tienes esa necesidad" (traducción propia); agresiones verbales (también de la policía); expulsión del espacio público, con una frecuencia alta; y también el *rapa* y la policía le habían retirado sus pertenencias (ropa, tiendas de campaña, documentación, recuerdos, material de trabajo, *etc.*) en numerosas ocasiones. No obstante, no tuvo incidentes en las tiendas. Respecto a la victimización, sufrió muchos hurtos, robos y asaltos con violencia e incluso con cuchillos. En el último año más de 25 veces. Normalmente le pedían dinero y el móvil (le habían robado más de 8 teléfonos, tiendas de campaña, mochilas, *etc.*). También mientras dormía le habían hurtado sus pertenencias. Generalmente el agresor era una PSSH bajo la influencia de sustancias estupefacientes, un policía o el *rapa* (a excepción de los asaltos para los dos últimos). De igual modo, había sufrido violencia física, en ocasiones, cuando intentaban robarle. Consideró que la violencia es mayor entre las PSSH. Para finalizar, pide respeto, tolerancia y humildad, no sólo para las PSSH, sino para todos los seres humanos[989].

[989] Frase literal: "*um pouco mais de respeto, um pouco mais de tolerância e um pouco mais de humanidade*", es decir, "*un poco más de respeto, un poco más de tolerância y un poco más de humanidade*" (traducción propia).

Estudio de caso nº 5

Identificación	Sujeto nº 5, 8 de noviembre de 2019
Discriminación y victimización aporófoba: únicamente delitos.	La quinta entrevista se realizó a un hombre de 29 años con nacionalidad brasileña (nacido en São Paulo) y de color de piel negro. La situación de sinhogarismo fue de 3 años, todo el tiempo en la calle. El motivo de su situación de sinhogarismo fue un conflicto familiar y en el momento de la entrevista consumía marihuana. En el pasado, estuvo en la cárcel por receptación, ya que le vendieron una moto robada. En cuanto a la victimización, no había sufrido miradas de desprecio por su situación de sinhogarismo, pero sí hurtos de sus pertenencias (mochila, teléfonos móviles –más de 13–, tiendas de campaña, *etc.*). Los agresores fueron transeúntes y PSSH. Nunca tuvo problemas con la policía, ni experimentó robos o agresiones físicas, aunque había sido testigo de muchos incidentes. También expresó que más del 90,0% de las personas que pernoctan en la calle consume crack (y que en *cracolandia* las personas son como *zombies*, no comen, no duermen, no viven...), así como que la sociedad o las familiares no los respetan, ni tampoco la policía.

Estudio de caso nº 6

Identificación	Sujeto nº 6, 8 de noviembre de 2019
Discriminación y victimización aporófoba: sí, ambas	La sexta entrevista se realizó a un hombre de 40 años con nacionalidad brasileña (se desconoce la ciudad de nacimiento) y de color de piel negro. La situación de sinhogarismo fue de 33 años de forma continua (desde los 7 años) y la mayoría del tiempo lo pasó en la calle. No se dispone información sobre el motivo de su situación de sinhogarismo (ya que prefirió no responder) y consumía marihuana. Cometió varios delitos cuando era menor, entre ellos, un robo con arma de fuego. En cuanto a la victimización, había sufrido, de forma continuada, miradas de desprecio, agresiones verbales y expulsiones del espacio público por su situación de sinhogarismo. Los autores fueron policías, transeúntes, comerciantes y desconocidos. Del mismo modo, había experimentado numerosos hurtos (de documentos, de su mochila, de pertenencias, *etc.*), robos y violencia física. Hizo alusión a que la violencia de la Policía Militar y de la Guardia Civil Metropolitana es brutal, así como que incluso la experimentó cuando era un niño. Lo cierto es que había normalizado la violencia. Consideró que la violencia es mayor entre las PSSH.

Estudio de caso nº 7

Identificación	Sujeto nº 7, 11 de noviembre de 2019
Discriminación y victimización aporófoba: sí, ambas	La séptima entrevista se realizó a una mujer de 60 años con nacionalidad brasileña (nacida en São Paulo) y de color de piel pardo. La situación de sinhogarismo fue de 10 años, sobre todo, en el albergue, aunque no le gustaba. Las noches en la calle fueron muy puntuales. Los motivos de su situación de sinhogarismo fueron varios. Hizo alusión a que su familia siempre fue pobre y que no pudo formarse para tener un trabajo. En el momento de la entrevista consumía alcohol de forma ocasional y nunca tuvo problemas con la justicia. En cuanto a la victimización, había sufrido mucha discriminación, como miradas de desprecio por su situación de sinhogarismo –de forma habitual–, e incluso por personas de su mismo colectivo. También persecuciones en tiendas y comercios. Igualmente, había experimentado agresiones verbales (en ocasiones, de la policía) y hurtos (de la mochila o de sus pertenencias, también en el albergue), agresiones físicas y violencia, pero nunca robos. Aunque había sufrido diversos incidentes por su situación de pobreza, prefirió no contarlos. Consideró que la violencia es mayor de los cuerpos policiales hacia las PSSH, y de reflexión final expuso: "*a gente precisa vivir, sobrevivir*" y "*ninguém merece a rúa*", es decir, "*la gente precisa vivir, sobrevivir*" y "*nadie merece la calle*" (traducción propia).

Estudio de caso nº 8

Identificación	Sujeto nº 8, 11 de noviembre de 2019
Discriminación y victimización aporófoba: sí, ambas	La octava entrevista se realizó a un hombre de 34 años con nacionalidad brasileña (nacido en São Paulo) y de color de piel negro. La situación de sinhogarismo fue de 8 años, con periodos de calle y de albergue. El motivo de su situación de sinhogarismo fueron discusiones y peleas con su padrastro (conflictos familiares). En el momento de la entrevista consumía alcohol y, de forma ocasional, drogas. Nunca tuvo problemas con la justicia. En cuanto a la victimización, había experimentado habitualmente miradas de desprecio por su situación de sinhogarismo, agresiones verbales y humillaciones. Los autores fueron transeúntes, la Policía Militar y comerciantes, quienes, en ocasiones, lo expulsaron de tiendas y de restaurantes. Igualmente, había sufrido hurtos de sus pertenencias (mochila, documentos personales, alcohol, *etc.*), en general, mientras dormía, así como robos y agresiones físicas. Los autores de estos delitos fueron personas en su misma situación (a veces, conocidos/as), transeúntes, desconocidos y el servicio de limpieza urbana. De facto, el *rapa* le había privado de sus pertenencias múltiples veces. Con relación a lo expuesto, experimentó un incidente con otras cinco personas en su misma situación. En este, el agente policial se acercó y despertó al sujeto y a sus compañeros. Después, ejerció violencia sobre ellos mientras les increpaba sobre su situación de sinhogarismo. Consideró que la violencia es mayor entre las PSSH.

Estudio de caso nº 9

Identificación	Sujeto nº 9, 11 de noviembre de 2019
Discriminación y victimización aporófoba: únicamente discriminación	La novena entrevista se realizó a un hombre de 39 años con nacionalidad brasileña (nacido en São Paulo) y de color de piel blanco. La situación de sinhogarismo fue de 25 años aproximadamente, con periodos de calle, albergue y hogar (cuando se casó, dejó de estar en la calle por un periodo de tres años). Su situación de sinhogarismo ocurrió desde que era un niño, ya que sus padres no se hicieron cargo de él. En el momento de la entrevista consumía alcohol y marihuana, aunque había sufrido un pasado de adicción a las drogas y, más específicamente, de crack. También estuvo en prisión durante 8 años. En cuanto a la discriminación, había sufrido habitualmente miradas de desprecio por su situación de sinhogarismo, principalmente, de transeúntes, pero también de la policía, de comerciantes, *etc.* No había experimentado agresiones verbales ni humillaciones, pero si expulsiones del espacio público y, más concretamente, de la calle. Con relación a la victimización, había sufrido agresiones físicas de la policía, en diversas ocasiones y por diversos motivos –en una de ellas agredieron a su mujer y en otra por grabar un video, pero en estas no hizo alusión a su situación de pobreza–. El sujeto entrevistado había estado en *cracolandia* varias temporadas y define a las personas que se encuentran allí como *zombies*, incluso, a él mismo en aquel periodo. Consideró que la violencia es mayor de los cuerpos policiales hacia las PSSH. La frase final fue la siguiente: "*un sonho quando você sonha sozinho é so un sonho, un sonho quando você sonha com outra pessoa se torna realidade*", es decir, "*un sueño que se sueña solo, es solo un sueño, pero el sueño que se sueña con otra persona, se convierte en realidad*" (traducción propia).

Estudio de caso nº 10

Identificación	Sujeto nº 10, 12 de noviembre de 2019
Discriminación y victimización aporófoba: sí, ambas	La décima entrevista se realizó a una mujer de 26 años con nacionalidad brasileña (se desconoce la ciudad de nacimiento) y de color de piel negro. La situación de sinhogarismo fue de 1 año, de forma continua y en la calle (nunca pernoctó en albergues). El motivo de su situación de sinhogarismo fue la droga, que desembocó en discusiones con su familia (quienes no lo aceptaban) y en su situación de calle. Consumía alcohol y drogas de diferentes tipos, pero nunca tuvo incidentes con la justicia. En cuanto a la discriminación, había sufrido: (1) miradas de desprecio por su situación de sinhogarismo, principalmente, de transeúntes, pero recientemente también de la policía (aunque de estos más recientemente); (2) agresiones verbales. En una ocasión la policía le llamó "*lixo*", que significa "basura"; y (3) expulsiones de tiendas y restaurantes, con comentarios como "*vai, sae, sae, aquí não há lugar para você. Ele falou como se eu fosse un lixo, um bicho*", es decir, "*vete, sal sal sal, aquí no hay sitio para ti. Él me habló como si fuese una basura, un bicho*" (traducción propia). De igual modo, la entrevistada experimentó hurtos mientras dormía de personas en su misma situación (muchas veces conocidos/as) y en una ocasión violencia por parte de la policía. Esta sucedió en *cracolandia*, con una intervención policial en la que utilizaron gas pimienta, balas de goma y porras; la violencia fue brutal según apuntó la entrevistada. El objetivo era expulsaros del espacio público. Consideró que la violencia es mayor de los cuerpos policiales hacia las PSSH.

Estudio de caso nº 11

Identificación	**Sujeto nº 11, 12 de noviembre de 2019**
Discriminación y victimización aporófoba: sí, ambas	La onceava entrevista se realizó a un hombre de 34 años con nacionalidad brasileña (se desconoce la ciudad de nacimiento) y de color de piel blanco. La situación de sinhogarismo fue de 3 años, la mayor parte en el albergue. El motivo de su situación de sinhogarismo fue su orientación sexual, debido a que tuvo que abandonarla la casa de sus progenitores cuando su padre intentó acabar con su vida. Cuando inició su situación de sinhogarismo, comenzó a consumir cocaína. Nunca tuvo incidentes con la justicia. En cuanto a la discriminación, había sufrido, de forma habitual, miradas de desprecio por su situación de sinhogarismo de la sociedad, transeúntes, comerciantes, *etc.*, y también por su orientación sexual (homosexual). Asimismo, contó que había sufrido mucha discriminación por parte del propio colectivo de PSSH por su homosexualidad y que esta está generalizada en el colectivo LGTBI+. Respecto a la victimización, había experimentado: (1) agresiones verbales y expulsiones de comercios/tiendas por su situación de sinhogarismo; (2) muchos hurtos, siempre cuando estaba durmiendo o cuando no estaba presente; (3) violencia y agresiones físicas de las PSSH y de la policía. Hizo alusión a que en una ocasión un agente policial colocó el arma en su cabeza y le obligó a comer la droga, así como que sus compañeros/as habían experimentado abusos e, incluso, agresiones sexuales en la calle y en los albergues. La conclusión que ha sacado de su propia experiencia en la calle es que las PSSH sufren muchos incidentes diferentes por su situación de extrema pobreza. Consideró que tanto la policía como las PSSH ejercen violencia contra su colectivo, aunque la policía es más agresiva. Para finalizar, expuso que las PSSH deberían estar más unidas, independientemente de las características personales, sociales, culturales y demográficas ya que, según su percepción, el propio colectivo de sinhogarismo no está unido.

ANEXO XII. LAS ORDENANZAS MUNICIPALES QUE SANCIONAN EL SINHOGARISMO EN SALAMANCA Y GANTE (I)

Tabla nº 16. La regulación administrativa sancionadora nacional que afecta al colectivo de sinhogarismo en Salamanca y Gante[990]

Pregunta de investigación	Regulación	
	Salamanca	Gante
¿Cómo se clasifican las infracciones?	Leves, graves y muy graves (LOPSC y OMPCC)	Mixtas y "no mixtas"* (GAS)
¿Qué tipo de sanciones aplicadas a las personas físicas se prevén? y ¿cuál es la cuantía?	Multa, con las siguientes cuantías en función de la gravedad: (1) Ámbito nacional (art. 39.1 de la LOPSC) ** – Infracciones leves de 100 a 600€ – Infracciones graves de 601€ a 30 000€ – Infracciones muy graves de 30 001€ a 600 000€ (2) Ámbito municipal (art. 23.1 de la OMPCC) – Infracciones leves hasta 750€ – Infracciones graves hasta 1 500€ – Infracciones muy graves hasta 3.000€	Multa de hasta 350€ (art. 28 de la GAS)
¿Se contempla una reducción de la multa por pago inmediato? y ¿esta se mantiene si recurres?	Aunque se contempla una reducción del 50% por pago temprano, esta no se aplica si el sujeto recurre (arts. 54.1 de la LOPSC y 23.4 de la OMPCC)	El pago inmediato posibilita la disminución a una cuantía entre 25€ y 100€***, pero en caso de recurrir la sanción no se aplica (art. 28 de la GAS)
¿Se regulan alternativas a la sanción pecuniaria?	No	Sí, la mediación y los servicios comunitarios (arts. 4 y 22.1 de la GAS)

990 Unidades de análisis: *Reglamento policial de Gante, del 24 de noviembre de 2014* (RPG); *Ley 2013, Sanciones Administrativas Municipales, del 24 de junio* (GAS); *Ley Orgánica 4/2015, del 30 de marzo, de Protección de la Seguridad Ciudadana* (LOPSC); *Ordenanza municipal sobre protección de la convivencia ciudadana, de 19 de noviembre de 2008* (OMPCC); *Ordenanza municipal de limpieza urbana y gestión de residuos, de 23 de mayo de 2014* (OMLUYGR); *Ordenanza municipal para la prevención del alcohol y tabaquismo de Salamanca, 16 de enero de 2009* (OMPAYTS).

¿Existen disposiciones específicas para sujetos en situación de exclusión social?	No, pero se contempla la individualización de la sanción, atendiendo, entre otros aspectos, a la capacidad económica del/a infractor/a (arts. 33.2 de la LOPSC y 21.6 de la OMCC)	No, pero se contempla individualización de la sanción, atendiendo, entre otros aspectos, a la capacidad económica del/a infractor/a (art. 7 de la GAS)
¿Se agrava la sanción por reincidencia y/o reiteración? En caso afirmativo, ¿en qué medida?	Sí – En el ámbito nacional, se impondrá el grado medio de la sanción pecuniaria cuando el sujeto haya cometido más de una infracción de la misma naturaleza en el plazo de dos años, siempre y cuando así haya sido declarado por resolución firme en vía administrativa (art. 33.2.a de la LOPSC) – A nivel local, si el sujeto comete más de una infracción leve en el periodo de un año, esta se considerará como grave. Del mismo modo, si el sujeto comete más de una infracción grave en el plazo de dos años, esta se considerará como muy grave (arts. 22.2j y 22.3g de la OMPCC)	Sí, la reincidencia, que se entiende como la comisión de dos infracciones o más –independientemente de su naturaleza– en el periodo de dos años, aumenta la cuantía de la sanción (art. 7 de la GAS). Este incremento varía en función de la conducta realizada.

Fuente: elaboración propia con base a los datos de la investigación

*Mientras que las primeras pueden ser objeto de sanción penal o administrativa (siempre y cuando no se aplique la primera), en las infracciones "no mixtas" la única sanción posible es administrativa

**Se prevén grados máximos, medios y mínimo para la comisión de las infracciones graves y muy graves (art. 39.2 de la LOPSC)

***El límite superior sólo podrá ser aplicado si se registran más de cuatro infracciones (art. 28 de la GAS)

ANEXO XIII. LAS ORDENANZAS MUNICIPALES QUE SANCIONAN EL SINHOGARISMO EN SALAMANCA Y GANTE (II)

Tabla nº 17. La regulación administrativa sancionadora municipal que sanciona al colectivo de sinhogarismo en Salamanca y Gante[991]

Pregunta de investigación: *¿se sancionan las siguientes conductas?*	**Regulación**			
	Salamanca		**Gante**	
Grupo	Respuesta	Cuantía máxima (multa)	Respuesta	Cuantía máxima (multa)
Satisfacer necesidades fisiológicas en las vías y/o espacios públicos	Sí, leve (arts. 15.1 y 22.1d de la OMPCC)	750€	Sí (art. 2.bis del cap. 3 del RPG)	250€
Encender fuego en las vías y espacios públicos	Sí, grave (arts. 16.2c y 22.2h de la OMPCC)	1 500€	Sí (art. 17.4 del cap. 3 del RPG)	250€
Usar los bienes, vías, y/o espacios públicos para finalidades distintas a las que están destinados	Sí, a excepción de dormir en la calle. Para las conductas restantes, estas son, acampar en las vías y/o espacios públicos la infracción es considerada grave, mientras que lavarse, asearse y destinar los bienes y el espacio para finalidades distintas son consideradas leves (arts. 5, 12.1, 16.1, 16.2b, 17, 22.1c, 22.2g, 22.2g de la OMPCC)	1 500€ acampar/750€ restantes	Sí, pero sólo acampar y pernoctar/habitar en coches –o similares– en las vías y/o espacios públicos (arts. 27 y 30 del cap. 2 del RPG)	250€/60€

991 Unidades de análisis: *Reglamento policial de Gante, del 24 de noviembre de 2014* (RPG); *Ley 2013, Sanciones Administrativas Municipales, del 24 de junio* (GAS); *Ley Orgánica 4/2015, del 30 de marzo, de Protección de la Seguridad Ciudadana* (LOPSC); *Ordenanza municipal sobre protección de la convivencia ciudadana, de 19 de noviembre de 2008* (OMPCC); *Ordenanza municipal de limpieza urbana y gestión de residuos, de 23 de mayo de 2014* (OMLUYGR); *Ordenanza municipal para la prevención del alcohol y tabaquismo de Salamanca, 16 de enero de 2009* (OMPAYTS).

Manipular papeleras o contenedores situados en las vías/espacios públicos y vertidos ilegales	Sí, leve (arts. 11 de la OMPCC y 33.1 de la OMLYR)	750€	Únicamente los vertidos ilegales (art. 1 del cap. 3 del RPG)	250€
Otras conductas que las PSSH llevan a cabo según la literatura	(1) La falta de custodia o mantenimiento de los documentos legales y negligencia en su custodia son infracciones leves (arts. 37.10 y 11 de la LOPSC) (2) La omisión de las órdenes otorgadas por las FFCCSS ante la oferta de servicios sexuales en determinados lugares con la consideración de grave (art. 36.11 de la LOPSC) (3) Consumir alcohol en la vía pública es una infracción leve (art. 14 de la OMPAYTS y 37.17 de la LOPSC) (4) Poseer o consumir drogas en la vía pública y abandonar los instrumentos destinados a su uso es grave (art. 36.11 de la LOPSC)	Entre 100 y 300€ en función de la gravedad (LOPSC), a excepción del alcohol 30€-600€ (OMPAYTS)	(1) Hurto menor en tiendas (art. 37 del cap. 2 del RPG) (2) Publicitar la prostitución (art. 34quinquies del cap. 2 del RPG) (3) Consumo de alcohol en la vía pública, pero sólo se sanciona la posesión de envases de vidrio en los barrios de *Overpoortstraat, Voetweg, Stalhof* y *Kramersplein* entre las 20:00 horas y las 07:00 horas (art. 1 del cap. 7 del RPG)	120€

Fuente: elaboración propia con base a los datos de la investigación.

Índice de anexos

Índice de tablas

Índice de figuras